The Theory and Practice of
COMPUTABLE GENERAL
Equilibrium Model

可计算一般均衡
理 论 与 实 务

崔连标　　宋马林　　◎主编

中国财经出版传媒集团

经济科学出版社
Economic Science Press

图书在版编目（CIP）数据

可计算一般均衡理论与实务/崔连标，宋马林主编.
—北京：经济科学出版社，2022.9
ISBN 978 - 7 - 5218 - 4013 - 1

Ⅰ. ①可… Ⅱ. ①崔… ②宋… Ⅲ. ①均衡论
Ⅳ. ①F019.1

中国版本图书馆 CIP 数据核字（2022）第 168296 号

责任编辑：初少磊　杨　梅
责任校对：王肖楠
责任印制：范　艳

可计算一般均衡理论与实务
崔连标　宋马林　主编
经济科学出版社出版、发行　新华书店经销
社址：北京市海淀区阜成路甲 28 号　邮编：100142
总编部电话：010 - 88191217　发行部电话：010 - 88191540
网址：www.esp.com.cn
电子邮箱：esp@ esp.com.cn
天猫网店：经济科学出版社旗舰店
网址：http://jjkxcbs.tmall.com
北京季蜂印刷有限公司印装
787 × 1092　16 开　22 印张　420000 字
2022 年 11 月第 1 版　2022 年 11 月第 1 次印刷
ISBN 978 - 7 - 5218 - 4013 - 1　定价：78.00 元
（图书出现印装问题，本社负责调换。电话：010 - 88191510）
（版权所有　侵权必究　打击盗版　举报热线：010 - 88191661
QQ：2242791300　营销中心电话：010 - 88191537
电子邮箱：dbts@ esp.com.cn）

前　言

当今世界正经历百年未有之大变局，贸易冲突、新冠肺炎疫情、俄乌冲突等"黑天鹅"事件频发，全球政治经济格局面临前所未有的冲击。世界面临的不稳定不确定因素正在增加，除了单边主义、贸易保护主义抬头以外，重大传染性疾病、气候变化等非传统安全威胁持续蔓延，全球治理体系和国际秩序变革加速演进，世界进入动荡变革期。国际社会的风云突变加剧了中国经济运行的风险，给中华民族伟大复兴带来了严峻挑战。在此背景下，全面评估全球重大事件对我国的潜在影响，提前制定相应的战略预案，对我国化解国内外风险、保障国家经济社会安全至关重要。

要对全球重大事件展开科学准确的评估，开发构建合理的定量评估模型是关键，其中需要对复杂的经济系统进行数量建模。传统的计量经济学模型在处理此类问题上日渐不足：一是全球重大事件发生频率一般不高，无法积累足够的历史数据；二是重大事件可能导致结构断点，使数据无法通过诸多计量模型的检验；三是无法消除的内生性问题。CGE 模型以整个经济系统为研究对象，通过数学建模的思想对经济系统进行数量建模，并借助计算机求解技术对复杂经济系统进行数值求解，从而达到政策评估和政策仿真的目的。CGE 模型不仅是经济学研究方法，更是突破数学、经济学、管理科学和计算机科学等不同学科的知识范畴，具有典型的学科交叉特点。CGE 模型是政策评估的有力工具，尤其在全球重大事件经济和环境影响评估方面，相比其他方法具有不可替代的技术优势。

从建模机理来看，CGE 模型借助投入产出分析框架，以价格为纽带，将经济系统中的经济主体、经济要素等连接起来，并纳入一个统一系统内进行综合考察。而在这个复杂系统中，对任一节点进行冲击都会导致其他节点发生改变，具备牵一发而动全身的特点。因此，CGE 模型更注重经济系统内部结构，注重系统要素之间的相互联系、相互制约的交互作用关系。CGE 模型通过一系列能够刻画经济主体的行为方程，经过不同程度的模块化简化，在保持经济系统理论均衡的前提下，通过改变现行某一政策变量，模拟其对各经济、各主体产生的影响，为设计和制定政策提供定量参考依据。过去二十多年，尽管 CGE 模型在中国取得了快速发展，但相关模型的技术难度和应用场景仍落后于全球先进水平，迫切需要对此进行改变。

第一，本书回顾了 CGE 模型的发展历史，概述主要分类及其应用领域。第二，以全球贸易分析模型（Global Trade Analysis Project，GTAP）为例展示 CGE 模型的理论基础和应用特点，重点阐述 GTAP 模型的主要框架、关键方程和求解技术。第三，介绍了 GTAP 模型的四个主要变种及其特点，包括适用于碳减排问题的 GTAP-E 模型、考虑各种新能源发电技术的 GTAP-E-Power 模型、可用于政策动态实施效果评估的 GDYNE 模型和以季度为迭代周期的 GDYNQE 模型，这些模型适用于能源、经济、环境、疫情等不同领域的研究问题，各有侧重点。第四，本书介绍了 GTAP 数据库合成软件 GTAPAgg 的安装和使用，以及 GTAP 的操作平台——RunGTAP 软件、GEMPACK 软件、RunDynam 软件的下载、安装和使用，手把手教会读者使用 GTAP 模型如何进行政策仿真。第五，给出 CGE 模型在疫情防控、经济社会发展、环境治理等领域的六个应用案例，以期增强读者的实操能力。

本书是国家自然科学基金面上项目"不确定条件下中国温室气体与大气污染物的协同控制研究"和安徽省自然科学基金优秀青年基金项目的阶段性成果。编著者宋马林教授是中组部"万人计划"哲学社会科学领军人才，深耕于复杂系统与跨学科研究；崔连标教授致力于能源—经济—环境复杂系统建模，在全球多区域动态 CGE 模型开发和应用方面做了许多有价值的工作。本书在撰写过程中得到安徽财经大学统计与应用数学学院研究生的积极参与，他（她）们是翁世梅、卢美晨、岳素云、姚杰、高方、王佳雪、范若乔、陈惠、于然旭和李晓等，在此表示感谢。

本书旨在为广大读者提供一套丰富易懂的 GTAP 模型应用手册，以便于读者更加深入地理解 GTAP 模型特点并加以运用。CGE 模型在中国快速发展之际，希望本书的出版能够对我国相关领域的研究起到推动作用，同时为有志于学习 GTAP 模型的专家学者提供方法库和知识源。

由于时间紧迫，加之作者水平有限，书中难免有疏漏和错误之处，我们真诚地恳请各位读者和同行批评指正，与大家一起积极交流和学习。

编著

2022 年 6 月

目　录

上篇　CGE 模型理论基础

下篇　CGE 模型应用举例

上篇
CGE模型理论基础

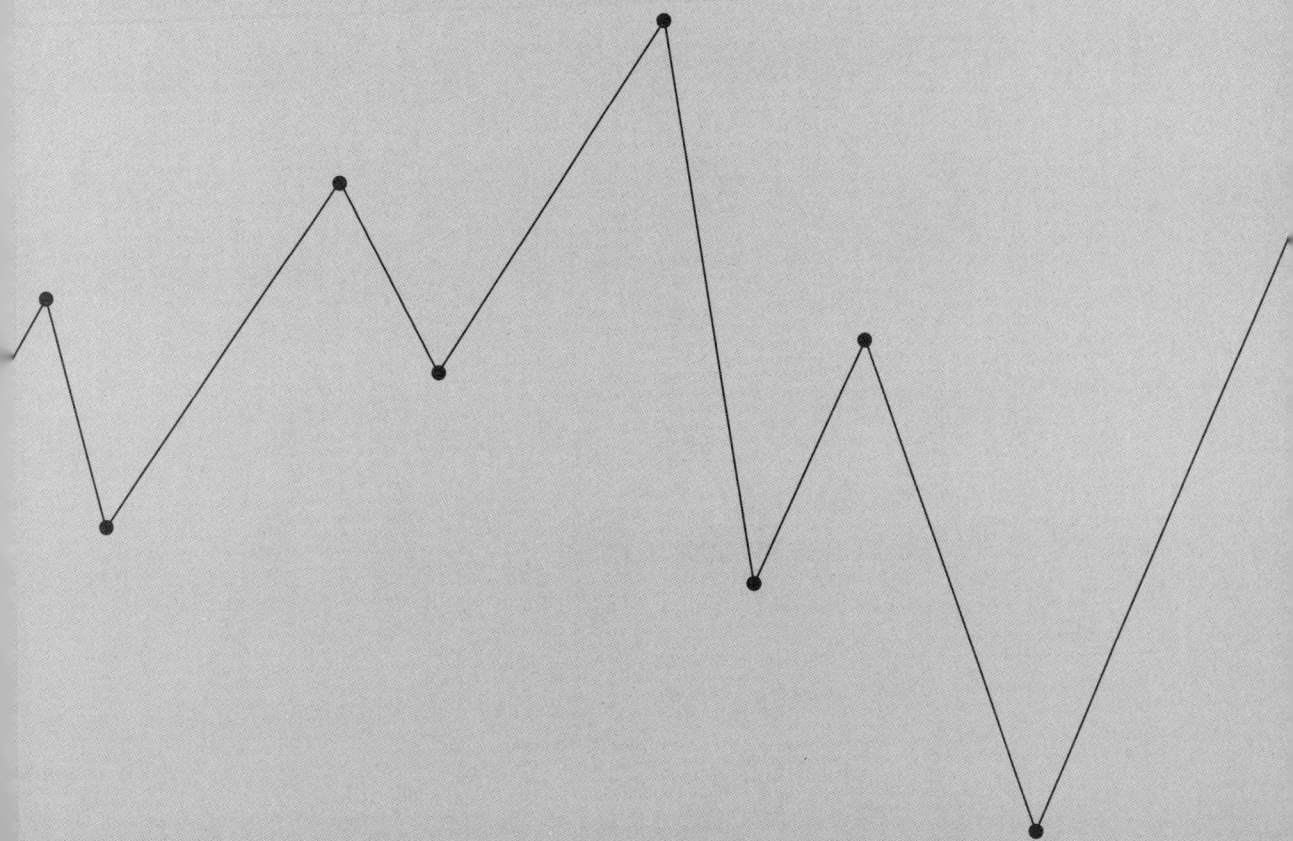

第一章 绪 论

在经济科学的研究中，一般需要使用数学模型作为工具对经济现象进行推演，经济学的进步几乎都体现在模型选择方面的不断改进。可计算一般均衡（computable general equilibrium，CGE）模型是经济模型的一种，与统计意义上的模型不同，它具有坚实的经济理论基础，目前在国内外的科研机构、高等院校和政府机构中得到了广泛研究、应用和发展。CGE 模型是一种多部门模型，也有学者称为应用一般均衡（applied general equilibrium，AGE）模型，本身具有良好的灵活性，大到世界经济模型，小到城市 CGE 模型，既可以简单，也可以复杂，主要用于与经济相关的政策分析和经济评价，是一种强有力的政策分析工具。本章通过介绍 CGE 模型的发展历史、分类及其目前主要的应用领域，使读者对该模型有一个初步的认识。

第一节 CGE 模型发展历史

一、CGE 模型简介

（一）CGE 模型定义

目前 CGE 模型并没有一个统一、严格的定义，一般被描述为一种经济数学模型，该模型使用（运用）实际数据评估政策、技术和外生因素变化对经济的影响。CGE 模型与只有一个经济主体的其他宏观经济模型有本质上的区别，它包含多个经济主体，同时也包含多个市场，如商品市场、生产要素市场等，尽管 CGE 模型具有多部门特征，但它对经济系统的描述同时保持高度概括。

在综合相关资料的基础上，目前我们可以这样对 CGE 模型进行界定：同时考虑所有市场、具有行为最优化的多个经济主体以及经济主体和市场之间相互联系的"数值型的理论模型"（theory with numbers）。CGE模型把所有经济主体、所有市场纳入一个统一的分析框架中，体现了现实经济系统中各组成部分之间的普遍联系；而且CGE模型无论规模大小，其涵盖的范围都是经济系统的全部。

CGE模型建立在法国经济学家瓦尔拉斯（Walras）的一般均衡理论之上，作为一个经济分析模型，具体来说它是一种基于新古典微观理论且内在一致的宏观经济模型，可用来全面评估政策的实施效果。经过几十年学者们的不断完善和发展，CGE模型不仅可以全面分析经济主体各方面的经济效应，而且可以深入微观行业层面模拟分析各项政策变化对不同国家和地区的宏观经济影响。CGE模型包括以下三个显著特征。

首先，由于CGE模型包含多个具体的经济主体，它的特征是"一般的"，"一般"是指把经济内部相互联系和依存的各组成部分看作一个整体并对经济主体行为做出外在设定，这些经济主体通常是追求效用最大化的居民、追求利润最大化或成本最小化的企业，以及追求最优化行为的政府机构。这些主体对价格变动做出反应。模型可以清楚地识别经济冲击对各组成部分造成的影响，并找出原因所在，体现了经济系统各组成部分的普遍联系。

其次，它的特征是"均衡"，包括需求和供给两个方面，模型中的许多价格都是由供需决定，价格变动最终实现市场均衡。具体来讲，"均衡"包括经济主体在预算约束下的消费均衡、宏观经济变量均衡、商品和要素市场的供需平衡，主要包括以下几个方面：（1）产品市场均衡，产品均衡不仅要求在数量上，而且要求在价值上；（2）要素市场均衡，主要是劳动力市场均衡，假定劳动力无条件迁移，不存在迁移的制度障碍；（3）资本市场均衡，即投资＝储蓄；（4）政府预算均衡，政府收入－政府开支＝预算赤字；（5）居民收支平衡，居民收入的来源是工资及存款利息。居民收支平衡意味着：居民收入－支出＝节余；（6）国际市场均衡，外贸出超CGE中表现为外国资本流入，外贸入超表现为本国资本流。

CGE模型的本质就是把一般均衡理论与一致性数据集进行结合，推导出经济最优解。在CGE模型中，消费者追求效用最大化，生产者遵循成本最小化或利润最大化，政府、贸易、进出口对价格变动做出反应，其中价格扮演着极为重要的角色。模型由于同时决定所有的供给、需求、价格和收入，从而达到"一般均衡"（general equilibrium）。

最后，它的特征是"可计算"（computable）的，CGE模型反映实际数据和实际经济问题，涉及产业政策、收入分配、环境政策、就业等。可计算的概念表明CGE模型的可量化性。"可计算"的意义在于，CGE模型可为实际的经济政策研究提供数量分析，它需要相关数据的支持，同时模型也能产生数值结果，因而是可计算的。

（二）理论基础

CGE 是建立在瓦尔拉斯一般均衡理论基础之上的一种分析研究方法。数学家阿罗（Arrow）和经济学家德布鲁（Debreu）证明了一般均衡解的存在后，为 CGE 的发展奠定了理论基础。20 世纪 50 年代，挪威经济学家约翰逊（Johansen）结合一般均衡理论以及实际的经济数据，建立了可计算一般均衡模型。之后几十年 CGE 模型被广泛应用于财税、国际贸易、环境与自然资源、行业与区域经济，以及货币政策等领域。在政策分析中，CGE 模型可以用于分析政策对经济指标的影响，宏观指标包括 GDP、财政税收、就业率、居民消费、贸易条件、价格指数、投资、贸易平衡等；行业指标包括税收、产出、劳动力市场、商品价格等。

1. 局部均衡

局部均衡理论（partial equilibrium theory），也称局部均衡分析（partial equilibrium analysis），由阿尔弗雷德·马歇尔（Alfred Marshall）于 1920 年创立，其含义为在假定其他市场条件不变的情况下，孤立地考察单个市场或部分市场的供求与价格之间的关系或均衡状态，而不考虑它们之间的相互联系和影响。局部均衡分析往往把经济系统的某一局部从整体中分离出来，只观察这一局部变量的闭合，而把其他部分假定为不变。另外，局部均衡顾名思义，是把经济系统的某一部分从整体中分离出来，只分析某个或某几个部门之间的联系，而与其他市场及价格相关的情况则即"其他条件不变"，其着重分析的是单一或部分市场的均衡，除了被研究的价格外，其他价格都是固定的，而在 CGE 模型中所有的价格都是变量，它把经济系统作为一个整体，强调的是经济系统各部门、各变量之间的相互作用。

2. 一般均衡

一般均衡理论是经济学著名理论之一，它着眼于整个经济系统内的所有市场、所有价格，以及各种商品和要素的供需关系，要求所有的要素都要结清。通常认为，一般均衡理论是 1874 年法国经济学家瓦尔拉斯在《纯粹经济学要义》（*Elements of Pure Economics*）一书中首先提出。他认为，消费者和生产者的最优化行为在一定条件下能够并将导致该经济体系中每个产品市场和生产要素市场的需求量与供给量之间的均衡，并把他的思想表达为一组线性方程式，给出了粗糙的证明。

一般均衡是相对于局部均衡而言的，它将经济系统作为一个整体来看待，以普遍联系的观点讨论所有商品市场及其相互影响，而不是人为地将其割裂成众多"不受其他市场影响"的单个商品市场，它是相互联系的市场和经济主体在有约束的自利行为之间交互作用的结果。一般均衡理论的经济哲学认为，自由竞争的市场机制是一个精巧的装置，按照拉普拉斯古老的设想，是一个类似于有规律运动的天体结构：整个市场体系有一组均衡价格，保证所有市场的供求都相等，经济主体唯一地根据价格信号做出自己的行为选择。对于一般均衡，亚当·斯密（Adam Smith，

1776）在《国富论》中只是粗略地用"看不见的手"来形象化地描述，法国经济学家瓦尔拉斯在 1874 年出版的《纯粹经济学要义》中指出，那只"看不见的手"既不是上帝的主意，也不是自然界固有的规律，而是一整套数学原理。自亚当·斯密之后，经过近两百年间许多经济学家的不懈努力，终于筑起了一般均衡的理论大厦。

现代意义上的一般均衡理论研究始于 20 世纪 30 年代的维也纳，当时，从数学上证明了一般均衡在一系列模型中的存在性，每一个模型都是一般均衡体系的特殊情形。由于一般均衡理论从最初建立就具有高度的抽象性，因此在较长一段时间内都没有能够在应用经济学领域得到发展。直到 20 世纪五六十年代，经过学者们的开创性研究，一般均衡模型的可计算性、方程形式以及参数选定等几个计量可操作性方面的难题被逐步解决，在相当严格的假设条件下证明得到：一般均衡存在着均衡解，而且这种均衡可以处于稳定状态，并同时满足经济效率的要求。这样，使一般均衡得到了完善，过渡到可计算的一般均衡，从抽象模型变为实用的政策分析工具，也为 CGE 模型奠定了重要的理论基础。

曾经有一些经济学家认为一般均衡反映的是高度抽象的理论状态，而现实世界中没有绝对均衡，只有不均衡才普遍存在。因此，人们很难使用一般均衡理论为现实世界确定实际的均衡值。但是后来人们认识到，在均衡和不均衡这一对矛盾中，均衡是不均衡的度量基础，必须用均衡状态的运动来度量不均衡状态的变化趋势。一般均衡理论的奠基人之一阿罗也曾经说过：一般均衡理论中有五个假定，每一个假定可能都有五种不同的原因与现实不符，但是这一理论提供了最有用的经济学理论之一。相比于局部均衡理论，一般均衡模型则更确切地描述了在经济系统中牵一发而动全身的整体性。局部均衡着眼于一个或多个经济系统内部的联系，或几个经济变量之间的关系，而一般均衡更为强调经济系统中各部门、各变量之间的相互作用。

3. CGE 模型与一般均衡理论

CGE 模型是在一般均衡理论基础上发展而来的，但其与一般均衡理论相比又有自己的特点。在一般均衡理论中，假定市场是完全竞争的，一般均衡分析的处理对象是经济现象中的各种微观单位，如企业和个人单位。在经济关系较为简单，微观单位不多的情况下，一般均衡分析是一种较为有效的经济分析手段；一旦经济关系过于复杂，模型中方程式过多，将会给一般均衡建模造成困难，在实践中难以进行。而 CGE 模型将经济部门作为一个独立的单位，研究经济部门对市场状况的总体反应，因此 CGE 模型可以不受完全竞争市场假设的制约，给一般均衡理论赋予使用价值。

CGE 模型相较于一般均衡理论更加灵活。均衡状态下，所有市场同时结清，达到一种平衡的状态，这需要较为严格的条件。但是，由于价格刚性与供求对价格缺乏弹性等原因，现实中有一些行为主体难以达到均衡，如劳动力市场不均衡等，此时，一般均衡理论将无计可施。而 CGE 模型可以将不均衡纳入方程体系，这使 CGE 模型比一般均衡理论更好的与实际相符。因此，CGE 模型提供了一个远比一般均衡理论现实和灵活的框架，其适用范围也比一般均衡广泛得多，并具备一般均衡理论所缺少的政策分析能力。

（三）模型结构

CGE 模型是经济政策分析的有力工具。模型用一组方程来描述供给、需求以及市场关系。在这组方程中，不仅商品和生产要素的数量是变量，所有的价格，包括商品价格、资本也是变量。在一系列优化条件（生产者利润最大、消费者效用最大、进口收益利润最大、出口成本最低等）的约束下求解这组方程，得到在各个市场都达到均衡时的一组数量和价格。CGE 模型的基本结构可归纳为以下三个部分：供给部分、需求部分、供求关系部分。根据行为主体活动的不同及研究对象的不同，CGE 模型在许多领域得到了深入和广泛的应用，这些领域包括国际和区域贸易，财政税收、环境资源、技术变化，以及健康和教育等诸多问题。CGE 模型的应用涉及宏观微观经济理论、数学模型理论以及计算机技术等多领域的知识，是一项复杂的系统工程。下面就 CGE 模型的建模思想及内容结构进行分析。

1. CGE 模型的建模思想

CGE 模型旨在建立经济系统中各变量所满足的数学关系，描述市场经济中各行为主体的行为，刻画生产者、消费者、政府等行为主体在各自的预算约束下追求利润和效率最大化的行为，并最终在市场机制下达到均衡。在资源约束条件下，生产者根据利润最大化原则确定各种商品的最优供给量和对生产要素的需求；在预算约束条件下，消费者根据效用最大化原则确定对各种商品的需求量；当最优供给量和最优需求量相等时，经济系统达到均衡状态并最终确定商品、要素的均衡价格。数学上，主体的决策行为用优化模型描述，市场约束用方程表示。当系统参数和外生变量给定之后，通过求解所建立的数学模型就能得到所要求的内生变量的解。

2. 模型结构

CGE 模型所分析的基本经济单元是生产者、消费者、政府和外国经济。由于经济政策的不确定性以及 CGE 模型自身的快速发展，CGE 模型具有较强的灵活性，其基本结构可归纳为以下几个方面。

（1）生产行为。在 CGE 中，生产者力求在生产条件和资源约束之下实现其利润优化，这是一种次优解（sub-optimal）。与生产者相关的有两类方程：一类是描述性方程，如生产者的生产过程、中间生产过程等，主要描述生产要素投入和产出之间的关系，这种关系可以采用常替代弹性函数（constant elasticity of substitution，CES）、柯布－道格拉斯生产函数（cobb-douglas）、常弹性转换函数（constant elasticity of transformation，CET）以及列昂惕夫生产函数（Leontief production function）等进行分析，针对不同的具体问题，可以选择不同的生产函数进行描述；另一类是优化条件方程，也称为利润最大化方程，这些方程描述生产者在生产函数的约束下，如何能达到利润最大化，即产量的边际收益和边际成本相等的问题。

（2）消费行为。与生产方程类似，刻画消费行为的方程也包括描述性方程和优化方程。消费者优化问题的实质是在预算约束条件下选择商品（包括服务、投资和休闲）的最佳组合以实现尽可能高的效益。其效用最大化行为方程有多种，如 CES 效用函数、线性支出系统等。

（3）政府行为。一般来说，政府的作用首先是制定有关政策，如税收政策、利率、财政补贴等，在 CGE 中通常将相关政策作为政府控制变量纳入方程，以研究政府政策的出台对整个经济体系产生的影响。其次，政府也是消费者，政府的收入来自税费，政府开支包括各项公共事业、转移支付与政策性补贴。

（4）对外贸易。对外贸易是拉动经济增长的"三驾马车"之一，其在一国经济发展中起到了不可替代的作用。在可计算一般均衡模型中，也需要考虑到国际市场之间的均衡，因此外贸也是 CGE 模型中的相对比较重要的变量。在 CGE 模型中，对于进口和出口行为要采取分类处理，通常按照常弹性转换方程来描述优化出口产品利润，把国内产品在国内市场和出口之间进行优化分配的过程。或用阿明顿（Armington）方程来描述为了实现最低成本把进口产品与国内产品进行优化组合的过程。

小国假设是 CGE 模型中对外贸易的重要假设，若将一国定义为小国，表示该国出口数量较少，其对世界市场价格的影响也较小；若将一国定义为大国，则世界价格会随着该国进出口商品数量的变化而变化，在多国模型中此假设经常能够得到体现。

（5）市场均衡。在 CGE 模型中，均衡是一项重要概念，CGE 的市场均衡及预算均衡包括以下几个方面。

第一，产品市场均衡。产品市场的均衡要求各部门总供给等于总需求，这不仅要求在数量上，而且要求同时在价值上达到均衡。若产品市场没有达到均衡，供求不等，则二者之差可以处理为库存，此时的 CGE 模型描述广义均衡。

第二，要素市场均衡，主要是劳动力市场均衡，即劳动力总供给等于总需求，假定劳动力无条件迁移，不存在迁移的制度障碍。在发展中国家，劳动力供给和迁移是特别重要的两个特征，由于各产业部门边际利润率不同，劳动力会在各部门之间迁移，达到生产行为和消费行为的最优目标，劳动力转移是一国工业化和现代化的主要推动力之一。

第三，资本市场均衡，即总投资等于总储蓄。资本市场均衡代表着供需平衡点投资，在供给方面，企业和其他组织发行投资品，如股票、债券和其他项目，供投资者购买。资本市场包括来自不同行业的大量企业行业，这些行业不同类型的投资可能会导致几个不同的点，从而导致资本市场的均衡。在每一种情况下达到平衡，通常每种投资的价格都会有所不同，消费者通常可以自由选择他们最渴望在一个拥有庞大资本市场的自由市场经济中进行投资为了达到资本市场的平衡。

第四，政府预算均衡。政府预算均衡是一种广义均衡，若政府收支不相等，则会产生财政赤字，将财政赤字作为变量纳入政府收入方面，可以在 CGE 模型中采用均衡方程表示政府预算的不均衡状态。

第五，居民收支平衡。居民收入的来源有工资和存款利息等。在缴纳了个人所得税之后，居民收支差产生的结余可加入消费或者储蓄的环节，以达到收支均衡状态。

第六，国际市场均衡。外贸出超在 CGE 中表现为外国资本流入，外贸入超表现为本国资本流出。如果把国外净资本流入当作变量处理，那么国际收支也应该达到均衡状态。

（6）CGE 模型基本结构。图 1-1 描述了多部门 CGE 模型的结构。可以看出，该模型是一个反映决策行为的联立方程系统，从给定的进出口产品的价格和生产者价格开始，可将其分解为一系列的决策与调节过程。

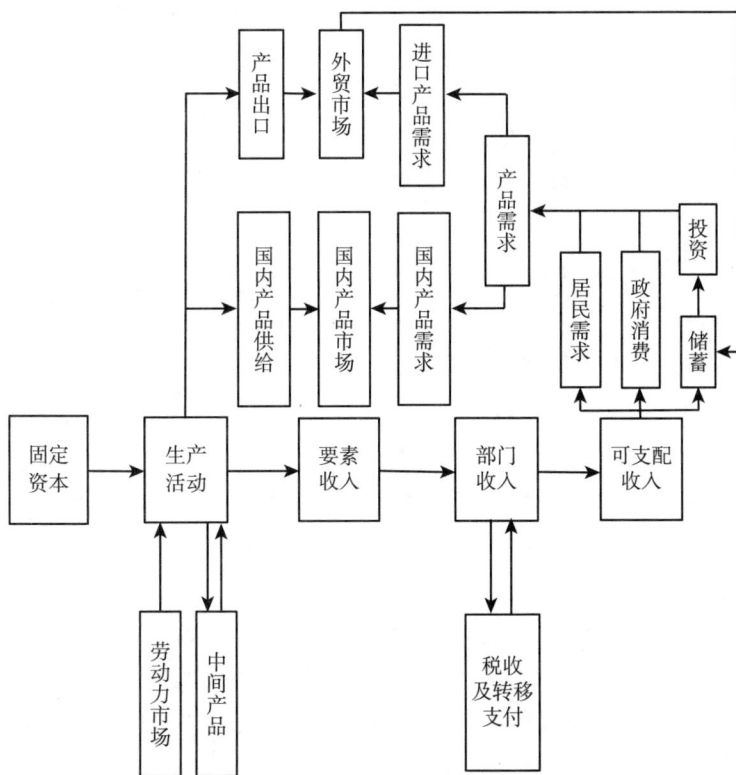

图 1-1 CGE 模型的结构

生产者价格用出口产品和国内销售产品之间的替代弹性来计算；生产的固定要素指的是资本和土地；在产品价格和工资给定的条件下，利润最大化行为决定生产者对劳动力的需求。如果劳动力市场完善，工资、劳动力的供给和需求将调节至充分就业状态。生产要素的收入分配给居民、企业和政府等部门，各部门之间的相互转移支付，如政府税收、生产利润分配和政府对居民与企业的转移支付等，使初次分配所得的收入发生变化，并由此定义了各部门的可支配收入。

一些部门的储蓄消费行为表现：一是政府行为发布直接而明确的政策；二是企业通常会储蓄所有剩余的收入；三是具有相同社会背景的居民通常有稳定的储蓄率和追求效用最大化的需求机制。所有这些行为决策均依赖于消费者价格，而消费者价格由国内市场商品价格、进口商品价格和进口商品与本地商品之间的替代弹性决定。储蓄决定总的投资水平，增加消费和投资需求会使总的商品需求上升。进口产品和本地产品的需求分布、相对价格以及它们之间的替代弹性系数，决定了商品的国内需求和进口需求。

在企业部门，国内市场与出口市场之间的生产分配依赖于商品的相对价格和替代弹性，从而定义了商品的国内供给与出口供给；在外贸市场，进口形成对外贸易的总需求，出口形成对外贸易的总供给，本地市场对不同产品的供需不平衡和外贸市场的供需不平衡，可以通过调节本地市场价格和外汇兑换率同时得到解决。商品市场的循环随着新的均衡价格的出现而结清。这些价格指的是本地生产者价格，出口商品价格和进口商品价格。

假定企业为了生存将不断修改生产决策以适应新的价格和收入水平，这个调节过程会一直持续到所有市场的商品均收敛于均衡价格。

3. 基准数据集

社会核算矩阵（social accounting matrix，SAM）是 CGE 模型的基本数据结构，其刻画的是一个经济体在某一时间段（通常是一年）所发生的经济活动。一个完备的经济模型需要良好的数据库基础的支持，为了使 CGE 模型达到预期的效果，需要对模型中的部门进行细化，那么 CGE 模型的数据库至少要建立在投入产出表的基础之上。20 世纪 60 年代，剑桥增长项目研发出了社会核算矩阵，相比投入产出表而言，SAM 的优势在于，它在各个生产部门、要素和机构水平上提供了一个全面而一致的各类经济交易记录，从而细化了国民经济核算账户，并且能使这些账户和社会经济体系的投入产出账户一致。

社会核算矩阵是求解 CGE 模型的基准数据集，用于校准所研究的经济系统的特征参数，它满足以下条件：（1）所有商品的需求等于供给；（2）所有产业利润为零；（3）所有机构满足预算约束；（4）国际收支平衡。SAM 是一个方阵，在代数上可以表示为

$$T = \{t_{ij}\} \tag{1.1}$$

其中，t_{ij} 是账户 i 从账户 j 获得的收入，同时也是账户 j 对账户 i 的支出。

根据收支平衡的原则，SAM 中每个账户的收入和支出必须相等，即 SAM 中各账户的行和与列和是相等的，即对于所有的 k：

$$\sum_j t_{jk} = \sum_j t_{kj} \qquad (1.2)$$

SAM 的每个账户都有其行和列，方阵中的非零元素代表各账户间的交易。根据会计平衡记账原则，对于每一个账户，其对应的行和必须等于列和，即各账户收入之和（行和）必须等于各账户支出之和（列和）。

一个简单 SAM 如表 1-1 所示，从表格中右侧部分开始，按照列支付行的原则，食品产业支付 1 单位的劳动报酬，服装产业支付 3 单位劳动报酬，总共 4 单位劳动报酬，正好等于表格第四列生产要素的子项目劳动要素收入，说明 SAM 和投入产出表一样存在行列的平衡关系。

表 1-1　　　　　　　　　　　社会核算矩阵

类别		企业		居民	要素		汇总
		食品	服装	城乡	劳动	资本	
企业	食品	4	2	2			8
	服装	2	6	4			12
居民	城乡				4	2	6
要素	劳动	1	3				4
	资本	1	1				2
汇总		8	12	6	4	2	

二、CGE 模型主要阶段

CGE 模型在过去 20 多年发展迅速，表示一个新的经济学领域已经诞生，CGE 模型的历史上可以追溯到 50 多年以前。1954 年，数学家阿罗和经济学家德布鲁证明了一般均衡解的存在后，为 CGE 的发展奠定了理论基础，阿罗 - 德布鲁均衡存在定理（Arrow-Debreu equilibrium existence theorem）最终于 2020 年正式被全国科学技术名词审定委员会公布定义为一种经济学名词。20 世纪 50 年代，挪威经济学家约翰逊结合一般均衡理论以及与实际的经济数据，建立了可计算一般均衡模型。之后几十年 CGE 模型广泛应用于财税、国际贸易、环境与自然资源、行业与区域经济，以及货币政策等领域。在政策分析里，CGE 模型可以用于分析政策对各经济指标的影响，宏观指标包括 GDP、财政税收、就业率、居民消费、贸易条件、价格指数、投资、贸易平衡等；行业指标包括税收、产出、劳动力市场、商品价格等。

CGE 模型的迅速发展始于 20 世纪 70 年代，这与当时的世界经济环境密切相关，同时也充分体现出 CGE 模型不同于经济计量模型的独特之处。这一时期的世界经济形势处于急剧变化当中，由于能源价格飙升、国际货币体系剧变、实际工资上扬等一系列重大的外部冲击而使世界经济的发展偏离了以往的正常轨迹。在没有历史经验可以依靠的情况下，依据历史趋势构建的时间序列经济计量模型难以做出具有指导意义的政策分析，面对一个越来越复杂和相互影响的开放经济环境，传统的克莱因－戈德伯格（Klein-Goldberger）计量经济模型不能充分体现这些事件和其他因素的影响，这就为 CGE 政策分析模型提供了机会。CGE 模型以经济主体在成本最小化和效用最大化条件下的行为模式为基础做出的定量分析，包括反事实的情景模拟（counterfactual simulation）则迅速成为评估外部冲击经济影响的有力工具。在这一期间内，经济学培养了大批遵从新古典经济理论范式的研究人员，同时也培养了他们对宏观经济现象的理解，使 CGE 模型得到了迅速发展。

自 20 世纪 80 年代起，CGE 方法就已被证明是一种有效的政策分析工具并被国际上各大研究机构所青睐。国际货币基金组织（IMF）的工作人员很早就设计开发全球经济模型（GEM）。在此基础上，加拿大银行创造了自己版本的 BoC-GEM。欧洲理事会自 1993 年起运用 CGE 方法设计的 PRIMES 模型，在 1997 至 1998 年被成功地运用，其分析结果 1997 年被欧共体用于《京都议定书》谈判阶段的参考。被广泛运用评估清洁发展机制的 WIAGEM 是包括 25 个地区和 14 个行业部门的全球 CGE 模型，而 MIT 的 EPPA（emissions prediction and policy analysis）、澳大利亚农业和资源经济局的 GTEM（global trade and environment model）都是能够比较准确描述全球经济互动影响并进行部门细化分析的 CGE 模型。

从 20 世纪 80 年代开始，全球气候变暖、臭氧层破坏、生物多样性减少等诸多环境问题日益凸显，促进了 CGE 模型向能源环境领域拓展。经过十余年的快速发展，能源经济 CGE 模型已经成为能源经济模型领域中的重要分支，广泛应用于减缓气候变化的社会经济成本研究及环境政策效果评价的各个层面。从研究尺度上来看，能源经济 CGE 模型表现出向全球宏观与区域细节两个方向的拓展。其中，包含全球区域与产业细节的全球能源经济 CGE 模型被广泛应用于国际协定与全球性政策影响分析上，如分析《京都议定书》框架下全球温室气体减排对不同地区与部门的产业经济与贸易影响。具有代表性的模型包括 OECD 秘书处开发的用于全球气候政策影响分析的 GREEN 模型，以及麦基宾（McKibbin）等开发的 G-cubed 模型。

对于 CGE 模型的运用，中国目前还处于起步阶段。20 世纪 90 年代，伴随能源经济 CGE 模型在国际社会应用越发广泛以及国内对于环境政策评价研究的日益重视，国内学者也开始着手开发中国能源经济 CGE 模型并取得快速进展。这一时期比较有代表性的研究机构与模型平台主要有国务院发展研究中心，在 OECD 贸易与环境项目 CGE 模型的基础上构建中国递归动态环境 DRC-CGE 模型，并将其应用于中国经济增长与产业结构变化的能源环境影响分析之中；社科院数量经济和技术经济研究所与澳大利亚莫纳什大学合作搭建中国 PRCGEM 模型并应用于中国环境政策分析；国家发展和改革委员会能源研究所在日本 AIM 模型的基础上开发中国能源环境综合政策评价模型（IPAC）并对中国中长期排放做出情景研究。IPAC 模型虽为综合评价模型，但其经济模块以 CGE 模型为基础；国家信息中心基于 ORANI 模型和 Monash 模型搭建国家信息中心动态可计算一般均衡模型（SIC-GE）并将其应用于减排政策对我国国际贸易及产业竞争力的影响分析。中国科学院科技政策与管理科学研究所在 Monash 模型的基础上构造我国能源经济动态可计算一般均衡模型（CDECGE）并对中国 2050 年能源需求做出情景分析。清华大学能源环境经济研究所在与美国麻省理工学院（MIT）合作的中国能源气候项目（CECP）中分别开发了中国省级多区域（C-REM）与全球多区域（C-GEM）递归动态 CGE 模型，并用其对中国低碳政策的区域影响与全球影响做出分析，这是目前我国比较典型的基于 CGE 模型的应用。经过十余年的发展，中国已经具有相对完备的单国动态能源经济 CGE 模型体系，并且在能源环境税收影响与减排政策效果评价等领域取得了大量研究成果。

当前，伴随中国能源经济 CGE 建模能力的提升与发展，我国已经开始在单国模型的基础上向省域尺度与全球尺度的多区域动态模型拓展。中国科学院虚拟经济与数据科学研究中心建立了中国八区域递归动态 CGE 模型，并对中国低碳政策的区域影响做出识别。但与发达国家发展了几十年的水平相比，中国的全球能源经济 CGE 模型建模尚处于起步阶段，模型结构与参数取值大多沿袭发达国家的研究成果，缺乏本土化实证分析与校核，尚有许多的基础性工作有待完成。

三、CGE 模型的优缺点

（一）CGE 模型的优点

CGE 模型是分析某种或多种政策组合对多重市场影响的首要分析工具。这些政策组合既可以是以价格为基准的（如税收和补贴），也可以是以数量为基准的（如总量约束、供给和需求）。初始状态下经济处于无约束下的均衡状态，当政策参数发生变化时，经济体中产品的价格、经济活动量、市场的供给与需求都发生相应变化，从而使经济体在政策冲击下达到新的均衡。通过比较变化前与变化后的价格水平、活动量、供需规模就可以对政策的影响做出评估。当然需要注意的是，模型分析结果的准确与否还受到模型自身假设的影响，利用能源经济 CGE 模型对环境政策做出评估主要具有以下优点。

第一，基于坚实的理论基础。能源经济 CGE 模型与新古典微观经济理论密切关联，这一优势使建模者更容易根据相关理论判断模型结果是否合理并对政策的作用机制与影响结果做出基于经济规律的解释。

第二，能源与经济系统整体协调一致的相互作用机制。能源经济 CGE 模型基于现实生产与消费信息流，将各种经济主体与能源技术纳入一个系统框架内描述，不管是能源与经济系统的哪个节点发生了变化都会通过经济主体的最优化决策行为，将其影响直接或间接、前向或后向传导到整个能源经济系统。因此，能源经济 CGE 模型的政策评估结果更加综合与具体，不但可以观测宏观经济整体影响，还可以研究微观经济部门层次变化，从而使其计算结果能较好地解释现象发生的原因。

第三，与投入产出的研究方法相比，CGE 模型不仅考虑到经济体系的整体性，而且承认要素之间的可替代性，它在运用投入产出分析社会总产值的基础上，延伸出要素分配、税收、资金流动影响分析等。此外，CGE 模型市场的均衡是建立在各微观主体最大化福利函数的基础上的，假定居民、企业、政府对商品的消费是按福利最大化的原则消费"一篮子"商品组合，实现消费商品的边际效用与价格之比相等的均衡，而微观经济主体（包括居民、企业、政府）的消费受制于其收入，即来源于劳动、资本、税收等的收入总量。CGE 模型还解决了产业结构内生变动的解释难题。

（二）CGE 模型的缺陷

CGE 模型在拥有上述诸多优点的同时，也存在着自身的缺陷。最早的单国贸易模型是 1972 年由埃文斯（Evans）建立的，他采用一个线性规划的方法，但这个模型显示出对贸易政策过度专业化的影响效果，这个问题在后来被不完全替代的贸易假定所解决，迄今为止主要的模型仍然采用这种假设。到 20 世纪 80 年代早期，德维斯和德·梅洛（Dervis and de Melo）、罗宾逊（Robinson）、迪克森（Dixon）等，以及威利（Whalley）的模型基本奠定了现在标准 CGE 模型的框架，从总体上来讲，现在的模型仍然存在自第一代 CGE 模型就具有的一个主要缺点，即完全竞争性的赫克歇尔－俄林（Heckscher-Ohlin）设定，第一代 CGE 模型对于结构参数也没有进行足够严格的取值，参数在 CGE 模型中起着重要作用，但是，大多数情况下并没有满意的参数可供选择，通常是根据经验对弹性值进行设定，这使模型结果的可信度得不到保证。

综上所述，CGE 模型所受的批评主要集中在关键参数的设定，以及模型的前提假设上。近十年来，人们对如何改进上述缺点做了大量的工作，通过考虑许多更为现实的特性，如引进贸易条件效应、财政影响，以及商品和要素市场的不完全竞争性等,大大丰富了他们的结构设定。然而从实证方面来讲,还没有取得很大的进展,而且许多参数值的设定非常主观,CGE 模型的产业部门和商品的弹性值不是所研究部门的弹性值,有时也不是所研究国家的弹性值,而是其他国家的数据,甚至是很久以前的数据,更不用说在没有相关参考值的情况下对弹性值的猜测。

CGE 模型方法上的缺点在一定程度上阻碍了它们被政策制定者广泛接受,但与以前的实证模型相比在这方面并无太大的区别。CGE 模型的一些缺陷来自其他一些实证经济分析所共有的缺陷,并不是模型本身的问题。只要某些假设能被准确地阐述和理解,那么 CGE 模型可以为政策制定者提供可信的预测结果。而且,CGE 模型也正在被不断地改进。与局部均衡模型相比,一个设定详细而且估计良好的 CGE 模型可以提供更多稳健且详细的政策模拟效果,从而可以为我们的经济学直觉提供有力的说明工具。对某些特别的产业细节问题或者产品差异问题,局部均衡分析可能是唯一可行的方法,但即使在这些领域,利用 CGE 模型对那些被忽略的效果进行粗略估计也比没有要更好一些。

第二节 CGE 模型分类

一、早期研究中的分类方法

CGE 模型有多种分类方法,如克拉利特(Clarette,1986)在美国农业与应用经济协会年度会议上提出有三种划分 CGE 模型的方法:一是根据算法的不同,分为线性化方法和不动点方法两类,线性化方法通过抓住模型的线性化本质,通过一定的数学处理或变量代换,按照线性模式求得参数并得出最终预测模式,而不动点法基于映射的思想对 CGE 模型进行求解;二是根据参数值的确定方法不同,分为校准方法和计量方法两类;三是根据模型的结构框架不同,分为新古典和非新古典两类。

伯格曼(Bergman,1990)将 CGE 模型按年代顺序区分为四种方法:一是源于挪威经济学家约翰逊的多部门增长(MSG)模型及其扩展模型方法;二是源于哈伯格(Harberger,1962)的两部门数值模型、斯卡夫(Scarf,1967)的一般均衡算法以及肖文和韦尔利(Shoven and Whalley,1973)与肖文(1973)对瓦尔拉斯系统均衡存在性的证明及其求解算法的 CGE 模型;三是基于 1986 年乔根森(Jorgenson)等的计量经济学方法的 CGE 模型,而不是"校准"(calibration)方法的 CGE 模型;四是基于"活动分析"(activity analysis)和线性规划建模的扩展方法模型(Bergman,1990)。

泰森（Thissen，1998）总结了两种 CGE 模型划分方法。第一种，也是主要的一种划分方法，是根据 CGE 模型的发展和建模目的，可以分为从 20 世纪 70 年代的宏观模型及多部门分析发展而来的宏观 CGE 模型和在瓦尔拉斯一般均衡理论框架下发展而来的瓦尔拉斯 CGE 模型。对于宏观 CGE 模型，其研究者通常根据"闭合规则"（closure rule）进行进一步划分。目前，CGE 模型常用的宏观闭合规则有四种：新古典闭合规则、一般理论模型假设、约翰逊闭合规则和新凯恩斯闭合规则。他们把瓦尔拉斯 CGE 模型看作宏观 CGE 模型的一种特殊情况，即瓦尔拉斯 CGE 模型采用的是新古典闭合规则，它假定投资不是自由给定的，投资是内生变量，应等于计划的储蓄，投资与储蓄的均衡是由模型外的利率调节机制来确定；而宏观 CGE 模型采用的是其他闭合规则，如新凯恩斯、约翰逊闭合等。瓦尔拉斯 CGE 模型是基于居民效用最大化和厂商利润最大化的竞争性均衡的扩展，它起始于 Harberger 的两部门数值模型，后来的肖文和韦尔利模型和 GTAP 模型都属于此类。宏观 CGE 模型是 Leontief 投入产出分析和线性规划模型的扩展，挪威经济学家约翰逊的多部门增长模型（MSG）可看作第一个宏观 CGE 模型，后来的 ORANIMONASH 模型也属于此类。宏观 CGE 模型相对于瓦尔拉斯 CGE 模型，可以包含特别的组成部分，从而使经济主体的最优化行为不需要从最优化条件导出。第二种，根据参数确定方法的不同，可以分为基于"校准"（calibration）方法和基于计量经济学方法的 CGE 模型（Thissen，1998），如图 1-2 所示。

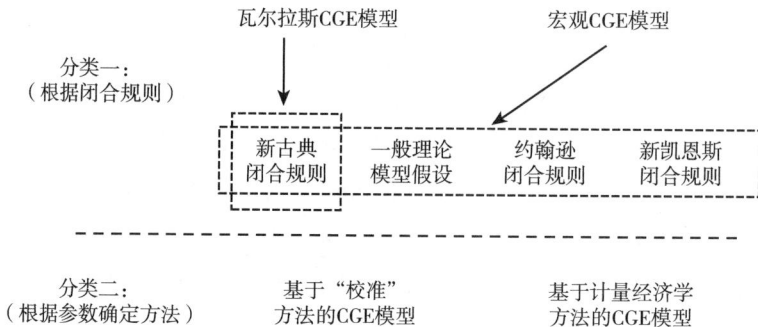

图 1-2　CGE 模型的分类

二、现代研究中的分类方法

经过五十多年的发展，CGE 模型被各个国家及各个经济组织所采用，发达国家利用 CGE 模型实现国家的贸易保护等问题，而众多发展中国家也从对 CGE 模型的初步认识到对国内政策分析的应用阶段，在此过程中衍生了许多具有不同政策意义的模型。根据众多研究中常出现的讨论和构建 CGE 模型的理论基础，模型的闭合规则，以及模型研究的区域范围和性质等，CGE 模型大致可以有以下几种类型的划分标准。

（一）按理论依据和假设不同划分

根据理论依据和假设的不同，可以分为新古典主义传统的 CGE 模型和结构主义传统的 CGE 模型。结构主义 CGE 模型依赖于凯恩斯的分析传统，认为经济系统的结构特征是行为的基础，这些结构包括：收入和财富的分配、土地的租赁关系、国外贸易的类型和程度设定、生产链的密度、市场的聚集程度、人口的地理和部门分布及其技能等。实际上，基于机构和政治经济的分析是结构主义传统 CGE 模型的特点。而新古典主义传统的 CGE 模型以新古典经济理论为基础，从经济主体的最优化和充分就业的假设开始，把瓦尔拉斯抽象一般均衡理论和经济结构结合起来，数值化地求出导致一系列市场平衡的供给水平、需求水平和价格，包括肖文和韦尔利（1984）创建的社会福利 CGE 模型，通过测量收入差距的福利成本，或观察额外储蓄对福利增长的影响，将其反映在模型的计算中。

结构主义 CGE 模型又可以分为以下三种。

1. 弹性结构主义模型

弹性结构主义模型，又称新古典结构主义 CGE 模型，它保持新古典模型的理论结构，但在多种重要关系中设定有限替代弹性，其特征主要表现为在国际贸易中存在贸易不完全替代弹性。模型假定国内生产的产品中出口品和内销品之间存在非线性转换关系，内销品是进口品的不完全替代物，如果生产部门的生产函数采用 CES 型函数，同时，假定企业追求利润最大化，则出口品与内销品之间的关系可用不变弹性的转换函数（CET）表达。

弹性结构主义模型对进出口的这种假定和处理所包含的经济含义是：对进口取消了完全可替代性和产品的非竞争性两种极端假设，因为完全可替代性假设夸大了外贸政策对本国价格体系和生产结构的作用能力，意味着国产品和进口品之间不存在差异，即一种产品或者进口，或者出口，但不能既进口又出口。事实上在许多发展中国家，当模型的集结程度较高时，一部门生产的产品是由许多不同技术构成，不同水平不同档次的产品聚合而成，所以对于同部门产品中的有些产品必须进口，对另一些则必须出口。与完全可替代性相反，产品的非竞争性认为进口品是国产品的必要补充，这样贸易政策变量如汇率、关税等对进口就失去了调节作用，当然，这也是不符合发展中国家实际的。因此，对于进口取消完全可替代性和非竞争性假设而采用有限替代弹性的进口贸易集结函数将更符合发展中国家的经济实际。

用 CET 函数描述出口品与内销品之间关于其相对价格的转换关系是基于如下假

定：认为本国是国际市场价格的吸收者而不是制定者，即本国出口品外汇表示的价格是外生给定的，在 CET 函数表示的既定结构下，出口量的大小与本国的外贸政策紧密相关。

弹性结构主义模型还存在贸易平衡约束，贸易平衡量外生给定，国际收支平衡是通过实际汇率的调节达到的。当选取不同的价格作为价格基准时，实际汇率与名义汇率可能并不对应。弹性结构主义模型只是描述了产品市场上重要关系间的替代弹性，但其理论体系仍然是新古典理论，为了更准确地描述出各个市场上的结构刚性，在弹性结构主义的基础上，又发展了微观结构主义 CGE 模型。

2. 微观结构主义模型

微观结构主义 CGE 模型假设多种市场运行不正常或者根本就不存在，而假设在一个或多个重要市场，有要素流动、价格刚性、配额和新古典不均衡的限制。发展中国家的 CGE 模型大都基于新古典结构主义模型的框架，同时增加了对市场运行能力的约束，即微观结构主义特征，最一般的微观结构主义约束就是假定工资和汇率固定，在 CGE 模型中，当一个均衡变量为价格固定的时候，就必须选择其他的均衡机制把过量需求在系统中进行分配。

在发展中国家，由于生产力水平不高、劳动力盈余等因素的影响，使工资对劳动力市场均衡的调节作用受到限制，也就是说不能通过工资的调整即使劳动力达到充分就业，又使企业的成本最小化，为此，微观结构主义 CGE 模型对劳动力市场做出如下假定和处理：认为企业总是适应劳动力需求曲线，所有失业均由劳动力供给者承担，从系统中省去劳动力供给方程，使供给始终满足需求，从而保证劳动力市场均衡。

微观结构主义 CGE 模型假定汇率固定，这是考虑到许多发展中国家持续面临外汇短缺的困难，潜在的进口需求始终大于其最大的出口能力，汇率的浮动并不能使国际收支达到均衡，这就需要通过新的均衡机制使其达到平衡。微观结构主义 CGE 模型有时还假定产品价格固定，这是因为有些产品的供给能力有限，而实际需求始终大于供给，用价格调节不能使供求达到均衡，于是采用了数量调节方式，这实际上是弱化了生产部门最大化利润的假定。

微观结构主义特征引入 CGE 模型中导致了一系列理论和实际问题。首先，当固定某些价格时（工资、汇率等），就必须指出替代的调节机制及均衡变量，CGE 模型中的固定价格都是指固定的相对价格，于是建模者必须指出相对应的关系。其次，由于价格固定，所以价格不再是调节经济行为的经济信号，因此必须考虑经济人新的行为方程，即确定新的约束最大化行为规则，当采用定量配额机制时，还必须确定其"溅出效应"（spillover effects）。

微观结构主义引入 CGE 模型还必须考虑宏观理论的依据，宏观理论与微观结构的一致性问题成了建模者必须十分重视，认真解决的问题之一。为此，人们引入了宏观结构主义 CGE 模型。

3. 宏观结构主义模型

宏观结构主义 CGE 模型集中于种种宏观经济变量的均衡，尤其是储蓄和投资、进出口、政府收支等的均衡，如中国的 DRCCGE、PRCGEM 经济发展 CGE 模型，以及澳大利亚莫纳什大学的 ORANI 模型等就属于宏观结构主义 CGE 模型。从宏观效应来看，储蓄和投资是研究经济增长的核心问题，不同的宏观封闭机制都是围绕这两个因素设置的。

新古典封闭规则假定储蓄决定投资，认为经济增长是储蓄驱动的，而约翰逊封闭规则假定驱动力是投资，投资决定储蓄，集结的消费由储蓄的剩余决定，这两种假设和理论都不引入均衡变量，投资与储蓄的不同决策都是外生设定的。宏观结构主义 CGE 模型假定模型的名义边际与实际边际存在很强的联系，相对价格失去了在新古典模型中的作用，为了取得宏观均衡，宏观结构主义 CGE 模型通常采用凯恩斯乘数效应等宏观均衡机制，改变总需求调节总供给，通过价格总水平的变化，从而促使投资与储蓄的均衡。

在开放经济条件下，贸易平衡提供了另一种潜在的取得投资——储蓄平衡的均衡机制，即使假定贸易平衡的外币值固定，由于汇率的变化也将导致本国通货反映的贸易平衡值的变化，因此影响总储蓄，若假定贸易平衡值可调，则汇率与储蓄间存在更强的联系，可以把实际汇率看作宏观均衡变量。

（二）按闭合规则不同划分

早在四十多年前，就有学者已经证明，一个封闭经济系统中，如果投资水平和政府支出水平是固定的，那么，如果要达到利润优化的目标就不可能保持充分就业；如果要达到充分就业（即劳动力市场均衡），就不可能达到系统的优化状态。为了达到一般均衡的目的，保证解的唯一性，必须对 CGE 模型做出相应的假设，去掉一组约束。要在失业率（劳动力市场均衡）、公共开支（政府预算均衡）、投资水平（投资与节余均衡）以及要素收入水平（生产优化条件）这四项中取舍，于是就有了四种不同形式的 CGE 模型。

1. 凯恩斯模型

凯恩斯闭合规则以凯恩斯经济理论为依据，在凯恩斯经济理论中劳动与资本的供给是内生变量，需求起决定性作用，假定贸易平衡固定，通过实际汇率的调整，改变了商品的合成价格水平，实际工资随着价格水平的变化而改变，致使劳动力供给及收入改变，实现了储蓄与投资平衡。

汇率作为外生变量，把国外储蓄内生，工资水平作为基准价格，利用合成价格水平调整实际工资，随着价格水平的增长，降低了实际工资，增加了劳动力供给、收入及储蓄。然而，价格水平也使实际汇率升值，增加了进口，减少了出口，并且因此导致国外储蓄增加。此时，投资与储蓄均衡可以通过增加收入带来更多的储蓄或是增加国外储蓄两种来源实现。

它不承认实际工资等于劳动力边际产出这一假定，而是通过收入分配机制使投资和储蓄达到平衡。

2. 卡尔多模型

卡尔多闭合以新凯恩斯经济理论为基础，认为投资和储蓄是外生的，投资和储蓄之间的均衡通过收入分配机制实现，认为实际工资不等于劳动边际产出，这意味着假设劳动力市场不均衡，即允许存在失业，可以把 CGE 模型中的劳动力需求方程式去掉。

该闭合放弃劳动力市场与商品市场同时达到均衡的要求，在这种情况下，就业率被当作内生变量，劳动力实际工资率是固定的，产出价格作为基准价格。各部门的劳动力数量可以依照系统的变化而上下调节，劳动力随时可以补充进生产部门。这实际反映了凯恩斯需求不足、供给过剩的假设。所以，如果在 CGE 模型中各部门劳动力需求量为内生变量，这类模型通常被称为卡尔多模型。此时投资可以作为外生变量，而工资仍由劳动的边际生产率决定，通过就业的变化来达到储蓄与投资的均衡。

3. 新古典模型

新古典闭合以新古典经济学为基础，它认为价格灵活由模型内生决定，资本、劳动都得到充分的利用，经济处于均衡状态，利率可以自由调整，在利率的调节下金融市场达到均衡，此时供给起决定性作用，投资由储蓄决定。即新古典规则假定投资不是自由给定的，投资是内生变量，应等于计划的储蓄，投资与储蓄的均衡是由模型外的利率调节机制来出清。

在保持生产者利润优化的条件下，把投资水平当作内生变量，投资与储蓄的均衡是由模型外的利率调节机制来出清。采用这种闭合的 CGE 模型称为储蓄驱动模型，在充分就业时，投资由居民储蓄决定，本期的投资在下一期成为生产成本，因而经济的运动是由储蓄来推动的。这符合新古典学派的假设，所以常被称为新古典模型。

4. 约翰逊模型

约翰逊闭合规则的经济理论背景与新古典闭合的相一致，与新古典闭合不同的是，约翰逊闭合规则假定投资是外生的，储蓄率是内生的，储蓄由投资决定，模型外的财政政策是计划储蓄等于自主给定的投资，通过储蓄率的调整来实现投资与储蓄的均衡，从而使模型内的投资与储蓄出清。

与新古典闭合相对应，在约翰逊闭合中储蓄是由投资决定的，而且显然整个经济系统由投资驱动，因此，采用该闭合的模型也称为投资驱动模型。

（三）按研究派别不同划分

根据研究群体的不同，可以分为三个派别，即世界银行学派、耶鲁大学学派、约翰逊学派。德维斯、德·梅洛、罗宾逊、格赖斯（Grais）和科博（Corbo）等学者属于世界银行学派，他们的许多研究是在世界银行的研究项目下进行，而且追随阿德尔曼（Adelman）、罗宾逊和德维斯等早期的研究工作。塞拉 – 帕奇（Serra-Pache）、基欧（Kehoe）、克拉利特和威利等学者主要研究发展中国家的税收政策建模，大都借鉴肖文和韦尔利的早期工作基础，他们称为耶鲁学派的原因是，相关模型大都来源斯卡夫及其他学生。文森特（Vincent）、梅耶（Mayer）、古普塔（Gupta）和迪克森等学者主要致力于澳大利亚 ORANI 模型的理论结构和求解技术研究，他们被称为约翰逊学派，因为他们追随约翰逊的线性化求解技术。

（四）按参数确定方法不同划分

根据参数确定方法的不同，可以分为基于计量经济学的 CGE 模型和基于校准方法的 CGE 模型两类。计量方法是根据历史数据，采用计量工具获得自由参数，主要包括最小二乘法、非线性方法和 Taylor 近似法等。但基于计量经济学方法估计的 CGE 模型由于其对数据的要求较高而不多见，该方法的优点是比较精确，缺点是数据采集的成本比较高，有些数据很难获得甚至根本得不到。麦基宾（McKibbin，1999）构建的 G-Cubed 模型是一个基于计量经济学方法估计的动态 CGE 模型。

1. 基于计量经济学确定参数

（1）贝叶斯方法。贝叶斯方法通过对所有参数组合的一个随机样本的分析来代替对所有参数组合的分析。首先对每个参数都会给出一个先验分析，而每个参数的备选值基于这一分布得到。具体来说，如果第 k 个参数有 m 个备选值，那么把它的分布划分为 m 个区间，每个区间根据概率密度函数得到同样的大小。其次是计算每个区间的参数的平均值，用这样的均值作为备选值。这一方法的优点是在样本并不大的情况下是容易计算的。不过它有两个不足：一是每个参数分布的偶矩会被普遍低估，随着样本的增加，低估的概率接近 1；而参数分布的奇矩可能被低估或高估；二是这一方法并没有给出选择合适样本量的方法，一定量的样本可能适用于某些模型，但对另一些模型则未必。

（2）高斯积分法。高斯积分法首先对每一个参数设定一个先验分布，其次在这一分布上选择可以使模型求解的点。和贝叶斯方法中对分布的处理不同，这一方法可以保留参数中分布的二阶和高阶矩。设 m 为每个参数的备选值数目，高斯积分法可以在相对一般的条件下再生产目标变量的 $2m-1$ 矩。尽管如此，计算的精确性同样是以高额的计算成本为代价的。

（3）蒙特卡洛实验法。蒙特卡洛实验法，对每个参数设定一个先验分布，参数集是从这样的分布中随机得到的。这样具体的分布可以是一种或多种常用的分布（如均匀分布、正态分布、对数正态分布等），每个参数分布的总体参数可以基于所研究国家或类似国家和地区的实证研究得到。这个分布可以是单变量的或者多变量的，多变量分布要求对参数间的协方差估计，虽然后者通常是难以得到的。该方法的优点是可以根据目标变量的置信度来确定所需要的模拟次数。

（4）广义最大熵方法。广义最大熵方法（generalized maximum entropy，GME）是最大熵（ME）原理的扩展，是一种与分布无关的结构方程模型的参数估计方法。ME 原理只针对模型系统中的某一个随机变量，而 GME 的目标是同时最大化方程系统内所有随机变量的 Shannon 熵。当模型样本较少时，与其他参数求解方法相比，能使模型的参数估计更加精确。另外，与其他统计方法相比，GME 方法在处理模型中的异常数据和缺失值时，能使模型达到收敛，稳定性较好。基于此，有学者应用广义最大熵的方法对 CGE 模型的参数进行估计。

最大熵方法是在 CGE 模型相关数据不足的情况下采用。阿尔恩特等（Arndt et al.，2002）采用最大熵方法计算估计 CGE 模型中的自由参数。他认为该技术具有以下优点：一是利用所有的一般均衡约束条件；二是允许结合参数值的先验信息；三是允许一些数据的缺失；四是可以生成历史数据和显著性参数。基于这些判断，广义最大熵方法可以视为计量方法和校准方法的一个折中。

2. 基于校准方法确定参数

（1）条件系统敏感性分析。条件系统敏感性分析方法（conditional systematic sensitivity analysis，CSSA）对模型中的每一个参数设定一定数量的备选值，其中一组参数的值作为基期组。在做模拟时，设其他参数为基期值，某一参数选择其他所有备选值。依次类推，对每个参数都进行模拟。如果模型中有 k 个参数，并且每个参数有 m 个备选值（包括基期值），那么模型就需要模拟 $k(m-1)+1$ 次 ［所有参数为基期值需模拟一次；m 个参数，每个参数还有 $m-1$ 个选择，需模拟 $k(m-1)$ 次］。CSSA 方法的优点是计算上可行，模拟的次数和参数个数呈线性关系。即使是大型的 CGE 模型，计算起来也比较快。它的缺点是一次只能变化一个参数，这样就忽略了两个或两个以上变量同时变化对模型结果产生的意想不到的结果。

（2）无条件系统敏感性分析。无条件系统敏感性分析允许很多或者所有参数同时变化，如果有 k 个参数，每个参数的备选值分别为 m_i 个，那么模型就需要模拟 $\prod_{i=1}^{k} m_i$ 次。如果模型中的参数超过两个备选值，这将是一个很大的计算量。如果有 10 个参数，每个参数有 3 个备选值，那么就需要模拟 3^{10} 次；如果有 5 个备选值，那就需要模拟 5^{10} 次。且参数越多，指数次数越高，模拟次数将以指数增长。显然，这种方法在计算上是不可行的，除非模型很小。

（3）有限灵敏性分析方法。有限灵敏性分析方法不需要给出参数的先验分布，只需要给出相关参数的几个有代表性的值，模型只需要给某些关键参数的代表性数值模拟。这一方法的优点是计算上很简单，缺点是参数的选择以及参数备选值的确定相对比较随意。

（4）极值方法。极值方法是事先确定参数的选择区间，然后将极值代入模型，这样得到的模拟结果（相关的经济变量）也是一个区间。

（5）置信区间方法。置信区间方法充分考虑到了参数的统计性质和模拟结果的可信程度，运用自由参数的协方差矩阵来求解内生变量的置信区间，同时，它还能考虑到方程的误差项对内生变量的冲击的置信区间。与灵敏性分析方法（包括条件灵敏性分析方法、无条件灵敏性分析方法、有限灵敏性分析方法）相比，它能在相对低成本的情况下考虑到所有自由参数的变化。

（五）按分析维度不同划分

依据模型分析维度的不同，CGE 模型可以分为全球模型、单区域模型（国家模型）和多区域模型（多国模型）三种，下面具体进行介绍。

1. 全球模型

全球模型，顾名思义，其研究对象是全球各个国家或者经济区（如欧盟）。各个国家都有自己的投入产出结构，国家之间可以通过贸易、投资、运输等模型设定联系在一起，适合研究国际问题。

2. 单区域模型

单区域模型（国家模型），其研究目标只是针对单个区域，如中国或单个省、单个县市，在单个国家模型里，对外贸易就处理得相对简单，如没有了双边贸易，其出口需求因为没有别的国家，所以多数为外生。

中国社会科学院数量经济与技术经济研究所与澳大利亚莫纳什大学政策研究中心共同建立的关于中国能源经济的 CGE 模型——PRCGEM，采用静态分析方法研究了降低 5%、10% 和 20% 二氧化碳排放时需要征收的碳税及其长期和短期的影响，并分析了在不同情景下通过征收碳税时二氧化碳减排的成本，这是我国较为典型的一种单国 CGE 模型。

与单国模型相比，单个省模型除了考虑对外贸易以外，还需要考虑对国内其他省的流出，某省的 CGE 模型，不仅考虑和国外其他国家的贸易，还需要考虑其他省份与该省份之间的贸易。以此类推，到了单个县市，除了上述考虑，还需要考虑省内其他县市的需求。在国家或者单区域模型中，就非常多了，如北京、湖南、内蒙古等地的 CGE 模型。

CoPS 是建立在澳大利亚维多利亚大学商学院内的独立研究机构，主要从事经济模型的开发、应用以及实用政策的模拟分析，并为国际机构以及世界多个地区的政府和企业提供经济模型和政策咨询服务。CGE 澳大利亚学派著名的 ORANI 国家模型是由 CoPS 中心独立构建并开发的一种典型的单区域国家模型，其后来的版本 ORANI-G 与原始版本的 ORANI 设定类似，经常被用于介绍 ORANI 方法以及其他模型开发的起始点。如今，它已经作为基础模型应用于中国、南非、越南、韩国、泰国等国家。

3. 多区域模型

多区域模型是指一个国家有很多个州、省，各个区域有自己的投入产出结构，这些区域之间通过流入流出（即省级间贸易）联系在一起，如中国多区域模型，详细的可能有 31 个省（区、市），100 多个行业，如果继续细分区域，如 CoPS 开发的结构中包含 365 个县市区域，160 多个行业。TERM 也是 CoPS 开发的教学模型之一，此类模型适合研究区域政策对本区域、其他区域及整个中国的影响。

（六）按分析机制不同划分

根据模型的分析机制，可以分为静态 CGE 模型与动态 CGE 模型。静态及动态模型都可以与全球模型、单区域模型和多区域模型有交叉，也就是说，上述分类每个模型都可以有静态和动态的区别，从根本上来说，比较静态 CGE 模型就是分析整个政策实施前后两个均衡状态之间的差异，而动态 CGE 模型则是分析模拟经济政策等每年所造成的效益或影响。以中美贸易摩擦为例：若中美之间的贸易摩擦对中国 GDP 的影响为 0.5%，这个 0.5% 就意味着发生贸易摩擦相较于不发生贸易摩擦，中国 GDP 将受到 0.5% 的影响，以及两种情况下中国 GDP 增速之间的差异；动态则是指如果中美贸易摩擦一直持续下去，每年对中国 GDP 造成的影响如何，如果持续 20 年，那么动态 CGE 模型将持续模拟 15 年，模型会给出这 20 年中，每年对中国的 GDP 影响是多少。

上述分类方法当中，根据分析维度和分析机制不同分类的方法尤为重要，在 CGE 模型使用过程中，经常根据是全球、单区域还是多区域，以及是静态还是动态的模型分为 6 种类型：单区域静态模型、单区域动态模型、多区域静态模型、多区域动态模型、全球静态模型和全球动态模型。其中一些模型如表 1-2 所示。单区域动态、静态 CGE 模型多用于分析一国内财政税收及收入分配政策造成的影响，如早期的 ORAIN 模型、墨西哥的 ME-GAMEX 模型等；多区域动态模型及全球动态模型通常用于温室气体减排等全球问题，其中 GREEN 模型横跨 11 个部门，基于 CES 生产函数与 Armington 贸易假设，是国际上较为典型的应用于节能减排的多区域动态 CGE 模型，其他相关模型如 RICE 模型、GTAP-E 及 GEM-E3 等模型均在碳减排方面有较多的应用。

表 1-2 按区域和动、静态分类的一些 CGE 模型

分析维度	静态模型	动态模型
单区域	DMR（世界银行） ORANI（澳大利亚，莫纳什大学） LHR（国际食物政策研究所） DRCCGE（中国，国研中心） PRCGEM（中国，社科院数技经所） GEMTAP（美国） ME-GAMEX（墨西哥） GE-PAK（巴基斯坦）	MONASH（澳大利亚，莫纳什大学） SCREEN（瑞士，能源政策与经济中心） DACEM（美国） DICE（美国，耶鲁大学） IGEM（美国）
多区域	MR-WATERGEM（中国台湾） TERM（澳大利亚） MMRF（澳大利亚）	G-Cubed（澳大利亚国立大学） GTEM（澳大利亚农业与经济资源局） IMAGE（荷兰，公共健康与环境研究所） GREEN（经济合作与发展组织） World Scan（荷兰，经济政策分析局） MultMod（国际货币基金组织） GEMREG（泰国） C-REM（中国，清华大学能源环境经济研究所）
全球	GTAP（美国，普渡大学） FRAM（荷兰） MERGE（英国） GEMINI-E3（法国）	AIM（日本，国家环境研究所和东京大学） GTAP-E GTAP-Dyn MIT-EPPA（美国，普渡大学） RICE（美国，耶鲁大学） C-GEM（中国，清华大学能源环境经济研究所） GEM-E3（欧洲经济研究中心）

第三节 CGE 模型应用领域

一、CGE 模型应用领域概况

可计算一般均衡模型的理论基础是一般均衡理论，一百多年来，许多经济学家致力于一般均衡理论的研究，使之成为经济学研究中最活跃的领域之一（徐滇庆，1993）。在应用上，自从约翰逊（1960）的第一个 CGE 模型产生以来，经过半个世纪的应用和发展，CGE 模型无论是在发达国家还是在发展中国家都获得了广泛的应用和发展。

关于 CGE 模型的应用领域，庞军等（2005）根据不同的应用目的，将 CGE 模型分为税收政策评价、国际贸易问题分析、发展政策研究、能源政策研究和环境政

策分析。德瓦拉扬和罗宾逊（Devarajan and Robinson，2005）认为 CGE 模型在公共政策研究中主要用于贸易政策、公共财政（如税收）、结构调整、能源与环境和收入分配等问题。丘马塞罗等（Chumacero et al.，2005）认为 CGE 模型主要应用于国际贸易、公共财政、环境问题，以及政策变化的模拟、外生冲击对经济的影响和预测等。江崎（Ezaki，2006）认为 CGE 模型广泛应用于发展中国家和发达国家的贸易、税收、收入分配、结构调整和环境问题等。

本节的综述涵盖了 CGE 模型在资际贸易、公共财政政策（特别是税收政策的变化对经济的影响）、资源和环境、其他（如收入分配和贫困、健康、交通等）领域的一些应用。读者可以参考下面的一些综述性文章，如肖文和韦尔利（1984）综述了 9 个税收 CGE 模型和 9 个贸易 CGE 模型，并说明了其部门划分、数据来源，以及主要模拟结果等。迪卡路维等（Decaluwe et al.，1988）综述了 26 个发展中国家的 73 个单国 CGE 模型，侧重于生产、消费和贸易模块的处理，以及模型宏观闭合规则的处理。帕特里奇等（Partridge et al.，1998）综述了用于区域经济分析的 28 个地区 CGE 模型，并对生产和消费函数、部门划分、生产投入要素、劳动市场闭合，以及资本和劳动的流动性设定等问题进行了详细说明。另外，可以参考泰勒等（Taylor et al.，2016）的研究，他们简述了 CGE 模型在发展中国家中的历史，同时描述了一些带有金融扩展的模型。

另外，由于 CGE 模型在不同领域广泛、迅速地发展和应用，要全面综述 CGE 模型在各领域的应用几乎不可能。本节旨在抛砖引玉，读者如果对 CGE 模型在某一领域的具体应用感兴趣，可以根据本节提及的相关文献，采用"顺藤摸瓜"的方法去查找其他文献，进行更深入的研究。

二、CGE 模型在国际贸易中的应用

贸易政策分析是 CGE 模型广泛应用的一个领域。在贸易模型中，一个国家或地区出口的是具有比较优势的商品，其模型的差别反映了比较优势嵌入模型的方法不同，以及政策制度的不同。在这些模型中，一些是分析全球问题的多国模型，另一些是单国模型；一些是针对特定贸易问题的模型，另一些则是一般意义上的模型，只是其中一个部分可以分析贸易问题；一些是发达国家的模型，另一些是发展中国家的模型，而两者的贸易政策在很大程度上是不同的。模型运用不同的方法处理贸易保护政策，其中包括关税和非关税壁垒。处理非关税壁垒的一个简单方法是采用从价等值关税（Ad Valorem Equivalent，AVE），但这在一些情况下是不可行的，如在数量限制条件下，由于价格的变化，AVE 不会保持不变（Shoven and Whalley，1984）。对于多国模型和单国模型，肖文和韦尔利（1984）认为有两点区别。一是处理贸易的方法。多国模型对其中所包括的所有国家都有

一个生产和需求上的设定，单国模型则采用比较粗糙的处理方法，把除其本身之外其他国家和地区用一个经济主体代理，即所谓的世界其他地区（rest of the world，ROW），通常是采用一个闭合规则，即设定一个简单的进口供给和出口需求函数。二是多国模型可以处理多边贸易问题，如关贸总协定（general agreement on tariffs and trade，GATT）框架下的贸易自由化，而单国模型则不适合分析此类问题。

贸易领域 CGE 模型的典型代表是全球贸易分析项目（Global Trade Analysis Project，GTAP）建立的 GTAP 模型和数据库，其最新版数据库（Version 10.0）包括141 个地区，每个地区包括 65 个部门。很多随后建立的贸易 CGE 模型都不同程度地受到 GTAP 模型的影响。

发达国家贸易领域 CGE 模型研究较多的是关于世界/地区贸易一体化。例如，关于北美自由贸易协定（North American Free Trade Agreement，NAFTA）的 CGE 模型，研究内容涉及协定实施后，对三个国家（美国、加拿大和墨西哥）的利益与成本，对美国劳动市场的冲击，对美国和墨西哥移民的影响，对具体部门的影响（如农业、自动化和纺织），对美国和墨西哥双边贸易平衡的影响，对墨西哥经济的影响等。例如，弗洛里斯等（Flores et al.，2018）运用 CGE 模型作为估计基础，该模型使用墨西哥的社会会计矩阵来评估墨西哥不同贸易政策方案产生的经济影响，其结论是仅考虑关税变化情况下北美自由贸易协定的最终取消将对墨西哥经济产生一部分的影响。贝克曼等（Beckman et al.，2018）探讨了终止 NAFTA 的市场准入条款对农业可能产生的影响。其他相关 NAFTA 的研究，可参见乔治等（Georges et al.，2008，2010）和哈里森等（Harrison et al.，1997）。

发展中国家在 20 世纪建立的贸易 CGE 模型，有多国模型和单国模型两种，纳兰帕纳瓦等（Naranpanawa et al.，2014）主要讨论了其中的单国模型，首次为印度经济建立了一个单一国家的多区域可计算一般均衡（CGE）模型来研究贸易自由化与单个国家的区域差异之间的联系。表 1－3 列举了一些国家的贸易 CGE 模型。21世纪以后，发展中国家贸易 CGE 模型涉及多个方面。如阮等（Nguyen et al.，2020）用 CGE 模型研究了贸易自由化对越南不同家庭群体之间收入分配的影响。安德森等（Anderson et al.，2020）研究 CGE 模型中关于贸易自由化对发展中国家收入不平等和贫困的影响。巴内尔吉等（Banerjee et al.，2021）研究了基于地域性消费的替代框架下对发展中国家的出口实施 BCA 的影响。弗罗因德等（Freund et al.，2021）对发展中国家联盟的效率和公平效应进行了研究。范子杰等（2022）聚焦于关税成本变化，量化分析了扩大进口带来的贸易与福利效应。在完全竞争情形下，构建了一个纳入投入产出结构的多国多部门异质性企业一般均衡分析模型，结合中国加入 WTO，讨论了扩大开放下中间品和最终品关税削减变化的贸易和福利效应。

表 1-3   贸易 CGE 模型

研究者	供给面		需求面		基年	政策模拟
	生产函数	部门数	需求函数	部门数		
哈里特（Hallaert, 2007）	嵌套的 Leontief/CES 生产函数	6	嵌套的常差弹性（CDE）/CES 函数	6	更新到 2005 年	马达加斯加加入南非发展共同体
郭晴等（2019）	嵌套的 Leontief/CES 生产函数	32	C-D 效用函数	1	2014 年	中美贸易冲突
陈虹等（2015）	C-D 生产函数	12	LES 需求系统	1	2007 年	不同自由贸易情境
李侨敏等（2021）	嵌套的 C-D/CES 生产函数	15	LES 需求系统	1	2014 年	中美贸易冲突
孙乾坤等（2020）	嵌套的 Leontief/CES 生产函数	57	Stone-Geary 效用函数	2	2013 年	中美贸易冲突
川崎等（2015）	嵌套的 Leontief/CES 生产函数	29	C-D 效用函数	1	2010 年	关税改革

有关亚太经济合作组织（Asia-Pacific Economic Cooperation，APEC）问题。在区域贸易合作方面，斯科莱等（Scollay et al.，2000）综述了有关 APEC 自由贸易和投资问题研究的 CGE 模型，并建立了自己的 CGE 模型，认为该模型不同于其他研究 APEC 的 CGE 模型有两点：一是排除了东南亚国家联盟对研究 APEC 的影响；二是包含了一个在 APEC 食品系统下的食品产品模拟。结果表明 APEC 具有坚实的利益基础，大多数国家可以从中受益，不过要警惕弹性原则（the principle of flexibility）可能导致开放进程出现的倒退，结果还说明 APEC 大部分的潜在利益来自农业的贸易开放。川崎等（Kawasaki et al.，2015）通过使用全球贸易的 CGE 模型来估计取消关税和减少非关税措施（NTMs）对整个经济的影响。列祖尔等（Lejour et al.，2008）根据 APEC 对服务业自由化进行了完整分析。

在理论上，贸易 CGE 模型一般都采用 Armington 假设，即假设不同地区生产的同类产品具有不同的性质。采用该假设的原因是多方面的（Shoven and Whalley，1984）。一方面，在国际贸易中除了同种产品的"双向贸易"（cross-hauling）外，早期的贸易模型由于采用不同国家的同种商品是同质的（homogeneous）这种强假设，并采用近似于直线的生产可能性边界（production possibility frontier，PPF），所以贸易政策的微小变化会导致相关变量不切实际的较大变动。另一方面，进出口弹性值是 CGE 模型中的关键参数，如果不采用 Armington 假设，参数校准就会发生困难，而 Armington 假设可以解决该问题。

有关贸易领域 CGE 模型的综述，可参阅德·梅洛（1988）、肖文和韦尔利（1984）的相关研究。德·梅洛（1988）针对发展中国家的贸易 CGE 模型进行了方法上的综述，由简单的单部门数值模型逐步扩展、推广到多部门模型，用数值方法说明相关的政策问题和怎样对这些问题进行模拟。肖文和韦尔利（1984）综述了从1977至1983年的6个多国模型和3个单国模型，说明了其部门划分、供给面和生产面的函数类型、数据来源、假设，以及主要模拟结果等。高等（Ko et al.，2017）利用多区域、多部门的可计算一般均衡模型，在宏观经济层面上对日本、韩国自由贸易协定（FTA）对两国农业的潜在经济影响进行了量化评估。皮尔马蒂尼等（Piermartini et al.，2005）也综述了关于乌拉圭回合谈判的五个CGE模型，以及基于GTAP数据库下关于多哈回合谈判的八个模型。

三、CGE 模型在财政税收中的应用

　　财政政策也是CGE模型研究的重要领域，该领域集中于税收政策的研究和应用，其他研究领域是对包括补贴在内的政府支出政策的分析等。在许多发展中国家，食品补贴在政治经济中扮演着重要角色，这方面的例子很多，如埃斯梅伊利等（Esmaeili et al.，2013）使用CGE模型，调查了替代性粮食补贴改革对伊朗的生产、外贸、家庭福利和政府支出的影响。但无论是在发达国家，还是在发展中国家，CGE模型在财政政策领域中的应用主要集中于税收政策的分析和应用。

　　以研究美国税制改革的GEMTAP模型（Ballard et al.，1985）为代表，税收CGE模型主要考虑税制改变、税收扭曲、具体税收系统的结构特征，以及税制变化对福利得失的影响等。多数发达国家的税收政策CGE模型属于耶鲁学派。一些欠发达国家的政策分析者也追随耶鲁学派，尤其是追随美国第一代税收CGE模型，如研究墨西哥1980年税改的MEGAMEX模型（Kehoe and Serra-Puche 1983；Bandara，1991）。表1-4列举了关于财税政策的CGE模型。

表1-4　　　　　　　　　　　　　财政问题 CGE 模型

研究者	供给面		需求面		基年	政策模拟
	生产函数	部门数	需求函数	部门数		
云小鹏（2019）	Leontief 和 C-D 函数	23	嵌套的 C-D 函数	4	2015 年	中国环境税模拟
李毅等（2021）	CES 函数	11	C-D 效用函数	16	2017 年	中国碳税模拟
刘磊等（2019）	嵌套的 Leontief 和 CES 函数	42	C-D 效用函数	10	2015 年	增值税改革
刘宇等（2015）	嵌套的 Leontief 和 CES 函数	14	C-D 效用函数	10	2007 年	碳税改革

续表

研究者	供给面		需求面		基年	政策模拟
	生产函数	部门数	需求函数	部门数		
时佳瑞等（2015）	嵌套的 Leontief 和 CES 函数	40	线性支出系统（LES）	6	2007 年	煤炭资源税改革的影响
巴拉德（Ballard et al.，1985）	嵌套的 Leontief 和 CES 函数	19	从嵌套的 CES/C-D 效用函数导出	16	1973 年	所得税调整

税收 CGE 模型源于哈伯格（1962）建立的用于分析美国公司和资本收入所得税的两部门（公司部门和非公司部门）一般均衡模型，随后的税收 CGE 模型都带有哈伯格模型的特点。富勒顿等（Fullerton et al.，2017）对运用 CGE 模型进行税收政策分析做出了重要贡献。他们为了帮助经济学一年级或二年级的研究生应用他们的理论训练，展示了如何使用计算器解决一个简单而直观的 CGE 模型，同时展示了如何同时解决资本和劳动力价格（在收入来源方面的发生率）、两种产出价格（在使用方面的发生率）、整体福利损失的确切措施，如等值变化、超额负担和边际超额负担，以及以拉弗曲线形式对收入的影响。拉杜列斯库等（Radulescu et al.，2010）本着哈伯格的精神，运用一个动态的 CGE 模型，估算出德国企业和非企业部门之间的资本分配中由税收引起的扭曲所产生的过度负担。袁嫣（2013）构建相互嵌入式的模型，定量探析碳关税对我国对外贸易、总体经济、生态环境、不同省区经济的影响。

云小鹏（2019）在分析能源补贴相关财税政策、碳税政策理论以及国内外相关领域研究现状的基础上，通过 CGE 模型理论、投入产出理论、社会核算矩阵理论以及 GAMS 编程方法，构建中国能源与环境财税政策的 CGE 模型，收集相关基础数据，建立模型数据库，获得了 GAMS 编程语言下的模拟实现。李毅等（2021）通过 CGE 模型系统地分析了在不同碳税水平下碳税征收对能源—经济—环境系统的影响，进而揭示碳税政策的实施能否实现环境保护与经济发展的双重红利效应。刘磊等（2019）通过构建 CGE 模型，模拟分析了 2019 年 4 月实施的增值税减税政策对宏观经济及各行业的影响。时佳瑞等（2015）将 CGE 方法应用于研究煤炭资源税改革的影响，在模型中增加资源税模块，构建了测算中国煤炭资源税改革影响的 40 个部门的动态递归 CGE 模型。刘宇等（2015）基于中国工业化和城市化加速发展中碳排放快速增长给可持续发展带来严峻挑战的背景，在无税收返还、减免消费税和减免生产税三种情景下运用动态 CAS-GE 模型，模拟了中国 2015 年开征 100 元/吨碳税的经济影响。

四、CGE 模型在全球温室气体减排中的应用

在评价全球温室气体减排的 CGE 模型中，一个应用较早且最为广泛的模型是

GREEN 模型（general equilibrium environmental model），详细情况可参考李等（Lee et al.，1994）和伯尼奥等（Burniaux et al.，1992a，1992b）。麻省理工学院（MIT）全球变化联合研究项目[①]的 EPPA（emissions prediction and policy analysis）模型就是在 GREEN 模型的基础上建立的。另一个著名的分析全球温室气体减排的 CGE 模型是麦基宾等（1999）开发的 G-Cubed 模型（global general equilibrium growth model）[②]，并应用于京都议定书框架下不同国家二氧化碳减排问题的研究（McKibbin et al.，1999，2004）。在气候变化领域，侧重于研究农业问题的一个较好模型是 FARM 模型（future agricultural resources model）（Darwin et al.，1995，1996）。FARM 模型由地理信息系统（GIS）和一个 CGE 模型组成。GIS 包含 12 个区域，连接气候变量与水土资源，用于估计由于海平面上升导致的土地减少。CGE 模型包含 8 个地区，连接水、土等基本生产要素，以及贸易和商品消费，用于估计福利损失。达尔文等（Darwin et al.，2001）用 FARM 模型研究了海平面上升对全球经济的影响，相关情况见表 1 - 5。

表 1 - 5　　　　　　　研究温室气体减排与能源问题的一些 CGE 模型

研究者	供给面		需求面		基年	政策模拟
	生产函数	部门数	需求函数	部门数		
麦基宾等（2004）	嵌套的 Leontief/CES 函数	12	嵌套的 CES 效用函数	4	1987 年	京都议定书框架下减排
徐晓亮等（2015）	嵌套的 Leontief/CES 函数	6	嵌套的 CES 效用函数	3	2013 年	不同税率区间煤炭资源税改革
瞿小松等（2017）	CES 函数	14	线性支出系统（LES）	5	2007 年	不同交易模式下的全球减排效率
张友国（2013）	嵌套的 CES 生产函数	42	线性支出系统（LES）	4	2007 年	要素能源替代不确定时的约束影响
郭正权等（2014）	嵌套的 CES 生产函数	23	C-D 函数	5	2007 年	能源消费与碳排放的发展
伯尼奥等（1992a，b）	嵌套的 Leontief/CES 函数	11	嵌套的 ELES/Leontief/CES 函数	4	1985 年	碳税、能源税和交易许可的改革

资料来源：作者整理。

其他模型，如诺德豪斯（Nordhaus，1992a；1992b）的 DICE 模型（dynamic integrated model of climate and the economy），以及诺德豪斯等（1996）的 RICE 模型。

[①]　http://web.mit.edu/globalchange/www/

[②]　http://www.gcubed.com/或 http://msgpl.com.au/

DICE 模型相对简单，并且有详细的文档说明（Roughgarden et al.，1999）。（Nong et al.，2021）采用全球气候变化政策模型（GTAP-E-Power）来研究当只有二氧化碳排放与非二氧化碳温室气体排放额外需缴税的情况相比，适用于世界各地的 15 美元的统一碳税的影响有什么不同。

许多包含环境税的应用模型大都是 CGE 类型的模型，其中对能源问题有较为详细的描述（Arikan et al.，2001），如李等（2021）构建 CGE 模型，用于评估中国最新的环境税政策。另外，政府间气候变化专业委员会（Intergovernmental Panel on Climate Change，IPCC）[①] 第三工作组的网站[②]上也有关于研究气候变化问题 CGE 模型的丰富信息。

在能源方面。孟等（Meng et al.，2018）利用一个新的 CGE 模型，该模型整合了一个电力供应模型，以衡量国家排放交易计划（ETS）对澳大利亚的能源部门以及对社会的经济影响。模拟结果显示，ETS 可以有效地减少排放，而且其对整体经济的影响相对较小。但是，ETS 对个别行业的影响各不相同。风力发电预计将大大受益，而褐煤发电和天然气发电预计会受到严重影响。令人惊讶的是，其对黑煤发电的影响是负面的，但相对较小。贝克曼等（2011）采用了一种新的方法来验证一个广泛使用的全球 CGE 模型——GTAP-E。通过比较模型生成的石油价格分布的方差（由模型的历史需求和供应冲击驱动）和观察到的五年移动平均价格分布，得出了 GTAP-E 中的能源需求在这个中期范围内价格弹性太大的结论。在纳入最新的能源需求和供应弹性的计量经济学估计后，贝克曼等重新审视验证问题，发现模型的表现更加令人满意。作为进一步的检查，贝克曼比较了一个确定性的全球一般均衡模拟，该模拟基于 2001~2006 年五年期间的历史实现，在此期间石油价格急剧上升，全球能源需求不断增长。正如随机模拟所预期的那样，修订后的模型参数在这个全球一般均衡的背景下比原来的 GTAP-E 参数表现得更好。

关于该领域 CGE 模型的综述。瞿小松等（2017）利用一个动态 CGE 模型对《巴黎协定》所采用自主贡献方案下的全球温室气体减排效果进行分析，并比较了不同交易模式下的全球减排效率。徐晓亮等（2015）构建动态递归 CGE 模型，采用 GAMS 软件以 2%、5% 和 10% 的税率区间分析煤炭资源税改革对行业发展、资源效率和减排的影响。张友国（2013）用一个简单的理论框架比较了碳排放强度约束和总量限制的绩效并进一步结合 CGE 模型和蒙特卡洛方法，模拟了要素能源替代不确定情形下这两种约束对中国经济总量、碳排放总量、破排放强度及边际碳减排成本的影响。

---

① http：//www.ipcc.ch/

② http：//sres.ciesin.org/OpenProcess/htmls/source_tbl.html

五、CGE 模型在土地要素处理中的应用

(一) 土地利用变化 CGE 模型

本节选择了一些与土地利用变化相关的 CGE 模型，并对其进行较为详细的介绍。表 1-6 是关于土地利用变化的一些 CGE 模型。

表 1-6　　　　　　　　关于土地利用变化的一些 CGE 模型

研究者	供给面		需求面		基年	政策模拟
	生产函数	部门数	需求函数	部门数		
金姆等 (2006)	嵌套的 Leontief/CES 生产函数	5	线性函数	5	1995 年	绿地、工业和商业用地变为居民用地对经济指标的影响
斯腾贝格等 (2007)	嵌套的 Leontief/CES 生产函数	8	线性支出系统 (LES)	9	1990 年	森林保护 25 年计划的四个政策
杨燕萍 (2013)	嵌套的 Leontief/CES 生产函数	14	线性支出系统 (LES)	2	2007 年	嘉峪关市生态用地变化和经济发展
朱光明 (2012)	嵌套的 CES 生产函数	4	C-D 函数	3	2008 年	分析土地利用结构变化过程和变化机理
汤娜 (2019)	嵌套的 CES 生产函数	6	线性支出系统 (LES)	6	2012 年	碳排放模拟

汤娜 (2019) 基于土地利用优化、土地利用碳排放、可持续发展、一般均衡理论相关理论基础，对陕西省近八年土地利用状况及土地利用碳排放量进行了分析，通过建立凸显土地利用与碳排放的陕西省 CGE 模型，研究不同碳排放约束下各类型用地的数量变化及各类型用地数量变化对部门产值及宏观经济的影响，并对 2030 年各类型用地数量进行预测。

西莫拉等 (Simola et al., 2015) 通过研究认为在土地利用 CGE 模型中对密集边际的不充分处理可能会产生误导性的结论和错误的政策建议。朱光明 (2012) 综合运用城市地理学、土地规划学、GIS 空间分析、CGE 模型等相关理论和方法，以地理学"格局—过程—机理—优化"的研究思路，在综合考虑长春市经济社会发展和土地资源约束的前提下，识别长春市土地利用的基本格局，分析土地利用结构变化过程和变化机理。

翁等（Weng et al., 2019）利用 CGE 模型，增加了一个明确的土地分配模块，并设计了一个场景方法来模拟不同的土地使用管理模式。白等（Bai et al., 2021）采用了可计算的土地利用变化一般均衡模型（CGELUC）来模拟土地利用变化，然后用动态土地系统（DLS）模型对张掖市三种发展情景下 2015～2030 年的土地利用变化进行空间化处理。松本等（Matsumoto et al., 2019）使用 CGE 模型和土地利用模型，评估了区分气候和森林政策选择的四种情景，并评估了到 2030 年同时实施这两种政策的有效性。杨燕萍（2013）在对一般均衡理论和生态用地服务功能及价值研究的基础上，通过编制嘉峪关市生态用地社会核算矩阵，构建包含生态用地账户的可计算一般均衡模型，以 2007 年为基准年，对嘉峪关市生态用地变化和经济发展进行分析。赫敏等（Helming et al., 2018）评估了在将欧盟（EU）共同农业政策（CAP）的第一支柱预算削减 20%，并将节省下来的资金用于初级农业的劳动力补贴的情况下，由此产生的对欧盟经济、环境和农业土地利用的影响。阿卜杜拉（Abdula, 2006）应用国际食物政策研究所（international food policy research institute, IFPRI）的标准 CGE 模型对土地利用变化和生物能源问题进行研究，其中有对农业和林业，尤其是农业土地利用变化的详细设定和描述。

另外，斯滕贝格等（Stenberg et al., 2005）综述了九个应用于森林相关政策的 CGE 模型，并说明目前用于这方面研究的 CGE 模型还处于早期阶段。

（二）模型对土地要素的处理方法

在 CGE 模型分析中，怎样把土地要素纳入模型中是问题的关键。土地作为一种基本生产要素，具有它自己的特点。第一，与劳动和资本不同，土地在地理位置上是不可移动的。第二，除了农业土地转为非农业土地之外，农业生产中土地的异质性也是模型要考虑的重要问题。因为土地具有异质性，一块土地的可能产量依赖于土地类型、灌溉、气候等因素，在给定的劳动力和资本投入的情况下，这些都影响着具体作物的收获量，因此决定着其所影响的相关经济活动。

所以，在构建有关农业和土地利用 CGE 模型时，必须使模型能够体现出由于土地异质性而导致的供给约束。如果模型是基于土地同质的，将会夸大供给对价格的反应程度，因为其中没有考虑农艺和气候条件的约束。CGE 模型的窍门是描述这些约束的本质，而不需要开发一个分地区和土地类型的农业生产模型（Hertel, 2002）。赫特尔等（Hertel et al., 1988）把农业土地的供给看作是固定的，土地类型包括食品谷物、饲料谷物、油料作物和其他农业土地，不同作物供给面积的大小依赖于土地相对租金的变化，并用 CET 函数描述一种土地类型向另一种土地类型的转变。赫特尔（2002）认为，CGE 模型中对土地的处理，最简单的或许是赫特尔等（1988）所使用的方法，他们设定了一个转换函数，把总的农业土地作为投入并根据相对租金的不同分配给不同的用途。描述农业土地异质性的另一种方法涉及区分土地类型和土地利用。在这个框架下，土地市场的均衡牵涉到任何给定类型土地的税后收益率相等。但是，假设不同土地类型对于给定作物的生产具有不完全替代性，将会存在不同的土地类型具有不同的租金率问题。

卡塔尼奥（Cattaneo，2002）认为，简单的一种方法是根据不同用途的土地类型划分土地市场，这种方法暗含土地生产活动要么是完全替代的，要么就是根本不可替代的。另一种灵活的方法是区分土地类型和土地利用，但土地类型在给定作物的生产中具有不完全替代性。以上两种方法中，具体的一种土地在不同的土地利用中具有相同的租金。第三种方法是根据赫特尔等（1988），设定一个转换函数，把总的土地作为输入，并根据转换弹性和相对租金把其分为不同的用途。

在土地要素的处理方法上，有关的具体的文献，如藤森等（Fujimori et al.，2014）比较了 CET 和 Logit 函数在未来情景中的作用，并评价了 CET 对土地使用面积的影响。蒋庭松（2004）假设土地不是非农业部门的生产要素。农业各部门的土地供给由 CET 函数决定，它依赖于居民的土地禀赋，每个部门的土地相对价格，以及转换弹性。土地的不完全流动性反映了土地利用的自然和政策限制。翁（Wong，2003）基于 GTAP 模型，构造了一个含有九个区域、六个部门的全球 CGE 模型，用于分析气候变化所引起的生态和经济问题。关于土地利用的问题大都将土地视为一种具有异质性的生产要素，如基蒂加等（Chitiga et al.，2008）使用了一个 CGE 模型和一个微观模拟模型，以量化土地再分配在贫困、不平等和生产方面的影响；费雷拉等（Ferreira et al.，2014）通过使用与 2005 年巴西 I－O 表校准的区域间、自下而上的动态一般均衡模型，分析了巴西乙醇生产扩张的间接土地利用变化（ILUC）效应。

综上所述，可以看出在 CGE 模型中，土地要素牵涉到土地的不可流动性、异质性和替代性等问题，一般有以下几种处理方法：（1）根据不同用途的土地类型划分土地市场，这种方法暗含土地生产活动要么是完全替代的，要么就是根本不可替代的；（2）"由下到上"的方法，采用 CES 函数，土地类型在给定作物的生产中具有不完全替代性；（3）"由上到下"的方法，采用 CET 函数，把总的土地利用纳入模型中，然后根据不同部门的土地相对价格，转换弹性等分配给不同的部门。

一般情况下，根据所描述的经济系统以及所要分析问题的侧重点不同，资源环境因素纳入 CGE 模型的方式也各不相同，很难概括出适合分析所有资源环境问题的统一方法。例如，在分析污染控制问题的 CGE 模型中，生产者和消费者的最优行为在某种程度上将受到污染排放控制政策的影响。图 1－3 描述了污染与生产之间的相互作用，图 1－3 中的上、下虚线内两部分分别表示生产过程中由环境问题导致的外部成本和内部投入成本的变化。

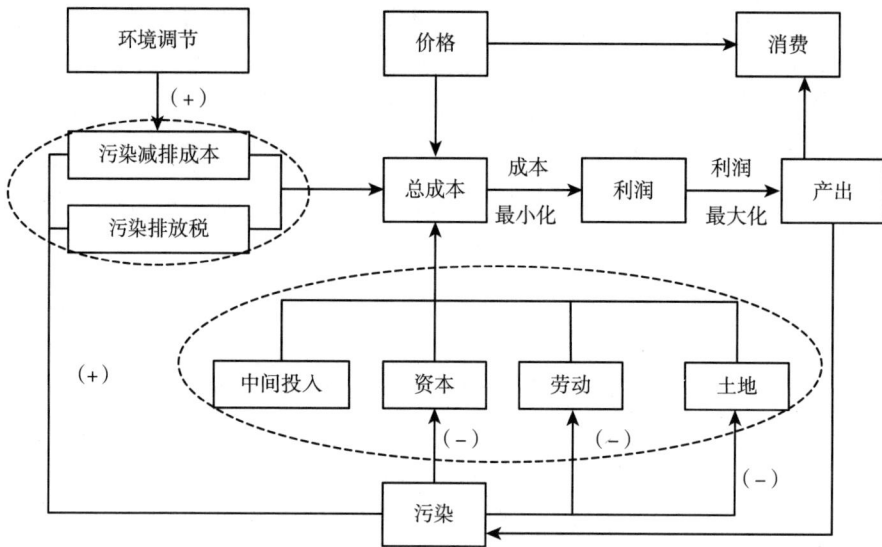

图1-3 污染与生产之间的相互影响

资料来源：根据谢和萨尔茨曼（Xie and Saltzman，2000），略有改动。

图1-4所示的经济—环境相互作用基于物质平衡原则，环境系统在其中扮演两个角色：一是作为生产和消费原材料的提供者；二是作为生产和消费所产生污染物的容器。但环境容量是有限的，当超过该限度时，就会导致污染和环境退化。这些也可以在CGE模型中考虑。

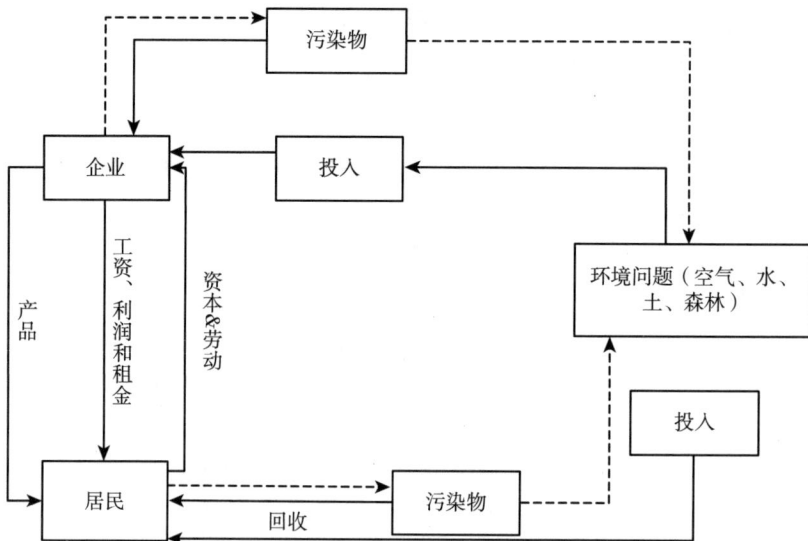

图1-4 经济—环境系统

资料来源：http：//www.unescap.org/。

另外，在许多国家和地区，由于之前的经济发展过程中忽略或较少考虑资源环境问题，当经济发展到一定程度时，资源环境问题就成为制约经济快速、健康发展的一个重要因素。目前，中国正处于经济发展的关键时期，同时受制于有限的资源和沉重的环境压力，建立适合于中国国情和相关政策背景的 CGE 模型，对制定和实施的各项资源与环境政策进行经济评估，是当前中国环境经济研究领域中的一项重要课题。

六、CGE 模型在收入分配和贫困中的应用

CGE 模型通常用于模拟外生冲击和政策变化对社会经济系统的影响，尤其是对收入分配的影响（Decaluwe et al.，1999b）。在 20 世纪 60 年代和 70 年代早期，快速的经济增长和结构变化没有减少贫困，大批低收入者没有从发展中国家的快速发展中受益，这导致了在 CGE 框架下进行收入分配的研究（Bandara，1991）。在一般均衡框架下研究收入分配和贫困的常用方法有两种：一种是构建含有代表性居民的标准 CGE 模型并比较每组代表性居民的收入和福利变量；另一种是为每个社会经济组建立允许进一步进行收入分配和贫困分析的方程（Decaluwe et al.，1998）。

这方面的一个研究是安德森和爱德华（2020）对 CGE 模型中关于贸易自由化对发展中国家收入不平等和贫困的影响的证据进行了系统的回顾。证据有力地表明，贸易自由化倾向于减少贫困，但更可能增加不平等而不是减少不平等。在该领域，菲玛冯（Phimmavong，2020）使用一个自上而下的宏观微观经济模型框架来评估老挝的种植园发展政策对贫困和不平等的影响。结果显示，福利和不平等会增加，而贫困发生率会下降。这些结果是可用于改善经济发展和扶贫的政策的。

以下是一些模型的具体情况，其中的一些模型如表 1-7 所示。

表 1-7 发展中国家关于收入分配和贫困问题的 CGE 模型

研究者	供给面		需求面		基年	政策模拟
	生产函数	部门数	需求函数	部门数		
张希栋等（2016）	嵌套的 Leontief/CES 生产函数	13	线性支出系统（LES）	15	1997 年	天然气产业价格管制政策改革
孙晔等（2019）	嵌套的 Leontief/CES 生产函数	14	Stone-Geary 效用函数	3	2010 年	不同区域间人口老龄化
解垩（2017）	一般的 CES 生产函数	17	线性支出系统（LES）	1	2012 年	公共转移支付调整
阿德尔曼和罗宾逊（1978）	嵌套的 C-D/CES 生产函数	29	线性支出系统（LES）	15	1968 年	26 种政策对收入分配的不同影响
萨瓦尔（2005）	文章未具体交代	20	C-D 效用函数或 LES	19	1997 年	关税调整

伯尔曼和罗宾逊（1978）对韩国进行了研究，它是一个中期的微观 CGE 模型，把影响收入分配的政策分为相对要素价格、相对产品价格、技术等十个大的类别，通过基于相对价格调整机制的收入分配使投资调整到储蓄水平，从而使对收入分配的影响通过商品价格、要素价格等间接发生作用。巴利斯特雷里等（Balistreri et al.，2018）研究了在东部和南部非洲降低三种贸易成本的区域和单边政策，估计最贫困的 40% 人口的贫困人数会大幅减少，收入会增加，贸易便利化会增加最贫穷的 40% 人口的收入"份额"，然而，服务改革则会减少这一份额，并且其解释了为什么三类贸易成本在各国的影响非常不同。

张希栋等（2016）通过构建 CGE 模型以期全面量化分析政府对天然气产业价格管制政策变动产生的影响，从而为政府制定决策提供可供借鉴的依据。孙晔等（2019）通过动态可计算模型模拟获得人口老龄化对于宏观商品以及要素价格的影响效果，基于我国人口老龄化分布的区域性特征，利用自上而下且自下而上的循环连接方式将宏观经济变量连接到家庭微观模拟模型中，利用收入不平等指标阐述不同区域间人口老龄化对于收入不平等的影响。解垩（2017）假设增加的公共转移支付有两种筹资方式使财政收支保持平衡，一种筹资选择为增加家庭和企业的直接税，另一种筹资选择为增加间接税，并使用计量估计的微观模拟模型与可计算一般均衡模型相结合的自上而下和自下而上方法，评估公共转移支付增加对收入不平等和贫困的效应。萨瓦尔（Savard，2005）在进行收入分配和贫困问题的研究中，用了两类 CGE 模型方法：一类是传统的代表性经济主体（representative agent，RA）方法，RA 根据教育水平分为 7 组；另一类是带有很多居民家庭的微观模拟（microsimulation，MS）方法。阮等（2020）利用动态 CGE 框架，研究了贸易自由化对越南不同家庭群体之间收入分配的影响。

七、CGE 模型在其他领域中的应用

CGE 模型不但在其传统领域，如贸易、财税等问题上应用广泛，近年来，CGE 模型也在其非传统领域得到迅速发展。例如，对公共卫生和环境健康的经济评价，区域经济发展问题，以及旅游、交通、教育等，甚至对战争问题也有相关的分析。

（一）公共卫生和环境健康经济评价

近年来，健康也逐渐成为 CGE 模型所关注的一个热点问题。如艾滋病、重症急性呼吸综合征等公共卫生问题，以及环境健康经济评价等。

梁等（Liang et al.，2021）使用了 CGE 模型来研究不同劳动力损害情况下的农业生产、贸易和价格的变化。结果显示，在疫情被当地控制的情况下，农业生产受到的影响较小。与全国蔓延的情况相比，地方爆发的情况对中国粮食安全的影响较

小，这表明中国对疫情的政策是有效的。虽然疫情影响下的劳动力短缺对中国的影响相对有限，考虑到中国的粮食安全，我们应该关注疫区农产品的增加和农产品贸易的变化。疫区居民无法有效获得营养食品，影响了他们的健康。因此，政府也应该充分调动农业资源来保证居民的饮食健康。

迪克森等（2004）用递归动态 CGE 模型研究了卫生保健干预方法对博茨瓦纳的艾滋病问题。卫生干预包括减少其他性传播疾病从而降低艾滋病感染的可能性，和采用大众传媒方式的健康教育计划以减少新的感染者。模型的原型是国际食物政策研究所（IFPRI）的标准 CGE 模型（Lofgren et al.，2002），并在 CGE 模型中嵌入了一个分区的传染病模型，它使传染病对劳动供给的影响通过死亡率而内生化。进行了六种不同的模拟，包括由艾滋病导致的劳动力减少、政府卫生保健费用的上升，以及结合两种干预措施等所进行的模拟。

阿尔恩特（2006）用一个动态 CGE 模型研究了莫桑比克的艾滋病问题对经济的影响。模型包括 19 个生产部门、6 种基本要素（非农业技术人员、熟练和不熟练劳动力；农业熟练和不熟练劳动力；资本）和城乡两类居民家庭。该模型认为艾滋病影响经济增长的方式有三种：一是影响生产率的增长；二是影响人口、劳动力和人力资本积累；三是对资本积累的影响。总的来说，前两个是影响劳动力的质和量，后一个则通过居民和企业的储蓄率变化而影响资本积累，因为模型是储蓄驱动的（saving–driven）。鲁特滕等（Rutten et al.，2003）也认为，流行病的典型特征有两个：一是减少不同熟练类型劳动力的供给，降低要素的生产率；二是提高居民和政府在医疗保健上的花费，从而导致在其他方面的消费和储蓄量的减少。

沃尔金格尔等（Wolkinger et al.，2018）认为在城市客运中实施低碳政策，通过增加体力活动和改善空气质量，可以在近期内为居民带来健康的共同利益。然而，在决策过程中政府往往没有考虑到共同利益和相关的成本减少，这可能是因为它们不容易捕捉。在一个跨学科的多模型方法中，沃尔金格尔等解决了这个问题，调查了三个城市地区因气候减缓政策而增加体育活动和改善空气质量所带来的共同利益。在方法上，将交通建模工具、交通排放模型、排放扩散模型、健康模型和 CGE 模型联系起来，以分析三种气候变化缓解方案。研究表明，高水平的体育锻炼和由于缓解措施而减少对污染物的暴露大大地降低了发病率和死亡率。支出主要由公共部门承担，但大部分被新出现的共同利益所抵消。因此，在城市交通中考虑气候变化缓解政策的经济协同效益，可以作为决策者采取行动的有力论据。

张等（Zhang et al.，2021）利用综合建模框架，结合当地空气污染物排放清单和已发布的政策文件，定量评估了中国快速发展的内陆省份四川的空气质量和深度碳减排的共同效益的现状和目标。研究结果表明，省级碳减排可以带来空气质量和健康效益的显著提升。以空气污染或碳减排为导向的政策对改善环境质量和公众健康都很重要。

　　如前所述，健康问题纳入 CGE 模型的思路一般有以下几种方法：一是通过健康问题引起的劳动力数量或劳动生产率的变化进入 CGE 模型；二是通过由健康问题所引起的医疗服务费用的增加进入 CGE 模型，这种花费可以是居民的，也可以是政府的，或者是政府和居民共同负担的；三是在 CGE 模型中，既考虑劳动力，又考虑医疗保健费用支出的变化。

（二）区域经济问题

　　金姆等（Kim et al.，2003）建立了一个韩国的多区域 CGE 模型，用来研究大城市发展对经济增长和收入分配的影响。模型把生产分为 14 个区域：6 个大城市（首尔、釜山、大丘、仁川、光州和大田）和 8 个省，把居民分为 10 个不同的收入组。分析结果表明，如果国家的发展侧重于经济增长的同时致力于减少地区收入差距，把总投资分散到 6 个大城市是最好的政策选择。关于区域经济问题的 CGE 模型，可参考图尔纳等（Turner et al.，2012），以及霍里奇等（Horridge et al.，2008）、普利亚卡斯等（Pouliakas et al.，2014）、范等（2016）、卡里科等（Carrico et al.，2014）和杜瓦蒂等（Duarte et al.，2014）等。

（三）旅游、交通、教育等

　　姫（Ji，1999）用 CGE 模型研究了公共教育投资对教育平等和地区人力资源增长的影响。吴先华等（2020）采用动态 CGE 模型，从疫情灾害直接影响制造业、交通行业和服务行业，减少进出口贸易及劳动力等方面入手，并考虑国际形势的动态变化，测算了疫情的综合经济损失的动态影响趋势。庄序莹等（2012）探究高铁与公路建设的经济效益问题，在一般均衡理论的框架下，构建了符合我国当前经济现状的 CGE 模型。经过模拟分析，发现高铁、公路投资的增加对经济体具有显著的正向作用，符合经济效益原则。相比更为完善的公路建设状况，铁路的投资具有更大的乘数效应，由此证实了当前政府大力推动高铁建设对经济的拉动作用，并对高铁投资的较高乘数效应做了经济学解释。表 1－8 列出了本小节的部分 CGE 模型。

表 1－8　　　　　　　　　　　　　　其他问题 CGE 模型

研究者	供给面		需求面		基年	政策模拟
	生产函数	部门数	需求函数	部门数		
吴先华等（2020）	嵌套的 Leontief/CES 生产函数	19	CES 效用函数	6	2000 年	疫情的综合经济损失
庄序莹等（2012）	嵌套的 Leontief/C-D 生产函数	10	C-D 效用函数	1	2007 年	高铁与公路建设的经济效益问题

研究者	供给面		需求面		基年	政策模拟
	生产函数	部门数	需求函数	部门数		
伯格 （Berg，2007）	嵌套的 Leontief/ CES 生产函数	21	嵌套的 CES 消费函数	24	1998 年	带有详细居民交通需求子模块的扩展 EMEC 模型
冀 （Ji，1999）	嵌套的 Leontief/ C-D 生产函数	5	C-D 效用函数	5	1993 年	公共教育支出调整
吴先华等 （2018）	嵌套的 Leontief/ CES 生产函数	8	C-D 效用函数	5	2012 年	恢复力在减少灾害损失中的作用

罗基茨基等（Rokicki et al.，2021）应用一个区域动态 CGE 模型来衡量波兰 NUTS2 地区大型交通基础设施投资的影响。沙费尔等（Schafer et al.，2005）对气候政策评估中的交通技术问题进行了研究，伯格（Berg，2007）则用一个包含居民交通需求子模型的 CGE 模型研究了瑞典温室气体减排的社会成本。施泰宁等（Steininger et al.，2007）用 CGE 模型研究了基于行车里程的汽车收费对环境、经济和社会可持续发展的影响。奥洛克（O'Rourke，2007）用一个简单的 CGE 模型分析了 1807～1814 年拿破仑战争期间实行的禁运和封锁对法国、英国和美国的影响，令人吃惊的结果是，损失最大的不是对战双方，而是处于中立的美国。

八、总 结

综上所述，CGE 模型自产生以来，逐渐得到广泛的认可和赞同，无论是在发展中国家还是在发达国家，其应用都非常广泛，几乎涉及经济问题的各个方面和层次。模型可以小到城镇、大到全球，从静态到动态，从简单到复杂，从单国/区域到多国/区域，从传统领域到新兴领域，无一不体现着 CGE 模型的活力和强劲发展势头。我们有理由相信，随着 CGE 模型建模技术的改进和数据支撑的加强，其应用领域和深度会进一步扩展和提高。

虽然针对具体问题的模型在某些方面有不同的设定，但典型 CGE 模型有一些共同特征。（1）经济的完全竞争假设，并对经济主体的行为进行设定。一般假设生产者在技术约束下追求利润最大化，而消费者在预算约束下追求效用最大化，并根据研究的目的对生产部门和居民类型进行划分，模型结构应能够较好地描述现实经济的特征。（2）对生产技术进行设定。规模报酬不变（constant returns to scale）通常是合理的假设（Varian，1992）。生产函数一般采用嵌套的 Leontief/CES 或 Leontief/C-D 函数，其中，附加值函数通常采用 CES 函数或 C-D 两数，中间投入采用 Leontief 函数，而 Stone-Geary、C-D 或 CRESH 函数常应用于居民需求（Gilbert et al.，

2002）。（3）贸易的 Armington 假设，即生产于不同地区的同类商品具有不完全替代性，Armington 弹性值的大小说明了国内商品和国外商品替代程度的大小，短期模型中通常采用较小的值，长期模型中通常采用较大的值（Fraser et al.，2005），进口替代一般采用 CES 函数描述，出口转换一般用 CET 函数描述。应用 Armington 假设的原因有两个方面：一方面，当进口为完全互补时，贸易政策的任何变化不会对经济结构产生大的直接影响（Gelan，2002）；另一方面，使模型的参数校准相对容易（Shoven and Whalley，1984）。（4）需求函数通常采用扩展/线性支出系统（Extended/Linear Expenditure System，E/LES），但也可采用 C-D 或 CES 效用函数。（5）贸易的小国假设，假设一国或地区某种商品的需求或供给不会影响该商品的世界价格。（6）常采用汇率或消费者价格指数（Consumer Price Index，CPI）作为价格基准（numeraire）。尤其重要的是，诸如弹性值等关键参数的确定，函数形式的选择（Bohringer and Vogt，2003），以及闭合规则的设定都会对模型结果产生重要影响。

另外，CGE 模型在广泛应用的同时，也受到多方面的批评。首先，模型在从非均衡到满足均衡条件的过程中，没有交易费用的产生，不经任何中介状态。好像是在均衡发生之前所有的经济主体都不做任何决策，这与经济现实不符（Borges，1986）。其次，在数据上，CGE 模型用一个时点的社会核算矩阵（social accounting matrix，SAM）确定大部分参数，而通常不是用计量经济学方法确定，也没有相关的参数检验，具有很大的不合理性（McKitrick，1996，1998），更有甚者说 CGE 模型是"垃圾进，垃圾出"（garbage in，garbage out）。再次，一些关键参数，如 Armington 弹性等替代弹性值不易获取，有时不得不采用文献中的数据或猜测（beet guest）的方法确定，这对模型的结果影响较大。最后，由于数据的限制不得不采用相对简单的函数形式，从而不能较为准确地描述经济状况。

第二章　标准 GTAP 模型

第一节　主要框架

全球贸易分析模型（global trade analysis project，GTAP）是一个比较静态的全球一般均衡模型，它适用于各种复杂的政策分析，同时也是各种复杂的扩展模块所依赖的模型基础，它包含了全球的国家和地区，代表着一个由多部门生产的多种商品组成的经济体。GTAP 模型拥有自己独立的数据库、模型和支持软件，构建 GTAP 基本模型的计算程序为 GTAP. TAB，其电子资源可以在 GTAP 网站上下载，它提供了模型的完整理论，通过 GEMPACK 软件组将其转换为可执行文件后，就可以得到 GTAP 模型。

一、模型简介

GTAP 是美国普渡大学主持开发的可计算一般均衡分析工具，它最早是从经济角度进行国际贸易、资源与环境问题的数量分析研究工作的。除了能考虑传统 CGE 模型研究的问题外，GTAP 最突出的特点是分析国际贸易带来的各种可能影响，建立一般均衡的分析框架，灵活地分析关税削减、地区贸易协定和贸易及补贴政策调整等问题带来的国际贸易价格和数量、各国福利变化的影响。

在众多国际知名贸易和发展机构与许多国家研究机构的支持下，GTAP 已经开发并维护了一个多区域、多行业的一般均衡模型。它主要由两个部分组成：模型主程序和模型数据库。模型主程序根据新古典经济理论设定一些相关方程，并可以进行模拟运算。模型数据库提供各个国家或地区经济运行的主要数据及进出口数据，为主程序的运行提供数据支持。模型从生产着手，对每个国家都进行了投入产出函数的设定和分析，不同私人部门、政府和生产者有着不同的生产或需求函数，并由储蓄和投资解决资金平衡问题。

使用 GTAP 模型评估一项或多项政策冲击对多国多部门产生的效应时，代表该项政策的外生变量在市场初始均衡状态下被赋予新的数值，从而使产品及要素市场达到新的均衡点；内生变量在初始和新均衡状态下的数值变化，即反映了政策对经济活动的影响程度。同时，GTAP 模型还具有以下特点。

1. 全球性

GTAP 不是一个单一国家模型或选取的一组国家的模型，而是包含了全球国家和地区的模型。由于模型已经包含了世界上所有的国家和地区，所以模型中出现的国家与"世界其他国家和地区"之间不存在贸易往来。这也并非说明模型中所有的国家都是单独划分的，模型中有些地区被合并为加总区域。此外，尽管每个国家的基础数据以及行为弹性系数不同，但是它们都遵循相同的模型框架。

2. 一般均衡性

与局部均衡模型不同，GTAP 模型并不局限于一个部门或者一小部分部门。与宏观经济模型不同，GTAP 模型不将所有生产和消费视为单一商品，或者是少量的定性商品（出口商品和进口商品，或可贸易商品和不可贸易商品）。恰恰相反，它代表了一个由多部门生产的多种商品组成的经济体。

3. 一般静态性

GTAP 模型的模拟结果并不随时间的变化而变化，结果表示为两个不同状态下的差值，如一个基准情景和一个政策情景之间的差值，或者两个时间点的差值（基期和未来预测期之间的差值）。尽管如此，它还是很容易地转换为递归动态模型，如 GTAP 模型的扩展模型 GDyn 模型（Ianchovichina and McDougall，2000）。

4. 以投入产出核算框架为基础

在投入产出核算框架下，所有经济商品的所有来源、用途以及对生产的所有投入都被纳入了核算中。无论是成本还是收益的变动，都应该被计入相应产品或者初始投入要素中。本章在讨论完整性时，一般指的是模型理论中的完整性，而不一定是对全世界的完整描述。

二、模型主要设定

（一）模型的假设

（1）假设市场完全竞争，生产的规模报酬不变。GTAP 是一个比较静态模型，在这个假设下，生产者以生产成本最小化原则进行生产，而消费者以效用最大化为原则进行消费。在此基础上，所有产品和投入要素市场全部出清，由总供给和总需求决定产品市场及要素市场同时出清时（即均衡状态）内生变量的数值。

（2）假设共有五种生产要素和三个代表性主体。五种生产要素：土地、资本、熟练劳动力、非熟练劳动力、自然资源；三个代表性主体：私人家庭、政府和厂商。

（3）假设劳动力在国内可以自由流动，土地在部门间不流动。

（4）假设区域部门决定该国或地区的私人家庭与政府部门的消费行为以及储蓄行为。根据阿明顿（Armington）假说，国内生产的商品和进口商品之间不能完全替代，国家间通过商品贸易和资金流动建立联系，具体来说，每个国家只有一个账户，所有的税收、金融资产、资本和劳动力的收入都积聚到这个账户，即图2-1中的"区域部门"。区域部门中的政府支出与私人支出分为购买国内产品与进口产品两个部门，并且厂商的部分中间投入物也来自进口，产品销售也分为内销和外销。

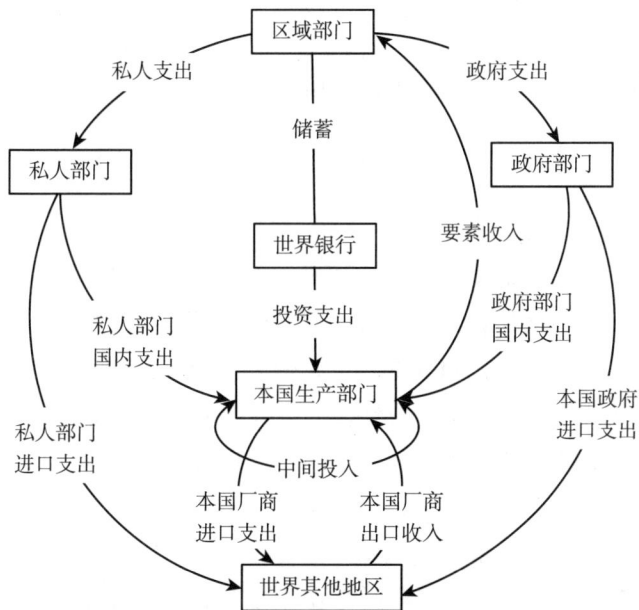

图 2 - 1　GTAP 模型结构

（5）假设来自不同地区的产品非均质，不能完全相互替代。

（6）假设由一国或地区的储蓄进入一个虚拟的"世界银行"，由"世界银行"决定投资的流向。

（7）假设所有经济行为主体的支出与收入相等。根据会计恒等式与市场均衡方程构成了封闭体系下的均衡，其中，区域部门账户内的收入分为私人消费、储蓄和政府消费三大部分。这里区域部门的支出方程、政府的效用方程都采用柯布－道格拉斯方程形式：

$$U = A \times \prod_{i=1}^{n} X_i^{a_i} \qquad (2.1)$$

其中，U 为效用，A 为技术水平参数，X_i 为第 i 种产品，n 为产品数量，a_i 表示 X_i 所得在 U 中所占的份额，$\sum_{i=1}^{n} a_i = 1$。

（8）假设初始投入要素不能跨国流动。该假设难以针对《服务贸易总协定》（GATS）中提到的跨国人员流动等问题进行建模。

（9）假设没有库存投资（营运资本也不被认为是一种生产要素）。

（10）假设没有外国收入或支付，没有汇款，也没有国际援助。

（11）假设在政府账户中转移支付和财产收入为 0，并对税收和补贴进行一般性处理。由该假设说明，GTAP 数据库不反映任何政府预算赤字的概念，在一般均衡模型中，政府账户中的资金差额通过以贸易为导向（而不是以税收为导向）来进行处理。尽管在正式的投入产出表中，诸如亏损或最终买家的销售行为会导致资本收益及中间产品使用出现负值，但受模型结构所限，当前的模型并不能处理这种负值。

（二）模型的设定

1. 时间、投资、财产性收入设定

GTAP 在单期模型处理未来的经济活动、储蓄和投资中，并不要求贸易平衡，允许贸易逆差或顺差，伴随着资本流入或流出。同时，模型中并不刻画外国收入或支付。因此，国外资产一直在积累或减少，但并不产生收入。虽然在 GTAP 数据库中实现贸易平衡可以保持理论的一致性，但也将严重偏离现实情况。

在区域部门中，模型将储蓄看作是商品，这样的操作具有一些优点但也存在缺点。当国民净储蓄为负时，一些国家的数据会显示出问题。这还涉及储蓄的价格问题，导致无法对福利进行分解。

在 GTAP 模拟中，通常假设资本可以在一个经济体中跨行业流动，但在每个地区内的总量是固定的。这对于类似办公建筑等类别的资本来说可能是合理的，但很难定义一个总体上合理的运行时间长度。

2. 特殊设定

区域部门将区域收入分配到私人消费、政府消费和储蓄中，从而实现区域效用最大化。这种统一的区域效用函数、优化行为的假设以及平衡数据库的处理，有利于福利按照要素禀赋资源、技术和分配效率影响等进行分解。

对于私人消费的需求系统，在一般均衡建模中最常使用的函数是线性支出系统（LES）。在 LES 函数中，n 种商品对应着 n 个支出弹性参数和一个衡量可替代性的平均指标，即所谓的弗里施（Frisch）参数，最常见的方法就是使用具有 $n^2/2$ 个参数的灵活的函数形式。GTAP 采用的是有 $2n$ 个自由参数恒转换弹性函数形式（CDE

函数）（Hanoch，1975）。这个函数一方面比其他灵活的函数要求低，另一方面可以独立地校准收入弹性和自有价格的弹性，并且这个函数是非齐次的。

在一般均衡模型中，根据模拟时间需求不同，通常将一些初始投入的生产要素视为固定的，另一些则可跨行业流动。例如，资本在短期是固定的而在长期是可流动的。根据某种转换弹性，GTAP还提供了固定要素的选择，即可在行业之间流动，但并不是完全流动的，这种弹性可以被校准用以描述现实中要素供给的反应。

根据来源不同，产品有两层替代关系：第一层为进口产品与国内产品的替代关系；第二层为不同来源的进口产品替代关系。两层嵌套中的不同设置同时起到两个方面的作用：一方面将"国产—进口"产品替代弹性值设置相对较低，有助于贸易政策分析者看到关税削减对进口渗透率的刺激效果是有限的；另一方面通过将"进口—进口"替代弹性值设定在更高的水平，则可以看到单边关税改革带来的贸易条件损失是温和的。

GTAP数据库记录的不是基本价值和税收，而是税前价值和税后价值。由于简化了数据上的符号要求，所以使数据验证很方便：税前和税后的数据之间大于等于零的数值必须有精确的相互配对关系。

三、模型核算框架

投入产出结构为GTAP模型提供了一个核算框架，在这个核算框架内可以说明模型中经济产品的供应和使用情况，包括按原产地划分的产品（商品和服务），以及初始投入的生产要素。

在模型中，商品可以被称为"可交易商品"和"要素禀赋商品"，前者可以通过国际贸易流动。产品供应来源分为国外进口和本国生产。商品的使用分为当前的生产活动（即中间使用）以及最终需求，最终需求又可以分为投资（固定资本形成）、私人消费、政府消费以及出口。

在模型各经济主体之间，区域部门的收入主要来源于向厂商出售要素禀赋商品；主要用于满足私人部门、政府部门以及储蓄（随后会转化为投资）的最终需求。每种需求的支出以及中间产品的采购都包括国内产品和进口产品，从而拉动了企业在国内和国际市场的销售活动，如图2-2所示。

（一）区域市场的销售分配

1. 国内市场

$$VOA_{i,r} + PTAX_{i,r} = VOM_{i,r}, i \in TRAD \qquad (2.2)$$

其中，$VOA_{i,r}$代表区域r的厂商i得到的支付。$PTAX_{i,r}$代表生产税或者扣除补贴。

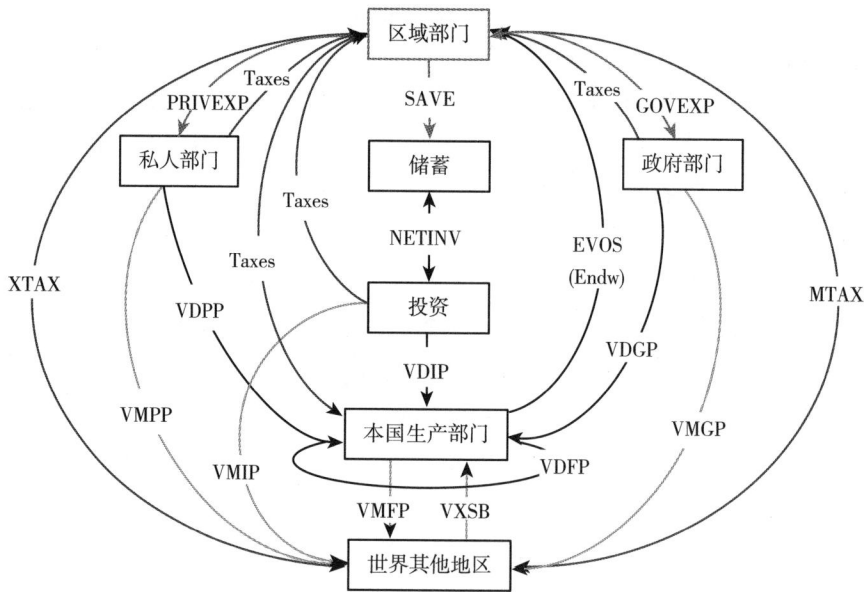

图 2 - 2　区域经济的循环流动

$VOM_{i,r}$代表以市场价格衡量的产品价值，这可以看作以市场价格衡量的国内销售价值 $VDM_{i,r}$ 和到所有目的地的出口的总和。

2. 世界市场

$$VXMD_{i,r,s} + XTAX_{i,r,s}$$
$$= VXWD_{i,r,s} + VTWR_{i,r,s}$$
$$= VTWS_{i,r,s} + MTAX_{i,r,s}$$
$$= VIMS_{i,r,s} \qquad (2.3)$$

其中，$VXMD_{i,r,s}$代表用国内价格衡量的区域 r 的企业 i 出口至区域 s 的出口额，同时，以 $VST_{i,r}$ 代表对国际运输部门的可能销售额，它以市场价格进行评估，而且没有更多的关税，将覆盖国际运输利润。$XTAX_{i,r,s}$代表出口关税，以此将出口额转化为离岸价值，它们按照特定目的地分别被记录，一旦商品或区域的组成发生变化，双边税率就会发生变化。$VXWD_{i,r,s}$代表按目的地划分的以世界价格衡量的出口价值。$VTWR_{i,r,s}$代表国际运输利润，指按路程计价的、以世界价格衡量的、将商品 i 从区域 r 海运至区域 s 的运输价值。$VTWS_{i,r,s}$代表以到岸价为基础的按来源地划分的以世界价格衡量的进口价值。$MTAX_{i,r,s}$代表进口关税，以此估计该项交易以区域 s 的内部价格衡量的销售额。最终得到 $VIMS_{i,r,s}$，即按来源地划分的以市场价格衡量的进口价值。

3. 国内市场

$$VIM_{i,s} = VIPM_{i,s} + VIGM_{i,s} + \sum_r VIFM_{i,r,s}, i \in TRAD \qquad (2.4)$$

其中，$VIM_{i,s}$代表以市场价格衡量的进口商品 i 到区域 s 的价值。$VIPM_{i,s}$代表以市场价格估计的私人消费的进口价值。$VIGM_{i,s}$代表以市场价格估计的政府的进口价值。$VIFM_{i,j,s}$代表以市场价格估计的行业 j 的厂商的进口价值。

$$VDM_{i,r} = VDPM_{i,r} + VDGM_{i,r} + \sum_j VDFM_{i,j,r}, i \in TRAD \tag{2.5}$$

接着，国内销售额 $VDM_{i,r}$必须分配至私人消费、政府和厂商使用。

（二）居民消费的来源

现在讨论居民和厂商在这些单独市场的购买行为。

1. 私人消费购买

$$VPA_{i,s} = VDPA_{i,s} + VIPA_{i,s}, i \in TRAD \tag{2.6}$$

其中，$VPA_{i,s}$为私人消费购买，代表以经济主体面临的价格衡量的私人消费的购买价值。$VDPA_{i,s}$代表国内生产的商品的消费。$VIPA_{i,s}$代表以经济主体面临的价格估计的进口组合。

$$VDPA_{i,s} - DPTAX_{i,s} = VDPM_{i,s}, i \in TRAD \tag{2.7}$$

其中，$DPTAX_{i,s}$代表国内商品税，$VDPM_{i,s}$代表用市场价格衡量的私人消费的国内购买价值。

$$VIPA_{i,s} - IPTAX_{i,s} = VIPM_{i,s}, i \in TRAD \tag{2.8}$$

其中，$IPTAX_{i,s}$代表私人消费商品税，$VIPM_{i,s}$代表以市场价格衡量的私人消费的进口价值。因此就建立起了以经济主体面临的价格衡量的行业销售额〔见式（2.2）〕和以经济主体面临的价格衡量的私人消费购买价值〔见式（2.7）和式（2.8）〕之间的联系。

2. 政府消费购买

$$VGA_{i,s} = VDGA_{i,s} + VIGA_{i,s}, i \in TRAD \tag{2.9}$$

$$VDGA_{i,s} - DGTAX_{i,s} = VDGM_{i,s}, i \in TRAD \tag{2.10}$$

$$VIGA_{i,s} - IGTAX_{i,s} = VIGM_{i,s}, i \in TRAD \tag{2.11}$$

政府消费购买与私人消费购买类似，只不过将 P 换成了 G。

（三）厂商购买来源和居民要素收入

1. 企业购买的来源

（1）中间投入。

$$VFA_{i,j,s} = VDFA_{i,j,s} + VIFA_{i,j,s}, i \in TRAD, j \in PROD \tag{2.12}$$

$VFA_{i,j,s}$代表从以经济主体面临的价格衡量的由经济部门 j 购买的商品 i 的价值，这可以分解为国内来源 $VDFA_{i,j,s}$ 和进口来源 $VIFA_{i,j,s}$ 两部分。

$$VDFA_{i,j,s} - DFTAX_{i,j,s} = VDFM_{i,j,s}, i \in TRAD, j \in PROD \qquad (2.13)$$

$$VIFA_{i,j,s} - IFTAX_{i,j,s} = VIFM_{i,j,s}, i \in TRAD, j \in PROD \qquad (2.14)$$

扣除中间投入税 $DFTAX_{i,j,s}$ 和 $IFTAX_{i,j,s}$，按照市场价格扣除这部分价值 $VDFM_{i,j,s}$ 和 $VIFM_{i,j,s}$，就得到式（2.4）和式（2.5）。

（2）初级要素。

$$VFA_{i,j,s} - ETAX_{i,j,s} = VFM_{i,j,s}, i \in ENDW, j \in PROD \qquad (2.15)$$

厂商也购买非贸易品等，在这个模型中称其为要素禀赋（endowments），在目前的数据库中，要素禀赋包括农业土地、劳动力和资本。式（2.15）描绘了一条从应用这些生产要素的厂商到提供这些要素的居民的价值流，$VFA_{i,j,s}$ 代表以经济主体面临的价格衡量的厂商购买价值，$ETAX_{i,j,s}$ 表示在行业 j 的禀赋品 i 上征收的税，$VFM_{i,j,s}$ 表示以市场价格衡量的厂商购买价值。

（3）零利润条件。

$$VOA_{j,s} = \sum_{i \in TRAD} VFA_{i,j,s} + \sum_{i \in ENDW} VFA_{i,j,s}, j \in PROD \qquad (2.16)$$

式（2.16）建立了式（2.2）得出的厂商收入（如 $VOA_{j,s}$）和式（2.12）显示的厂商消费（如 $VFA_{i,j,s}$）之间的联系。一旦考虑到所有的可贸易投入（中间要素）和生产的要素禀赋（如初级要素），纯粹的零经济利润就意味着收入必须完全分配在消费上。

2. 居民要素服务收入的来源

（1）流动要素。

$$\sum_{j} VFM_{i,j,s} = VOM_{i,s} - HTAX_{i,s} = VOA_{i,s}, i \in ENDWM \qquad (2.17)$$

ENDWM_COMM 是能完全流动的、可以赚取同样的市场回报的流动要素禀赋，由于市场价格相同，可以简单地把要素使用量加总。$HTAX_{i,s}$ 代表对区域 s 的居民提供原始要素 i 所被征收的税收。$VOA_{i,s}$ 代表以经济主体面临的价格衡量的禀赋产品的价值。

（2）固定要素。

$$VOM_{i,s} - HTAX_{i,s} = VOA_{i,s}, i \in ENDWS \qquad (2.18)$$

ENDWS_COMM 是难以调整、在均衡中承受不同回报的固定要素禀赋，由提供要素的私人消费者以实际要素收入来衡量。对于固定要素禀赋（如土地），对模型的冲击会导致经济部门的异质性价格变化，这反映在行业指数 j 和 $VFM_{i,j,s}$ 的价格部分中。这些异质价格通过一个单位收入函数合成为 $VOM_{i,s}$，$VOM_{i,s}$ 代表以市场价格衡量的要素产出价值，经过同可流动商品一样的方式处理，扣除居民收入税即可

得 $VOA_{i,s}$。

(四) 分配和区域收入来源

当存在税收时，已知私人消费、政府购买和储蓄必须完全准确覆盖区域的收入。一个区域赚取的所有的总要素禀赋收入是这个区域的居民收入的总和，由此必须扣除折旧费用 $VDEP_r$，然后加上所有的净税收，这里采用对比以经济主体、市场或世界价格衡量的给定交易价值的方式，而不是跟踪模型中个人所得税或补贴现金流。若居民提供劳动力所得和以市场价格衡量的劳动力价值之间存在一定差异，则此差异必定等于 $HTAX_{i,r}$。另外，这项税收收入对应地从价税率为 $t_{i,r}$，居民的供给要素禀赋 i 的价格为

$$PS_{i,r} = (1 - t_{i,r}) \times PM_{i,r} = TO_{i,r} \times PM_{i,r} \qquad (2.19)$$

其中，$TO_{i,r}$ 是从价税的税收力度。

$$VOM_{i,r} - VOA_{i,r} = (1 - TO_{i,r}) \times PM_{i,r} \times QO_{i,r} = t_{i,r} \times PM_{i,r} \times QO_{i,r} \qquad (2.20)$$

因此，所有税收（补贴）的财政影响可以通过比较给定交易的以经济主体面临价格衡量的价值与市场价格衡量的价值差异来体现，假设区域 r 所征税收总是属于区域 r 的居民收入。

$$EXPENDITURE_r = \sum_i (VPA_{i,r} + VGA_{i,r}) + SAVE_{i,r} = INCOME_r \qquad (2.21)$$

$$
\begin{aligned}
INCOME_r = &\sum_i (VOA_{i,r} - VDEP_{i,r}) + \sum_i (VOM - VOA_{i,r}) \\
&+ \sum_j \sum_i (VFA_{i,j,r} - VFM_{i,j,r}) + \sum_i (VIPA_{i,r} - VIPM_{i,r}) \\
&+ \sum_i (VDPA_{i,r} - VDPM_{i,r}) + \sum_i (VIGA_{i,r} - VIGM_{i,r}) \\
&+ \sum_i (VDGA_{i,r} - VDGM_{i,r}) + \sum_j \sum_i (VIFA_{i,j,r} - VIFM_{i,j,r}) \\
&+ \sum_j \sum_i (VDFA_{i,j,r} - VDFM_{i,j,r}) + \sum_s \sum_i (VXWD_{i,r,s} - VXMD_{i,r,s}) \\
&+ \sum_s \sum_i (VIMS_{i,s,r} - VIWS_{i,s,r}) \qquad (2.22)
\end{aligned}
$$

式（2.22）所给出的收入表达式中的其他项为每一个区域经济发展中所有其他可能来源的税收收入或者补贴支出提供了解释。其中包括：对企业征收的原始要素税、对居民征收的商品税、居民和企业购买的可交易商品及贸易税额。

(五) 全球部门

为了使模型完整，引入全球运输部门和世界银行。

1. 全球运输部门

$$VTWR_{i,r,s} = VIWS_{i,r,s} - VXWD_{i,r,s} \qquad (2.23)$$

其中，$VTWR_{i,r,s}$ 代表全球运输部门提供的服务，$VIWS_{i,r,s}$ 和 $VXWD_{i,r,s}$ 分别代表特定商品随具体沿运路线的离岸价格和到岸价格。总结所有路径和商品即可得国际运输服务总需求，这些服务由各区域经济体供应，它们将商品出口至 $VST_{i,r}$（全球运输部门），所有的需求从相同的服务集中得到满足，其价格融合了所有出口运输服务的价格。

2. 世界银行

$$\sum_r \left(REGINV_r \times REG - VDEP_r \right) = GLOBINV = \sum_r SAVE_r \qquad (2.24)$$

世界银行在全球储蓄和投资的中间建立起了联系，如式（2.24）所示。$GLOBINV$ 代表一个以净区域投资（总投资减去折旧）的投资组合为基础的复合投资商品，然后将该商品提供给区域部门以满足其储蓄需求，对这种储蓄商品而言，所有的储户面对的是一个相同的价格（$PSAVE$）。

检查核算关系的一致性，需要单独计算复合投资商品的供应和对总储蓄的需求，若所有其他市场处于均衡状态、所有企业（包括全球运输部门）获得零利润、所有居民都在其预算约束边界上消费，则根据瓦尔拉斯定律，全球投资必须等于全球储蓄。

$$VKB_r + REGINV_r - VDEP_r = VKE_r \qquad (2.25)$$

最后是资本存量的关系，其中，VKB_r 代表初期资本存量的价值，$REGINV_r$ 代表区域投资，$VDEP_r$ 代表折旧，VKE_r 代表末期资本存量的价值。

四、核算方程线性化表示

（一）线性化求解

为了易于理解且方便起见，在前面提到的核算关系通过数值的形式表达（事实上，相比于水平值，我们更关注价格和数量的数值变化百分比），但 GTAP 模型以线性化形式表达，这虽然复杂化了简单方程，却简化了复杂的行为方程。在线性化表达中，不再存在指数参数；也无须再创建一个新的世界状态，只要通过改变一个状态就可获得另一个状态的均衡；同时能够灵活置换模型的闭合（即将变量划分为内生和外生），不同的闭合条件可以用来表示不同的经济环境或者不同的模拟周期。

然而，尽管模型由线性方程所构成，但由于公式和数据更新方程的存在，使模型中价格弹性以及份额比例也在变化，所以模型实际上是非线性的，由此模型的求解需要使用非线性方法（Dixon et al. ，1982）。以数值变化百分比的形式来表达非线性模型并没有解决真正的非线性问题，线性化非线性 AGE 模型的解法通过式（2.26）来不断更新斜率系数：

$$dV/V = d(PQ)/PQ = p + q \tag{2.26}$$

其中，P 表示价格指数，Q 表示数量指数，p 和 q 表示价格和数量的变动百分率。

根据模型的线性化表达形式求解非线性模型，如图 2-3 所示。首先假设整个模型由方程式 $g(X, Y) = 0$ 给出，其中 X 为外生的，Y 为内生的，初始均衡为点 (X_0, Y_0)。其次对外生变量施加冲击使其值由 X_0 变化至 X_1，计算内生性变量相应变化所得值 Y_1。如果只评估模型在均衡点 (X_0, Y_0) 的线性表示，模型将预测出 $B_J = (X_1, Y_J)$ 的结果，但这显然错误，因为 $Y_J > Y_1$。按照线性表示的欧拉解法，把对 X 的冲击分为两部分，并且在第一次冲击之后对模型进行更新，该线性模型的精确度可以明显增强，这种方法可以从 A 点前进到 C_2 再到 B_2。在此之后，这种重新线性化的模型方法已大大改进，以至于能更迅速地收敛到点 (X_1, Y_1)（Harrison and Pearson，1994）。GTAP 模型默认的方法是应用外推法的 Gragg 方法，这样模型会被求解多次，并且每次的区间比之前更为精细，基于此，就能得到一个外推的解。相比于之前的解法，该方法能提供一个更优的结果。

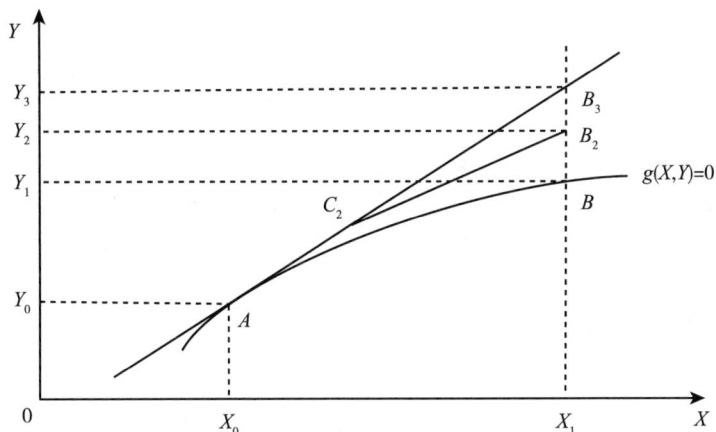

图 2-3　非线性模型的线性解法

（二）线性化表示

GTAP 模型中核算方程的线性化表达涉及全微分，以可贸易品的市场出清条件为例：

$$VOM_{i,r} = VDM_{i,r} + VST_{i,r} + \sum_{s \in REG} VXMD_{i,r,s} \tag{2.27}$$

利用区域 r 商品 i 的数量和共同的本地市场价格重写式（2.27）为

$$PM_{i,r} \times QO_{i,r} = PM_{i,r} \times \left(QDS_{i,r} + QST_{i,r} + \sum_{s \in REG} QXS_{i,r,s} \right) \tag{2.28}$$

在式（2.28）两边同时除以 $PM_{i,r}$ 可得

$$QO_{i,r} = QDS_{i,r} + QST_{i,r} + \sum_{s \in REG} QXS_{i,r,s} \tag{2.29}$$

接着将式（2.29）表示为

$$QO_{i,r} \times qo_{i,r} = QDS_{i,r} \times qds_{i,r} + QST_{i,r} \times qst_{i,r}$$
$$+ \sum_{s \in REG} QXS_{i,r,s} \times qxs_{i,r,s} \tag{2.30}$$

其中小写变量表示变量的百分比变化，在式（2.30）两边同乘共同价格 $PM_{i,r}$ 可得

$$VOM_{i,r} \times qo_{i,r} = VDM_{i,r} \times qds_{i,r} + VST_{i,r} \times qst_{i,r}$$
$$+ \sum_{s \in REG} VXMD_{i,r,s} \times qxs_{i,r,s} + VOM_{i,r} \times tradeslack_{i,r} \tag{2.31}$$

式（2.31）的系数是以价值计算的，在相关的可贸易品价格外生给定 $pm_{i,r} = 0$ 的情况下，贸易自由变量 $tradeslack_{i,r}$ 的内生变化解释了在新的平衡条件（以初始平衡产出的百分比的形式）下的供过于求问题。

第二节　企业生产

GTAP 模型中企业的生产函数采用树形结构，假定生产函数可分且规模报酬不变。在该假定下，企业的主要投入分为原始投入与中间投入；企业对原始投入的最优使用决策不受中间投入物价格变动的影响；企业的要素投入使用比例不会跟随生产数量的变动而变动。

如图 2-4 所示，模型中共有五种不同类型的生产要素：即土地、资本、技术劳动力、非技术劳动力和自然资源。生产结构的第一层描述了企业对原始投入和中间投入的需求，在列昂惕夫（Leontief）函数的假定下，即中间投入和增加值投入与总产出呈现固定比例关系，这可以大幅度降低模型中需要估计的参数数量。生产结构的第二层左侧描述了原始投入与生产的关系，假设原始投入与生产为 CES（固定替代弹性）关系，不同要素之间的替代弹性相等；第二层右侧描述了中间品之间的复合关系，假设国产品和进口品之间进行复合，满足阿明顿假说，即国产品与进口品之间不完全替代。对于进口品，根据其进口来源进行 CES 复合得到综合产品。

一、第一层生产函数嵌套

第一层嵌套描述了企业对中间投入和原始投入（增加值）的需求，具体的嵌套结构如图 2-5 所示。

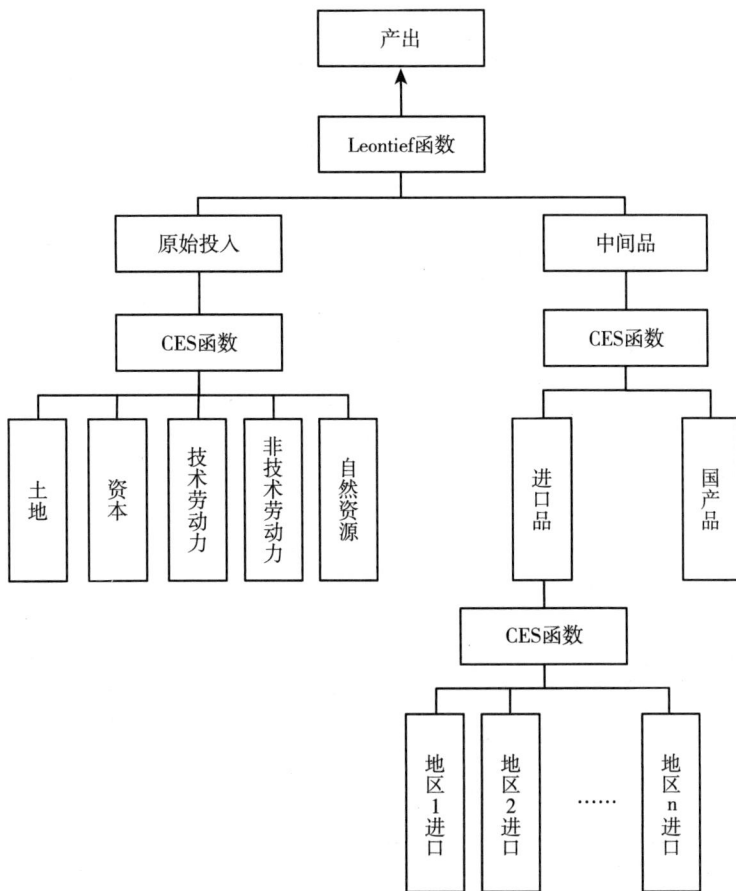

图 2 - 4 GTAP 模型生产结构

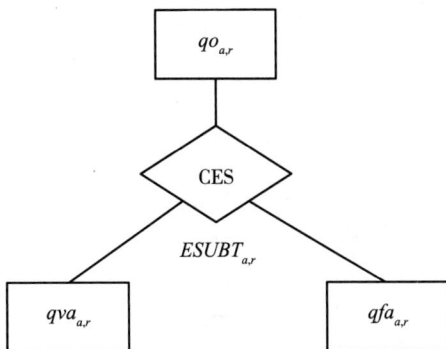

图 2 - 5 第一层嵌套结构

$$qva_{a,r} = qo_{a,r} - ao_{a,r} - ava_{a,r} - ESUBT_{a,r}$$
$$\times (pva_{a,r} - ava_{a,r} - po_{a,r} - ao_{a,r}) \tag{2.32}$$

$$qfa_{a,r} = qo_{a,r} - ao_{a,r} - afa_{a,r} - ESUBT_{a,r}$$
$$\times (pfa_{a,r} - afa_{a,r} - po_{a,r} - ao_{a,r}) \tag{2.33}$$

式（2.32）和式（2.33）分别定义了当弹性系数为 $ESUBT_{a,r}$（通常假定为 0）时，产出对原始投入和中间品投入的需求数量。$qo_{a,r}$ 代表产出的百分比变化形式，$qva_{a,r}$ 代表原始投入，$qfa_{a,r}$ 代表中间品投入。模型中考虑到了技术变化因素，其技术变化变量表现为在相关变量前再加一个字母 a，$ao_{a,r}$ 是希克斯中性技术变化。

$$PO_{a,r} \times QO_{a,r} = PVA_{a,r} \times QVA_{a,r} + PFA_{a,r} \times QFA_{a,r} \tag{2.34}$$

式（2.34）是企业生产活动零利润条件的数量方程，该生产活动的总收入等于总投入成本。$PO_{a,r}$ 和 $QO_{a,r}$ 分别代表 a 生产活动的产出价值和产出数量，$PVA_{a,r}$ 和 $QVA_{a,r}$ 分别代表增加值束（原始投入）的价值和数量，$PFA_{a,r}$ 和 $QFA_{a,r}$ 分别代表中间商品需求束（中间品投入）的价值和数量。

$$
\begin{aligned}
po_{a,r} = & \sum_{e} STC_{e,a,r} \times (pva_{e,a,r} - ava_{e,a,r}) \\
& + \sum_{c} STC_{c,a,r} \times (pfa_{c,a,r} - afa_{c,a,r}) - ao_{a,r}
\end{aligned} \tag{2.35}
$$

使用包络条件对式（2.34）进行全微分简化得出式（2.35）。

二、第二层生产函数嵌套

如图 2-6 所示，第二层嵌套将第一层元素分解为各自的组成部分：一是原始投入，由各种原始要素（如土地、资本、技术劳动力、非技术劳动力、自然资源）合成；二是中间品投入，由进口品和国产品合成。

（一）原始投入

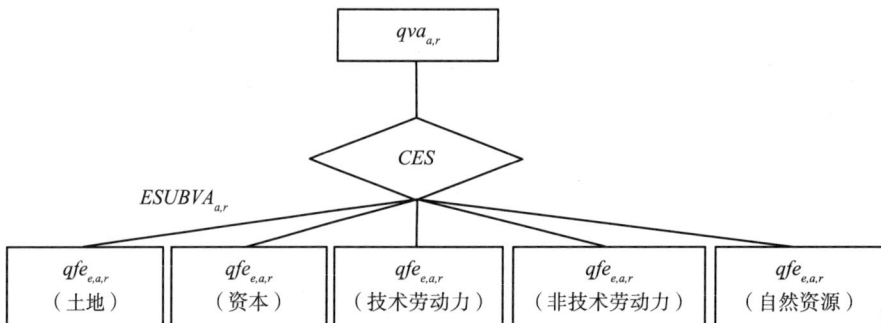

图 2-6　第二层嵌套结构（原始投入）

$$qfe_{e,a,r} = qva_{a,r} - afe_{e,a,r} - ESUBVA_{a,r} \times (pfe_{e,a,r} - afe_{e,a,r} - pva_{a,r}) \tag{2.36}$$

$qfe_{e,a,r}$ 代表生产活动对初始要素的需求。原始投入 $qva_{a,r}$ 由 $qfe_{e,a,r}$ 的 CES 函数加总得出，$ESUBVA_{a,r}$ 是该函数活动 a 和区域 r 的替代弹性系数。

$$PVA_{a,r} \times QVA_{a,r} = \sum_{e} PFE_{e,a,r} \times QFE_{e,a,r} \tag{2.37}$$

其中，$PVA_{a,r}$和$QVA_{a,r}$分别代表初始投入的价格和数量，$PFE_{e,a,r}$和$QFE_{e,a,r}$分别代表初始要素的价格和数量。

$$pva_{a,r} = \sum_e SVA_{e,a,r} \times (pfe_{e,a,r} - afe_{e,a,r}) \tag{2.38}$$

进一步将式（2.37）简化为式（2.38），其中，$pfe_{e,a,r}$是初始要素在特定部门和要素下的价格。

（二）中间品投入

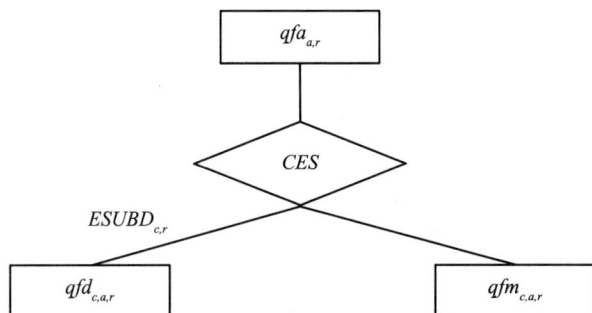

图 2-7　第二层嵌套结构（中间品投入）

$$qfd_{c,a,r} = qfa_{a,r} - ESUBD_{c,r} \times (pfd_{c,a,r} - pfa_{a,r}) \tag{2.39}$$

$$qfm_{c,a,r} = qfa_{a,r} - ESUBD_{c,r} \times (pfm_{c,a,r} - pfa_{a,r}) \tag{2.40}$$

如图 2-7 所示，$qfd_{c,a,r}$和$qfm_{c,a,r}$分别代表了企业对国内商品和进口商品的需求量。$ESUBD_{c,r}$是阿明顿假设下的替代弹性系数，它可以确定国内商品和进口商品之间的替代比例。

$$PFA_{a,r} \times QFA_{a,r} = \sum_c PFD_{c,a,r} \times QFD_{c,a,r} + \sum_c PFM_{c,a,r} \times QFM_{c,a,r} \tag{2.41}$$

其中，$PFD_{c,a,r}$和$QFD_{c,a,r}$分别代表国内产品的价格和数量，$PFM_{c,a,r}$和$QFM_{c,a,r}$分别代表进口商品的价格和数量。

$$pfa_{a,r} = \sum_c (1 - FMSHR_{c,a,r}) \times pfd_{c,a,r} + \sum_c FMSHR_{c,a,r} \times pfm_{c,a,r} \tag{2.42}$$

式（2.42）是式（2.41）的百分比变化形式。

三、第三层生产函数嵌套

$$qms_{c,r,s} = qfm_{c,r} - ESUBM_{c,r} \times (pms_{c,r,s} - pfm_{c,r}) \tag{2.43}$$

如图 2-8 所示，企业对进口商品的需求表现为国外所有来源的进口商品。式

（2.43）中，$qms_{c,r,s}$代表了具体进口部门的商品数量，$pms_{c,r,s}$为市场价格。

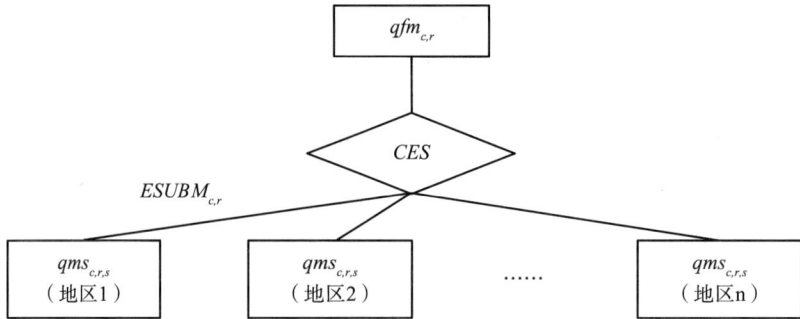

图 2-8　第三层嵌套结构

$$PFM_{c,r} \times QFM_{c,r} = \sum_s PMS_{c,r,s} \times QMS_{c,r,s} \qquad (2.44)$$

其中，$PMS_{c,r,s}$和$QMS_{c,r,s}$分别代表国内产品的价格和数量。

$$pfm_{c,r} = \sum_s MSHRS_{c,r,s} \times pms_{c,r,s} \qquad (2.45)$$

式（2.45）中$MSHRS_{c,r,s}$为成本份额，即区域r从区域s进口的商品c占复合进口商品c的比重。

第三节　商品供给

一、商品价格联系

在说明商品供给之前，首先需要介绍商品间的价格联系，它通过一系列价格方程连接。标准 GTAP 模型假设商品是不完全替代的，所以需要按照生产活动区分商品的价格，同时替代弹性决定价格的差异程度。此外，GTAP 模型中的所有税收都是通过税收力度（如 1+税率）实现的。最新版的 GTAP 模型引进"make"矩阵以实现多种商品的生产活动，对供应价格进行加总后获得与活动相关的单位收入，由于利润为 0，所以单位收益必须等于单位成本。

图 2-9 展示了模型中的商品价格联系。从地区商品的国内供给市场价格开始，可以得到 r 地区商品在生产活动的基本价格。$PCA_{c,a,r}$代表 c 商品在 a 生产活动的基本价格，$PS_{c,a,r}$为供应商价格，$TO_{c,a,r}$为 c 商品在 a 生产活动的生产税/生产补贴。$PO_{a,r}$与$PB_{a,r}$分别是 r 地区 a 生产活动的单位收益与单位收入（以基本价格获得）。当使用标准 GTAP 数据库时，模型会使用 c 商品与 a 生产活动一一对应的对角矩阵，使得 $PDS_{c,r}=PB_{a,r}$成立，$PDS_{c,r}$是出售价格（国内供给价格）。

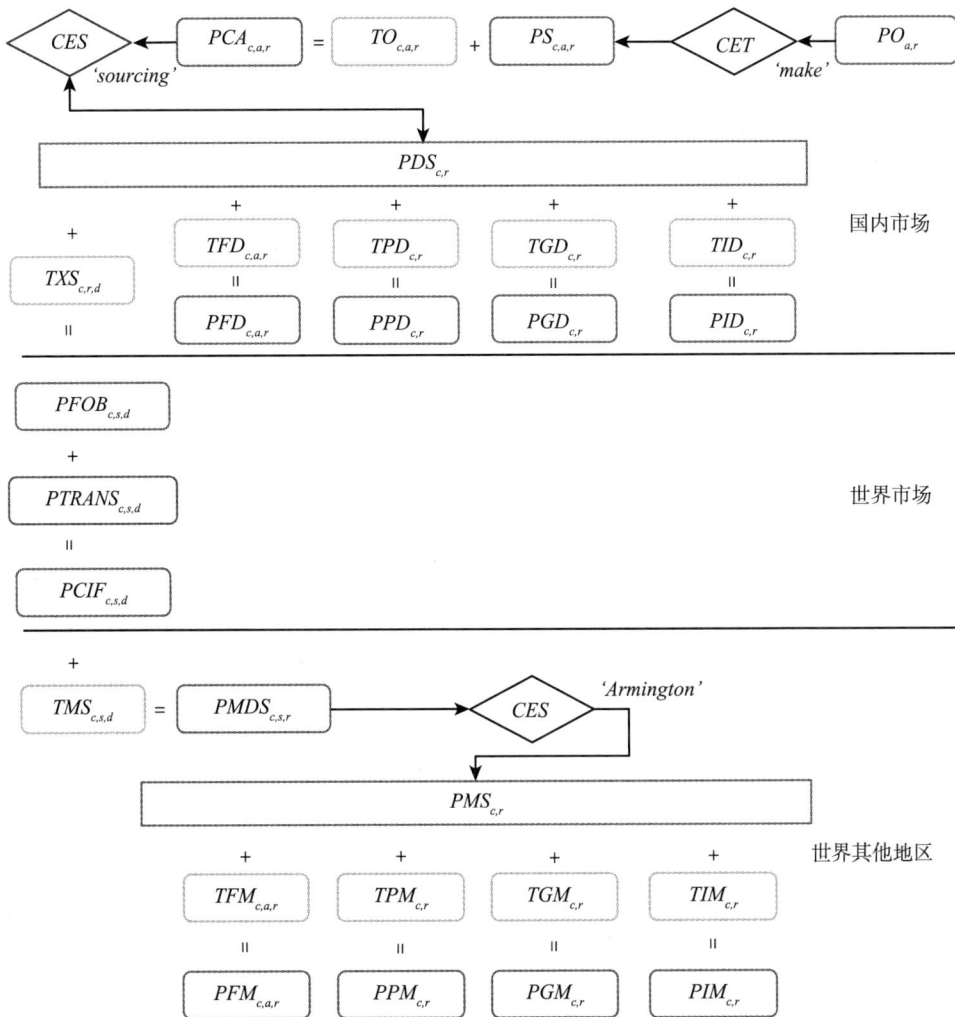

图2-9 商品价格联系

接着生产的所有国内商品被销售到国内和世界市场。图2-9中的出口价格指数只反映了需求侧价格，从商品供应侧角度看，当商品销售到世界市场时，$PFOB_{c,s,d}$为出口价格（不包括运费和保险费），等于$PDS_{c,r} \times TXS_{c,s,d}$，其中$TXS_{c,s,d}$等于"1+出口税税率"，下角标$s$代表商品出口的来源国，角标$d$代表商品出口的目的国。$PTRANS_{c,s,d}$是运输价格，$PCIF_{c,s,d}$是进口的到岸价格。

到达进口国家后，$PMDS_{c,s,r}$为国内市场进口价格，等于到岸价格加双边关税（$TMS_{c,s,d}$）。接着进口商加总所有来源进口商品，产生进口商品束，它们以供应价格（$PMS_{c,r}$）进入国内市场，经济体中的每一个主体（企业、私人家庭、政府和投资者）缴纳不同纳税主体的销售税为进口商品形成新的支付价格：$PFM_{c,a,r}$、$PPM_{c,r}$、$PGM_{c,r}$、$PIM_{c,r}$。同时，进口商品进入国内市场后，会与国内供应商品进行竞争，

$PDS_{c,r}$ 为国内商品的定价，同样，不同主体也要缴纳不同销售税为国内商品形成新的支付价格：$PFD_{c,a,r}$、$PPD_{c,r}$、$PGD_{c,r}$、$PID_{c,r}$。在加总国内和进口商品的组合商品基础上，各市场主体面对的价格分别以 $PFA_{c,r}$、$PPA_{c,r}$、$PGA_{c,r}$、$PIA_{c,r}$ 表示。

二、商品供给函数

标准 GTAP 模型允许每种生产活动生产一种以上的产品，也允许多种部门产出单一的商品。

（一）商品供给侧

在商品供给方面，模型用 CET 函数（常转换弹性函数）表示多产出的生产活动，并在转变边界的恒定弹性约束下最大化其总收入。

$$qca_{c,a,r} = qo_{a,r} - ETRAQ_{a,r} \times (ps_{c,a,r} - po_{a,r}) \tag{2.46}$$

其中，$qca_{c,a,r}$ 代表商品供给量，它取决于部门的总产出水平和所提供的商品组合的变化，$qo_{a,r}$ 为部门的总产出水平，$ETRAQ_{a,r} < 0$ 为转换弹性。式（2.46）将 a 活动生产的产出完全转化为 c 商品的供给。

$$PO_{a,r} \times QO_{a,r} = \sum_c PS_{c,a,r} \times QCA_{c,a,r} \tag{2.47}$$

式（2.47）计算了零利润假设下的单位收入，$PO_{a,r}$ 与 $QO_{a,r}$ 分别为 r 地区 a 生产单位活动的价格与数量，$PS_{c,a,r}$ 为特定活动生产特定商品的单位成本，$QCA_{c,a,r}$ 代表 r 地区 a 活动生产的 c 商品的供给量。

$$po_{a,r} = \sum_c MAKESACTSHR_{c,a,r} \times ps_{c,a,r} \tag{2.48}$$

式（2.48）是式（2.47）的百分比变化形式。

$$pca_{c,a,r} = ps_{c,a,r} + to_{c,a,r} \tag{2.49}$$

其中，$to_{c,a,r}$ 为生产税。式（2.49）将活动中商品的基本价格与单位成本联系在了一起。

$$PB_{a,r} \times QO_{a,r} = \sum_c PCA_{c,a,r} \times QCA_{c,a,r} \tag{2.50}$$

$PB_{a,r}$ 为活动的平均价格（含税），$QCA_{c,a,r}$ 为特定活动生产特定商品的基本价格。

$$pb_{a,r} = \sum_c MAKEBACTSHR_{c,a,r} \times pca_{c,a,r} \tag{2.51}$$

式（2.51）中，$pb_{a,r}$ 是 $pca_{c,a,r}$ 经过加权平均后得到的。如果 "make" 矩阵为对角阵，那么在 a 和 c 一一对应的情况下，就会有 $pb_{a,r} = pds_{c,r}$。

（二）商品需求侧

在商品需求方面，模型通过 CES 偏好函数最小化多活动产出商品的购买者的总成本。可以在需求侧通过修改替代弹性值使商品成为完全的替代品，从而改变商品不完全替代的情况。

$$pca_{c,a,r} = pds_{c,r} - ESUBQ_{c,r} \times (qca_{c,a,r} - qc_{c,r}) \tag{2.52}$$

复合商品 c 的"国内供给者"使用 CES 偏好函数从生产商品 c 的所有活动 a 中购买其投入。式（2.52）反映了 CES 加总价格，$qca_{c,a,r}$ 表示对 a 活动生产的 c 商品的期望需求，替代弹性 $ESUBQ_{c,r} = 1/\sigma$ 是 CES 函数替代弹性的倒数，默认值为 0。若 $ESUBQ_{c,r} = 0$，则 $pca_{c,a,r} = pds_{c,r}$，这表明一价定律成立，国家供应商可以完全替代由各种活动生产的相同商品。

$$PDS_{c,r} \times QC_{c,r} = \sum_a PCA_{c,a,r} \times QCA_{c,a,r} \tag{2.53}$$

式（2.53）中 $PDS_{c,r}$ 为国内供给价格，$QC_{c,r}$ 表示零利润条件下 c 商品的国内供应量。

$$qc_{c,r} = \sum_a MAKEBCOMSHR_{c,a,r} \times qca_{c,a,r} \tag{2.54}$$

式（2.54）是式（2.53）的百分比变化形式。

第四节　国内最终需求

一国的总需求由私人消费（private consumption）、政府消费（government consumption）及储蓄（saving）三部分，依据柯布 - 道格拉斯效用函数（Cobb-Douglas utility function，C-D）构成，其中私人消费由各自的固定差异弹性函数（CDE Function）决定需求的产品结构，政府消费是通过柯布 - 道格拉斯效用函数决定每种产品的消费，而各产品部门通过 CES 函数决定本土采购和进口的比例。

具体来说，区域家庭单位的行为基本上是由一个包含政府支出、私人支出以及储蓄的加总效用函数（aggregate utility function）所决定的。假定该地区家庭单位追求效用最大化，由于采用 CD 效用函数，使得可支配收入分配与签署两大类当期消费比例被固定。在私人支出方面，考虑私人家庭单位消费非齐次性（non-homothetic），以及考虑人口成长的影响，私人家庭单位采用 CDE 效用函数，以每人平均为基础。这样设定的优点在于容许个别产品消费的收入弹性价格弹性存在估计的空间，以便采用文献上现有的需求收入弹性与价格弹性进行校准，较能符合实际状况。政府部门的总支出在各种商品之间的分配，采用 CD 效用函数来处理。这使得政府对各项商品支出占总支出的比例维持固定。在开放体系下，政府对各种产品的需求可以分为国产商品以及进口产品，而两者通过 CES 函数组成一个商品集。在消费模块（需求模块）里，私人家庭单位对产品的偏好使用的是固定差异弹性函数（CDE Function），具有非齐次性的特征。

区域部门的总需求依据 CD 效用函数由私人部门消费、政府部门消费以及储蓄三部分构成。效用函数如下：

$$U = AX^{\alpha}Y^{\beta} \tag{2.55}$$

X、Y 为两种产品，α 和 β 为参数，$\alpha + \beta = 1$ 表示规模报酬不变，A 表示技术参数。

总的效应函数为

$$INCOME_r \times u_r = PRIVESP_r \times up_r + GOVEXP_r \times \left[ug_r - pop_r \right]$$
$$+ SAVE_r \times \left[qsave_r - pop_r \right] \tag{2.56}$$

一、区域总收入的分配

区域家庭的行为由一个总效用函数决定，包括复合的个人消费、复合的政府购买和储蓄。在这个静态效用函数中将储蓄当作一种商品来处理的想法来自吕克（Lluch, 1973）和豪伊（Howe, 1975），在这个比较静态模型中，储蓄商品代表了未来消费的需求。豪伊研究发现，跨期的扩展线性支出系统（ELES）可以从等价的静态最大化问题中得出，其中效用函数包含储蓄。他从一个 Stone-Geary 效用函数开始分析，并且限制储蓄的日常预算份额（subsistence budget share）为 0。由此得出一系列当期消费的支出方程，这些当期消费方程与 Lluch 在 1973 年的研究中的"跨期最优化问题"得到的方程等价。在 GTAP 模型中，我们采用了 Stone-Geary 效用函数的一个特例，即设定所有的日常预算份额都为 0。因此，豪伊把这个设定和一个跨期最优化问题相联系的结论，是可以应用的。

此效用函数还有一个特点，即我们使用了当期政府支出指数来替代政府为居民提供公共物品和服务带来的福利价值。凯勒（Keller, 1980）提出了这一观点，他认为：（1）如果居民对公共产品的偏好与对私人产品的偏好是可分离的；（2）在同一个区域经济中，不同居民对公共产品的效用函数是相同的，因此就可以推导出一个公共产品效用函数。为了推出区域福利函数，我们需要对私人效用的指数进行加总，这需要进一步假设，即在最初的均衡中公共物品的供给已是最优的。如果我们不想使用这一假设，可采用另一种闭合方法，如固定政府总公用事业水平，同时使地区收入全部用于私人消费。然而，这种做法破坏了区域家庭基于柯布－道格拉斯效用函数的福利最大化的属性。

顶层效用函数使用柯布－道格拉斯效用函数来分配这三类的总支出，这三种支出形式为私人消费支出、公共支出和储蓄，在标准的闭合之中，每种支出占总收入的份额是恒定的，然而，实际上，政府购买和储蓄可被当作外生变量（固定不变，或作为外生冲击），在这种情况下，私人消费就会根据区域家庭预算约束进行相应调整。

区域家庭的行为是为了实现效用最大化：

$$U = A \sum_f U_f^{B_f} \tag{2.57}$$

预算约束为

$$\sum_f E_f(U_f, P_f) \tag{2.58}$$

在公式（2.57）中，U 代表区域总效用，A 为技术水平参数，U_f 代表来源 f 的效用，公式（2.58），$E_f(U_f, P_f)$ 是在价格向量为 P_f，获得效用为 U_f 时的支出。B_f 是 C-D 函数的分配参数。角标 f 分为私人消费、公共支出和储蓄三大类。

储蓄是一种单一的商品，但对于政府和私人消费来说，函数可将效用与商品消费联系起来。政府消费采用 CES 函数（默认为柯布—道格拉斯效用函数，C-D 函数）；私人消费采用固定差异弹性函数（constant difference of elasticity，CDE）（Hanoch，1975）。在这种情况下，对于支出，模型并没有给出解析解，但对于可计算的定量模型，可以给出数值解（numerical solution）。

预算约束方程通常采用价格向量 P_f 来代替效用的价格。其中，模型假设储蓄存在一个单一的储蓄价格 P_s，政府消费有一个常数边际成本 P_g。由于 CDE 函数的偏好是非齐次的，因此在计算私人效用的价格时必须考虑私人消费水平（McDougall，2003）。因为私人消费的边际效用成本是内生变量，所以，无论是在支出总量还是个人消费方面（储蓄和政府消费的弹性是相同的），顶层支出份额取决于支出对效用的弹性。

除了变量 U 和 U_f，效用函数还涉及参数 B_f 和 A。一般都认为是模型中的变量。分配参数 B_f 的变化代表区域家计部门偏好的变化。我们可以内生化这些变量，但这会在达到其他外生变量的目标的同时，影响区域家计部门的需求结构。当然，如上所述，内生变量会破坏模型的福利分解。

（一）区域储蓄

单一储蓄商品的"支出"与其价格 $PSAVE_r$ 和数量 $QSAVE_r$ 有关，百分比变化形式为 $psave_r + qsave_r$。在区域收入中所占份额为 $psave_r + qsave_r - y$，通常情况下，这是一个常数（百分比变化为0），但在一个比较复杂的情况下，储蓄有以下方程：

$$psave_r + qsave_r - y_r = uelas_r + dpsave_r \tag{2.59}$$

公式（2.59）中表示支出对效用的弹性（百分比变化），其中 $qsave_r$ 为储蓄量，$dpsave_r$ 是 C-D 函数的分配参数 B_r。

（二）政府支出

以同样形式可得到政府消费支出 yg_r：

$$yg_r - y_r = uelas_r + dpgov_r \tag{2.60}$$

公式（2.60）中，$dpgov_r$ 是 C-D 函数的分配参数 B_G。

（三）私人消费支出

私人消费支出如下：

$$yp_r - y_r = uelas_r + uepriv_r + dppriv_r \tag{2.61}$$

在公式（2.61）中，$dppriv_r$ 是 C-D 函数的分配参数 B_P，$uepriv_r$ 表示个人消费支出相对于效用的弹性，与政府消费和储蓄的弹性不同，这种弹性在水平上是可变的，所以在百分比变化上是非零的。总支出的弹性 $uelas_r$ 是这三个弹性的一个指数，由于其中两个是固定的，所以其百分比变化方程只与 $uepriv_r$ 有关：

$$uelas_r = XSHRPRIV_r uepriv_r + dpav_r \tag{2.62}$$

在公式（2.62）中，$XSHRPRIV_r$ 代表私人消费支出占地区收入的比重，$dpav_r$ 是 C-D 函数中分配参数的总变化：

对于 C-D 函数中分配参数的总变化公式如下：

$$dpav_r = XSHRPRIV_r \times dppriv_r + XSHRPGOV_r \times dpgov_r$$
$$+ XSHRPSAV_r \times dpsave_r \tag{2.63}$$

在公式（2.63）中，$XSHRPRIV_r$ 代表私人消费支出占地区收入的比重，$XSHRPGOV_r$ 和 $XSHRSAV_r$ 分别代表公共支出和储蓄在地区收入中所占的份额；$dppriv_r$ 代表私人消费支出在 C-D 函数的分配参数 B_P，$dpgov_r$ 是公共支出在 C-D 函数的分配参数 B_G，$dpsave_r$ 是储蓄在 C-D 函数的分配参数 B_r。此外，本书还计算了两个描述性变量，收入分配的价格指数如下：

$$p_r = XSHRPRIV_r priv_r + XSHRPGOV_r pgov_r + XSHRPGOV_r psave_r \tag{2.64}$$

在公式（2.64）中，$priv_r$ 代表私人部门的消费支出价格指数，$pgov_r$ 代表政府部门消费支出价格指数，$psave_r$ 代表储蓄的价格指数。

（四）顶层效用

顶层效用的表达式如下：

$$u_r = au_r + DPARPRIV_r log(UTILPRIV_r) dppriv_r$$
$$+ DPARGOV_r log(UTILGOV_r) dpgov_r$$
$$+ DPARSAV_r log(UTILSAVE_r) dpsave_r \qquad (2.65)$$
$$+ UTILELAS_r^{-1}(y_r - pop_r - p_r)$$

公式（2.65）表示区域总效用，其中，au_r 表示参数 A 在总效用的百分比变化；$DPARPRIV_r$ 是私人消费的分配参数 B_P 的水平值，$UTILPRIV_r$ 是私人消费效用 U_P 的水平值；$DPARGOV_r$ 公共支出的分配参数 B_G 的水平值，$UTILGOV_r$ 公共支出的效用 U_G 的水平值；$DPARSAV_r$ 是储蓄的分配参数 B_r 的水平值，$UTILSAVE_r$ 是储蓄的效用 U_r 的水平值。在大多数模拟中，分配参数的变化值为 0（尽管将分配参数设定为不同的值并从 0~1 进行调整）。因此，公式（2.65）可简化为

$$u_r = UTILELAS_r^{-1}(y_r - pop_r - p_r) \qquad (2.66)$$

也就是说，效用 u_r 取决于实际人均收入 $y_r - pop_r - p_r$，同时，支出对效用弹性 $UTILELAS_r$ 的倒数，决定了效用的变化幅度；这个倒数就是效用对收入的弹性。

二、私人消费支出

私人部门消费的效用函数由各自的 CDE 函数（固定差异弹性函数，constant difference of elasticity）和 CES 函数嵌套而成，私人部门的需求同时受到了家庭总支出和产品相对价格的影响，嵌套而成的效用函数决定需求的产品结构，以达到市场均衡。在私人部门消费方面，在考虑私人家庭单位消费非齐次性（non-homothetic）以及人口成长的影响的情况下，私人部门采用 CDE 效用函数优点容许个别产品消费的收入弹性价格弹性存在估计的空间，以便根据实际情况进行调整。

$$pqa_{c,r} - pop_r = \sum_k EP_{c,k,r} ppa_{k,r} + EY_{c,r}(yr_r - pop_r) \qquad (2.67)$$

公式（2.67）定义了私人消费对复合商品 c 的需求。按人均计算，商品的需求变化百分比是综合消费价格变化的百分比与交叉价格弹性矩阵中相应向量（$EPC_{c,r}$）的内积，再加上按收入弹性（$EY_{c,r}$）调整后的人均收入变动百分比。（a 代表市场主体的类型）。

公式（2.67）是一个通用的马歇尔需求方程（marshallian demand equation）。这些弹性系数由价格和需求数量（或支出份额）决定，同时由私人消费支出的效用函数得出，这使得私人需求系统成为一个统一的经济需求体系。模型使用哈诺奇（Hanoch，1975）的固定弹性差异函数（CDE 函数）来表示私人支出偏好。CDE 函数已经被证明非常适合 CGE 模型研究（Hertel，1991）。这主要是由于 CDE 函数有个行为参数（商品的数量），因而比 CES 函数或 LES 函数更具灵活性。这些参数中

有一半与补偿价格的变动有关，其余的参数则与商品需求对收入变动有关。这与 LES 函数不同，LES 函数只有一个参数控制所有需求价格的变动。另外可选择的模型——AIDADS 模型，是里默和波威尔（Rimmer and Powell，1992）提出的"隐式直接加成需求系统"（An Implicitly Directly Additive Demand System，AIDADS），该函数缺少一些必要参数并且没有灵活运用函数形式（如对数转换），因而不能完全将消费者的需求完整地表达出来。AIDADS 函数是 LES 函数的一般形式，它通过对每种商品引入两个边际预算份额来增加恩格尔灵活性（Engel flexibility），即一方面可以在低收入水平决定每种商品支出形式；另一方面可以在很高收入水平上决定。然而，与 LES 一样，AIDADS 对价格变化的反应非常有限。当收入增长和生活必需品数量变得相对较小时，无补偿需求价格弹性收敛为 1。这在比较静态模拟中是不合理的，因为相对于价格变化，收入变化很小。

CDE 需求函数的一般形式如下：

$$\max U: \sum_c a_c U^{e_c b_c} \left(\frac{P_c}{Y}\right)^{b_c} \equiv 1 \tag{2.68}$$

约束条件为

$$Y = P_c X_c \tag{2.69}$$

其中，参数 e 被称为收入扩张参数，与收入弹性有关；b 是替代参数（在模型中分别为 $INCPAR_{c,r}$ 和 $SUBPAR_{c,r}$）。利用 Roy 恒等式和隐函数定理，预算份额如下：

$$S_c = \frac{Z_c}{\sum_k Z_k} \tag{2.70}$$

$$Z_c = a_c b_c U^{e_c b_c} \left(\frac{P_c}{Y}\right)^{b_c} \tag{2.71}$$

定义 Z，效用可以简化为

$$\sum_c \frac{Z_c}{b_c} = 1 \tag{2.72}$$

公式（2.73）至公式（2.75）描述了价格和支出对需求的弹性 $EPC_{c,k,r}$ 和 $EY_{c,r}$ 是如何随预算份额的变化而变化。式（2.73）简化了价格弹性的表达，它定义 CDE 函数的 Allen 偏替代弹性（APE）；参数 $ALPHA_c = 1 - SUBPAR_c$；参数 δ 是 Kronecker δ，当指标相同时（如对角元素相同）取值 1，否则值为 0，系数表示商品的预算份额。式（2.74）定义了收入弹性。式（2.75）定义了未补偿价格弹性，它是 APE 系数和收入弹性的一个简单函数。由于 CDE 函数的参数是不变的，这些弹性表达式中唯一变化的是不断变化的预算支出份额。

$$APE_{c,k,r} = ALPHA_{k,r} + ALPHA_{c,r}\left(1 - \frac{\delta_{c,k}}{CONSHR_{k,r}}\right)$$

$$- \sum_{c'} CONSHR_{c',r} ALPHA_{c',r} \tag{2.73}$$

$$EY_{c,r} = \left[INCPAR_{c,r} (1 - ALPHA_{c,r}) \right.$$

$$+ \sum_{k} CONSHR_{k,r} INCPAP_{k,r} ALPHA_{k,r} \right] \tag{2.74}$$

$$\left. \middle/ \left[\sum_{k} CONSHR_{k,r} INCPAP_{k,r} \right] \right.$$

$$EPC_{c,k,r} = CONSHR_{c,r} (APE_{c,k,r} - EY_{c,r}) \tag{2.75}$$

其中，$EY_{c,r}$ 表示收入需求弹性，$EPC_{c,k,r}$ 表示非补偿需求价格弹性。

本书还计算了两个描述性变量。私人消费价格指数 $ppriv_r$ 是复合商品价格的加权平均值：

$$ppriv_r = \sum_{c} CONSHR_{c,r} ppa_{c,r} \tag{2.76}$$

其中，$ppriv_r$ 是私人消费价格指数，$ppa_{c,r}$ 是复合商品的消费价格。

（一）家庭的复合需求

公式（2.77）确定了可贸易复合商品的人均居民需求：$pqa_{c,r} - pop_r$。

$$pqa_{c,r} = \sum_{c} EP_{c,k,r} ppa_{k,r} + EY_{c,r} (yr_r - pop_r) + pop_r \tag{2.77}$$

支出函数的百分比变化与私人消费产生的效用和人均支出有关：

$$yp_r - pop_r = ppriv_r + UELASPRIV_r up_r \tag{2.78}$$

其中，yp_r 是 r 地区家庭消费支出。

（二）家庭的复合可贸易商品需求

利用 CES 形式的子效用偏好函数将私人部门复合商品的支出进一步分解为对国内和进口商品的需求。公式（2.79）至公式（2.81）分别确定了私人部门对国内商品（$qpd_{c,r}$）、进口商品（$qpm_{c,r}$）和复合商品的消费价格（$ppa_{c,r}$）。

$$qpd_{c,r} = qpa_{c,r} - ESUBD_{c,r} (ppd_{c,r} - ppa_{c,r}) \tag{2.79}$$

$$qpm_{c,r} = qpa_{c,r} - ESUBD_{c,r} (ppm_{c,r} - ppa_{c,r}) \tag{2.80}$$

$$PPA_{c,r} QPA_{c,r} = PPD_{c,r} QPD_{c,r} + PPM_{c,r} QPM_{c,r} \tag{2.81}$$

$$ppa_{c,r} = (1 - PMSHR_{c,r}) ppd_{c,r} + PMSHR_{c,r} ppm_{c,r} \tag{2.82}$$

其中，$qpd_{c,r}$ 代表私人部门对国内商品的消费量，$qpm_{c,r}$ 代表私人部门对进口商品的需求，$ppa_{c,r}$ 代表复合商品的消费价格，$ppd_{c,r}$ 代表国内商品的消费价格，$ppm_{c,r}$ 代表进口商品的消费价格，$ppa_{c,r}$ 代表复合商品的消费价格，$ESUBD_{c,r}$ 是国内商品和进口产品之间的阿明顿替代弹性。

三、公共支出

政府消费通过 CD 效用函数决定总支出在各种商品之间的分配，政府对各项商品支出占总支出的比例维持固定，政府对各种产品的需求通过 CES 函数决定本土采购和进口的比例。

（一）政府对复合商品的需求

公共支出的效用函数采用 CES 效用函数。公式（2.83）确定了政府对商品的综合需求，其中 $ESUBG_r$ 是政府需求的 CES 替代弹性。公式（2.84）给出了政府支出的价格指数，其中的比例表示预算份额。

$$pga_{c,r} = yg_r - pgov_r - ESUBG_r(pga_{c,r} - pgov_r) \tag{2.83}$$

$$pgov_r = \sum_c \frac{VGA_{c,r}}{GOVEXP_r} pga_{c,r} \tag{2.84}$$

其中，$pgov_r$ 代表政府购买的价格指数，$ESUBG_r$ 是特定区域的替代弹性，$pga_{c,r}$ 代表政府部门对复合商品的消费价格，$VGA_{c,r}$ 是 r 地区政府代理商价格在复合商品 c 上付出的消费支出；$GOVEXP_r$ 为 r 地区政府部门消费支出。

线性齐次支出函数的百分比变化形式，与政府消费的效用和支出相关：

$$yg_r - pop_r = pgov_r + ug_r \tag{2.85}$$

其中，ug_r 是 r 地区的政府效用。

（二）复合贸易品

利用 CES 函数将公共部门对复合商品需求进一步分解为对国内和进口商品的需求。公式（2.86）至公式（2.88）分别确定了公共部门对国内商品的需求（$qgd_{c,r}$）、进口商品需求（$qgm_{c,r}$）以及复合商品需求价格（$pga_{c,r}$）。

$$qgd_{c,r} = qga_{c,r} - ESUBD_{c,r}(pgd_{c,r} - pga_{c,r}) \tag{2.86}$$

$$qgm_{c,r} = qga_{c,r} - ESUBD_{c,r}(pgm_{c,r} - pga_{c,r}) \tag{2.87}$$

$$PGA_{c,r}QGA_{c,r} = PGD_{c,r}QGD_{c,r} + PGM_{c,r}QGM_{c,r} \tag{2.88}$$

$$pga_{c,r} = (1 - GMSHR_{c,r})pgd_{c,r} + GMSHR_{c,r}pgm_{c,r} \tag{2.89}$$

其中，$qgd_{c,r}$ 代表政府部门对国内商品的需求量，$qgm_{c,r}$ 代表政府部门对进口商品的需求量，$qga_{c,r}$ 是政府部门对复合商品 c 的需求，$pgd_{c,r}$ 是政府部门对国内商品的消费价格，$pgm_{c,r}$ 是政府部门对进口商品的消费价格，$pga_{c,r}$ 是政府部门对复合商品的消费价格，$ESUBD_{c,r}$ 代表不同商品之间的替代弹性，$GMSHR_{c,r}$ 代表 r 政府部门单位消费商品 c 所占份额。

四、投资支出

（一）政府复合商品需求

投资支出（即总投资）的效用函数采用 Leontief 函数。式（2.90）确定了投资部门对商品 c 的加总需求，加总的投资需求 $qinv_r$ 由投资储蓄恒等式确定，其中储蓄是国内储蓄和外国净资本流入的总和。式（2.91）和式（2.92）分别给出了投资价格的水平和百分比变化形式，其中比值表示支出份额。

$$qia_{c,r} = qinv_r \qquad (2.90)$$

$$PINV_r QINVv_r = \sum_c QIA_{c,r} PIA_{c,r} \qquad (2.91)$$

$$pinv_r = \sum_c \frac{VIP_{c,r}}{REGINV_r} pia_{c,r} \qquad (2.92)$$

其中，$qinv_r$ 和 $pinv_r$ 是投资的总需求和价格指数；$qia_{c,r}$ 和 $pia_{c,r}$ 是复合投资商品的需求和价格；$qim_{c,r}$ 和 $pim_{c,r}$ 是进口投资商品的需求和价格；$qid_{c,r}$ 和 $pid_{c,r}$ 是国内投资商品的需求和价格。$tid_{c,r}$ 和 $tim_{c,r}$ 是对国内和进口投资商品征消费税的税率。

（二）投资对国内和进口商品的需求

利用 CES 函数将投资对复合商品的支出进一步分解为对国内和进口商品的需求。式（2.93）至式（2.95）分别确定了投资对国内商品（$pid_{c,r}$）、进口商品（$pim_{c,r}$）以及投资品的复合价格（$pia_{c,r}$）。其中：

$$pid_{c,r} = pia_{c,r} - ESUBD_{c,r}(pid_{c,r} - pia_{c,r}) \qquad (2.93)$$

$$pim_{c,r} = pfa_{c,r} - ESUBD_{c,r}(pim_{c,r} - pia_{c,r}) \qquad (2.94)$$

$$PIA_{c,r} QLA_{c,r} = PID_{c,r} QID_{c,r} + PIM_{c,r} QIM_{c,r} \qquad (2.95)$$

$$pia_{c,r} = (1 - IMSHR_{c,r}) pid_{c,r} + IMSHR_{c,r} pim_{c,r} \qquad (2.96)$$

其中，$pia_{c,r}$ 是复合投资商品的价格；$pim_{c,r}$ 是进口投资商品的价格；$pid_{c,r}$ 是国内投资商品的价格；$ESUBD_{c,r}$ 是不同商品之间的替代弹性。

第五节　全球贸易与国际运输

一、进口来源

在此前的介绍中，经济中的所有市场主体对国内商品和复合进口商品都已经有了明确的需求。进口商品将按照商品来源地进一步进行划分。式（2.93）加总了所有主体（即企业、私人家庭、政府和投资者）对复合进口商品的需求。式（2.94）描述了不同来源进口商品需求，以 CES 函数进行替代，其中 $ESUBM_{c,d}$ 是进口国对不同来源地商品的替代弹性，价格 $pmds_{c,s,d}$ 等于 s 地区生产的商品基本价格、出口税（或补贴）、贸易和运输成本以及双边贸易关税之和；$pms_{c,d}$ 是 s 地区的进口价格；$qms_{c,d}$ 表示对进口商品的需求，$qxs_{c,s,d}$ 是按特定路线运输的特定商品的数量。式（2.95）定义了复合进口商品的价格 $PMS_{c,d}$。（注：r 表示区域数量；c 表示产品数量；m 表示物流产品或部门数量；a 表示活动主体数量；e 表示跨部门完全流动的初级要素数量；s 表示来源地区，d 表示目的地区）

$$QMS_{c,r} = \sum_a QFM_{c,a,r} + QPM_{c,r} + QGM_{c,r} + QIM_{c,r} \tag{2.97}$$

$$qxs_{c,s,d} = qms_{c,d} - ESUBM_{c,d}(pmds_{c,s,d} - pms_{c,d}) \tag{2.98}$$

$$PMS_{c,d}QMSv_{c,d} = \sum_s PMDS_{c,s,d}QMDS_{c,s,d} \tag{2.99}$$

二、全球贸易和国际运输

GTAP 通过贸易建立起国家（地区）间的联系。本国产品和来自不同地区的进口产品是不完全替代品，即遵循阿明顿假设，通过设定的不变替代弹性来表征。当一国经济模型构建完成，在其中加入国际贸易的商品和资金流动（"全球银行"部门），从而形成多国经济模型。此时，进口品与国产品存在着替代关系，采用阿明顿假设进行产品复合，即把进口产品与国内产品看作不同产品，相互间具有不完全替代关系。存在国际贸易情形下复合后的国内产品表达式为

$$X = \left[a_L X_m^b + a_k X_d^b \right]^{1/b} \tag{2.100}$$

其中，X 为市场上供应的某种产品，b 为国内产品与进口产品的替代弹性，X_m 和 X_d 分别为进口产品和国内产品，a_L 和 a_K 分别为进口产品和国内产品的市场份额。

区域 s 到区域 d 的贸易流动产生了贸易和运输服务的需求。公式（2.101）描述了将商品从区域 s 运输到区域 d 产生的贸易和运输服务需求 m，需求量与运输量成固定比例，运输效率的提高可通过改变技术系数 $atmfsd$（从货源地到目的地的单位运输效率）来实现。由于缺乏双边的运输服务供给，每种运输方式 m 都以相同的价格 PT_m 提供给各国。全球运输价格是以各国运输服务价格的综合指标，如式（2.105）所示。为了计算离岸价和到岸价的综合差价，需要将商品的所有相关运输方式的运输价格进行加总。公式（2.102）考虑了运输效率的变化。

全球对运输服务的需求 m 是所有商品和所有双边贸易的需求之和［见公式（2.103）］。模型假设有一个虚构的"全球"运输部门，它从每个地区购买运输服务

m，并且全球运输服务的购买者在 CES 偏好函数约束下使运输服务成本最小化。公式（2.104）给出最优需求，该方程决定了区域贸易运输服务 m 的供给 $QST_{m,r}$。

$$qtmfsd_{m,c,s,d} = qxs_{c,s,d} - atmfsd_{m,c,s,d} \tag{2.101}$$

$$ptrans_{c,s,d} = \sum_m VTFSD\_MSH_{m,c,s,d}(PT_m - atmfsd_{m,c,s,d}) \tag{2.102}$$

$$QTM_m = \sum_c \sum_s \sum_d QTMFSD_{m,c,s,d} \tag{2.103}$$

$$qst_{m,r} = qtm_m - ESUBM_m(pds_{m,r} - pt_m) \tag{2.104}$$

$$PT_m QTM_m = \sum_r PDS_{m,r} QST_{m,r} \tag{2.105}$$

其中，$ESUBM_m$ 是运输方式 m 的替代弹性，$qtmfsd_{m,c,s,d}$ 代表商品从区域 s 运输到区域 d 产生的贸易和运输服务需求，$atmfsd$ 代表技术系数，$QST_{m,r}$ 是区域贸易运输服务的供给。

三、贸易价格

运输方面，在 GTAP 模型中，有两个国际部门（国际银行和国际运输部门），各个国家的储蓄汇总到"国际银行"，并根据资本回报率在各个国家之间进行分配。"国际运输部门"主要负责地区之间产品的运输，平衡到岸价（CIF）和离岸价（FOB）之间的差异，并通过双边贸易将世界各国联系起来。GTAP 模型还体现了不同国家进出口存在的相应的关税或补贴（出口关税为负，即为补贴）和运费。GTAP 模型中进出口商品价格表达公式如下：

$$PFOB_{c,s,d} = PDS_{c,s} TMS_{c,s,d} \tag{2.106}$$

$$PCIF_{c,s,d} = PFOB_{c,s,d} + \xi PTRANS_{c,s,d} \tag{2.107}$$

$$PMDS_{c,s,d} = PCIF_{c,s,d} TMS_{c,s,d} \tag{2.108}$$

任何双边贸易都与四种价格有关（见图 2-2 的价格联系）。国内供应商以相同的 $PDS_{c,s}$ 价格向出口目的地国提供商品。从供应商的角度来看，目的地市场（也包含国内市场）是无差别的。统一的供给价格受供应商和边境之间（潜在的）双边出口税/补贴的影响。边境价格称为离岸价或 FOB 出口价格，详见式（2.106），其中，$PDS_{c,s}$ 是出口国国内商品价格，变量 $TMS_{c,s,d}$ 代表出口税/补贴。第一个区域脚标 s，是征税地区，即出口国，第二个区域指数 d 是出口目的地。

在商品离开港口与到达港口之间，会再增加一个额外的变量，这个变量即为上述的国际贸易中的运输服务价格。它将离岸价格转换为进口边境价格，也称为成本、保险和运费价格，或到岸价 CIF，详见公式（2.107）。其中，参数 ξ 表示单位出口使用的运输服务的效率指数；$PTRANS_{c,s,d}$ 是运输服务的平均价格。在经过双边贸易关税的调整后，即可得到出口价格。这样就产生了公式（2.108）的价格 $PMDS_{c,s,d}$，其中，$PMDS_{c,s,d}$是进口商品国的国内价格，$TMS_{c,s,d}$代表了关税力度（即 1 + 关税率）。需要注意的是，虽然进出口税是乘法，但运输成本方程是加法。这就意味着如果 FOB 出口价格翻倍，除非运输服务价格也翻倍，否则 CIF 进口价格不会翻倍。

具体来说，GTAP 模型以一个全球运输部门来处理国际上的运输活动。假定运输部门的生产采用 CD 生产函数。运输需求为每一个国家进出口商品到岸价（CIF）与离岸价（FOB）之间的差额。由于缺乏能够连接特定运输路径与运输服务的资料，因此将各区域的运输服务加总为一个综合商品来处理。政府干预主要表现在征税与补贴上。由于征税与补贴，经济体系中存在两类价格：市场价格（market prices）与消费者或生产者等行为主体面对的价格（agent's prices）。本国生产者的供给价格加上生产税（或减去补贴），等于产品在国内市场的市场价格。此时该商品存在三种去向：（1）国内使用，此时国内市场价格加上国内消费税为国内消费者面对的国内产品价格；（2）输出到虚拟的运输部门，此时这一运输的国内市场价格决定一国的国际运输成本；（3）出口，国内市场价格加上出口税或者减去出口补贴等于本国出口品的 FOB 价格，如果加上单位运输成本即为进口国的进口产品的 CIF 价格，再加上进口税，为进口国进口该商品的国内市场价格。进口国进口商品的市场价格加上消费税，为该进口商品的消费者价格。如果进口国进口存在不同的来源国，不同来源的进口可以组成总进口商品，该总进口商品的平均价格为平均进口价格。总进口品与进口国国内生产商品可以组成一个商品集，其平均价格即为消费者面对的综合价格。

第六节　商品市场

一、商品流通

商品市场采用商品的国内供给必须等于商品的需求的市场均衡条件来决定国内市场价格 $pds_{c,r}$。其中，商品的需求是国内需求和商品出口之和。公式（2.109）表示除运输服务出口商外，国内市场主体，即企业、私人家庭、政府和投资者对国内商品的需求之和。公式（2.110）表示均衡条件，其中在 $QDS_{c,r}$ 基础上，加上了商品出口以及销售到全球贸易和运输部门的商品之和，这也决定了区域中商品的市场价格，其中 $QC_{c,r}$ 是满足国内需求和出口销售的商品供应，即商品总供给；$QST_{c,r}$ 表示商品的出口数量，$QXS_{c,r,d}$ 表示销售到全球贸易和运输部门的商品数量。

$$QDS_{c,r} = \sum_a QFD_{c,a,r} + QPD_{c,r} + QGD_{c,r} + QID_{c,r} \tag{2.109}$$

$$QC_{c,r} = QDS_{c,r} + QST_{c,r} + \sum_d QXS_{c,r,d} \tag{2.110}$$

二、基于市场主体的商品价格

每个国内市场主体（即企业、消费者）都会面临两个市场价格：$PDS_{c,r}$ 和 $PMS_{c,r}$。$PDS_{c,r}$ 表示国内商品销往国内市场的价格；$PMS_{c,r}$ 表示进口商品的 CES 加总价格。后者的价格是以这些商品来源国的价格 $PDS_{c,r}$ 为基础的，包含了上面提及的双边贸易关税等。市场主体支付的实际价格不仅取决于各自的消费税，还取决于商品来源（进口品或国内品）。下面的一组公式分别决定了各主体对国内商品和进口商品束的需求价格。

$$PFD_{c,a,r} = PDS_{c,r}TFD_{c,a,r} \tag{2.111}$$

$$PFM_{c,a,r} = PMS_{c,r}TFM_{c,a,r} \tag{2.112}$$

$$PPD_{c,r} = PDS_{c,r}TPD_{c,r} \tag{2.113}$$

$$PPM_{c,r} = PMS_{c,r}TPM_{c,r} \tag{2.114}$$

$$PGD_{c,r} = PDS_{c,r}TGD_{c,r} \tag{2.115}$$

$$PGM_{c,r} = PMS_{c,r}TGM_{c,r} \tag{2.116}$$

$$PID_{c,r} = PDS_{c,r}TID_{c,r} \tag{2.117}$$

$$PIM_{c,r} = PMS_{c,r}TIM_{c,r} \tag{2.118}$$

第七节 要素市场与均衡机制

模型将生产要素分为了三类：完全可流动要素、部分流动或黏性要素、特定部门的要素。在标准数据库中，劳动力和资本被归类为完全可流动要素禀赋，而土地被归类为黏性要素禀赋，自然资源被归类为特定要素禀赋。需要注意的是，模型使用者在 GTAP 加总工具中（GTAPAgg2 或 FlexAgg）可灵活设定所有要素的流动性程度。

一、可流动的要素禀赋

劳动力和资本被归类为完全可流动要素禀赋。要素的完全流动意味着要素在所有生产活动中的价格都是相同的。因此，模型假定在所有生产活动中，流动要素禀赋的回报率是相同的，并通过设定市场需求等于市场供给（外生）来决定市场均衡。

$$QE_{e,r} = \sum_a QFE_{e,a,r}, e \in \{ENDWM\} \tag{2.119}$$

$$pes_{e,a,r} = pe_{e,r}, e \in \{ENDWM\} \tag{2.120}$$

其中，$ENDWM$ 为流动要素禀赋。公式（2.119）表示流动要素禀赋的均衡条件。其中，$QE_{e,r}$ 代表（固定的）要素供给量，$QFE_{e,a,r}$ 是活动 a 对要素禀赋 e 的需求。公式（2.90）决定了 $QE_{e,r}$，这是整个经济体对流动要素的回报。为了简化生产的单位成本以及计算公式，模型包含了公式（2.120），该公式设定各生产活动使用的单位要素成本相同。其中，$QE_{e,r}$ 代表非特定部门要素的总供给，$pe_{e,r}$ 代表非特定部门要素的价格；$QFE_{e,a,r}$ 和 $pes_{e,a,r}$ 是定义在生产活动层面的要素供应和供应价格。

二、黏性要素禀赋

土地被归类为黏性要素禀赋。每一种黏性要素禀赋的供给量通常都是固定不变的，如农业用地总量，但具体不同作物的农业用地可能会根据耕种不同作物时产生回报率的差异慢慢进行调整。由于存在一个可以调节各要素在不同生产活动间流动的生产转换机制，因此单个生产活动的要素供给是缺乏弹性的。模型使用 CET 函数来描述这种生产转换机制。公式（2.121）决定了生产活动 a 中固定要素 e 供给 $qes_{e,a,r}$，其中 $ETRAE_{e,r}$ 是转换弹性系数，$pes_{e,a,r}$ 表示特定活动支付给黏性要素的税后价格。公式（2.122）计算了黏性要素的加总价格 $pe_{e,r}$。公式（2.123）表示了一个均衡条件，即生产活动 a 中黏性要素 e 使用价格 $pes_{e,a,r}$（税后价格）的市场均衡条件。

$$qes_{e,a,r} = qe_{e,r} - ETRAE_{e,r}(pes_{e,a,r} - pe_{e,r}), e \in \{ENDWS\} \tag{2.121}$$

$$PE_{e,r}QE_{e,r} = \sum_a PES_{e,a,r}QES_{e,a,r}, e \in \{ENDWS\} \tag{2.122}$$

$$QES_{e,a,r} = QFE_{e,a,r}, e \in \{ENDWS\} \tag{2.123}$$

三、特定生产部门的要素禀赋

自然资源被归类为特定要素禀赋。最后一类要素是用于特定生产部门的要素，这类要素通常是一些自然资源，如矿藏、化石燃料储量、林业储量等。这类要素的供给是外生变量，$QES_{e,a,r}$ 是固定的。因此，只需要一个类似于黏性要素的均衡条件，可得

$$QES_{e,a,r} = QFE_{e,a,r}, e \in \{ENDWF\} \tag{2.124}$$

公式（2.125）将要素禀赋的均衡市场价格与包含要素使用税和生产税的生产价格联系在一起，其中，税率为 $TFE_{e,a,r}$。公式（2.126）将生产活动层面的要素禀赋的税前和税后（所得税）价格联系在一起。尽管在大多数情况下，所得税与要素

用于哪种生产活动无关。简而言之，每种要素都与三种价格和两种税种有关。$PFE_{e,a,r}$ 表示要素在活动中的使用价格，它包含了施加在价格的税率 $PEB_{e,a,r}$。代表要素市场的均衡价格。$PES_{e,a,r}$ 代表税后价格；其中 $TINC_{e,a,r}$ 代表在生产活动层面对要素使用征收所得税的税收。

$$PFE_{e,a,r} = PEB_{e,a,r}TFE_{e,a,r} \tag{2.125}$$
$$PEB_{e,a,r} = PES_{e,a,r}TINC_{e,a,r} \tag{2.126}$$

总的来说，流动要素和黏性要素的供给 $QE_{e,r}$ 是固定的，而在经济活动层面，特定部门的要素 $QES_{e,a,r}$ 也是固定的。生产活动市场均衡条件决定了要素收入。为了简化模型，模型设置了流动要素 $PEB_{e,a,r}$，是定义在生产活动层面的要素使用的基本价格，它等于在市场均衡条件下的要素收入 $PE_{e,r}$。

四、主要均衡模块

均衡模块是保证模型有解的前提条件，均衡模块大体包括以下六个方面。

（1）商品市场出清。商品市场出清要求各商品的总供给等于总需求，即：

$$Q_i = XP_i + XG_i + XV_i \sum INT_i \tag{2.127}$$

（2）劳动力市场出清。新古典理论假定市场劳动力得到充分利用，即：

$$\sum LAB_i = QLS \tag{2.128}$$

（3）资本市场出清。市场资本得到了充分利用，即：

$$\sum CPA_i = QKS \tag{2.129}$$

（4）政府预算均衡。即政府储蓄等于政府经常性收支的差额：

$$SG = YG - \sum PQ_i \times XG_i - ratioE \times transGF \tag{2.130}$$

（5）国际收支均衡。即国外的收入等于国外支出与国外净储蓄之和：

$$ratioE \times (transFR + INFV) + \sum (PE_i \times E_i)$$
$$= ratioE \times (transGF + FCAP) + \sum (PM_i \times M_i) \tag{2.131}$$

（6）储蓄投资均衡，即总储蓄等于总投资。

其中，Q 表示商品的总需求，XP 表示居民消费需求，XG 表示政府消费需求，XV 表示投资消费需求，$\sum INT_i$ 表示中间投入，LAB 表示劳动要素供给，CAP 表示资本要素供给，$transGF$ 表示政府对国外转移支付，$transFR$ 表示国外对居民的转移支付，$FCAP$ 表示国外资本支付。

第八节　全球储蓄

模型假定每个地区家计部门的储蓄被汇总给全球投资者——全球银行，它使全球储蓄和投资之间建立了联系。具体来说，首先，每个国家的储蓄汇总到全球银行，全球银行将其转化为全球总投资；其次，全球的总投资分配给各个区域，成为各个区域的净投资，各区域净投资加上折旧，相当于各区域的总投资；最后，各个区域的总投资转化为各个区域投资的生产行为，投资的生产行为会使用中间投入，即我们会有一个对各个投资品的需求 VFA，其中，各个投资品的需求又可分为 $VDFA$（从国内购买）和 $VIFA$（从国外进口），如图 2 – 10 所示。

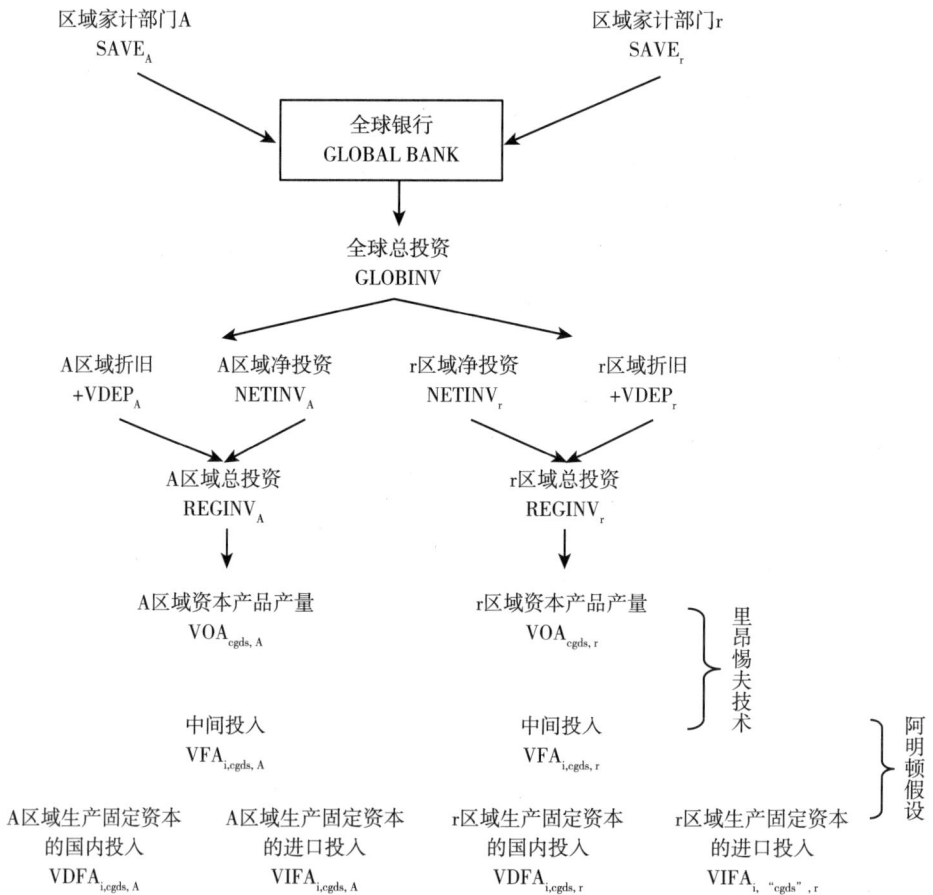

图 2 – 10　储蓄与资本流向

全球储蓄在各区域之间投资主要有两种分配机制。在第一种分配机制下，"全球银行"通过利用投资配置实现其回报最大化，使该地区的预期投资回报率以均衡方式变化。第二种分配机制则忽略了对特定区域资本市场的预期回报，而是按照初始区域投资份额进行不同区域间的投资配置。

参数 RORFLEX 是一个值为 0 或 1 的二元参数，它的取值决定使用哪种分配机制，研究者可以根据个人的需要和正在进行的模拟进行选择。当 RORFLEX = 1 时，使用对投资回报率敏感的闭合规则，即第一种资本回报率不变的假设分配机制。当 RORFLEX = 0，则使用固定投资分配闭合规则，即第二种资本组成不变的假设分配机制，下面将会在第二部分对参数 RORFLEX 进行详细介绍。

一、投资机制介绍

因为 GTAP 模型是静态的，所以模拟冲击通常对期初资本存量 KB_r 不会产生影响，故其通常保持在一个固定的水平。投资水平的变动对期初资本存量的影响并不会产生，而只影响需求的构成。期末资本存量 KE_r 等于期初资本存量减去资本折旧，再加上净投资，即如公式（2.132）所示，其中 $QINV_r$ 表示当期的实际投资，δ_r 为资本折旧率。

$$KE_r = (1 - \delta_r)KB_r + QINV_r \tag{2.132}$$

资本回报率被定义为税后资本回报率，如公式（2.133）所示，其中，$PES_{endwc,a,r}$ 是部门 a 的税后资本回报。

$$RENTAL_r = \sum_a PES_{endwc,a,r}QES_{endwc,a,r}/KB_r \tag{2.133}$$

公式（2.134）将区域 r 内当前的固定资本净回报率定义为根据重置资本价格调整的租金率减去资本折旧率。因此，在其他条件相同的情况下，降低关税会降低投资产品的价格，进而降低资本的重置价格，从而提高回报率。

$$RORC_r = \frac{RENTAL_r}{PINV_r} - \delta_r \tag{2.134}$$

二、基于回报率的投资分配

全球投资者对资本回报率的变动很敏感是进行投资分配的前提。公式（2.135）定义了预期回报率——它表示对净预期回报率的调整，其调整程度大小取决于资本存量的增长率。在其他条件（如 KB）不变的情况下，预期回报率（RORE）与当前净回报率（RORC）之比将会随着资本存量（KE）的增加而减少，同时投资者会根据预期回报率进行投资决策。其中，下降的速率取决于弹性值 $RORFLEX_r$ 的大小。在某些极端情况下，如值为 0 时，此时表明预期回报率是不变的，且弹性值 ROR-

$FLEX_r$ 越大，表明预期回报率的变动程度越大。

$$RORE_r = RORC_r \left(\frac{KE_r}{KB_r} \right)^{-RORFLEX_r} \tag{2.135}$$

由公式（2.136）提供的均衡机制可知，国家间的预期收益率等于全球的预期收益率。事实上，公式（2.136）确定了当期的实际投资 $QINV_r$，即以确保各区域的预期回报率相等，全球投资将在不同区域间进行分配。

$$RORE_r = RORG \tag{2.136}$$

若 $RORFLEX_r$ 是一个很小的值，如 $RORFLEX_r = 0.5$，这意味着 KE_r 每增加 1 个百分点会使资本回报率减少 0.5 个百分点。例如，若当前的回报率为 10%，则期末资本存量 KE_r 增加 1 个百分点后的净投资的预期回报率等于 9.95%，只发生了很小的变化。在这种情形下，新的资本品供给对期望回报率非常敏感。为了保持预期回报率 $RORE$ 在区域内的变化相等，模型中的区域投资将发生很大的变化。

然而，若 $RORFLEX_r$ 是一个很大的值，如 $RORFLEX_r = 50$，此时意味着期末资本存量 KE_r 增加 1 个百分点会削减资本回报率的一半。在这种情形下，新的资本品供给对期望回报率的变化不是非常敏感。因此，不同区域的 $RORE$ 的变化相等可以适应区域投资的微小变化。换而言之，如果研究者认为实验对区域投资不会产生很大冲击或者希望脱离这种影响，那么 $RORFLEX_r$ 应选取较大的值。

费尔德斯坦和霍里奥克（Feldstein and Horioka, 1980）支持将 $RORFLEX_r$ 赋予较大的值。他们将国内投资总额占 GDP 的份额与国内储蓄总额占 GDP 的份额联系起来（Feldstein and Horioka, 1980; Feldstein, 1983），发现了储蓄和投资间密切的联系，并总结得出国际资本流动性在工业化国家之间也会受到限制。

$RORG$ 的公式是由全球储蓄等于全球投资这一恒等式所确定的。但是，由于使用了瓦尔拉斯定律（Walras's Law），所以该方程未被使用，但一般为了确保模型的正确运行，需要在模型运行后对模型进行验证。模型必须要确保以下公式（2.137）成立：

$$PINV_r QINV_r = SAVE_r + FSAVE_r + \delta_r PINV_r KB_r \tag{2.137}$$

其中，$FSAVE_r$ 为该地区的外资净流动。在这种情况下，公式（2.136）可以看作是确定了地区的外资净流量，而公式（2.137）决定了国内投资。如果把所有地区的公式（2.137）加总后，那么公式左边是全球总投资，公式右边则是全球储蓄与资本折旧之和，从而将会出现所有的地区的 $FSAVE_r$ 之和为零的情形。因此，另外的方法是保留上面的方程，但是只定义（$R-1$）区域。

三、基于期初资本份额的投资分配

假设资本存量的区域组成在模拟中保持不变，且不会响应预期相对收益率的变动是投资分配的第二种分配方法。公式（2.138）定义了全球净投资，即每个地区的区域净投资之和。

$$GLOBALCGDS = \sum_r QINV_r - \delta_r KB_r \qquad (2.138)$$

模型中假设区域投资在全球投资中占有不变份额，这个份额是由基本投资份额计算出来的，具体可见公式（2.139）。

$$QINV_r - \delta_r KB_r = \chi_r^I GLOBALCGDS \qquad (2.139)$$

值得一提的是，这个公式只需定义（$R-1$）个地区，这是由于剩余的区域投资水平被全球储蓄/投资余额所决定。

模型在预期相对收益率"不敏感"的分配规则下，仍然会计算全球总收益率变量 $RORG$，只是计算方法不同。在这种情况下使用区域预期收益率变量的加权平均值进行计算［公式（2.140）］。其中由全球净投资的区域份额提供这些权重。

$$RORG = \sum_r \varphi_r RORE_r \qquad (2.140)$$

其中，$\varphi_r = \dfrac{PINV_r(QINV_r - \delta_r KB_r)}{\sum\limits_s PINV_s(QINV_s - \delta_s KB_s)}$。

四、储蓄价格

储蓄价格 $PSAVE_r$，是投资模块的最后一部分，用来定义效用模块中的储蓄效用。当跨境储蓄流动为零时，储蓄价格等于资本产品的价格 $PINV_r$。当存在资本流动时，假设区域投资的投资成本（$PINV_r$）是用以购买区域资本货物的，但起平衡作用的储蓄流是国内和国际储蓄的综合束。在此情况下，我们做出了全球储蓄价格等于全球投资价格的这种全球层面的特殊假设。公式（2.137）定义了区域的储蓄价格，为 $PINV_r$ 加上一个地区调整因子，即对区域投资价格指数的加权平均值。该地区调整因子等于每个区域的净投资与储蓄之差占全球净投资的比例。将全球范围内的这些进行汇总求和，我们可以得到当各地区的调整因子之和为0时，储蓄的价格等于投资的价格结果。

$$psave_r = pinv_r + \sum_s \varphi_s pinv_s \qquad (2.141)$$

其中，$\varphi_s = \dfrac{NETINV_s - SAVE_s}{GLOBINV}$。

第九节　税收模块

GTAP 模型是以对数形式编写的，本节所有的税均以"税收力度"的形式来表示，即"1 + 从价税率"。在收入分配中，定义了总的间接税收入 $INDTAX_r$。在这一小节中，将通过相关变量来计算税收情况。

一、生产活动税收

企业需要支付的税收主要有以下几种：生产税、要素使用税、国内和进口商品购买的消费税。公式（2.142）定义了生产税，其中，$TO_{c,a,r} - 1$ 为从价税率，$PS_{c,a,r}$ 是税前供给价格（等于规模收益不变的完全竞争企业的单位成本），$QCA_{c,a,r}$ 则为商品 c 在生产活动 a 下的产出。公式（2.143）描述了要素收入，其中，$PEB_{e,a,r}$ 代表税前工资水平（劳动者所得的实际工资），$TFE_{e,a,r} - 1$ 为收入所得税税率。公式（2.144）描述了由于产品和服务的中间投入需求而产生的消费税收，其中 $TFD_{c,a,r} - 1$ 和 $TFM_{c,a,r} - 1$ 分别表示国内和进口商品的消费税率。

$$TAXROUT_r = \sum_c \sum_a (TO_{c,a,r} - 1) PS_{c,ar}, QCA_{c,a,r} \tag{2.142}$$

$$TAXRFU_r = \sum_e \sum_a (TFE_{e,a,r} - 1) PEB_{e,a,r} QFE_{e,a,r} \tag{2.143}$$

$$TAXRIU_r = \sum_c \sum_a (TFD_{c,a,r} - 1) PDS_{c,r} QFD_{c,a,r}$$
$$+ \sum_c \sum_a (TFM_{c,a,r} - 1) PMS_{c,r} QFM_{c,a,r} \tag{2.144}$$

二、国内最终需求税收

在私人家庭、政府和投资者为进口商品和国内供应商品支付实际价格之前，必须缴纳不同纳税主体的销售税。公式（2.145）~公式（2.147）分别表示私人部门、政府部门和投资部门在购买国内及进口商品时产生的销售税收入。但需要注意的是，提供给所有主体的税前供给价格都是相同的，国内税前供给价格与进口税前供应价格分别为 $PDS_{c,r}$ 和 $PMS_{c,r}$。

$$TAXRPC_r = \sum_c \left[(TPD_{c,r} - 1) PDS_{c,r} QPD_{c,r} + (TPM_{c,r} - 1) PMS_{c,r} QPM_{c,r} \right]$$

$$\tag{2.145}$$

$$TAXRGC_r = \sum_c \left[(TGD_{c,r} - 1) PDS_{c,r} QGD_{c,r} + (TGM_{c,r} - 1) PMS_{c,r} QGM_{c,r} \right]$$

$$(2.146)$$

$$TAXRIC_r = \sum_c \left[(TID_{c,r} - 1) PDS_{c,r} QID_{c,r} + (TIM_{c,r} - 1) PMS_{c,r} QIM_{c,r} \right]$$

$$(2.147)$$

三、国际贸易相关税收

公式（2.148）描述的是进口关税所产生的收入，其中 $TMS_{c,s,d} - 1$ 表示在 d 地区对 s 地区的进口商品 c 征收的从价税税率。征税的基础价格是进口商品的到岸价格 $PCIF_{c,s,d}$。公式（2.149）表示出口税/补贴产生的收入，其中 $TXS_{c,s,d} - 1$ 表示在 s 地区对 d 地区的出口商品 c 征收的从价税税率，$PDS_{c,s}$ 为国内商品销往国内市场的价格。对这些指数进一步观察研究会发现，本节对 d 地区征收进口税，而对出口国 s 地区征收出口税。这些差异也反映在区域总额的不同指数中。

$$TAXRIMP_d = \sum_s \sum_c (TMS_{c,s,d} - 1) PCIF_{c,s,d} QXS_{c,s,d} \qquad (2.148)$$

$$TAXREXP_s = \sum_d \sum_c (TXS_{c,s,d} - 1) PDS_{c,s} QXS_{c,s,d} \qquad (2.149)$$

四、收入所得税及其他税

公式（2.150）描述的是要素收入税（所得税），其中 $TINC_{e,a,r} - 1$ 是 e 要素禀赋用于生产活动 a 所使用的所得税税率。征税的基础价格为 $PES_{e,a,r}$。例如，当 $TINC_{e,a,r}$ 为 1.2 时，所得税税率则为20%。公式（2.151）描述了作为区域收入的一部分的间接税的总收入 $INDTAX_r$。由于区域家计部门的另一部分收入是以要素的均衡价格计算的全要素报酬，所以里面已经包含了收入所得税。公式（2.152）计算了总税收，包含所有的间接税和直接税。此变量纯粹是定义性的，在模型其他地方不会出现（虽然可以被内生化，确定总税收和收入的比例）。

$$TAXRINC_r = \sum_e \sum_a (TINC_{e,a,r} - 1) PES_{e,a,r} QFE_{e,a,r} \qquad (2.150)$$

$$INDTAX_r = TAXROUT_r + TAXRFU_r + TAXRIU_r + TAXRPC_r$$
$$+ TAXRGC_r + TAXRIC_r + TAXRIMP_r + TAXREXP_r \qquad (2.151)$$

$$TTAXR_r = INDTAX_r + TAXRINC_r \qquad (2.152)$$

第十节　基准价格和模型闭合

理论上，模型中的基准价格可以任意选取一个单一价格或价格指数来确定。要素报酬的全球价格指数 *PFACTWLD* 是模型所默认的基准价格。该基准价格是所有要素、生产活动及区域合计后的价格，代表着全球对要素禀赋的平均回报，如公式（2.153）所示。其中全球要素禀赋绝对量份额代表了权重。公式左侧或有关投资部分的瓦尔拉斯定律在前面投资部分已经做了介绍，其代表着全球投资储蓄这一恒等式。

$$PFACTWLD = \sum_e \sum_a \sum_r \varphi_{e,a,r} PEB_{e,a,r} \qquad (2.153)$$

在 GTAP 模型中对每一个区域都包括了储蓄—投资、贸易余额、政府支出—收入（政府赤字）这三个非各自独立的总体余额。这些总体余额的决定是传统总体经济模型的课题，总体调节机制构成了这个模型的宏观经济闭合（macroeconomic closure），此时假设初始状态总体余额均处于均衡状态。

一个宏观经济闭合的设定是指给定模型一个外生冲击干扰平衡时，经济体回归到总体均衡的规则。因此，如若对这一模型设定一个政策情景，它将模拟出政策冲击对总体经济行为或产业部门的变化。模型结果可能会由于总体调整不同的假设而不同，这是因为宏观经济闭合不是以模型中理性行动者的最优行为为基础的。

由于这里的 GTAP 模型是静态的，即为非跨期模型（Diebold et al.，1991），且也未按时间顺序排列来得到一系列短暂的均衡（Burniaux and Van Der Mensbrugghe，1991），所以在这个模型中，投资并不是连续的，不能直接影响下一时期区域或行业的生产能力，也就不存在跨期选择机制（inter‑temporal mechanism）来分析确定投资行为。此外，由于模型中没有使用跨期的机制来确定投资，所以我们遇到了森（Sen，1963）提出的宏观闭合问题（Taylor and Lysy，1979）。德瓦特里庞和米切尔（Dewatripont and Michel，1987）有四种比较主流的方式来解决比较静态模型中投资的不确定性问题。在前三种方式中均利用了非新古典主义闭合，投资则以另一种调整机制被简单地固定住。而在第四种闭合中，投资可以进行调整的，但它也只是简单吸收储蓄上的变化，没有独立的投资关系。

除了采用投资的闭合规则以外，认真处理经常账户的潜在变化也很有必要。许多区域的贸易模型都是由一系列单区域模型发展而来的，其中这些单区域模型通过双边贸易流而相互联系。在这些模型中虽然没有与储蓄和投资相关的全球闭合，但是它们在局部水平上涉及了宏观经济闭合。在这里，为使国内储蓄和投资一起变动可以通过采用固定经常账户的余额来实现，这是很常见的。为了更好地理解这一点，可以对以下核算恒等式做一下简单的回顾，公式（2.154）两边为国家支出的来源和用途。

$$S - I \equiv X + R - M \tag{2.154}$$

公式（2.154）描述的是国家储蓄 S 减去投资 I 恒等于经常项目盈余，其中 R 表示国际转移支付（由于在 GTAP 数据库中我们没有 R 的观测值，所以将其设为 0，S 为残差，它反映了扣除未观察到的转移支付之后的净国家储蓄）。如果公式（2.154）右侧固定的话，那么一个国家的储蓄（包括政府储蓄）和投资之间的差异就被固定，这可通过固定 GTAP 模型中的贸易余额来实现。

在初始均衡时，如果全球储蓄与全球投资相等，那么公式（2.154）左侧为零，其所有的经常项目的总和初始值也必须为零（假设到岸/离岸利润计入国民出口）。此外，固定公式（2.154）右侧后，各区域在全球净储蓄中所占比例是固定的。这样，即使储蓄和投资没有"全球银行"在世界范围内进行调整，在新的平衡中全球储蓄等于投资也可得到保证。最后，由于投资被迫与储蓄的区域变化同步调整，所以很明显，这种做法属于新古典主义闭合（Dewatripont and Michel, 1987）。

经常账户余额的外生性反映出，这种余额不是微观经济上而是宏观经济上的现象——公式（2.154）的因果关系在很大程度上是从左到右的。所有对外部失衡的调整被归于经常账户作简化分析。储蓄不进入各区域的效用函数（如 GTAP 之外的大多数多区域 AGE 模型一样）是正确的福利分析方法。由于任意储蓄转化为当前消费和进口的增加，因此即使在效率或区域贸易条件没有改善的情形下，也可以增加效用。

然而，建模者对于某一类型的实验，更想得到公式（2.154）左右两边的余额均内生化的结果。例如，一些贸易政策的改革增加了资本的回报或降低了进口商品的价格。在这种情形下，我们预期新增投资的回报率会引起区域投资的增加，如其他的条件不变时，经常项目会恶化。而在其他情形下，我们希望能对模型拓展进行进一步的探索，如引起经常项目恶化的外国直接投资 FDI 外生增加的影响。当公式（2.150）的左侧可以调整时，此时就需要一种能够保证使求解后的均衡中储蓄等于全球投资的机制。而这样做最简单的办法就是通过"全球银行"来汇总储蓄和分配投资，这也正是我们所采取的办法。

全球银行在 GTAP 模型中为以价格 PSAVE 购买区域投资商品组合而向区域家庭出售同质储蓄产品。随着全球储蓄的变化，这种区域投资商品组合的大小也要相应做出调整。故该全球贸易闭合模型是新古典主义的。然而，投资组合可以在区域基础上进行一定调整，从而增加模型中确定投资的另一个维度。

第十一节　GTAP 模型数据库

一、数据库概述

全球贸易分析项目的核心是 GTAP 数据库，这是一个完整记录、公开可用的全球数据库，里面包含完整的双边贸易信息，物流运输和贸易保护数据。该数据库可以描述给定参考年的世界经济，如给定 2004 年、2007 年、2011 年和 2014 年的第 10 版 GTAP 数据库。全世界成千上万的人把 GTAP 数据库用作当代应用一般均衡（AGE）分析全球经济问题的关键输入。构成 GTAP 数据库的文件与命令行版本 FlexAgg 和图形用户界面（GUI）GTAPAgg 这两个整合程序包一起打包，这些程序包包括了构成 GTAP 数据库中除时间序列贸易数据以外的所有数据文件。五个 GTAP 文件包括数据集、参数、主要数据、能源数据和二氧化碳排放数据，并且其所有文件均采用 HAR 格式（GEMPACK 二进制格式）（Harrison and Pearson，1998）。此外，从 GTAP 的第 8 版数据库开始，还有一个附加文件，其包含有关投入产出表（I-O 表）的元数据信息。

本节提供了关于五个 GTAP 数据库文件组成部分的指南，还涵盖了第 10 版数据库中增加的 65 个部门（第 9 版是 57 个部门）和 141 个区域之间的对应关系。

二、GTAP 数据库构成

GTAP 数据库文件组成主要包含以下五个部分：GTAP 集合文件、GTAP 参数文件、GTAP 数据文件、GTAP 能源当量数据文件和 GTAP 二氧化碳排放数据文件。

（一）GTAP 集合文件

GTAP 集合文件的阵列如表 2-1 所示，其中，REG 表示区域，COMM 表示区域之间，如产品、服务等可贸易品，这里可以与初级产品或者原材料阵列 ENDW，如土地、劳动、资本和自然资源进行对比。[1] 为了便于模型中投资理论的实现，在模型中指定了资本。由于 GTAP 模型的第 7 版科龙等（Corong et al.，2017）考虑了制造矩阵，因此我们还需要在 ACTS 阵列中将经济活动定义并列出。

---

① 与第 9 版数据库相似，第 10 版提供五种类型的劳动力，其中两种为熟练技术人员（专业和技术人员），其余三种为非熟练技术人员（农业、职员和其他非熟练技术人员）。

表 2 - 1　　　　　　　　　　　　GTAP 集合文件阵列

名称	维度	释义
REG	r	区域
COMM	c	产品
MARG	m	物流产品
ACTS	a	行为活动
ENDW	e	要素产品
TARS	2	关税类型

注：r 为区域数量；c 为产品数量；m 为物流产品或部门数量；a 为行为活动数量；e 为跨部门完全流动的初级要素数量。

在第 7 版模型（Corong et al., 2017）中，要素禀赋分为三类：一是流动要素禀赋，可以在每个区域内完全跨行业流动；二是惰性要素禀赋，不完全流动或不流动；三是特定要素禀赋，受特定的活动或行业所限制。

在标准数据库中，对劳动力、资本、土地和自然资源要素禀赋进行分类之后可得，劳动力和资本属于流动要素禀赋，土地属于惰性要素禀赋，自然资源（如矿藏、林业储量等）属于特定要素禀赋。这适用于长期仿真模拟。而在短期模拟情况下，用户可能希望将资金看作是惰性非流动的。最后，阵列 MARG 列出了物流产品。

第 7 版模型的用户需要注意，该模型中衍生出了非物流产品。此外，在汇总阵列后，根据参数文件中存储的信息，模型会导出流动、惰性和特定的要素禀赋。表头 TARS 是在第 8 版数据库引入的，在新的附加数据表头 VTTS 中显示了数据集中可得关税的组成部分。

1. GTAP 区域

在标准的第 10 版 GTAP 数据库中，包含了 65 种产品及服务和 141 个国家或地区，其产品的详细信息和一致性比第 9 版数据库有所增加，并使用 50 多个 I-O 表对区域详细信息进行了重大更新。塔吉克斯坦是从 "rest of" 的复合区域分离出来的新国家。

表 2 - 2 显示了第 10 版 GTAP 数据库中关于使用的区域的定义。[①] 根据 GTAP 标准国家/地区列表，141 个区域被定义为 244 个国家/地区的总和（见 2. GTAP 标准区域）。GTAP 主要区域（即从提供的国内数据库中开发的区域）的国家/地区代码是由国际标准化组织（ISO）定义的 3 位字母代码所表示的。

――――――――――

① 为使欧盟成员国不会像以前的 GTAP 版本那样分开，国家/地区列表已重新排序。

表 2 - 2 第 10 版 GTAP 数据库的区域

编码	释义	编码	覆盖区域	编码	释义	编码	覆盖区域
AUS	澳大利亚	AUS	澳大利亚	HUN	匈牙利	HUN	匈牙利
		CCK	科科斯（基林）群岛	IRL	爱尔兰	IRL	爱尔兰
		CXR	圣诞岛	ITA	意大利	ITA	意大利
		HMD	赫德岛和麦克唐纳群岛	LVA	拉脱维亚	LVA	拉脱维亚
		NFK	诺福克岛	LTU	立陶宛	LTU	立陶宛
NZL	新西兰	NZL	新西兰	LUX	卢森堡	LUX	卢森堡
XOC	大洋洲其他区域	ASM	美属萨摩亚	MLT	马耳他	MLT	马耳他
		COK	库克群岛	NLD	荷兰	NLD	荷兰
		FJI	斐济	POL	波兰	POL	波兰
		FSM	密克罗尼西亚联邦	PRT	葡萄牙	PRT	葡萄牙
		GUM	关岛	ROU	罗马尼亚	ROU	罗马尼亚
		KIR	基里巴斯	SVK	斯洛伐克	SVK	斯洛伐克
		MHL	马绍尔群岛	SVN	斯洛文尼亚	SVN	斯洛文尼亚
		MNP	北马里亚纳群岛	ESP	西班牙	ESP	西班牙
		NCL	新喀里多尼亚	SWE	瑞典	SWE	瑞典
		NIU	纽埃	GBR	英国	GBR	英国
		NRU	瑙鲁	CHE	瑞士	CHE	瑞士
		PLW	帕劳	NOR	挪威	NOR	挪威
		PNG	巴布新几内亚			SJM	斯瓦尔巴和扬马延群岛
		PYF	法属波利尼西亚	XEF	欧洲自由贸易联盟他区域	ISL	冰岛
		SLB	所罗门群岛			LIE	列支敦士登
		TKL	托克劳	ALB	阿尔巴尼亚	ALB	阿尔巴尼亚
		TON	汤加	BLR	白俄罗斯	BLR	白俄罗斯
		TUV	图瓦卢	RUS	俄罗斯	RUS	俄罗斯
		VUT	瓦努阿图	UKR	乌克兰	UKR	乌克兰
		WLF	瓦利斯群岛和富图纳群岛	XEE	东欧其他区域	MDA	摩尔多瓦
		WSM	萨摩亚	XER	欧洲其他区域	AND	安道尔
		PCN	皮特凯恩			BIH	波斯尼亚和黑塞哥维那
		UMI	美国本土外小岛屿			FRO	法罗群岛
CHN	中国	CHN	中国			GIB	直布罗陀
HKG	中国香港	HKG	中国香港			MCO	摩纳哥
JPN	日本	JPN	日本			MKD	北马其顿共和国
KOR	韩国	KOR	韩国			SMR	圣马力诺

续表

编码	释义	编码	覆盖区域	编码	释义	编码	覆盖区域
MNG	蒙古	MNG	蒙古			SRB	塞尔维亚
TWN	中国台湾	TWN	中国台湾			GGY	根西岛
XEA	东亚其他区域	MAC	中国澳门			IMN	曼岛
		PRK	朝鲜			JEY	泽西岛
BRN	文莱	BRN	文莱			MNE	黑山
KHM	柬埔寨	KHM	柬埔寨			VAT	梵蒂冈
IDN	印度尼西亚	IDN	印度尼西亚	KAZ	哈萨克斯坦	KAZ	哈萨克斯坦
LAO	老挝	LAO	老挝	KGZ	吉尔吉斯斯坦	KGZ	吉尔吉斯斯坦
MYS	马来西亚	MYS	马来西亚	TJK	塔吉克斯坦	TJK	塔吉克斯坦
PHL	菲律宾	PHL	菲律宾	XSU	苏联其他区域	TKM	土库曼斯坦
SGP	新加坡	SGP	新加坡			UZB	乌斯别克斯坦
THA	泰国	THA	泰国	ARM	亚美尼亚	ARM	亚美尼亚
VNM	越南	VNM	越南	AZE	阿塞拜疆	AZE	阿塞拜疆
XSE	东南亚其他国家	MMR	缅甸	GEO	格鲁吉亚	GEO	格鲁吉亚
		TLS	东帝汶	BHR	巴林	BHR	巴林
BGD	孟加拉国	BGD	孟加拉国	IRN	伊朗	IRN	伊朗
IND	印度	IND	印度	ISR	以色列	ISR	以色列
NPL	尼泊尔	NPL	尼泊尔	KWT	科威特	KWT	科威特
PAK	巴基斯坦	PAK	巴基斯坦	JOR	约旦	JOR	约旦
LKA	斯里兰卡	LKA	斯里兰卡	OMN	阿曼	OMN	阿曼
XSA	南亚其他区域	AFG	阿富汗	QAT	卡塔尔	QAT	卡塔尔
		BTN	不丹	SAU	沙特阿拉伯	SAU	沙特阿拉伯
		MDV	马尔代夫	TUR	土耳其	TUR	土耳其
CAN	加拿大	CAN	加拿大	ARE	阿拉伯联合酋长国	ARE	阿联酋
USA	美国	USA	美国	XWS	西亚其他区域	IRQ	伊拉克
MEX	墨西哥	MEX	墨西哥			LBN	黎巴嫩
XNA	北美洲其他区域	BMU	百慕大			PSE	巴勒斯坦地区
		GRL	格陵兰岛			SYR	叙利亚
		SPM	圣皮埃尔和密克隆群岛			YEM	也门
ARG	阿根廷	ARG	阿根廷	EGY	埃及	EGY	埃及
BOL	玻利维亚	BOL	玻利维亚	MAR	摩洛哥	MAR	摩洛哥
BRA	巴西	BRA	巴西	TUN	突尼斯	TUN	突尼斯

续表

编码	释义	编码	覆盖区域	编码	释义	编码	覆盖区域
CHL	智利	CHL	智利	XNF	北非其他区域	DZA	阿尔及利亚
COL	哥伦比亚	COL	哥伦比亚			LBY	利比亚
ECU	厄瓜多尔	ECU	厄瓜多尔			ESH	西撒哈拉
PRY	巴拉圭	PRY	巴拉圭	BEN	贝宁	BEN	贝宁
PER	秘鲁	PER	秘鲁	BFA	布基纳法索	BFA	布基纳法索
URY	乌拉圭	URY	乌拉圭	CMR	喀麦隆	CMR	喀麦隆
VEN	委内瑞拉	VEN	委内瑞拉	CIV	科特迪瓦	CIV	科特迪瓦
XSM	南美洲其他区域	FLK	福克兰（马尔维纳斯）群岛	GHA	加纳	GHA	加纳
		GUF	法属圭亚那	GIN	几内亚	GIN	几内亚
		GUY	圭亚那	NGA	尼日利亚	NGA	尼日利亚
		SUR	苏里南	SEN	塞内加尔	SEN	塞内加尔
		SGS	南乔治亚和南桑威奇群岛	TGO	多哥	TGO	多哥
CRI	哥斯达黎加	CRI	哥斯达黎加	XWF	西非其他区域	CPV	佛得角
GTM	危地马拉	GTM	危地马拉			GMB	冈比亚
HND	洪都拉斯	HND	洪都拉斯			GNB	几内亚比绍
NIC	尼加拉瓜	NIC	尼加拉瓜			LBR	利比里亚
PAN	巴拿马	PAN	巴拿马			MLI	马里
SLV	萨尔瓦多	SLV	萨尔瓦多			MRT	毛里塔尼亚
XCA	中美洲其他区域	BLZ	伯利兹			NER	尼日尔
DOM	多米尼加共和国	DOM	多米尼加			SHN	圣赫勒拿岛、阿森松岛和特里斯坦达库尼亚岛
JAM	牙买加	JAM	牙买加			SLE	塞拉利昂
PRI	波多黎各	PRI	波多黎各	XCF	中部非洲	CAF	中非
TTO	特立尼亚和多巴哥	TTO	特立尼亚和多巴哥			COG	刚果（布）
XCB	加勒比地区	ABW	阿鲁巴			GAB	加蓬
		AIA	安圭拉岛			GNQ	赤道几内亚
		ANT	荷属安的列斯群岛			STP	圣多美和普林西比
		ATG	安提瓜和巴布达			TCD	乍得
		BHS	巴哈马	XAC	中南部非洲区域	AGO	安哥拉

续表

编码	释义	编码	覆盖区域	编码	释义	编码	覆盖区域
		BRB	巴巴多斯			COD	刚果（金）
		CUB	古巴	ETH	埃塞俄比亚	ETH	埃塞俄比亚
		CYM	开曼群岛	KEN	肯尼亚	KEN	肯尼亚
		DMA	多米尼克	MDG	马达加斯加	MDG	马达加斯加
		GRD	格林纳达	MWI	马拉维	MWI	马拉维
		HTI	海地	MUS	毛里求斯	MUS	毛里求斯
		KNA	圣基茨和尼维斯	MOZ	莫桑比克	MOZ	莫桑比克
		LCA	圣卢西亚	RWA	卢旺达	RWA	卢旺达
		MSR	蒙特色拉特岛	TZA	坦桑尼亚	TZA	坦桑尼亚
		TCA	特克斯和凯科斯群岛	UGA	乌干达	UGA	乌干达
		VCT	圣文森特和格林纳丁斯	ZMB	赞比亚	ZMB	赞比亚
		VGB	英属维尔京群岛	ZWE	津巴布韦	ZWE	津巴布韦
		VIR	美属维尔京群岛	XEC	东非其他区域	BDI	布隆迪
AUT	奥地利	AUT	奥地利			COM	科摩罗
BEL	比利时	BEL	比利时			DJI	吉布提
BGR	保加利亚	BGR	保加利亚			ERI	厄立特里亚
HRV	克罗地亚	HRV	克罗地亚			MYT	马约特
CYP	塞浦路斯	CYP	塞浦路斯			SDN	苏丹及南苏丹
CZE	捷克	CZE	捷克			SOM	索马里
DNK	丹麦	DNK	丹麦			SYC	塞舌尔
EST	爱沙尼亚	EST	爱沙尼亚	BWA	博茨瓦纳	BWA	博茨瓦纳
FIN	芬兰	FIN	芬兰	NAM	纳米比亚	NAM	纳米比亚
		ALA	阿兰群岛	ZAF	南非	ZAF	南非
FRA	法国	FRA	法国	XSC	南部非洲关税同盟区域	LSO	莱索托
		GLP	瓜德罗普岛			SWZ	斯威士兰
		MTQ	马提尼克	XTW	世界其他区域	ATA	南极
		REU	留尼汪			ATF	法属南部领土
DEU	德国	DEU	德国			BVT	布维岛
GRC	希腊	GRC	希腊			IOT	英属印度洋领土

2. GTAP 标准区域

由 244 个国家所组成的小组在第 10 版 GTAP 数据库构建过程中形成了标准国家集合。而在数据库构建过程中实现区域灵活性目标的关键是确定一组标准国家集合。

通过将新区域简单地包含在区域列表及在构建数据时所使用的映射文件中，且提供其他国家的投入产出表，就可以轻松地将新区域添加到数据库中，进而实现区域灵活性。

为实现区域灵活性，鼓励向 GTAP 提供国际数据集的国家/地区（而不是 GTAP 地区）提供数据。这有助于对 GTAP 区域分类进行修订，而不需要向数据提供者索要新的重新分类的源数据。然后可以将贡献的数据映射或转换以应用于一组标准国家。最后数据可以由标准国家集和 GTAP 区域集之间的映射来进行汇总（见表 2 - 2）。当 GTAP 数据库中引入新区域时，映射文件则会被更改。

第 10 版 GTAP 数据库的标准国家/地区组成集合使其没有遗漏任何重要的经济体，并且通过所提供的国际数据集，它捕获到了所有重要的信息。汇总数据集的比例因子可以由我们所获得的每个标准国家的 GDP 估计值所提供。

3. GTAP 部门分类（GSC3）

表 2 - 3 和表 2 - 4 显示了第 10 版 GTAP 数据库关于使用的部门定义。如表 2 - 3 所示，我们通过参考核心产品分类（Central Product Classification，CPC）来定义农业和食品行业。如表 2 - 4 所示，其他 GTAP 行业则参考了国际标准产业分类（International Standard Industry Classification，ISIC）来定义[①]。由于 ISIC 是大多数 I-O 统计信息中行业部门分类的参考点，所以对大多数的行业部门，我们采用 ISIC 来进行定义。但由于 ISIC 关于农业和食品加工方面没有提供我们所需要的细节，所以我们采用 CPC。CPC 由联合国统计局开发，作为 ISIC 与其他行业部门分类之间的桥梁（UN，2008；2015）。

表 2 - 3　　　　　　　　参考 CPC2. 1 版的 GSC3 的部门定义

GSC3 序号	代码	CPC 代码	释义	GSC3 序号	代码	CPC 代码	释义
1	pdr	113	水稻	4	v_f	12	蔬菜
2	wht	111	小麦			13	水果和坚果
3	gro	112	玉米			15	淀粉或菊粉含量高的可食根和块茎
		114	高粱				
		115	大麦			17	豆类（干豆科蔬菜）
		116	黑麦	5	osd	14	含油的种子和产油的果实
		117	燕麦	6	c_b	18	糖作物
		118	黍	7	pfb	192	纤维作物
		119	其他谷物	8	ocr	16	饮料和香料作物

---

　① 对于其他采矿部门（以前是"omn"代码）现在是"oxt"，而保险业（以前是"isr"代码）现在是"ins"，以避免与阿曼和以色列的国家代码混淆。

GSC3序号	代码	CPC代码	释义	GSC3序号	代码	CPC代码	释义
		191	饲料产品			21115	新鲜的或冷藏的绵羊肉
		193	主要供香料用、药用、杀虫用、杀菌用或类似用途的植物和植物的部分			21116	新鲜的或冷藏的山羊肉
						21117	新鲜的或冷藏的骆驼肉
						21118	新鲜的或冷藏的马肉
		194	糖用甜菜籽、其他甜菜籽和饲用植物种子			21119	其他新鲜的或冷冻的哺乳动物肉
		195	天然橡胶的初级形态或板、片或条			2113	冷冻的哺乳动物的肉
		196	植物;切花和花蕾;花的种子			2115	新鲜的、冷藏的或冷冻的哺乳动物的可食用内脏
		197	未加工烟草	20	omt	21113	新鲜的或冷藏的猪肉
		199	其他原生植物原料			21114	新鲜的或冷冻的野兔肉
9	ctl	211	活的牛			2112	新鲜或冷藏家禽的肉
		212	其他反刍动物			2114	冷冻家禽肉
		213	马和其他马			2116	新鲜、冷藏或冷冻家禽的可食用内脏
		2411	牛精液				
10	oap	214	猪			2117	新鲜、冷藏或冷冻其他肉类及可食用内脏
		215	家禽				
		219	其他活的动物			2118	用于保存和储备肉、内脏或血
		23	新鲜的带壳母鸡或其他鸟类的蛋			2119	不能食用的面粉、食物、肉粒或肉内脏、油渣
		2419	精液	21	vol	215	动物脂肪
		291	天然蜂蜜			216	植物油
		292	螺,新鲜、冷冻、冷冻、干燥、盐腌或盐水腌制,海螺除外			217	人造黄油和类似的制剂
						218	棉短绒
		293	动物源性食用产品			219	油饼和提取植物油所产生的其他残留物;由油籽或油质水果制成的面粉和食物,芥末除外;植物蜡,甘油三酯除外;羊毛脂;由于处理脂肪物质、动物或植物的蜡而产生的残留物
		295	未加工的兽皮和皮毛				
		296	昆虫蜡和鲸脑,不论是否精制或着色				
11	rmk	22	原料奶				
12	wol	294	用于纺织品的动物原料	22	mil	22	乳制品
13	frs	3	林业和伐木业制品	23	pcr	2316	半碾磨或全碾磨或去壳的大米
19	cmt	21111	新鲜的或冷藏的牛肉				
		21112	新鲜的或冷藏的水牛肉	24	sgr	235	糖和糖蜜

续表

GSC3序号	代码	CPC代码	释义	GSC3序号	代码	CPC代码	释义
25	ofd	212	腌制的鱼、甲壳类、软体动物和其他水生动物，无脊椎动物			232	淀粉和淀粉制品；糖和糖浆
		213	腌制蔬菜，豆类和土豆			233	用于喂养动物的制剂；紫花苜蓿粉和丸
		214	腌制的水果和坚果			234	烘烤产品
		2311	小麦和麦子林面粉			236	可可、巧克力和糖果
		2312	其他谷物面粉			237	通心粉，面条，粗麦粉和类似的淀粉类产品
		2313	小麦和其他谷物的粗面粉、粗面粉和颗粒			239	其他制品
		2314	其他谷物制品（包括玉米片）	26	b_t	24	饮料
		2317	其他蔬菜粉和食物			25	烟草制品
		2318	面包混合料和面团				

表 2 – 4　　　　　参考 ISIC 第 4 版的 GSC3 的部门定义

GSC3序号	代码	第4版ISIC代码	释义	GSC3序号	代码	第4版ISIC代码	释义
14	fsh	3	渔业与水产业	31	ppp	17	纸和纸制品的制造
		17	狩猎、捕捉及相关服务活动			18	记录媒介物的印制及复制
15	coa	5	煤炭和褐煤的开采	32	p_c	19	焦炭和精炼石油产品的制造
16	oil	61	原油的开采	33	chm	20	化学品及化学产品的制造
		091（part）	石油和天然气开采的辅助活动（石油部分）	34	bph	21	基本医药产品和医药制剂的制造
17	gas	62	天然气的开采	35	rpp	22	橡胶和塑料制品的制造
		091（part）	石油和天然气开采的辅助活动（天然气部分）	36	nmm	23	其他非金属矿物制品的制造
18	oxt	7	金属矿的开采	37	i_s	241	基本钢铁的制造
		8	其他采矿和采石			2431	钢铁的铸造
		99	其他采矿和采石的辅助活动	38	nfm	242	基本贵重有色金属的制造
27	tex	13	纺织品的制造			2432	有色金属的铸造
28	wap	14	服装的制造	39	fmp	25	金属制品的制造，但机械设备除外
29	lea	15	皮革和相关产品的制造	40	ele	26	计算机、电子产品和光学产品的制造
30	lum	16	木材、木材制品及软木制品的制造（家具除外）、草编制品及编织材料物品的制造	41	eeq	27	电力设备的制造
				42	ome	28	未另分类的机械和设备的制造

续表

GSC3 序号	代码	第4版 ISIC 代码	释义	GSC3 序号	代码	第4版 ISIC 代码	释义
43	mvh	29	汽车、挂车和半挂车的制造	56	cmn	53	邮政和邮递活动
						58	出版活动
44	otn	30	其他运输设备的制造			59	电影、录像和电视节目的制作、录音及音乐作品出版活动
45	omf	31	家具的制造				
		32	其他制造业				
		33	机械和设备的修理和安装			60	电台和电视广播
46	ely	351	电力的生产、输送和分配			61	电信
		353	蒸气和空调的供应			62	计算机程序设计、咨询及相关活动
47	gdt	352	煤气的制造；通过主管道输送的气体燃料			63	信息服务活动
48	wtr	36	集水、水处理与水供应	57	ofi	64	金融服务活动，保险和养恤金除外
		37	污水处理				
		38	废物的收集、处理和处置活动；材料回收			661	金融服务附属活动，保险和养恤金除外
		39	补救活动和其他废物管理服务			663	基金管理活动
49	cns	41	楼宇的建筑	58	ins	65	保险、再保险和养恤金，但强制性社会保障除外
		42	土木工程				
		43	特殊建筑活动			662	保险和养恤金的附属活动
50	trd	45	批发和零售业以及汽车和摩托车的修理	59	rsa	68	房地产活动
		46	批发贸易，但汽车和摩托车除外	60	obs	M，N	专业、科学和技术活动，行政和辅助活动
		47	零售贸易，汽车和摩托车除外	61	ros	R，S，T	艺术、娱乐和文娱活动，其他服务活动，家庭作为雇主的活动；家庭自用、未加区分的物品生产和服务活动
51	afs	55	住宿				
		56	食品和饮料供应服务活动	62	osg	84	公共管理与国防；强制性社会保障
52	otp	49	陆路运输与管道运输			99	国际组织和机构的活动
53	wtp	50	水上运输	63	edu	85	教育
54	atp	51	航空运输	64	hht	Q	人体健康和社会工作活动
55	whs	52	运输的储藏和辅助活动	65	dwe	n. a.	n. a.

注：n. a. 为未知信息。

（二）GTAP 参数文件与数据文件

如表 2 - 5 所示，参数文件包含不变的行为参数和开关参数，以十个数组形式排列。而表 2 – 6 则展示了以美元度量的产品和服务数据文件。

表 2 – 5 GTAP 参数文件数组

名称	维度	释义
ESBD	$c \times r$	国内产品和进口产品阿明顿替代弹性（CES）
ESBM	$c \times r$	不同区域的进口产品阿明顿替代弹性（CES）
ESBT	$a \times r$	中间投入组合产品的 CES 替代弹性
ESBV	$a \times r$	产品中初始要素的 CES 替代弹性
ETRE	$e \times r$	产业之间惰性初始要素转移的 CET 弹性
INCP	$c \times r$	消费需求系统的 CDE 扩展参数
SUBP	$c \times r$	消费需求系统的 CDE 替代参数
RDLT	1	投资资金分配的二元转换机制
RFLX	r	预期股本净回报率的灵活性，如投资
ESBG	r	政府需求的 CES 替代弹性
ETRQ	$a \times r$	工业产品转换的 CET 弹性
ESBS	m	国际交通物流的 CES 替代弹性
ESBC	$a \times r$	中间投入的 CES 替代弹性
ESBQ	$c \times r$	产品来源的 1/CES 弹性

注：r 为区域数量；c 为产品数量；m 为物流产品或部门数量；a 为行为活动数量；e 为跨部门完全流动的初级要素数量。

表 2 – 6 第 10 版 GTAP 数据库文件数组

名称	维度	释义
ADRV	$c \times r \times r$	反倾销税
DPSM	r	家庭需求系统中分配参数的总和
EVFP	$e \times a \times r$	以生产者价格度量的初级要素
EVOS	$e \times a \times r$	按供应价格计算的初始要素（扣除所得税后）
FBEP	$e \times a \times r$	基于要素的补贴
FTRV	$e \times a \times r$	总体要素使用税收
ISEP	$c \times a \times r \times d$	净投资投入补贴
CSEP	$c \times a \times r \times d$	净中间投入补贴
MFRV	$c \times r \times r$	相当于 MFA 配额溢价的出口税
OSEP	$c \times r$	一般净产出补贴
POP	r	人口
PURV	$c \times r \times r$	价格承诺的出口税等值
SAVE	r	按地区分配的净储蓄
TFRV	$c \times r \times r$	普通进口税
VOSB	$c \times r$	以基本价格销售国内产品
VDEP	r	资本折旧

续表

名称	维度	释义
VDFP	$c \times a \times r$	企业以生产者价格进行的国内采购
VDFB	$c \times a \times r$	企业以基本价格进行的国内采购
VDGP	$c \times r$	政府按生产者价格进行的国内采购
VDGB	$c \times r$	政府以基本价格进行的国内采购
VDPP	$c \times r$	家庭按生产者价格进行的国内采购
VDPB	$c \times r$	家庭按基本价格进行的国内采购
EVFB	$e \times a \times r$	企业按基本价格采购的初始要素
VMFP	$c \times a \times r$	企业以生产者价格进行的进口采购
VMFB	$c \times a \times r$	企业以基本价格进行的进口采购
VMGP	$c \times r$	政府按生产者价格进行的进口采购
VMGB	$c \times r$	政府以基本价格采购的进口商品
VMSB	$c \times r \times r$	以基本价格进口
VMPP	$c \times r$	家庭按生产者价格计算的进口采购
VMPB	$c \times r$	家庭按基本价格采购的进口商品
VCIF	$c \times r \times r$	按 CIF 计算的进口
VKB	r	资本存量
VRRV	$c \times r \times r$	相当于自愿出口限制的出口补贴
VST	$c \times r$	物流出口
VST	$2 \times c \times r \times r$	按已付关税类型划分的进口关税收入
VTWR	$m \times c \times r \times r$	物流产品
VXSB	$c \times r \times r$	基本价格的非物流出口
VFOB	$c \times r \times r$	按 FOB 价格计算的非物流出口
XTRV	$c \times r \times r$	一般出口税
VDIB	$c \times r$	投资以基本价格进行的国内采购
VDIP	$c \times r$	投资以生产者价格进行的国内采购
VMIB	$c \times r$	投资按基本价格进口的采购
VMIP	$c \times r$	投资以生产者价格计算的进口采购
MAKS	$c \times a \times r$	按供应价格的多元生产（"MAKE"）矩阵
MAKB	$c \times a \times r$	基本价格的多元生产（"MAKE"）矩阵

注：r 为区域数量；c 为产品数量；a 为行为活动数量；e 为跨部门完全流动的初级要素数量。

　　主要数据文件还包括汇总保护措施所产生的收入价值和与支持措施有关的补贴支出的数组。这些数值在第 10 版 GTAP 数据中均以当前的百万美元（2004 年、2007 年、2011 年和 2014 年）表示。

　　GTAP 数据文件中的隐式和显式保护数据都可使用。隐式是指不同保护工具的保护程度，它是通过两个矩阵计算出来的，并且这两个矩阵指的是同一价值流的两个不同估值。表 2 - 7 表示了可以从数据库以及与这些措施相关的阵列中计算出的保护程度。从数据库计算的进出口关税是综合措施，在文件中有详细描述。

表 2 - 7　　　　　　　　　　**GTAP 数据文件的隐式保护数据**

保护措施	公式*	释义
进口税	VMSB/VCIF	进口税力度（综合）
出口税	VFOB/VXSB	出口税力度（综合）
产出补贴	MAKEB/MAKES	产出补贴力度
国内投入补贴	VDFP/VDFB	国内中间投入税收力度
进口投入补贴	VMFP/VMFB	进口中间投入税收力度
基于要素的支付	EVFB/EVOS	基于要素的补贴力度

注：* 两种价值流之间的差额表示收入或补贴支出的价值。

在 GTAP 数据文件中明确声明的保护数据是与保护措施相关的收入值或支出值。在单独的数组中给出了不同类型的进出口工具的收入/支出。表 2 - 6 中的 TFRV、XTRV、MFRV、ADRV、PURV、VRRV、OSEP、ISEP 和 FBEP 是一些显示数组。

（三）GTAP 能源当量与 CO_2 排放数据文件

表 2 - 8 和表 2 - 9 分别表示 GTAP 能源当量数据文件与 CO_2 排放数据文件。如表 2 - 8 所示，能源当量数据文件包含三个数组，分别表示企业和家庭的能源购买量以及能源产品的双边贸易量（百万吨油当量）。在版本 8 中此文件的标题已更改。而 GTAP CO_2 排放数据文件在第 8 版 GTAP 数据库之前的版本中是附属数据集的一部分，但由于为适应表 2 - 9 中所描述的 CO_2 排放数据集的新结构，从第 8 版数据库以后，对能源当量数据文件进行了结构性的修改。

表 2 - 8　　　　　　　　　　　**能源当量数据文件数组**

名称	维度	释义
EC	n	能源产品
EDF	$n \times p \times r$	企业国内采购的能源当量（Mtoe）
EDP	$n \times r$	家庭国内采购的能源当量（Mtoe）
EDG	$n \times r$	政府国内采购的能源当量（Mtoe）
EDI	$n \times r$	投资国内采购的能源当量（Mtoe）
EMF	$n \times p \times r$	企业进口采购的能源当量（Mtoe）
EMP	$n \times r$	家庭进口采购的能源当量（Mtoe）
EMG	$n \times r$	政府进口采购的能源当量（Mtoe）
EMI	$n \times r$	投资进口采购的能源当量（Mtoe）
EXI	$n \times r \times r$	双边贸易能源当量（Mtoe）

注：n 为能源产品数量（部门）；r 为区域数量；p 为部门数量。

表 2 - 9 CO₂ 排放数据文件数组

名称	维度	释义
FC	n	燃料产品
MDF	$n \times p \times r$	企业国内采购的 CO₂ 排放（Mt CO₂）
MDP	$n \times r$	家庭国内采购的 CO₂ 排放（Mt CO₂）
MDG	$n \times r$	政府国内采购的 CO₂ 排放（Mt CO₂）
MDI	$n \times r$	投资国内采购的 CO₂ 排放（Mt CO₂）
MMF	$n \times p \times r$	企业进口采购的 CO₂ 排放（Mt CO₂）
MMP	$n \times r$	家庭进口采购的 CO₂ 排放（Mt CO₂）
MMG	$n \times r$	政府进口采购的 CO₂ 排放（Mt CO₂）
MMI	$n \times r$	投资进口采购的 CO₂ 排放（Mt CO₂）

注：n 为能源产品数量（部门）；r 为区域数量；p 为部门数量。

三、第 10 版 GTAP 数据包

第 10 版 GTAP 数据库有两个数据分配包——命令行版本 FlexAgg 和图形用户界面（GUI）GTAPAgg。在命令行版本中，用户可以通过 FlexAgg 访问完整的 65 部门 × 141 区域的 GTAP 数据库。FlexAgg 是一个命令行聚合程序，用于从完全分解的 GTAP 数据库创建聚合数据库。FlexAgg2.0 是命令行数据加总程序 FlexAgg 的修订版，从第 8 版数据库开始，此新版本将包含在 GTAP 数据包中。FlexAgg2.0 特点体现新在以下方面。

（1）FlexAgg2.0 利用 GEMPACK 文本数据文件，并且完全用 GEMPACK 编写。（它不使用 Awk 来构建聚合映射）

（2）如果已将 FlexAgg2.0 添加到 Windows 路径，则可以从文件系统中的任何位置调用它。

（3）允许数据库名称与 GTAP 数据包中预定义的名称不同。

（4）易于操纵的产品、地区和要素集使 FlexAgg2.0 成为容纳和合并卫星数据集的灵活工具。

（5）生成 GTAP 数据库的社会核算矩阵（SAM）视图。

（6）为了便于参考，在集文件中包括了具有分解（原始）集描述的映射集。

（7）索引了聚合过程中的错误消息，以方便大型工作流向的调试。

而图形用户界面（GUI）GTAPAgg2 是 Mark Horridge 在政策研究中心开发的 GTAPAgg 软件包的更新版本，用于从完全分类的 GTAP Data Base 中创建聚合数据库。几乎所有 GTAP 模型的应用程序都使用数据库的聚合。该软件帮助用户准备一个聚合方案，然后使用用户方案为 GTAP 模型准备一个聚合的数据库，以及聚合时

间序列和 GTAPView 数据。GTAPAgg2 程序经过重新设计，可以处理多个 GTAP 数据库。

这些数据包有助于对数据库进行一致的整合，以便与经济模型（例如 GTAP 模型）一起使用。GTAP 模型可以使用 RunGTAP 软件来实现。RunGTAP 是由澳大利亚维多利亚大学政策研究中心的 Mark Horridge 开发的图形用户环境。RunGTAP 允许用户在 Windows 环境中使用 GTAP 一般平衡进行交互运行模拟。

第三章　GTAP 模型拓展

第一节　GTAP-E 模型

GTAP-E 模型是 GTAP 标准模型在环境领域的一个拓展应用。在 GTAP 标准模型基础上，GTAP-E 模型将能源作为一种要素投入纳入生产结构中（Burniaux and Truong，2002），引入了碳税变量和碳排放权交易机制，并对生产、消费、碳税以及福利分解等模块进行了相应的修改（McDougall and Golub，2007）。与传统的 GTAP 模型不同，GTAP-E 模型将生产模块中的能源投入与其他非能源中间投入进行了区分，考虑了能源投入与其他基本生产要素的替代性。在此基础上，GTAP-E 模型可以更准确地追溯生产过程中的能源消耗，以考察政策变化产生的"经济—能源—碳排放"影响。因此，GTAP-E 模型是一种能源政策、气候政策模拟的重要工具。

一、模型假设和基本结构

与 GTAP 标准模型不同的是，GTAP-E 模型假设能源产品为一种生产要素投入，将其从中间商品投入品中取出，并与其他五种生产要素：土地、资本、劳动力（熟练劳动力和非熟练劳动力）、自然资源进行加总合成增加值—能源束。相应的，在政府、私人家庭、投资的消费中对能源产品和非能源产品进行了区分。此外，GTAP-E 模型还新增了碳交易、碳税、碳排放模块。

（一）生产模块

GTAP-E 模型的生产模块内嵌了多个层次的常替代弹性生产函数，资本与能源产品可以相互替代，如图 3 - 1 所示。生产结构的最上层嵌套与 GTAP 模型相同，企业最优化利用基本生产要素和中间投入，采用列昂惕夫（Leontief）生产函数进行刻画。GTAP-E 模型的基本生产要素除包含土地、劳动力、自然资源外，还包含资本—能源复合要素。资本与能源之间可以相互替代，该模块利用 CES 生产函数进行刻画，相对资本价格来说，如果能源价格上升，企业将会多用能源产品替代资本投入品。进一步将能源产品划分为电力和非电力复合要素，非电力复合要素又可以进一步分解为煤炭、原油、天然气和石油产品，每级复合结构都采用 CES 生产函数。在消费模块中，利用 CDE 函数模型化消费者行为，能源产品与其他消费品存在相互替代关系，在能源产品组内不同能源产品也可以相互替代。值得注意的是，GTAP-E 模型假定同类能源的二氧化碳排放系数在各区域之间完全相同，即给定某种能源产品，在不同地区该能源产品的二氧化碳排放系数是恒定的。在不同地区，不同产业能源的使用量存在差异，这导致不同能源产品的二氧化碳排放量存在差异。

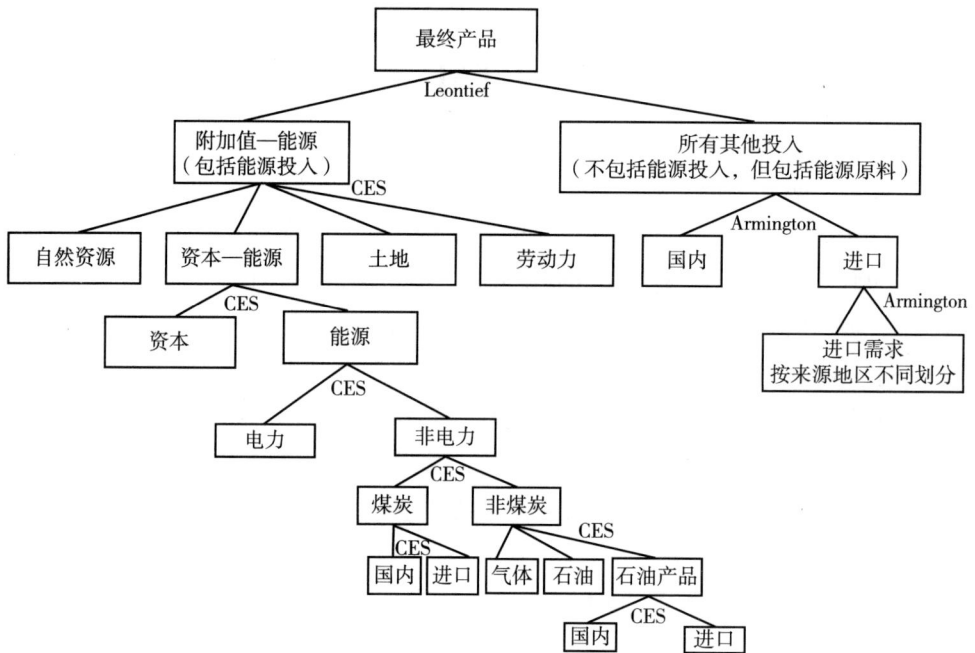

图 3-1　GTAP-E 模型的生产结构

（二）需求模块

GTAP-E 模型中，消费主体（私人部门、政府）对能源产品与非能源产品的消费通过嵌套函数进行区分，并以 CES 函数或 CDE 函数刻画能源产品间与非能源的替代关系，如图 3-2 和图 3-3 所示。具体来看，在 GTAP-E 模型中，政府、私人部门、投资对产品消费的分配修改为能源产品与非能源产品的聚合函数。其中，私人消费由各自的固定差异弹性函数（CDE function）决定能源产品和非能源产品的消费结构；政府消费和投资消费都根据固定替代弹性函数（CES function）决定能源产品和非能源产品的消费。而能源产品组和非能源产品组根据阿明顿假设决定国内和国外产品的消费。

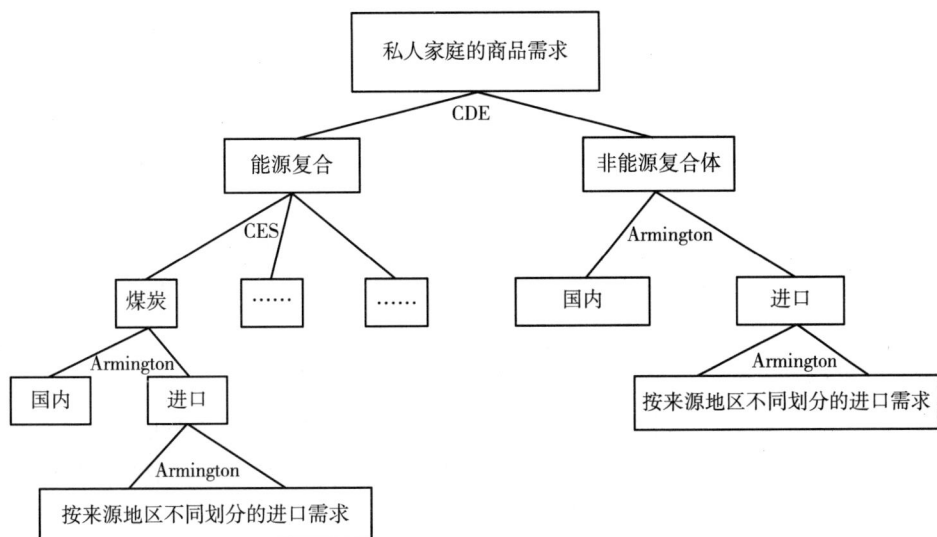

图 3 – 2 私人消费结构

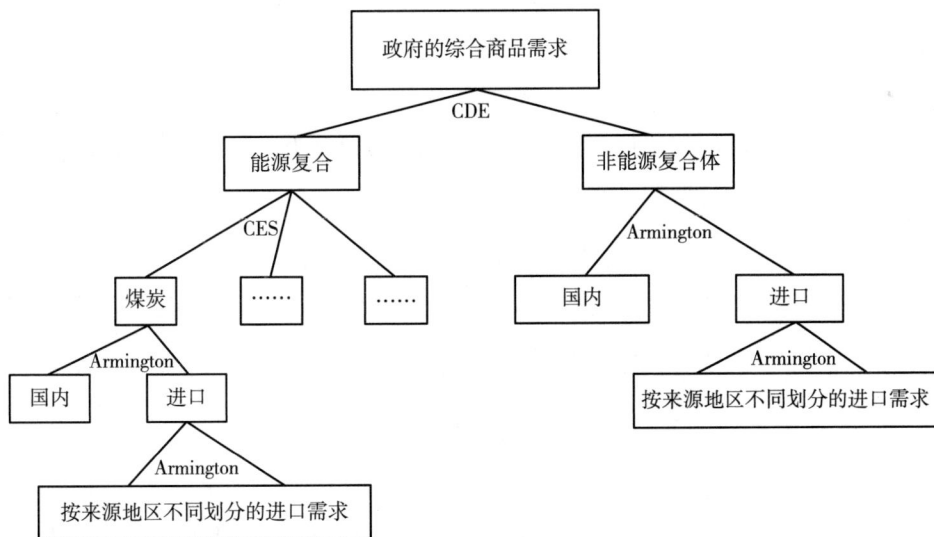

图 3 – 3 政府消费结构

（三）碳排放模块

GTAP-E 模型数据库在 GTAP 数据库的基础上增加了各个国家或区域的二氧化碳排放数据。模型假定二氧化碳的排放量与排放源的使用量成正比。r 地区消费 i 产品产生的碳排放总量为 r 地区企业、私人部门、政府消费 i 产品产生的二氧化碳总和。具体计算公式如下：

$$CO_{2r,i} = CO_2DG_{r,i} + CO_2DP_{r,i} + CO_2IG_{r,i} + CO_2IP_{r,i}$$
$$+ \sum_i CO_2IF_{i,j,r} + \sum_i CO_2DF_{i,j,r} \tag{3.1}$$

其中，i 代表市场上供应的某种产品；j 代表不同的市场活动；r 代表地区。

（四）碳交易模块

为了体现国家间的碳排放权交易，GTAP-E 模型将世界上的所有国家分成了两个区域（blocks）。一个区域代表各国之间存在碳排放许可证交易；另一个区域代表不存在碳交易。模型假定，在碳交易存在的情况下，各国的碳排放配额与实际的碳排放可以不相同，但是区域/国家组的碳配额和碳排放总量必须是相同的。由于碳交易量使国家组实施的碳税税率相同，所以碳税（$NCTAXB$）是一个区域级的变量。此外，GTAP-E 模型新增了一个碳配额购买变量（$pempb$）以保证政策模拟时可以施加或者放松碳排放限制，具体公式如下：

$$pempb_b = gco_2tb_b - gco_2qb_b \tag{3.2}$$

如果施加碳交易，那么 $pempb_b$ 为外生变量，$NCTAXB$ 为内生变量；否则，$pempb_b$ 为内生变量，$NCTAXB$ 为外生变量。

在存在碳交易情况下，各地区的碳配额是外生变量，并且各地区的碳配额加总后可得到国家组的碳配额总量。在不存在碳交易的情况下，配额变量则没有任何意义。为了使模型求解，模型引入了以下公式：

$$pemp_r = gco_2t_r - gco_2q_r \tag{3.3}$$

通过区域购配额变量，可以将各国或地区的碳配额与各国/地区的实际排放联系起来。当碳交易发生时，gco_2q 为外生变量，$pemp$ 为内生变量；否则，将 gco_2q 设置为内生变量，$pemp$ 为外生变量。

（五）碳税设置

模型假定 $NCTAXB$ 是一个名义税率。当 $NCTAXB$ 为外生变量时，会使初始碳税税率不为 0，那么模型价格就会不同质。因此，为了提供一个价格同质的无约束碳排放闭合条件，GTAP-E 模型还引入了区域层面的实际利率 $RCTAX$，具体计算公式如下：

$$RCTAX_r = [1.0/PIND_r] \times [NCTAXB(REGTOBLOG_r) - 0.01 \times NCTAXLEV_r \times p_r]$$
$$\tag{3.4}$$

（六）税收收入变化

由于模型中加入了碳税，那么市场主体的价格便有了两种从价税率，即旧的从价税率和新的碳税。为了区分这两种税收，GTAP-E 模型重新定义了相关变量。其中 $VDFANC$ 为企业对国内产品的消费，$VDPANC$ 为私人部门对国内产品的消费，$VDGANC$ 为政府对国内产品的消费，$VDINC$ 为投资对国内产品的消费。各主体的消费价格也进行了修订，以企业对国内产品的消费价格为例，具体公式如下：

$$pfd_{i,j,r} = SHVDFANC_{i,j,r} \times \left[pm_{c,r} + tfd_{i,j,r} \right] \\ + 100.0 \times CO_2DFVCFA_{i,j,r} \times NCTAXB(REGTOBLOC_r) \qquad (3.5)$$

其中，$SHVDFANC$ 为免碳税增加值在碳税增加值中所占份额（等于 $VDFANC/VDFP$）；$CO_2DFVDFA$ 代表碳强度（等于碳排放量/增加值）。需要注意的是，该等式替代了之前在标准模型中公式。

$$pdf_{i,j,r} = pds_{i,r} + tfd_{i,j,r} \qquad (3.6)$$

当碳税初始值为 0 时，$SHVDFANC$ 等于 1，$NCTAXB$ 在碳税中为 0。

相应的，在总收入公式也添加了碳税收入，具体公式如下：

$$INCOME_r \times y_r = FY_r \times fincome_r + 100.0 \times INCOME_r \times del\_indtaxr_r + INDTAX_r \times y_r \\ + 100.0 \times DVCO_2TRA_r + 100.0 \times \sum_i CTAX\_COMM, \\ c\_TAX_{r,i} + INCOME_r \times incomeslack_r \qquad (3.7)$$

其中，$DVCO_2TRA$ 代表了碳交易净收入变化，具体计算公式如下：

$$DVCO_2TRA_r = CO_2Q_r \times NCTAXLEV \times 0.01 \times gco_2q_r \\ - CO_2T_r \times NCTAXLEV \times 0.01 \times gco_2t_r \\ + \left[CO_2Q_r - CO_{2T} \right] \times NCTAXB(REGTOBLOC_r) \qquad (3.8)$$

$DTBLACTRA$ 代表贸易均衡，其中包含了净排放收入：

$$DTBALCTRA_r = DTBAL_r + DVCO_2TRA_r \qquad (3.9)$$

二、模型数据库

（一）参数

GTAP-E 模型中新增了资本投入与能源投入的替代弹性、电力能源投入与非电力能源投入的替代弹性、煤炭投入与非电力能源的替代弹性、其他非电力 & 非煤炭能源投入的替代弹性、资本—能源投入与劳动及土地间的替代弹性等。

（二）碳排放数据

企业、家庭、政府能源消费导致的碳排放数据（Mt CO_2）。其中能源消费包含煤炭、原油、天然气与成品油，数据库包含不同行为主体使用不同能源导致的碳排放数据。

（三）碳税/碳配额数据

数据来源主要为 GTAP 数据库。最新的第 10 版 GTAP 数据库包含 141 个国家、区域和 65 个产业部门。GTAP-E 模型包含煤炭、原油、天然气、石油制品和电力 5 个能源产品。

第二节　GTAP-E-Power 模型

GTAP-E-Power 扩展了 GTAP-E 模型，包括输配电、核、煤、天然气基础负荷、天然气峰值负荷、石油基础负荷、石油峰值负荷、水力基础负荷、水力峰值负荷、风能之间的替代、太阳能和其他电力。电力替代用嵌套的附加常数替代弹性表示，与传统的常数替代弹性相反，它确保每种技术的发电需求总和等于发电总需求。

一、GTAP-E-Power 模型结构

可计算一般均衡（CGE）建模被广泛用于探索能源和气候政策的全球经济分析。然而，其有限的电力部门信息阻碍了许多模型解决技术相关政策和生产力变化等新问题的能力。在 CGE 框架中分析特定的发电技术变化或政策需要两个要素：一是需要在详细的电力数据库中识别这些技术；二是 CGE 模型必须允许这些发电技术在最终的电力生产中相互替代。

GTAP-E 模型包括资本—能源和燃料间的替代，是在 CGE 模型中引入电力替代以促进详细分析电力的理想基础。如图 3 - 4 所示，GTAP-Power 是对 GTAP 数据库的进一步分解，将电力（'ely'）分为传输和分配（'TnD'）以及 11 种发电技术：核能、煤炭、天然气基础负荷、天然气峰值负荷、石油基础负荷、石油峰值负荷、水力基本负荷、水力峰值负荷、风能、太阳能和其他发电技术。通过最小化每项技术均化成本所隐含的总值与生产数据之间的偏差来构建数据库，使总值在一般均衡一致性下等于原始 GTAP 数值。

在此过程中，由多种商品组成的虚拟电力商品取代了 GTAP-E 模型的电力部门。虚拟发电设备、基本负载设备和峰值设备被添加到 GTAP-E 框架中，以代表上面列

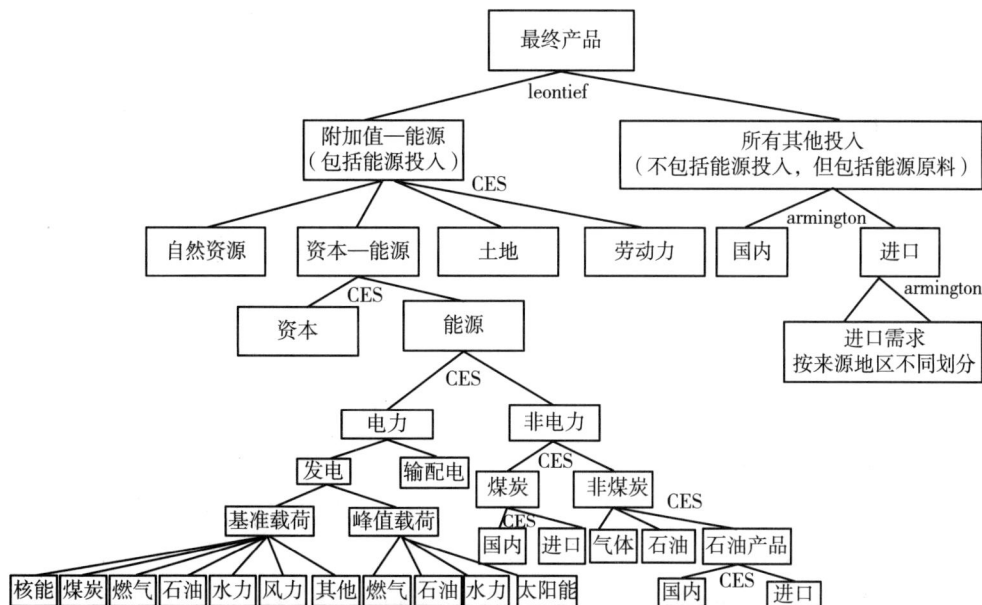

图 3 - 4 GTAP-E-Power 模型的生产结构

出的 GTAP-Power 技术之间的替代。这些虚拟商品只是数据库中实际生产商品（如核能、煤炭）的集合。

（一）发电、输电及配电

如图 3 - 5 所示，电力部门由发电（即生产）、输电及配电组成。输电和配电是类似的活动，它们被视为一个单一的服务部门（传输和分配，T&D），其需求与虚拟发电产品是固定比例（leontief）。也就是说，如果电力需求增加 5%，发电量必须增加 5%，输配电服务必须增加 5%。

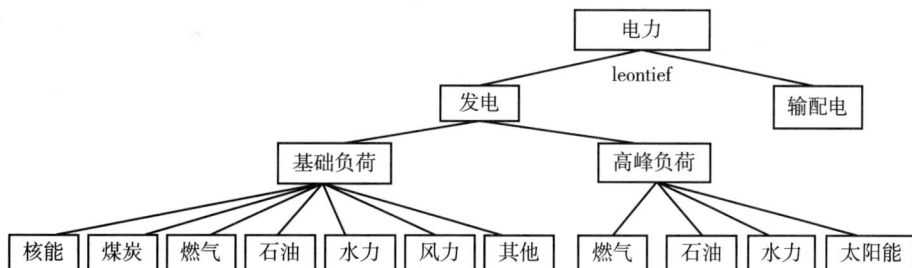

图 3 - 5 GTAP-E-Power 模型嵌套电力替代弹性

（二）基础和高峰负荷

电力部门的一个独特特征是供应必须立即满足需求。需求在一天、一周和整个季节都会有很大的波动。发电技术具有技术限制，无法立即调整利用率以应对这些波动。例如，燃煤电厂无法根据日常需求调整利用率，通常将其归类为"基本"负荷，这意味着它可以提供白天的基本发电量，但在满足需求增长或"高峰"需求时不具备竞争力。另外，油气动力能够快速调整运行，在满足高峰需求方面具有竞争力。根据现行燃料价格，这些燃料在基本负荷技术方面具备竞争力。发电的这一特性导致技术分为虚拟基本负荷（BL）和峰值（P）嵌套。如图 3 – 6 所示，在基本负载嵌套内替代核能 BL、CoalBL、GasBL、OilBL、HydroBL、WindBL 和 OtherBL，而在峰值负载嵌套内替代 GasP、OilP、HydroP 和 SolarP。

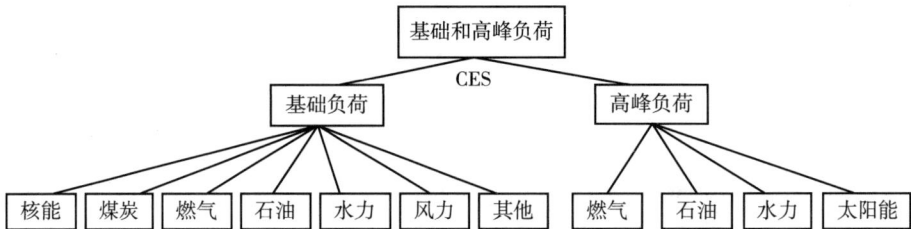

图 3 – 6　GTAP-E-Power 模型基础和高峰负荷

虚拟商品的基础和峰值电力需求存在固定比例。也就是说，电力需求的负荷曲线与基峰和峰谷之间的相对价格无关。

（三）发电技术

GTAP-E-Power 采用 ACES 公式代表每种技术的电力需求。与 CES 中的成本最小化相反，ACES 最小化成本的（无）效用。在电力行业，成本的无效性可以解释为满足复杂需求的平均成本和各种可靠性成本的组合（Peters and Hertel，2017）。在电力的背景下，无效用反映了这样一个事实，即平均发电成本是电力系统运营商面临的成本不完整代表。除了发电之外，运营商还面临着平衡运行容量储备、无功服务、同步冷凝和黑启动服务的成本，这些成本侧重于供应的可靠性，是用于发电技术的函数系统。基本负载功率的系统问题公式如下：

$$\min_{q_t^g} U^B = \left[\sum_{\forall t \in B} (p_t^g \cdot q_t^g)^p \right]^{1/\rho} \tag{3.10}$$

约束公式：

$$Q^B = \sum_{\forall t \in B} q_t^g \tag{3.11}$$

其中 B 是基础负荷技术的集合，qtg 是技术的发电量，ptg 是技术的发电价格，QB 是基础负荷电力的总发电量，UB 是基础负荷的供给和效用，ρ 是一个参数。相同的公式用于峰值负载技术。

公式（3.11）的约束确保 ACES 公式保留电力替代弹性的相加特性。在美国的部分均衡分析中使用相同的电力替代表示，使用 2002 ~ 2012 年的价格和发电数据估计替代参数，并使用 1.386 和 0.472 的 ACES 替代参数分别用于基本和峰值负荷嵌套；这些值是 GTAP-E-Power 中所有区域的默认参数。

二、与 GTAP-E 模型基础相结合

（一）各发电技术生产

GTAP-E 模型最重要的特征之一是行业能够替代资本和能源以及燃料进行生产。例如，能源密集型工业可以进行资本改进以提高能源效率。它们还可以根据现行价格改变燃料使用（即煤炭、石油、天然气或电力）。GTAP-E 模型适用于 GTAP-E-Power 中的所有生产部门，但在发电技术背景下有重要的解读。

发电变化取决于电力利用、扩张及其相互依存关系（Peters and Hertel, 2017）。电力利用由两种机制驱动，即可调度性和电力替代。后者是一个部门范围的参数，前者特定于技术，与技术调整利用率有关。

可调度的技术可以替代额外的运营和燃料成本。不可调度的技术不能调整利用率，只能通过扩容来扩大发电量。技术的限制性阻止了在固定容量情况下几种技术对发电量的调整。

这为每种发电技术选择的禀赋—能源和资本—能源参数值提供了参考。在类似于此处描述的静态模型中，可调度技术（即 CoalBL、GasBL、OilBL、GasP、OilP 和 OtherBL）在禀赋能源和资本能源嵌套中具有非零的 CES 参数值。禀赋能量嵌套代表劳动力替代资本的能力。可调度的技术可以通过增加劳动力来提高产量。因此，可调度技术的默认禀赋能源 CES 参数可以设置为与能源密集型行业相同的参数。

同样，更大的技术可调度性对应更大的资本——能源替代。GTAP-E-Power 默认燃气和燃油电力的资本能源 CES 参数为 1.0，CoalBL 的参数设置为 0.5，其他 BL 设置为 0.1。不可调度技术（NuclearBL、HydroBL、WindBL、HydroP 和 SolarP）在禀赋能源集中的价值为零，并且没有显著的能源需求，这意味着在资本生产力没有变化的情况下，资本需求与需求成固定比例。也就是说，不可调度技术发电变化必须由产能退出或扩张来驱动。

（二）企业需求

GTAP-Power 数据库的特点之一是企业需要单独的技术，而不是综合的国家电力产品。其目的是允许某些企业（如制造业）需要更多的基本负载类型技术，并允许其他企业（如服务业）采用更多的峰值负载类型技术。当前版本的 GTAP-Power 数据库假设企业需要相同的技术份额，该方法更灵活通用。GTAP-E-Power 的优势是能

够利用 GTAP-Power 数据库，但在计算复杂性和时间方面则稍逊一筹。

（三）家庭和政府需求

与企业类似，家庭和政府可能需要特定的技术。同样，类似于稳定需求，家庭和政府对电力的需求与生产的份额相同，而嵌套的需求结构则与生产相同。然而，GTAP-E-Power 提供了一种方法改变这一假设。

综上所述，首先，GTAP-E-Power 传输和分配要求与总发电量成固定比例。然而，技术具有不同的地点限制，影响输电和发电之间的成本分配。其次，该模型为使用基于 GTAP 的模型研究电力相关政策提供了一个平台，但规范、参数化和校准应由特定的研究问题驱动。最后，单一替代机制即发电方面的嵌套替代可能无法充分代表电力部门的现实情况。与此类似，GTAP-E-Power 是一个静态模型，无法直接描述变化轨迹。引入跟踪电力资本动态积累过程可以区分不稳定的长期容量和短期容量利用率变化。然而在实践中，资本并没有精确映射到电力动态 CGE 模型中的容量，并且这些模型是根据发电量变化而不是上述容量的利用和扩展机制进行校准的。此外，结合双重替代机制或动态都需要额外的数据和限制性假设。尽管如此，缺乏发电变化和动态的双重机制是 GTAP-E-Power 模型的主要限制。

GTAP-E-Power 利用了 GTAP-E 模型中的 GTAP-E-Power 数据库。基础和高峰负荷发电技术之间的电力替代与输配电相结合，使 CGE 建模者能够探索电力在全球经济中的作用。基峰分离和 ACES 规范的实施克服了其他详细静态 CGE 模型的关键限制。电力替代使资本密集型发电技术对政策和技术冲击的反应更加清晰。此外，GTAP-E-Power 模型对特定技术政策和不均衡的生产力进步的研究变得较为容易。GTAP-E-Power 模型是一种用于详细的电力 CGE 建模的通用工具，可以为全球政策分析增加必要的解决方案。电力替代的描述可以使用现有的全球发电数据进行校准，不需要更复杂的描述或动态 CGE 模型所需的强假设。下一步研究是在 GTAP 框架中捕捉发电变化（即容量和利用）的双重机制，然而这还需要一些未知的数据。

第三节   GDYN 模型

一、模型的总体框架

动态版全球贸易分析模型（dynamic version of the global trade project，GDYN）是由美国普渡大学开发的以全球经济为背景的多区域多部门递归动态 CGE 模型。GDYN 模型是标准 GTAP 模型的一个拓展，它保留了标准 GTAP 模型的主要特征：

生产技术规模报酬不变、完全竞争市场假设和产品来源的差异化，同时还加入了跨地区资本流动、资本累计以及投资的适用性预期等机制，可以模拟外生政策冲击后各地区经济变动情况（Costantini and Sforn，2020），因此被广泛应用于国际贸易、环境保护和财税政策评估中（Lakatos and Walmsley，2012）。

GDYN模型的主要架构如图3-7所示。GDYN模型为各国分配一个总收入账户，用于汇集所有收入来源，包括资本所得、工资收入和进口关税等。该区域总收入在储蓄、居民消费和政府消费三者间进行分配，遵循柯布-道格拉斯效用函数形式（Cui et al.，2019）。对于居民消费，GDYN模型采用了非其序性（non-homothetic）固定差异替代弹性（constant difference of elasticity，CDE）效用函数的设定形式，即居民消费边际替代率不仅依赖于不同商品的相对比例，也与商品消费数量有关，该设置有助于使用自价格弹性、交叉价格弹性及收入弹性等数据对居民消费行为进行校准（Markandya et al.，2015）。

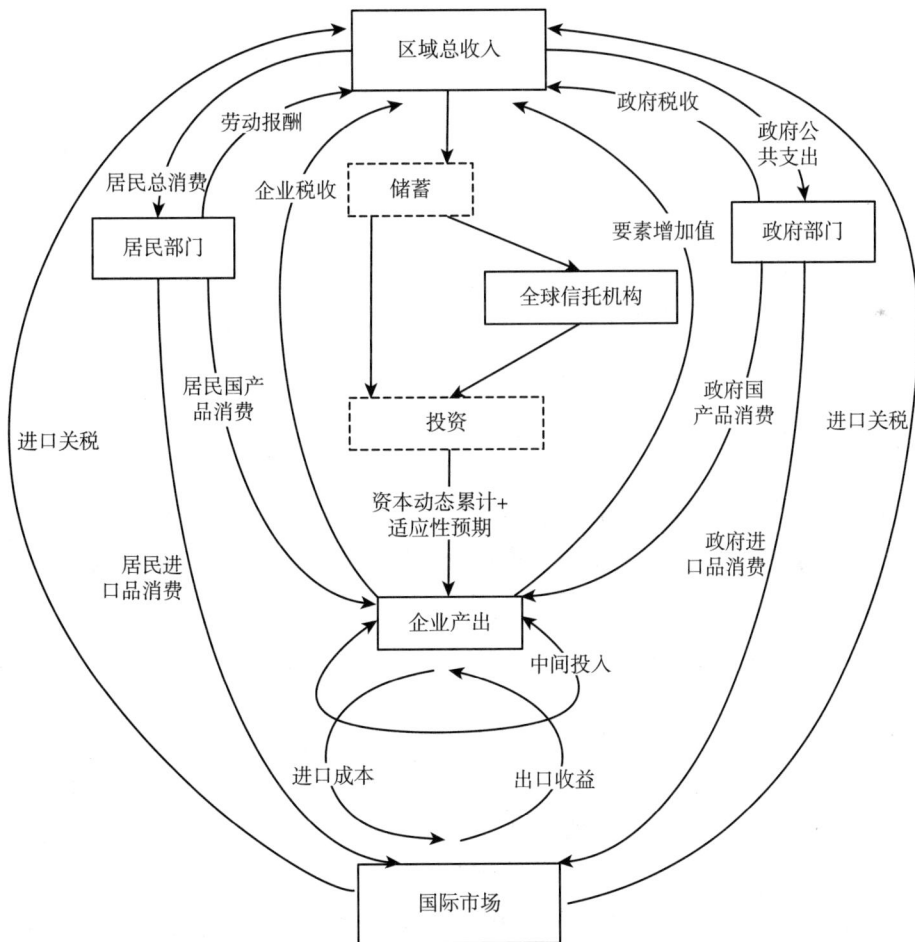

图3-7 GDYN模型的主要架构

二、GDYN 模型理论

(一) 资本积累

在资本积累方面，GDYN 模型主要考察资本存量、预期资本回报率和新增投资三者间的作用关系。首先介绍资本积累的过程，公式（3.12）至公式（3.14）展示了资本积累的过程：

$$QKE_{j,r} = QKB_{j,r} + \int_{TIME\_0}^{TIME} NETQINVdt \tag{3.12}$$

$$QKB_{j,r} \times \frac{kb_{j,r}}{100} = NETQINV_{j,r} \times time \tag{3.13}$$

$$NETQINV_{j,r} = QINV_{j,r} - DEPR_{j,r} \times QKB_{j,r} \tag{3.14}$$

公式（3.12）是资本存量的积分方程，其中，$QKE_{j,r}$ 表示 j 部门在 r 地区的期末资本存量，$QKB_{j,r}$ 表示期初资本存量，$NETQINV_{j,r}$ 表示净投资。公式（3.13）是公式（3.12）的微分形式，其中，$kb_{j,r}$ 表示期初资本存量的百分比变化，$time$ 表示时间的百分比变化。公式（3.14）为净投资方程，其中，$QINV_{j,r}$ 表示当期投资，$DEPR_{j,r}$ 表示资本折旧率。

如果将 $time$ 设置为 1 年，并定义一个逐年连接动态关系的外生变量 del_Unity，则根据公式（3.13）和公式（3.14）可以得到

$$QKB_{j,r} \times kb_{j,r} = 100 \times [QINV_{j,r} - DEPR_{j,r}] \times del\_Unity \tag{3.15}$$

(二) 投资理论

在静态 GTAP 模型中，投资主要由两种假设方式决定：第一种假设投资与资本存量的占比固定不变；第二种假设投资由资本回报率决定。而在 GDYN 模型中，模拟需要逐年进行，一般需要假定投资由资本回报率决定。下面将介绍资本供应函数以及资本的实际和预期回报率。

1. 资本供应函数

在逐年动态模拟中，主要做出以下两个假定：首先，各部门在不同地区资本存量的增长率取决于资本的供给方程；其次，投资者更加愿意向预期资本回报率更高的部门增加投资量。值得注意的是，现实生活中投资者一般属于厌恶风险型，预期的资本回报率越高，其投资可能会有所降低。

动态投资理论将生产部门的预期均衡收益率与生产部门当前资本增长率联系起来，因此，模型中资本供应函数具有 Logistic 反函数形式的关系，具体可以用公式（3.16）来表示。

$$EEQROR_{j,r} = (RORN_{j,r} + F\_EEQROR\_J_r + F\_EEQROR_{j,r})$$
$$+ (1/C_{j,r}) \times [\ln(K\_GR_{j,r} - K\_GR\_MIN_{j,r})$$
$$- \ln(K\_GR\_MAX_{j,r} - K\_GR_{j,r}) - \ln(TREND\_K_{j,r}$$
$$- K\_GR\_MIN_{j,r}) + \ln(K\_GR\_MAX_{j,r} - TREND\_K_{j,r}) \quad (3.16)$$

其中，$EEQROR_{j,r}$ 是资本均衡预期回报率；$RORN_{j,r}$ 是部门正常的资本回报率，一般利用历史时期平均资本回报率进行估算；F_EEQROR 表示允许资本供给曲线的垂直变化量；$C_{j,r}$ 是一个大于 0 的参数；$K\_GR_{j,r}$ 是资本增长率，$K\_GR\_MIN_{j,r}$ 是最低可能的资本增长率，通常为折旧率的负值；而 $K\_GR\_MAX_{j,r}$ 是资本增长率可能的最大值，一般通过加总正常的资本增长率和 $DIFF$ 得到，通常 $DIFF$ 被设定为 10%；$TREND\_K_{j,r}$ 是部门正常的资本增长率，主要是利用历史时期观察得到的资本增长率。

需要说明的是，$F\_EEQROR\_J_r$ 和 $F\_EEQROR_{j,r}$ 可以使资本供给曲线（见图 3-8）（假定 $F\_EEQROR\_J_r$ 和 $F\_EEQROR_{j,r}$ 都为 0）垂直移动，$C_{j,r}$ 是一个大于 0 的系数，它和在 $K\_GR = TREND\_K$ 时资本供给曲线斜率的倒数相关（Dixon and Rimmer, 2002）。

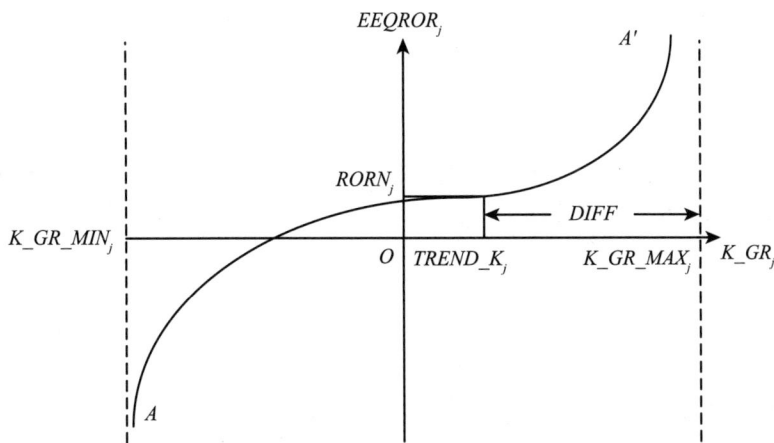

图 3-8 地区部门资本供应曲线

首先，假设 $F\_EEQROR\_J_r$ 和 $F\_EEQROR_{j,r}$ 都为 0 的情形。根据公式（3.16）可知，对于地区 r 来说，为了使得 j 部门在 t 年能够吸引到足够的投资以实现资本增长率达到 $TREND\_K_{j,r}$，就必须要求其预期资本回报率达到 $RORN_j$。若 j 部门的资本增长率高于 $TREND\_K_j$，则该部门的资本回报率必定高于其历史资本回报率 $RORN_j$；相反，若该部门预期资本回报率低于历史时期的观测值，假设不存在非均衡情况，那么就意味着投资者将会限制其向该部门的资本供给，将其限制在低于 $TREND\_K_j$ 以维持资本增长所需的水平。

其次，考虑 $F\_EEQROR\_J_r$ 和 $F\_EEQROR_{j,r}$ 不为 0 的情形。若 $F\_EEQROR\_J_r$ 不为 0，则在地区 r 内的所有部门的资本供给曲线都将从图 3 – 8 中 AA' 的位置垂直移动相同的距离；若 $F\_EEQROR_{j,r}$ 不为 0，则可以使在地区 r 内不同部门资本供给曲线的位置发生不同的变动，在这里我们不做详细的说明。

最后，关于参数 $C_{j,r}$ 的计算，我们做进一步的讨论说明。在地区 r，j 部门的资本增长对其均衡预期资本回报率的弹性是由参数 $C_{j,r}$ 决定的，首先确定 $C_{j,r}$ 的方程，具体如公式（3.17）所示。

$$C_{j,r} = \left[\frac{\partial EEQROR_{j,r}}{\partial K_{GR_{j,r}}} \bigg|_{K_{GR_{j,r}} = TREND_{K_{j,r}}} \right]^{-1}$$

$$\times \left[\frac{K\_GR\_MAX_{j,r} - K\_GR\_MIN_{j,r}}{(K\_GR\_MAX_{j,r} - TREND\_K_{j,r})(TREND\_K_{j,r} - K\_GR\_MIN_{j,r})} \right] \quad (3.17)$$

如果对图 3 – 8 中资本供给曲线斜率的倒数给定一个数值，那么我们就可以通过 $K\_GR_{j,r} = TREND\_K_{j,r}$ 求解得到 $C_{j,r}$ 的值，这个条件并不容易达到，但我们可以得到一个估计值 $SMURF$（即所有部门的资本增长对其均衡预期资本回报率的弹性平均值）（公式 3.18），并利用这个估计值来计算得到 $C_{j,r}$ 的值。

$$\left[\frac{\partial EEQROR_{j,r}}{\partial K\_GR_{j,r}} \bigg|_{K\_GR_{j,r} = TREND\_K_{j,r}} \right]^{-1} = SMURF_{j,r} \quad (3.18)$$

2. 资本的实际和预期回报率

在 GDYN 模型中，计算部门 j 在 t 年购买一个单位的实物资本（physical capital）的现值（present value）的方法为

$$PV_{j,t} = -\Pi_{j,t} + \left[Q_{j,t+1} \times (1 - T_{t+1}) + \Pi_{j,t+1} \times (1 - D_j) \right] / \left[1 + WACC_t \right] \quad (3.19)$$

其中，$\Pi_{j,t}$ 表示部门 j 在 t 年购买或建造一单位资本所花费的成本；$Q_{j,t+1}$ 表示部门 j 在 $t+1$ 年的资本租金（一单位资本的使用成本）；T_{t+1} 表示第 $t+1$ 年对所有部门的资本收入征收的税率；D_j 表示资本折旧率；$WACC_t$（weighted average cost of capital）是 t 年的税后名义融资成本，一般作为折现率使用，通常用企业直接和间接融资成本的加权平均来表示。由于 GTAP 模型中对金融产品没有进一步的细分，通常假定企业是以直接融资取得资本，因此，使用 $WACC_t$ 代表第 t 年总的融资成本。

从公式（3.19）可以看出，在计算实物资本现值时，假设部门 j 在 t 年购买一个单位的实物资本导致了一笔当期支出，但需要注意的是，在此后一年中将产生两项收益，但该收益需要使用 $1 + WACC$ 折算成现值。其中第一项收益是在 $t+1$ 年一单位新增资本带来的税后租金 $Q_{j,t+1} \times (1 - T_{t+1})$，第二项收益则是在 $t+1$ 年出售一单位经过折旧的资本额 $\Pi_{j,t+1} \times (1 - D_j)$。

为了计算资本的回报率，将公式（3.19）两边同时除以$\prod_{j,t}$，并将第t年部门j实物资本的实际回报率定义为一美元投资额的现值$ROR\_ACT_{j,t}$，于是得到以下公式：

$$ROR_{ACTj,t} = -1$$
$$+ \frac{Q_{j,t+1}/\prod_{j,t} \times (1-T_{t+1}) + \prod_{j,t+1}/\prod_{j,t} \times (1-D_j) + PALPH \times T_{t+1} \times D_j \times \prod_{j,t+1}/\prod_{j,t}}{1 + WACC_t \times (1-T_{t+1})}$$

$$(3.20)$$

由于模型中资本增长和投资预期取决于预期的资本回报率，下面将介绍预期资本回报率的计算。一般来说，GDYN模型有两种方式可以决定预期的资本回报率，第一种是静态预期，第二种为前瞻性预期，这里主要介绍静态预期。在静态预期中，我们假设投资者对税率的预期不变，即在$t+1$年和t年对所有部门的资本收入征收的税率保持一致，而对租金Q_j和资产价格$\prod_j$则会以每期通货膨胀率INF的速度增长。在这些假定下，投资者对于$ROR\_ACT_{j,t}$的预期$ROR\_SE_{j,t}$可以表示为公式（3.21）。

$$ROR\_SE_{j,t} = -1 + Q_{j,t}/\prod_{j,t} \times (1-T_t) + (1-D_j)_j/(1+R\_WACC\_SE_t) \qquad (3.21)$$

其中，$R\_WACC\_SE_t$表示实际税后利息的静态预期，主要由公式（3.22）决定。

$$1 + R\_WACC\_SE_t = [1 + WACC_t]/[1 + INF_t] \qquad (3.22)$$

此外，在全球GTAP模型中存在一个金融资本市场，全球资本市场的出清决定了全球融资成本，因此，根据利率平价理论（interest rate parity condition），我们假设各地区的真实融资成本与全球资本融资成本联动，因此实际税后利息的静态预期也可以表示为公式（3.23）。

$$R_{WACC_{SE_{t_r}}} = RORE_r = RORG \qquad (3.23)$$

（三）金融资产及相关收入

为了更好地模拟国际资本的流动性，需要区分资产所在地和所有权，因此，在GDYN模型中引入了金融资产。在GDYN模型中，企业拥有自己的物质资本，家庭拥有金融资产，间接拥有物质资本。下面将介绍在GDYN模型中各个经济主体的金融资产和负债是如何确定的，以及相关的收入和支出问题。因此，首先讨论金融资产的一般特征；其次对模型中变量的命名规则进行说明；再其次阐述资产积累过程；再次分析企业和家庭的资产与负债；最后讨论全球信托的资产和负债以及金融资产收入。

1. 一般特征

在GDYN模型中，之所以要设置金融资产，是为了让我们更好地刻画国际资本的流动，而这一前提是不造成外国账户的泄露。在设置金融资产时，GDYN模型对于金融资产的处理是简约并且高度程式化的，其处理方式主要包括以下两点：首先，由于在模型中短期并不要求回报率达到平衡，我们需要确定总的所有权价值，这也就要求我们必须知道总的国外资产和负债；其次，我们更倾向于处理数据要求简单的国外资产，一方面为了减少扩展模型数据结构带来的负担，另一方面避免国外资产和负债的数据可能有限且不一致造成的偏差。此外，我们在区域划分时希望各国不持有全球均衡的资产组合，而是偏向于专业化持有本地资产。

受这些因素的影响，我们确定了金融资产模块的一般特征。第一，在对金融资产的选择方法上，采用了临时或启发式的方法，并未引用金融理论方法。尽管金融理论方法可以确保投资者将他们的消费、储蓄以及风险和回报的权衡与相同的潜在偏好联系起来，从而保证理性严谨的福利分析，但金融理论方法的使用可能会大大增加模型的复杂性，产生较多困难，同时还可能存在金融行为与实际经验不相符的矛盾，理论无法解释。例如，现有的金融理论模型很难解释各个国家实际回报率的差异远远高于理论模型得到的预测值这一现象。

第二，为了实现国际资本流动，必须在组合中包含物质资本和除劳动力之外的初级生产要素（标准 GTAP 模型第四版中初级生产要素包括农业用地和其他自然资源）。由于只让物质资本支持金融资产更加简单，GDYN 模型在确定支持金融资产的物质资产时，主要选择公司拥有物质资本，但可以租用土地和自然资源；相反，区域家庭拥有他们租给公司的土地和自然资源并以此实现金融资产对物质资产的间接所有权。

第三，在现实世界中，有三大类金融资产，主要包括货币、债务和股票。为了支持国际资本流动，在对金融资产的选择上，GDYN 模型只包括股权这一类金融资产，在模型中公司只有物质资产，没有负债。因此，根据资产负债表恒等式（资产＝负债＋所有者权益），公司的股本价值就是公司拥有的物质资本。

第四，在公司股权的持有问题上，若假设各个区域家庭都可以持有所有区域的公司股权，这就需要资产和负债的双边数据，但现有数据的不足和数据内部的不一致导致这一假设很难成立，为了最大限度地减少对数据的需求，在 GDYN 模型中设立了"全球信托"（global trust）这一虚拟组织作为所有外国投资的金融中介机构，在该模型中，区域家庭只在当地公司和全球信托中持有股权，而全球信托持有所有地区的公司股权，信托机构没有负债，也没有除各区域公司股权外的其他资产，因此，根据资产负债表恒等式，信托机构持有的总资产就是信托机构的总股本价值。如图 3 - 9 所示，在每个区域的公司都有一个值 WQ_FIRM_r，一部分为区域家庭拥有（$WQHFIRM_r$），另一部分由全球信托机构拥有（$WQHTRUST_r$）。而区域家庭总的金融财富包括公司的股权 $WQHFIRM_r$ 和全球信托机构的股权 $WQHTRUST_r$。关于这些变量的关系，我们将在下文进一步讨论。

区域r

WQHTRUST_r

WQHHLD_r

全球信托

WQHFIRM_r

$$\sum_r WQHTRUST_r$$
$$\sum_r WQTFIRM_r$$

WQ_FIRM_r

WQTFIRM_r

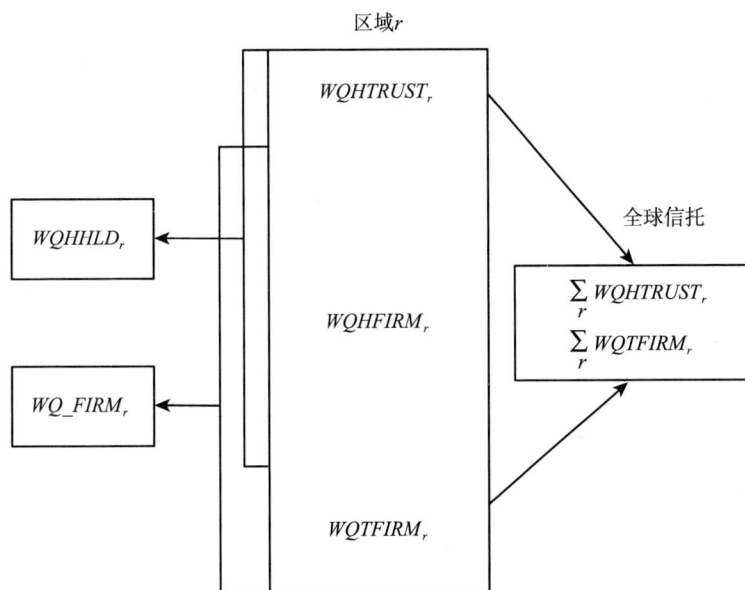

图 3 – 9 金融资产的框架

第五，关于收入以及物质和金融资产的投资，GDYN 模型将资产的收益记为收入，物质资产需要从收入中扣除物理折旧，公司股权和全球信托股权的计算不包括资本收益。这样处理保持了收入和金融资产投资的一致性，按金融资产投资总额计算的储蓄与收入一致，同时它支持对所有权变动的简单分解，假设存在一个没有负债但拥有资产的实体，令 W_{Ai} 代表资产 i 的价值，则总资产价值 $W = \sum_i W_{Ai}$，总资产价值的百分比变化为 $W_w = \sum_i W_{Ai}(p_{Ai} + q_{Ai})$，其中 p_{Ai} 和 q_{Ai} 分别表示资产价格和资产数量的百分比变化，因此，总资产价值的变化可以分解为实体资产数量变动的货币价值（$1/100 \sum_i W_{Ai} \times q_{Ai}$）和实体资产价格变动的货币价值（$1/100 \sum_i W_{Ai} \times p_{Ai}$）。具体来看，公司总的所有权等于总资产价值，$w = p_Q + q_Q$，$p_Q$ 和 q_Q 分别表示公司股票价格和数量的百分比变化，因此，我们可以将其分解为投资部分（$1/100 W q_Q$）和资本增益部分（$1/100 W p_Q$）。根据传统的投资定义，$W q_Q = \sum_i W_{Ai} \times q_{Ai}$，$W p_Q = \sum_i W_{Ai} \times p_{Ai}$，即公司的股票价格和公司的资产价格指数成正比。从另一个角度看，假设企业和全球信托机构将其净收益作为股息分给了股东，并完全通过新股票为其净资产购买提供资金，那么股息的价值与模型中对收入以及金融投资的定义一致。

2. 变量命名规则

在 GDYN 模型中，使用了一套系统的符号命名标准，具体包括：百分比变化量用小写字母表示；数据系数、参数、绝对值变化量或普通变量一般采用大写字母表示；变量或系数的第一个字符代表其类型，如 W 表示资产价值，Y 表示收入；第二个字符代表其资产类型，如 Q 表示股权；第三个字符代表拥有这项资产或拥有其收入的部门；第四个字符代表赊欠资产或支付相关收入的部门，如 F 表示在区域公司的投资，T 表示在全球信托的投资，H 表示区域家庭所进行的投资。此外，我们还引入了下划线来表示前面没能说明的特性（若位于名字尾部则没有实际含义）。

3. 资产积累

GDYN 模型中的金融资产模块主要围绕两个关键变量：公司所有权价值和家庭股本持有量。在模型中，企业可以购买中间投入、雇佣劳动力和租赁土地，拥有固定资本，没有债务，因此，区域 r 中企业的所有权价值 $WQ\_FIRM(r)$ 和固定资本价值相等，可以表示为相应价格和数量的乘积：

$$WQ\_FIRM_r = VK_r = PCGDS_r \times QK_r \tag{3.24}$$

其中，$PCGDS_r$ 表示区域 r 的资本产品的价格，对公式（3.24）进行全微分，得到百分比变化形式：

$$wq\_f_r = pcgds_r + qk_r \tag{3.25}$$

其中，wq_f_r 和 $pcgds_r$ 分别表示 WQ_FIRM_r 和 $PCGDS_r$ 的百分比变化。

由于企业的股权价格 PQ_FIRM_r 与资本品的价格成正比，这两个变量的百分比变化量也应该相等：

$$pq\_f_r = pcgds_r \tag{3.26}$$

其中，pq_f_r 为 PQ_FIRM_r 的百分比变化。与资本存量和投资一样，我们可以使用时间变量捕捉区域财富和储蓄的内在动态机制。因此，得到区域家庭对国内资产所有权的积累方程：

$$WQHFIRM_r = PQ\_FIRM_r \times \int_{TIME\_0}^{TIME} QQHFIRM_r dt \tag{3.27}$$

其中，PQ_FIRM_r 是区域 r 本地企业的股票价格，$QQHFIRM_r$ 是区域家庭购买的本地股票的数量。同样，对于区域家庭在全球信托机构的股票也有类似的关系：

$$WQHTRUST_r = PQTRUST \times \int_{TIME\_0}^{TIME} QQHTRUST_r dt \tag{3.28}$$

其中，$PQTRUST$ 表示全球信托的股票价格，$QQHTRUST$ 表示区域家庭购买的全球信托股票的数量，因此，区域家庭的总财富为两者之和：

$$WQHHLD_r = WQHFIRM_r + WQHTRUST_r \tag{3.29}$$

对公式（3.29）进行展开全微分，得到区域家庭总财富的百分比变化形式：

$$WQHHLD_r \times wqh_r = WQHFIRM_r \times pcgds_r + WQHTRUST_r \times pqtrust$$
$$+ 100 \times [VQHFIRM_r + VQHTRU ST_r] \times time \tag{3.30}$$

其中，$pqtrust$ 代表 $PQTRUST$ 的百分比变化。$VQHFIRM_r$ 表示区域家庭在企业新投资的价值，也可以表示为 $VQHFIRM_r = PCGDS_r \times QQHFIRM_r$，$VQHTRUST_r$ 表示区域家庭在全球信托机构投资的价值，也可以表示为 $VQHTRUST_r = PQTRUST_r \times QQHTRUST_r$，于是，区域家庭的总储蓄就是两者之和，即 $SAVE_r = VQHFIRM_r + VQHTRUST_r$，因此，公式（3.30）也可以简写为

$$WQHHLD_r \times wqh_r = WQHFIRM_r \times pcgds_r$$
$$+ WQHTRUST_r \times pqtrust + 100 \times SAVE_r \times time \qquad (3.31)$$

4. 企业、家庭的资产和负债

从金融资产的结构框架（图3-9）可以看出，区域企业的股权主要由区域家庭的股权 $WQHFIRM_r$ 和全球信托的股权 $WQTFIRM_r$ 组成：

$$WQ\_FIRM_r = WQHFIRM_r + WQTFIRM_r \qquad (3.32)$$

对公式（3.32）进行全微分，得到百分比变化形式：

$$WQ_{FIRM_r} \times wq_{f_r} = WQHFIRM_r \times wqhf_r + WQTFIRM_r \times wqtf_r \qquad (3.33)$$

其中，$wqhf_r$ 和 $wqtf_r$ 分别表示区域家庭股权和全球信托股权的百分比变化。

区域家庭的股权也包括两个部分（公司股权和全球信托股权），其百分比变化为

$$WQHHLD_r \times wqh_r = WQHFIRM_r \times wqhf_r + WQHTRUST_r \times wqht_r \qquad (3.34)$$

其中，$wqhf_r$ 和 $wqht_r$ 分别表示区域企业股权和全球信托股权的百分比变化。

在 GDYN 模型中，我们没有使用投资组合分配理论，从长远来看，各地区资本回报率是相等的，资产组合的分配也是任意的。从短期来看，模型允许区域间资本回报率存在差异，我们需要投资者持有多项资产以保证外国所有权净值不为零。由于没有理论可以解释为什么投资者会持有除了收益最高的资产之外的其他资产，对此接下来通过一些非理论原则来决定短期或长期的投资组合分配情况。

在决定投资组合分配情况时，主要满足三大原则。第一，$WQHFIRM_r$、$WQHTRUST_r$ 和 $WQTFIRM_r$ 三个变量必须满足两个恒等式（区域企业股权由区域家庭股权和全球信托股权组成、区域家庭股权由在国内区域公司股权和全球信托股权组成）。第二，这三个变量的取值一直为正。第三，在每个地区的财富分配中，国内和国外资产的初始值尽可能接近，这可以使得模型遵循现实经验规律。

为了避免外国资产总额和对外负债总额出现负值（若假设每个区域以固定比例在国内和国外资产之间进行财富分配，就很容易使对外负债成为负数，而若假设每个地区资金来源的构成是固定的，那么当地资本存量的增长也有可能导致外国资产所有权为负），我们从熵理论中发现一种方法，可以在多项限制条件下，把严格为正的总量划分成严格为正的分量，并尽可能地保持初始份额。

在这里，我们主要考虑两个份额（国内财富在国内和国外股权中的分配份额、国内和国外资金在当地资本所有权中的份额）。对于区域 r 国内财富的份额，其交叉熵为

$$
\begin{aligned}
CEHHLD_r = WQHFIRMSH_r \times \log \frac{WQHFIRMSH_r}{WQHFIRMSH_{0_r}} \\
+ WQHTRUSTSH_r \times \log \frac{WQHTRUSTSH_r}{WQHTRUSTSH\_0_r}
\end{aligned} \tag{3.35}
$$

其中，$WQHFIRMSH_r$ 和 $WQHTRUSTSH_r$ 分别表示区域 r 家庭股权组合中在本地企业和全球信托中的当前份额，$WQHFIRMSH\_0_r$ 和 $WQHTRUSTSH\_0_r$ 分别表示他们的初始份额，根据定义，$WQHFIRMSH_r = \dfrac{WQHFIRM_r}{WQHHLD_r}$，$WQHFIRMSH\_0_r = \dfrac{WQHFIRM\_0_r}{WQHHLD\_0_r}$，$WQHTRUSTSH_r = \dfrac{WQHTRUSTSH_r}{WQHHLD_r}$，$WQHTRUSTSH\_0_r = \dfrac{WQHTRUSTSH\_0_r}{WQHHLD\_0_r}$，因此，公式（3.35）又可以写为

$$
\begin{aligned}
WQHHLD_r \times CEHHLD_r = WQHFIRM_r \times \log \frac{WQHFIRM_r}{WQHFIRM_{0_r}} \\
+ WQHTRUST_r \times \log \frac{WQHTRUST_r}{WQHTRUST_{0_r}} \\
- WQHHLD_r \times \log \frac{WQHHLD_r}{WQHHLD\_0_r}
\end{aligned} \tag{3.36}
$$

由于 $WQHHLD_r$ 和 $WQHHLD\_0_r$ 是给定的，因此 $CEHHLD_r$ 的最大化就等价于公式（3.37）的最大化。

$$
FHHLD_r = CEHHLD_r + WQHHLD_r \times \log \frac{WQHHLD_r}{WQHHLD\_0_r} \tag{3.37}
$$

同样，最大化与本地资本所有权份额相关的交叉熵相当于最大化 $FFIRM_r$，其中：

$$
\begin{aligned}
WQ_{FIRM_r} \times FFIRM_r = WQHFIRM_r \times \log \frac{WQHFIRM_r}{WQHFIRM_{0_r}} \\
+ WQTFIRM_r \times \log \frac{WQTFIRM_r}{WQTFIRM\_0_r}
\end{aligned} \tag{3.38}
$$

我们试图最小化两个交叉熵加权之后的和：

$$
\begin{aligned}
WSCE_r = RIGWQH_r \times WQHHLD_r \times CEHHLD_r \\
+ RIGWQ\_F_r \times WQ\_FIRM_r \times CEFIRM_r
\end{aligned} \tag{3.39}
$$

这两个交叉熵的权重由相应的总价值 $WQHHLD_r$ 和 WQ_FIRM_r 以及刚度参数

$RIGWQH_r$ 和$RIGWQ\_F_r$ 确定。若$RIGWQH_r$ 取值较高，那么家庭财富的分配几乎被固定，若$RIGW\_F_r$ 取值较高，$RIGWQH_r$ 取值较低，那么股权的份额将倾向于保持它们的初始值。

最小化两个交叉熵加权之和相当于最小化以下公式：

$$F = RIGWQH_r \times WQHHLD_r \times FHHLD_r + RIGWQ\_F_r$$

$$\times WQ\_FIRM_r \times FFIRM_r = RIGWQH_r \left[WQHFIRM_r \right.$$

$$\times \log \frac{WQHFIRM_r}{WQHFIRM_{0_r}} + WQHTRUST_r \times \log \frac{WQHTRUST_r}{WQHTRUST_{0_r}} \left] + RIGWQ\_F_r \right.$$

$$\times \left[WQHFIRM_r \times \log \frac{WQHFIRM_r}{WQHFIRM_{0_r}} + WQTFIRM_r \times \log \frac{WQTFIRM_r}{WQHFIRM\_0_r} \right] \quad (3.40)$$

为了决定三个财富变量，将受两个恒等式限制的目标函数最小化。因此，拉格朗日乘数应该包含受公司价值的是和受家庭财富约束的两个约束公式，一阶条件包括两个约束和三个与净财富变量相关的方程。

首先，将拉格朗日函数对$WQTFIRM_r$求导，得到

$$XWQ_{FIRM_r} = RIGWQ\_F_r \left[\log \frac{WQTFIRM_r}{WQTFIRM\_0_r} \right] \quad (3.41)$$

微分后，得到公式（3.42）：

$$xwq\_f_r = RIGWQ\_F_r \times wqtf_r \quad (3.42)$$

其中，xwq_f_r 代表拉格朗日乘数的百分比变化。

此外，对于国内财富对国外资产和国内资本的所有权，其一阶条件如公式（3.43）和公式（3.44）所示，公式（3.45）和公式（3.46）分别为其一阶条件的百分比形式。

$$WQHHLD_r = RIGWQH_r \left[\log \frac{WQHTRUST_r}{WQHTRUS\,T\_0_r} + 1 \right] \quad (3.43)$$

$$WQHHLD_r + XWQ_{FIRM_r} = [RIGWQH_r + RIGWQ_{F_r}]$$

$$\times \left[\log \frac{WQHFIRM_r}{WQHFIRM\_0_r} + 1 \right] \quad (3.44)$$

$$xwqh_r = RIGWQH_r \times wqht_r \quad (3.45)$$

$$xwqh_r + xwq\_f_r = [RIGWQH_r + RIGWQ\_F_r] wqhf_r \quad (3.46)$$

其中，$xwqh_r$ 表示$XWQHHLD_r$ 的百分比变化，$xwqhf_r$ 表示区域特定的漂移变量。

5. 全球信托的资产和负债

在GDYN模型中，与全球信托相关的恒等式有三个：第一，全球信托拥有的资产价值等于外国对各区域企业所有权的加总；第二，信托价值等于各区域对外国资

产所有权的加总；第三，信托总价值与其资产总价值相等。具体公式如公式（3.47）至公式（3.49）所示，公式（3.50）至公式（3.52）分别对应三个恒等式的百分比变化。

$$WQTRUST = \sum_r WQTFIRM_r \qquad (3.47)$$

$$WQ\_TRUST = \sum_r WQHTRUST_r \qquad (3.48)$$

$$WQ\_TRUST = WQTRUST \qquad (3.49)$$

$$WQTRUST \times wqt = \sum_r WQTFIRM_r \times wqtf_r \qquad (3.50)$$

$$WQ\_TRUST \times wq\_t = \sum_r WQHTRUST_r \times wqht_r \qquad (3.51)$$

$$wqt = wq\_t + wtrustslack \qquad (3.52)$$

其中，wqt、wq_t 和 $wtrustslack$ 分别表示 $WQTRUST$、WQ_TRUST 以及内生自由变量 $WTRUSTSLACK$ 的百分比变化。一般来说，若模型数据库遵循资产核算恒等式，变量 $wtrustslack$ 内生为 0。

此外，由于资产和所有权的增长可以归于投资和资本增值两个部分，对于第一个恒等式，我们可以利用一个价格方程计算其资产价值。

$$pqtrust = \sum_r \frac{WQTFIRM_r}{WQTRUST} pcgds_r = \sum_r WQ\_TFIRMSHR_r \times pcgds_r \quad (3.53)$$

其中，$WQ\_TFIRMSHR_r$ 表示区域 r 在全球信托总资产中的股权份额。

6. 金融资产收入

关于金融资产收入，主要分三个阶段分析（见图 3-10）。第一阶段，确定从企业到家庭和全球信托的支付，企业可以购买中间投入、雇佣劳动力和租用土地，拥有固定资本。在纯利润为零的条件下，不考虑其他生产要素使用及所得税，则企业的利润等于资本使用成本扣除折旧，利润归股东所有，企业向股东发放的股权收益（YQ_FIRM_r）一部分分给区域家庭（$YQHFIRM_r$），一部分分给全球信托（$YQTFIRM_r$）（具体见公式（3.54）至公式（3.59））。

$$YQ\_FIRM_r = VOA_{\text{capital},r} - VDEP_r \qquad (3.54)$$

$$YQ_{FIRM_r} \times yq_{f_r} = VOA_{\text{capital},r}\left[rental_r + qk_r\right]$$
$$- VDEP_r\left[pcgds_r + qk_r\right] \qquad (3.55)$$

$$YQHFIRM_r = \frac{WQHFIRM_r}{WQ\_FIRM_r} \times YQ\_FIRM_r \qquad (3.56)$$

$$yqhf_r = yq\_f_r + wqhf_r - wq\_f_r \qquad (3.57)$$

$$YQTFIRM_r = \frac{WQTFIRM_r}{WQ\_FIRM_r} \times YQ\_FIRM_r \qquad (3.58)$$

$$yqtf_r = yq\_f_r + wqtf_r - wq\_f_r \qquad (3.59)$$

其中，$VOA_{capital,r}$ 表示资本收益价值，$VDEP_r$ 表示资本折旧价值，yq_f_r、$r\,ental_r$、$yqhf_r$ 和 $yqtf_r$ 分别表示企业支付收入、资本价格、区域家庭收益和全球信托收益的百分比变化。

第二阶段，计算全球信托总收入，并确定全球信托对区域家庭的支付：全球信托的总收入（$YQTRUST$）等于各地区企业股本收益（$YQTFIRM_r$）的加总，信托在区域家庭中分配，金额为 $YQHTRUST_r$（具体见公式（3.60）至公式（3.63））。

$$YQTRUST = \sum\nolimits_r YQTFIRM_r \tag{3.60}$$

$$yqt = \sum\nolimits_r \frac{YQTFIRM_r}{YQTRUST} \times yqtf_r \tag{3.61}$$

$$YQHTRUST_r = \frac{WQHTRUST_r}{WQ\_TRUST} \times YQTRUST \tag{3.62}$$

$$yqht_r = yqt + wqht_r - wq\_t \tag{3.63}$$

其中，yqt 和 $yqht_r$ 分别表示 $YQTRUST$ 和 $YQHTRUST_r$ 的百分比变化。

第三阶段，计算区域家庭的金融资产收入（$YQHHLD_r$），等于来自国内企业（$YQHFIRM_r$）和来自全球信托（$YQHTRUST_r$）的股权收入的加总（具体见公式（3.64）至公式（3.65））。

$$YQHHLD_r = YQHFIRM_r + YQHTRUST_r \tag{3.64}$$

$$yqh_r = \frac{YQHFIRM_r}{YQHHLD_r} \times yqhf_r + \frac{YQHTRUST_r}{YQHHLD_r} \times yqht_r \tag{3.65}$$

其中，yqh_r 表示 $YQHHLD_r$ 的百分比变化。

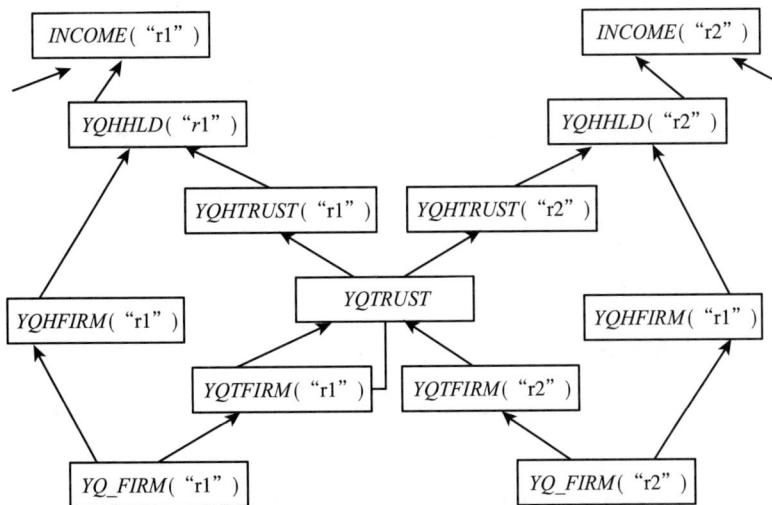

图 3-10　股权收益流动

第四节　GDYNE 模型

一、模型的总体框架

动态版能源类全球贸易分析模型（dynamic and energy version of the global trade project，GDYNE）是由美国普渡大学开发的以全球经济为背景的多区域多部门递归动态 CGE 模型，它集合了 GDYN 模型和 GTAP-E 模型的优点，在动态机制和生产要素替代假定方面具有优势（Lakatos and Walmsley，2012）。与 GDYN 模型相比，GDYNE 模型允许能源与劳动资本等生产要素之间进行替代，有助于模拟当劳动力供给短缺时能源市场和资本市场的替代效应，同时也便于使用历史能源消费数据对模型关键参数进行校准（Markandya et al.，2015）。同样的，与标准 GTAP-E 模型相比，GDYNE 加入了跨地区资本流动、资本累计以及投资的适用性预期等机制，可以模拟外生政策冲击后各地区经济变动情况（Costantini and Sforn，2020）。

二、模型的具体设置

（一）生产模块

生产模块描述的是生产过程中要素投入与产出的关系，企业遵循规模报酬不变且满足成本最小化和利润最大化约束，以此对要素投入和中间投入进行最优决策。与 GTAP-E 模型相同，GDYNE 模型的生产模块也内嵌了多个层次的常替代弹性生产函数，具体的生产结构如图 3-11 所示。GDYNE 模型的基本生产要素包括土地、自然资源、劳动力以及资本—能源束，其中，资本与能源产品可以互相替代，采用 CES 生产函数进行刻画，能源又可分为非电力和电力要素，非电力复合要素可以进一步分解为煤炭和其他化石能源，而其他化石能源又可进一步分解为原油、天然气和成品油，每一级复合均采用 CES 生产函数。

（二）收入支出模块

与 GDYN 模型相同，GDYNE 模型收入支出模块包括居民、企业和政府的收支情况。其中居民收入主要来自劳动要素报酬和转移支付，居民支出主要用于商品购买，缴纳税费和居民储蓄；企业收入主要来自生产要素和商品的销售，企业支出主要用于支付劳动者报酬、缴纳税费、企业储蓄以及其他的转移支付；政府收入主要来自税收，包括各种直接税和间接税。

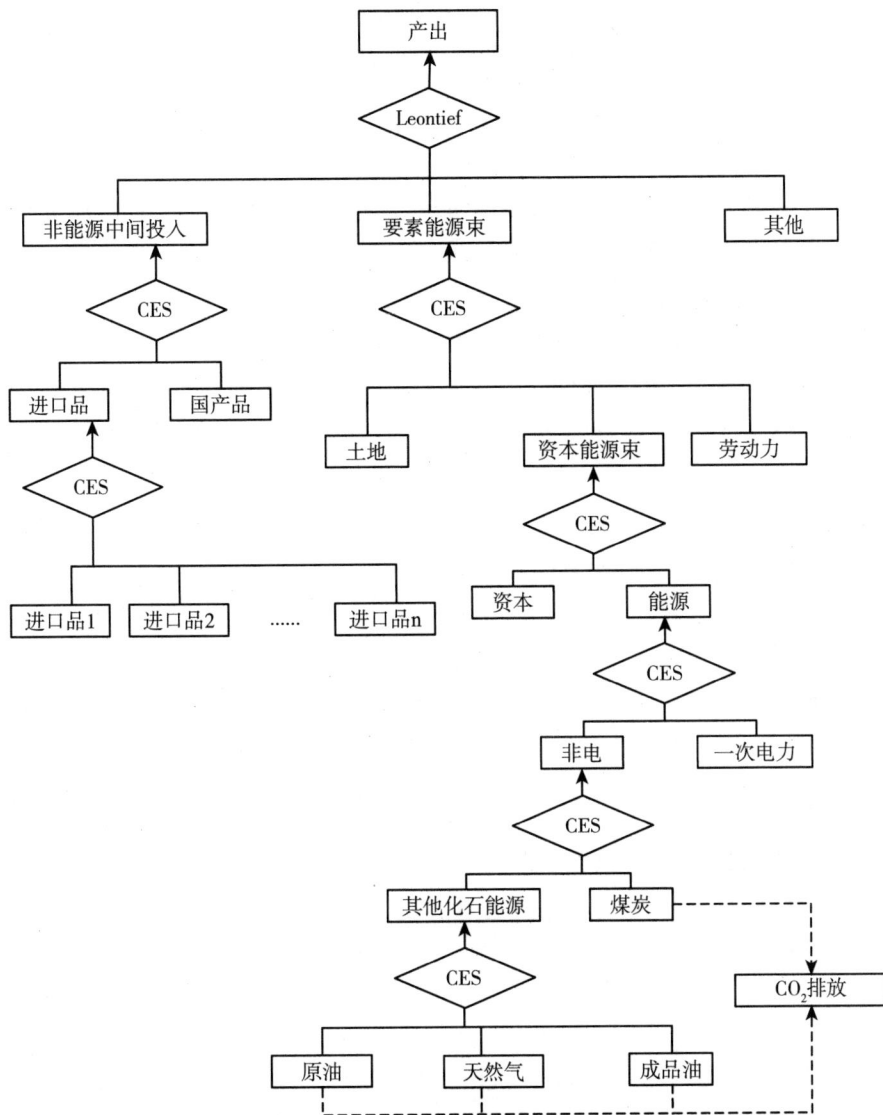

图 3 – 11   GDYNE 模型的生产结构

（三）贸易模块

与 GDYN 模型一致，在贸易模块，GDYNE 模型中主要有国内商品用于出口，国内商品用于国内消费以及国外商品进口三类商品。一般来说，国内商品和进出口商品之间是不完全替代的，即满足阿明顿假说，而出口商品与国内销售产品之间也存在着不完全替代关系，通常用常转换弹性函数进行描述。

（四）均衡模块

GDYNE 模型的均衡模块与 GDYN 模型一致，大体包括六个方面，即商品市场出清、劳动力市场出清、资本市场出清、政府预算均衡、国际收支均衡和储蓄投资均衡。

（五）宏观闭合模块

闭合规则指的是通过指定某些特定的变量为外生变量，其余变量为内生变量，从而达到模型中变量个数与方程个数相同，确保解的存在性和唯一性。为了降低求解复杂性，对所有方程施以线性化处理。与 GDYN 模型相同，GDYNE 模型的封闭法则也采用新古典学派的闭合规则，假设储蓄等于投资。在模型中假设一个全球性的银行（global bank），此银行收集每一地区的储蓄，并通过一定的投资机制为每一个国家或地区提供必要的投资资金，当模型达到均衡状态时，全球总储蓄等于全球总投资。与单国 CGE 模型不同，GDYNE 模型采用的是全球封闭法则，允许区域内储蓄和投资不相等，因此能够模拟贸易政策对一国经常性账户的影响，模型的设定更为合理。

（六）动态模块

GDYNE 模型的动态机制与 GDYN 模型相同，主要包括资本所有权的设定和资本积累，GDYNE 模型采用的也是资本逐年累积的方式来实现整个模型的动态化，即用相互联系的一系列静态均衡反映动态变化。由于在上一节详细论述了 GDYN 模型的动态机制，在这里不再赘述。

第四章　软件安装与应用

第一节　GTAPAgg 软件

GTAPAgg2 程序被用来为不同版本的 GTAP 经济模型准备数据库。完整的 GTAP 数据库涵盖了大约 57 种商品和 100 多个地区，几乎所有 GTAP 模型的应用都使用这个数据库的汇总。GTAPAgg2 首先帮助你准备一个汇总方案，其次使用你的方案为 GTAP 模型准备一个汇总的数据库。

GTAPAgg2 是 Mark Horridge 在政策研究中心开发的 GTAPAgg 软件包的更新版本，用于从完全分类的 GTAP Data Base 中创建聚合数据库。几乎所有 GTAP 模型的应用程序都使用数据库的聚合。该软件首先帮助您准备一个聚合方案，其次使用您的计划为 GTAP 模型准备一个汇总的数据库，以及汇总时间序列和 GTAPView 数据。GTAPAgg2 程序已经重新设计过，可以处理多个 GTAP 数据库。GTAPAgg 程序包包含一个 GTAP Data Base 最新版本的加密版。需要注意的是 GTAPAgg 包中的主数据文件 basedata. hrx 是加密的。它只能与 GTAPAgg 一起使用。

一、GTAPAgg 数据库安装

（一）安装要求

硬盘至少有 256MB 的内存，操作系统 Windows 98/2000/XP/Vista7/Vista8 或以上。

（二）安装步骤

第一，解压 GTAPAgg_v10. zip 和 GTAPAgg_v10_license. zip 两个文件；

第二，进入 GTAPAgg_v10 文件，双击运行 setup. exe，建议安装到默认路径 C：\ GTPAg10；

第三，将 GTAPAgg_v10_license 文件夹中的 gtapagg. lic 授权文件复制到 C：\GT-PAg10；

第四，安装完毕。

二、GTAPAgg 的使用说明

GTAPAgg2 主窗口显示一列 8 个按钮（见图 4 - 1），包括 Instructions and Help、Choose source data、Read aggregation scheme from file、View/change regionalaggregation、View/change sectoral aggregation、View/change factor aggregation、Save aggregation scheme to file、Create aggregated database 8 个按钮，通常情况下，先使用顶部的按钮，然后再往下操作（见图 4 - 2）。

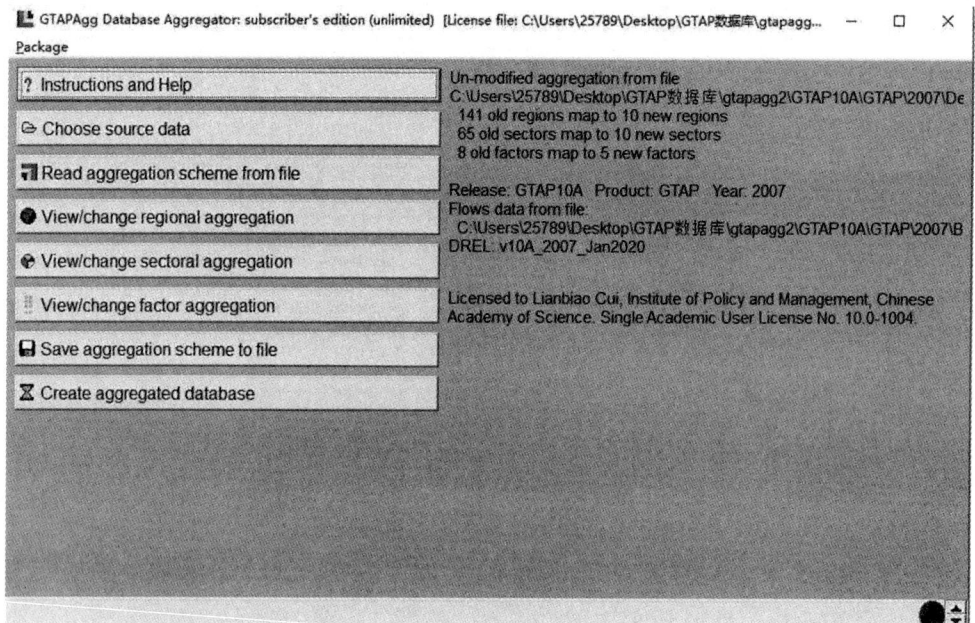

图 4 - 1　GTAPAgg 软件主界面

（一）介绍与帮助（Instructions and Help）

该部分为指令与帮助，总体包括三方面的内容：Introduction（介绍）、Errors and Problems（错误和问题）、GTAP Model and the Center for Global Trade Analysis（GTAP 模型和全球贸易分析中心）。

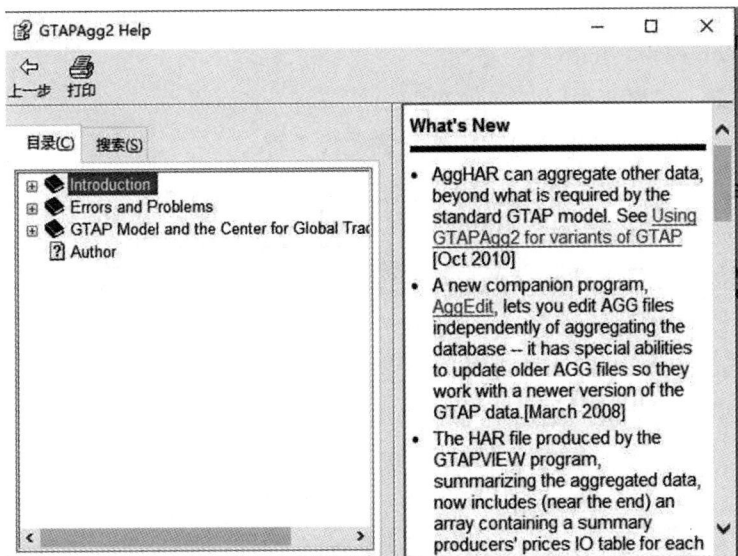

图4-2 GTAPAgg 软件"帮助"界面

1. 介绍 Introduction 中 18 个相关内容

（1）最新消息。包括了各个年份关于软件以及使用的相关消息。如 2010 年 10 月发布的"AggHAR 可以汇总其他数据，超出标准 GTAP 模型的要求。参见《使用 GTAPAgg2 进行 GTAP 的变种》""一个新的配套程序 AggEdit 可以让你独立编辑 AGG 文件，而不是汇总数据库——它有特殊的能力来更新旧的 AGG 文件，使它们能够与新版本的 GTAP 数据一起使用""由 GTAPVIEW 程序产生的总结汇总数据的 HAR 文件现在包括（接近结尾）一个数组，其中包含每个汇总区域的生产者价格 IO 汇总表"等。

（2）选择源数据。GTAPAgg2 自动使用随程序提供的数据（或从单独的 PKG 文件中安装），并位于 GTAPAgg2 文件夹下。数据文件夹的结构遵循以下模式。

① 版本，如 GTAP10，名称必须以"GTAP"开头；

② 产品，如 GTAP 或 GTAP-E，名称不能以"X"开头；

③ 年份，如 2011 年或 2014 年，名称必须以数字开头。

每个 Release 文件夹将包含一个或多个 Product 文件夹，而每个 Product 文件夹将包含一个或多个 Year 文件夹。每个年度文件夹必须包含以下文件。

① sets. har 原始数据库集；

② basedata. har 主要流动数据库；

③ metadata. har 关于数据的信息；

④ default. prm 参数（弹性）；

⑤ default. agg 默认的 GTAPAgg 格式的汇总方案。

此外，还可能包含其他数据文件。每个 Product 文件夹必须包含以下文件。

① runagg. bat 控制汇总的 BAT 脚本；

② txt2har. exe 有用程序；

③ agghar. exe 聚合程序；

④ cleanup. bat 移除聚合过程中产生的工作文件；

⑤ default. txt 默认的 FlexAgg2 格式的聚合方案；

⑥ display. txt 向用户显示的信息。

（3）AGG 文件。汇总方案是原始 GTAP 数据库中的许多部门和地区与创建的聚合数据库中较小数量的部门和地区之间的映射系统。GTAPAgg2 将这些汇总方案存储在小型文本文件中，通常以 AGG 为扩展名或后缀。

可以右键单击"Read aggregation scheme from file"按钮，从某个 AGG 文件中只加载扇区集合（或只加载区域集合）。因此，可以从一个 AGG 文件中读入行业集合，从另一个 AGG 文件中读入区域集合。参见读取 AGG 文件的一部分。

如果需要加载一个最初为 GTAP 数据库前一版本准备的汇总方案（AGG）文件，AGG 文件中的部门和地区可能与新数据库中的部门和地区不完全一致。GTAPAgg2 会发出警告，但会尽量尝试解释 AGG 文件的内容。参见 AGG 文件与源数据库。

GTAPAgg2 希望不要将 AGG 文件存放在 GTAPAgg2 文件夹中。可以使用制作的 AGG 文件来创建反映区域汇总的地图。GTAPAgg2 使用的 AGG 文件与 FlexAgg 使用非常相似。

（4）读取 AGG 文件的一部分。通常情况下，GTAPAgg2 从 AGG 文件中读取部门、区域和因子的映射关系。然而，通过右键单击"从文件中读取集合方案"按钮，用户可以选择只从某个 AGG 文件中加载扇区集合（或只加载区域集合）。因此，可以从一个 AGG 文件中读入行业集合，从另一个 AGG 文件中读入区域集合。这增加了重新使用之前准备的聚合的范围。

（5）GTAPAgg2 如何保存你的汇总数据文件。当 GTAPAgg2 产生一个新的聚合数据库时，会产生三个或更多的文件：流动数据文件，baseata. har，HAR 格式；一是参数文件，default. prm，以 HAR 格式；二是 HAR 格式的套装文件，set. har；三是还有其他 HAR 文件。这些文件作为一个整体一起使用是至关重要的。因此，GTAPAgg2 将所有上述文件捆绑在一起，形成一个 ZIP 档案。这种想法是为了防止来自不同聚合的文件被混在一起。聚合方案文件也可以包含在 ZIP 档案中。

使用 Unzip（或 WinZip 或 PKUnzip）等程序，将文件解压到需要它们的子目录中。另外，如果运行 GTAP 模型的 RunGTAP 程序，可以使用它的新版本向导命令来直接加载 ZIP 档案。

GTAPAgg2 希望不要把 ZIP 文件存放在 GTAPAgg2 文件夹中，以及不要保存到源数据文件夹。

（6）不要保存到源数据文件夹。在汇总过程中，GTAPAgg2 会读取文件。

Sets. har、Default. prm 和 BaseData. har，并制作新的较小的文件，称为 Sets. har、Default. prm 和 BaseData. har。这些文件不能混在一起，这是非常重要的。因此 GTAPAgg2 试图阻止将这些文件保存到源数据文件夹。

（7）将 GTAPAgg2 用于 GTAP 的新变体。尽管 GTAPAgg2 是为标准 GTAP 模型的数据库和提供的变体而设计的，但要使相关模型（如 GTAPQ）一起工作是容易的。要尝试这一点，可以按照以下步骤进行。

① 创建一个新的文件夹，c：\gtapagg2\GTAP9\GTAPQ，其内容（包括子文件夹）与 c：\gtapagg2\GTAP9\GTAP 完全相同。

② 可以发现，新的产品文件夹 GTAPQ 可以在 GTAPAgg2 中使用（此时，产品 GTAPQ 与 GTAP 相同）。

③ 测试运行 RunAgg. Bat：RunAgg 2007 default. txt。

④ 添加/修改数据和程序，编辑 RunAgg. Bat 以符合新 GTAPQ 产品。

⑤ 测试运行 RunAgg. Bat：RunAgg 2007 default. txt。

⑥ 如果 RunAgg. Bat 可以在命令行中运行，则尝试从 GTAPAgg2 中运行它。如果出现警告信息，请编辑数据和程序文件以消除它们。

注意以下内容不能操作：假设 GTAP 版本引入了全新的集合 CLIMATE、SOILTYPE 和 RELIGION，它们与 GTAP 的现有集合没有任何联系。显然，不能使用可视化界面来定义这些集合的汇总版本。

（8）变化图谱。类似的屏幕用于查看和编辑区域和部门（可交易商品）的总量。对于地区，可以使用以下方式。

① 使用底部面板来改变新的、聚合的、区域的数量、它们的名称和描述（尝试右击）。

② 使用右上角的面板来控制每个原始区域被映射到哪些新区域。

每个新区域必须有一个独特的代码（最多12个字母）。然而，较长的"新地区描述"是可选的，只需要找到原始区域包含哪些国家。如果在右上角的面板上右击，所单击的旧区域将被"解聚"，即创建一个同名的新区域，旧区域将被映射到该区域。

可以左击"一对一"按钮，使新区域与旧区域相同。也可以右击"一对一"按钮来指定任意数量的新区域。

如果试图创建一个与旧区域同名的聚合区域，则会被警告，除非聚合区域的唯一成员是同名的旧区域。这样的选择可能会导致混乱！

使用同样的技术来编辑部门（可交易商品）的聚合。为新的地区、部门和因素选择的名称有一些限制。

使用"复制 -"按钮，准备一份汇总表报告。

对于因素，必须另外指定 SLUG/ETRAE 设置。

③ 每个因素都是"迟缓"或"流动"的。

④ 每个迟缓因素的 ETRAE 数字都小于或等于零。

通过在底层面板的最后一列输入 ETRAE 负数（意味着迟缓）或"移动"来传达意图。GTAP 坚持认为，至少有一个汇总的因素被称为"资本"。

（9）复制汇总报告。GTAPAgg2 提供了一个节省时间的方法来制作记录汇总的表格。如果正在编辑区域或部门汇总，可以使用"复制"按钮将汇总的报告发送到剪贴板上。然后打开电子表格程序，将报告粘贴到一个空白工作表中。删除不需要的列或行，然后将表格粘贴到文字处理程序中进行最终格式化。或者，将报告直接从 GTAPAgg2 粘贴到 MS Word。它将以标签分隔的文本形式出现在 Word 中。选择文本并选择菜单命令 Table...Convert Text to Table（tab separators）。也许，其他文字处理软件也有类似的工作方式。通过选择的风格来表达个性，即经典的、独特的、现代的。

（10）从剪贴板粘贴贴图。可以从剪贴板上粘贴区域或行业图，而不是用鼠标建立区域或行业图。这些说明假定粘贴的是扇区映射，但对区域来说，程序是一样的。如果有 57 个旧扇区，剪贴板应该包含一列 57 个对应的新扇区的短名称。通常情况下，在 Excel 中构建这一列，然后从那里复制它。也可以从一个文本编辑器中复制 57 行。然后在 GTAPAgg2 中单击"粘贴"按钮。

新扇区的顺序将与它们在地图中出现的顺序相同。例如，第一个新部门将对应于第一个旧部门。如果愿意，GTAPAgg2 可以让以后手动改变顺序。新部门将没有描述。同样，如果愿意，GTAPAgg2 可以让以后添加这些说明。

（11）使用 ViewHAR 来检查文件。GTAPAgg2 产生的大部分文件都是 HAR 格式的文件。需要一个实用程序 ViewHAR 来查看它们或将数据导出到 Excel。如果 GTAPAgg2 能够在硬盘上找到 ViewHAR 程序，就会得到一个选项，可以在输出文件创建后立即查看它们。

（12）HAR 文件。GTAP 数据存储在一种特殊类型的文件中，称为头阵列或 HAR 文件。一个实用程序 ViewHAR，用来查看或提取这些文件中的数据。

（13）在模型模拟或数据修改之前或之后进行汇总。正常的操作顺序是先用 GTAPAgg2 制作一个数据库，然后由 GTAP 模型使用。每个模型模拟都会产生一个相同 BASEDATA 格式的"更新"文件，显示模拟后的流量值。事实上，GTAP 模型和 GTAPAgg2 的输入和输出文件都采用相同的格式。这使我们能够以各种方式将 GTAPAgg2 和 GTAP 模型结合起来。

（14）GTAPAgg2 和 FlexAgg2。FlexAgg2 是一个命令行程序，也对 GTAP 数据库进行汇总。聚合方案被存储在用户用文本编辑器创建的文件中。这些文件与 GTAPAgg2 使用的 AGG 文件不完全相同。产品（工作）文件夹应包含一个 default.txt 文件，适合与 FlexAgg2 或 RunAgg.BAT 程序一起使用。

　　每次用 GTAPAgg2 创建一个聚合，在产品（工作）文件夹中会创建一个名为 Flexagg2. txt 的文件，与 GTAPAgg2 使用的 AGG 文件相对应，适合与 FlexAgg2 或 RunAgg. BAT 程序使用。

　　（15）AggEdit。GTAPAgg2 可以结合源 GTAP 数据库编辑一个聚合 AGG 文件，因此 GTAPAgg2 坚持认为 AGG 文件中的"旧"（分解）区域数量与源 GTAP 数据库中的区域数量一致。

　　随着 GTAP 覆盖范围的扩大，独立地区的数量不断增加，从 2.0 版的 24 个地区，到 5.0 版的 66 个地区，再到 7.0 版的 100 多个地区。这是一个进步，但也有一个副作用，那就是准备的有用的 AGG 文件与以前的版本（区域较少）不能直接与较新的数据库配合使用。

　　AggEdit 程序就是为了解决这个问题而设计的。它可以加载、编辑和保存一个 AGG 文件，而不需要参考任何特定的 GTAP 数据库。而且，它具有半神奇的能力，可以将 AGG 文件中的"旧"（分类）地区的数量从一个 GTAP 版本转换到另一个版本。当你将一个 AGG 文件加载到 AggEdit 中时，该程序会告诉你 AGG 文件中的"旧"（分类）地区是否与任何已知的 GTAP 版本相匹配。该程序的界面与 GTAPAgg2 非常相似，只是多了一个名为"改变原始区域"的按钮，例如，它可以将原本设计用于 5.0 版 GTAP 数据库的 AGG 文件改为与 7.0 版数据库相匹配的 AGG 文件。这种转换通常是成功的，但事后应该仔细检查区域映射。

　　（16）对于 GAMS 用户。HAR 和 GDX 格式之间的转换：ViewHAR 命令，File...Save As 可以用来将 GEMPACK Header Array（. HAR）文件转换成 GAMS Data Exchange 格式（. GDX）格式。另外，可以下载免费的命令行工具，Har2Gdx 和 Gdx2Har，以快速将 GEMPACK 头阵（. HAR）文件转换为 GAMS 数据交换格式（. GDX）格式。版本包含在最近的 GAMS 发行版中。或者，从以下网站下载：http：//copsmodels. com/ftp/gpextra/gdxhar. zip。

　　（17）反映区域汇总的地图。ShadeMap 是一个免费的工具，用于制作简单的地图，根据每个区域的"得分"对区域进行着色。从以下网站获取：http：//www. copsmodels. com/shademap. htm。

　　下载时包括与（未汇总的）GTAP 区域相对应的地图边界文件。ShadeMap 带有一个命令行程序 AggMap，它使 GTAP 用户能够将上述提供的地图汇总到他们自己的区域汇总。聚合可以用 GTAPAgg2 制作的相同 AGG 文件来指定。然后，可以根据 GTAP 模拟结果的矢量来给地图着色。

　　（18）时间序列、能源和二氧化碳数据。有时，商品贸易时间序列、二氧化碳和能源数据库可能与 GTAPAgg2 数据库捆绑在一起。如果是这样，RunAgg. BAT 也可以汇总这些数据。时间序列、能源和二氧化碳数据将使用与主要汇总相同的商品和区域映射。

汇总的时间序列数据将显示，对于每个汇总的商品和若干年，区域间贸易量的矩阵大小为 REG×REG。

RunGTAP 用户：RunGTAP 不需要时间序列和能源/二氧化碳数据，但可能会发现它作为背景信息很有用。

2. Errors and Problems

本部分介绍了使用软件可能遇到的错误和问题。如果在使用 GTAPAgg2 时遇到问题，可以从 GTAP 网页或非官方网页上下载一个较新的版本（http：//copsmodels.com/aggpatch.htm）。如果失败了，将全部细节通过电子邮件发给作者。完整的细节应该包括对问题的简短描述、GTAPAgg2 在工作失败时通常产生的 error.log 文件，以及诊断文件，可以先通过左击"地球仪"图标，然后选择"诊断"命令，最后保存。

3. GTAP Model and the Center for Global Trade Analysis（GTAP 模型和全球贸易分析中心）

全球贸易分析中心进行国际可计算一般均衡（CGE）建模，并向其他 CGE 建模者提供服务。该中心的主要活动是促进和协调全球贸易分析项目。GTAP 提供数据、软件和多国 CGE 分析方面的培训。它还维护著名的 GTAP 模型。该中心是美国印第安纳州西拉法叶市普渡大学农业经济学系的一部分。网页：https：//www.gtap.agecon.purdue.edu/。

关于中心、网络或项目的一般咨询，活动问题，以及产品订购、定价或许可问题请发送电子邮件至：contactgtap@ purdue.edu；对于任何 GTAP 产品的技术支持，请发送电子邮件至：gtapsupport@ purdue.edu

（二）选择原始数据（Choose source data）

可以从这部分选择想要的 GTAP 数据库版本、产业类型以及年份进行汇总，如图 4－3 所示。

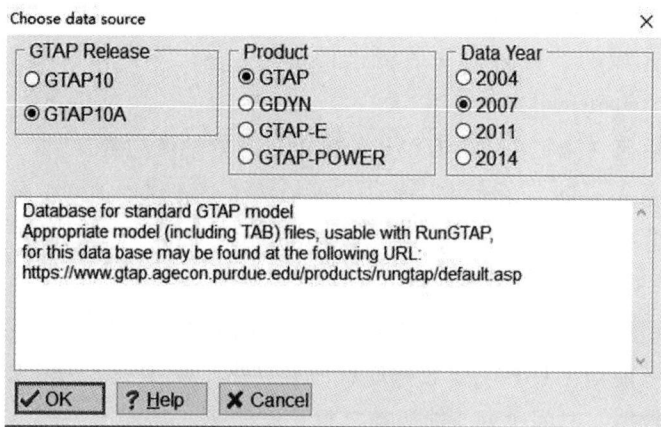

图 4－3　选择数据

（三）从文件中读出汇总方案（Read aggregation scheme from file）

如果之前保存了一个包含汇总区域和部门的 AGG 文件，可以使用该按钮来重新加载它。如果右击该按钮，仅仅可以选择查看已有的 AGG 文件中的区域或部门一种，如图 4 – 4 所示。

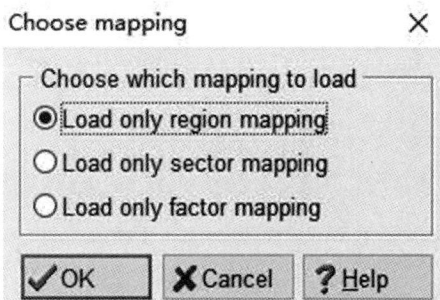

图 4 – 4 选择已有的 AGG 文件

（四）查看/改变区域汇总（View/change regional aggregation）

本部分可以对区域进行设定，单击白色单元格来改变汇总情况。编辑右侧的表格可以改变从旧区域到新区域的映射。单击右侧的表格可以将一个旧区域设定为一个独特的新区域。新区域的信息显示在下半部分。如以下对于 GTAP10 数据库中 141 个地区重新合并为 10 个新的区域，其所涉及的地区没有减少，如图 4 – 5 所示。

图 4 – 5 区域设定界面

（五）查看/改变部门汇总（View/change sectoral aggregation）

本部分可以对区域进行设定，操作方法与对地区进行重新设定的操作一致。以下对 GTAP10 数据库 65 个行业部门的重新划分，如图 4-6 所示。

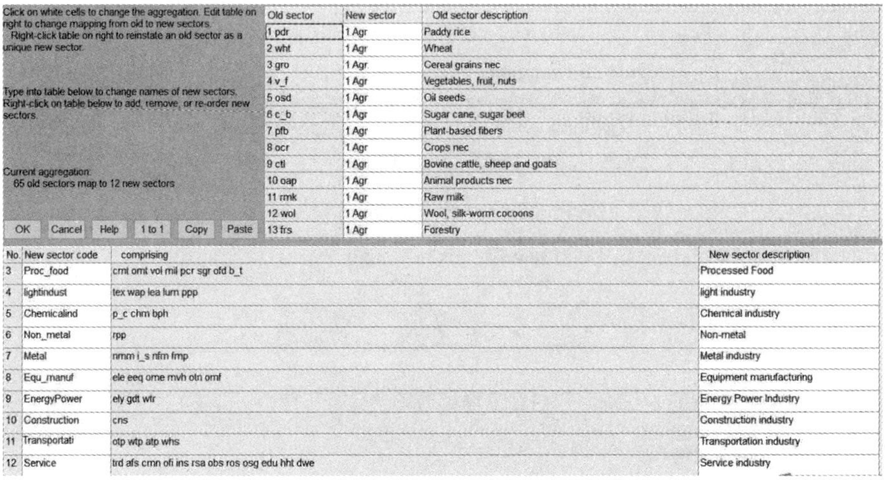

图 4-6　行业设定界面

（六）查看/改变要素汇总（View/change factor aggregation）

本部分可以对要素进行设定，一般来说仅需要按照默认设定即可，因为在 GTAP 模型中一国的要素是不会发生变化的，如土地、劳动力（熟练的劳动力和非熟练劳动力）、资本、自然资源，一般来说对于国家相对固定，如图 4-7 所示。

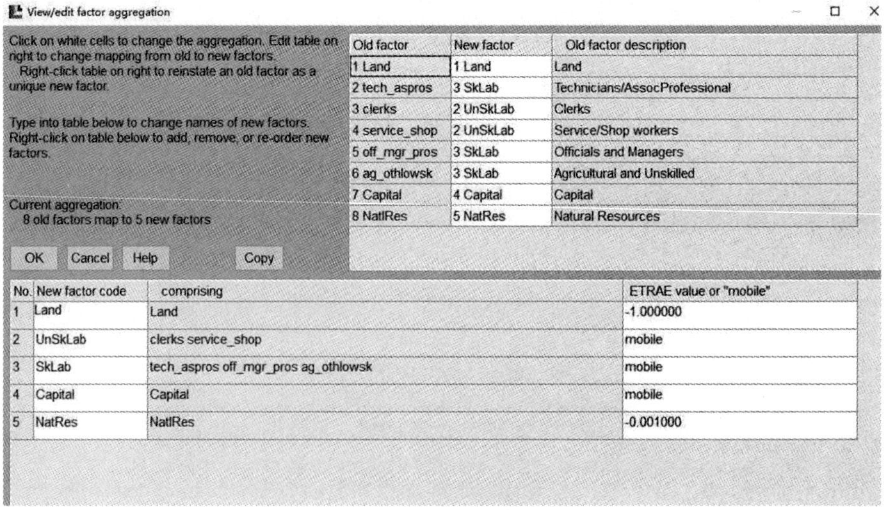

图 4-7　要素设定界面

（七）将汇总方案保存到文件中（Save aggregation scheme to file）

已经完成对于区域、产业部门以及要素的重新设定后，则可以对已经完成的新汇总数据进行保存，若设定过程中存在错误，将在这一步有提示，然后选择文件保存的位置即可。

第二节　RunGTAP 软件

一、RunGTAP 下载与安装

（一）下载

下载地址：

https：//www. gtap. agecon. purdue. edu/products/rungtap/default. asp

登录 GTAP 中心网站，进入 Model/Utilities→RunGTAP，下载文件安装包。

（二）安装

解压 rungtap_v370. zip 文件（59.9M），进入 rungtap_v370 文件夹，双击 setup. exe，建议安装到默认路径 C：\runGTAP370。如果修改路径，RunGTAP 需要安装在英文路径之下。如遇到确认或者接受窗口，请点击是或者接受。安装完毕。

2020 年 6 月 11 日，和普渡大学 GTAP 研究中心有密切合作关系的澳大利亚政策研究中心（The Centre of Policy Studies，CoPS）发布了 RunGTAP 补丁，如要更新，RunGTAP 安装完毕之后，不要启动 RunGTAP，按照以下步骤更新。

（1）进入网页 https：//www. copsmodels. com/rgtpatch. htm，或者从 GTAP 下载页面提供的 RunGTAP Patches 跳到网页。

（2）依次下载 RGTPATCH. ZIP（25.4M）和 RGTPATCH2. ZIP（28.5M）到 RunGTAP 所在路径。

（3）备份或压缩整个 RunGTAP 文件夹（但不包括它下面的子目录）。

（4）将 RGTPATCH. ZIP 和 RGTPATCH2. ZIP 解压缩到 RunGTAP 文件夹，自动覆盖一些现有文件。

（5）启动 RunGTAP。在第一次加载每个"版本"时，可能会收到"过时或丢失 SLI 文件"的警告。使用 Tools. Run Test Simulation，运行测试模拟命令以避免警告。

二、使用说明

RunGTAP 允许你用 GTAP 模型进行各种模型模拟。可以选择 GTAP 的几个不同版本。大多数版本允许从几个封闭中进行选择。可以交互地设置外生变量的值，或者从准备好的文件中读取它们。可以选择几种方法来解决这个模型。可以在屏幕上查看模拟结果，打印它们，或将它们导出到其他程序。可以查看、复制或打印初始或模拟后的模型数据库。最后，还包括几个工具来帮助解释或分析结果。打印出教程文件 Ho2K. doc，了解使用 RunGTAP 的详细指南。

进入 RunGTAP 软件后，有七个界面：Title 为软件的欢迎界面；RunGTAP 为软件的简介；Version 为版本介绍界面；Closure 为模型闭合；Shocks 为进行冲击的设定；Slove 为模拟求解；Results 为结果分析，如图 4 - 8 所示。

图 4 - 8　RunGTAP 软件界面

（一）闭合（Closure）

模型闭合页面显示了当前的闭合（外生变量的列表）。闭合被存储在实验文件的一部分，当加载一个 EXP 文件时，其会自动加载。如果知道 GEMPACK 的语法，可以直接编辑封闭，也可以使用菜单命令 Tools... Load Closure File 和 Tools... Save Closure File 来保存当前的闭合，或者用已经存储在磁盘上的其他闭合来替换它。

参见内生变量和外生变量以及加载和保存文件对话框。如果选择直接编辑闭合，请牢记以下几点。

指定闭合的最简单方法是列出外生变量。一个外生变量的列表是由一个或多个形式为 exogenous < list > 的语句建立起来的，例如，外生变量 p_cr p_a0。

可以有几个这样的语句。最好的办法是在新的一行中开始每一个这样的外生语句。你应该放一条语句，其余的内生，以表明其余的变量是内生的。[组件编号和作为参数的组件在外源性 < 列表 > 中是允许的；语句遵循通常的 GEMPACK 命令文件语法。]

RunGTAP 数据压缩包被指定为上述方式（即只使用外生和其余内生的关键字）。然而，闭合可以通过各种方式在 GEMPACK 命令文件中设置（例如，通过使用内生和交换关键字，或通过修改存储在环境文件中的闭合）。详情请见 GEMPACK 文档。可以在 RunGTAP 中以 GEMPACK 允许的任何方式指定闭合。

指定闭合的方式会影响到"冲击"页面上要冲击的变量的下拉列表是如何形成的。如果闭合只是一个外生变量的列表，那么只有这些变量会出现在下拉列表中；否则，模型的所有变量（即使是内生变量）都会出现在该列表中，不能冲击内生变量。

（二）冲击（Shocks）

使用本页面的控件建立一个冲击列表，显示在底部的面板上。

首先，使用左上角的组合框来选择要冲击的变量。如果选择了一个矩阵或向量变量，会出现第二行组合框，让你选择是冲击所有的元素，还是只冲击一个子集。

其次，选择冲击的数值。对于大多数变量来说，－50 的冲击值总是意味着该变量的数值减少50%。在这种情况下，页面右侧的冲击类型组合框只显示一个选项：变量变化率。对于一些税收变量，可能会出现%变化率或%变化功率或%目标率的选项——这些在税率冲击中会有解释。

对于某些变量，可能会出现预先计算好的冲击（它们将被存储在一个以 pre 为后缀的文件中）。冲击类型组合框将显示这个文件选项，如果它是可用的。如果选择使用预先计算的冲击，冲击值编辑框将消失（它是不相关的）。

当选择变量、元素和冲击值时，一个冲击规范行就会建立起来（在四个按钮的上方）。这一行的语法是 GEMPACK 使用的语法。

当构建了想要的冲击后，单击"添加到冲击列表"按钮。然后再继续构建下一个冲击。要删除已经添加到列表中的部分或全部冲击，请选择并删除它们。

冲击页只允许冲击在当前封闭中具有外生元素的变量。然而，它确实允许指定对只有部分外生变量的内生元素的冲击。另外，选择一个新的闭合并不会自动清除"冲击"页面上列出的冲击，因此可以想象，可以尝试冲击一个在以前的闭合中是外生的变量，但现在是内生的。在这种情况下，当试图求解模型时将会产生错误。

如果知道 GEMPACK 的语法，也可以直接编辑冲击的列表。例如，可以添加以下形式的语句：

subtotal varname = 1

假设 varname 是一个冲击变量，请看 subtotals。

菜单命令 Tools... Load Shocks 允许读入预先存在的文件（后缀为 SHF），其中包含一行或多行的冲击语句。参见加载冲击文件。Tools... Save Shocks File（保存冲击文件）命令允许自己创建这样的文件。

注意： 在使用 Shocks 页面创建新的冲击时，不要忘记删除已经在列表中的任何不需要的现有冲击。使用 Clear All Shocks（清除所有冲击）按钮，或者直接编辑冲击列表来删除单行。

1. 对税率的冲击

对某些税收变量的冲击，默认是以一种特殊的方式来解释的：－50 的值意味着税收的从价税率减少 50%。在这种情况下，冲击类型组合框将显示选项% 变化率，冲击声明将包含关键字 rate% 以表示从价税率的解释。

如果冲击是一个税种的从价税率的减少百分比，冲击说明行将提到一个文件。这些变量实际上是税收的权力（如果税率是 20%，权力是 1.2）。该文件显示了将从价税率移至零所需的权力变化的百分比。RunGTAP 计算出按指定比例降低从价税所需的权力变化的百分比。例如，要消除 20% 的从价税率（rate% = －100），税收的权力必须从 1.2 变为 1.0，变化为 －16.67%。要将同样的税率减半（税率% = －50），税率的力量必须从 1.2 变为 1.1，变化为 －8.33%。

如果在冲击个人税率，RunGTAP 会算出这些计算结果。可以选择权力变化% 的选项。在这种情况下，－50 的数值意味着税率的减半，这将把 1.2 的税率变成 0.6，把 20% 的税变成 40% 的补贴。

最后，可以选择目标税率% 这一选项。在这种情况下，数值为 10 意味着改变税率，使其等于 10%。RunGTAP 会计算出相应的权力冲击。% 目标税率选项对于改变数据库的税率特别有用。

2. 加载冲击命令的 SHF 文件

菜单命令 Tools... Load Shocks File 允许读入预先存在的文件（后缀为 SHF），其中包含一行或多行冲击语句。这对复制更复杂的实验是很有用的。从 SHF 文件中加载的冲击会取代所有现有的冲击；但是可以先用复制命令将旧的冲击保存在剪贴板中，再加载新的冲击，然后将光标放在冲击列表的底部，用 Shift－Ins 将旧的冲击粘贴回去。

SHF 文件的语法与用户以交互方式建立的冲击语句相同。它们也可以包括注释。

3. 从 SHK 或 HAR 文件中读取大量的冲击命令

冲击页使应用单个冲击变得很容易，但它并不希望用户的冲击语句列表非常长。用户有两个技巧来减轻负担。

技巧 A：使用 CMFSTART 文件定义用户自己的子集。例如，用户的冲击备忘录可能包含：

Shock tms(FOOD_COMM,SSA_REG,NSSA_REG) = select from file TMS. SHK；或 Shock tms(FOOD_COMM,SSA_REG,NSSA_REG) = target% 5 from file TMS. SHK。

以上，FOOD_COMM 是 REG 的一个子集，SSA_REG 和 NSSA_REG 是 REG 的子集。上面的冲击语句同时应用整个冲击块。TMS. SHK 文件包含消除关税所需的对关税权力的冲击。因此，第一条冲击语句废除了从 SSA 到其他 NSSA 地区的食品关税。第二条声明将同样的关税设定为 5%。

技巧 B：创建冲击文件。为了强加冲击值的特殊结构，创建你自己的冲击文件（版本文件夹中的后缀 SHK）。例如，冲击备忘录可能包含：

Shock tms(FOOD _ COMM, SSA _ REG, NSSA _ REG) = select from file MyOwnT-MS. SHK。

将按照 TMS. SHK 的格式构建文件，MyOwnTMS. SHK（空行和! 后面的文字可以省略）。

原始文件 TMS. SHK 是由 SHOCKS. TAB 程序创建的。如果有 GEMPACK，可以改编为创建并运行（在 RunGTAP 之外）的版本，MySHOCKS. TAB，这将创建文件 MyOwnTMS. SHK。

下面是一个非常简短的总结。

在使用冲击文件时有两个独立的选择，使用 HAR 或 SHK（GEMPACK 文本）文件来存储冲击值。

–SHK（GEMPACK 文本）文件可以用 Excel、文本编辑器或 TABLO 程序创建。缺点是每个 SHK 文件只能容纳一个数字阵列。可以从 ViewHAR 打开 SHK 文件（作为 GEMPACK 文本）。冲击语句将类似于：

Shock tms(Food,REG,REG) = select from file TMS. SHK

–要创建 HAR 文件，请使用 TABLO 程序或 ViewHAR。其优点是一个 HAR 文件可以在不同的标题上容纳几个数字数组，而且查看起来更加方便。冲击语句将类似于：

Shock tms（Food，REG，REG）= select from file MyShock. Har header H031

想让 GEMPACK 只选择文件中的一些数字吗？

假设想冲击某个变量的每个元素。那么可以使用 shock 语句，例如，

Shock tms = file TMS. SHK

Shock tms = file MyShock. Har header H031

假设有 3 个地区和 3 个货物，这样 tms 就有 27 个元素，GEMPACK 会期望在文件上找到 27 个数字。

然而，一种常见的情况是，文件中保存了冲击变量的所有元素的冲击值，但你只想使用其中的一部分。假设你有 3 个地区和 3 种货物。你可能会使用这样的冲击

语句：

Shock tms(Food,REG,REG) = select from file MyShock. Har header H031

同样，GEMPACK 会期望在文件上找到 27 个数字，但只有那些与食品元素相匹配的 9 个数字会被使用。

如果输入：Shock tms(Food,REG,REG) = file MyShock. Har header H031

GEMPACK 将期望在文件中找到 9 个数字（与食物元素相匹配的冲击）。但这种变化并不经常使用。

请注意，

Shock tms(TRAD_COMM,REG,REG) = select from file TMS. SHK

Shock tms = file TMS. SHK

有同样的效果，因为 tms 的维度是 TRAD_COMM * REG * REG。在每种情况下，所有 27 个元素都被冲击。

马克 - 霍里奇建议，通常情况下，将冲击存储在 HAR 文件上，并使用从语法中选择的方法。

4. 保存冲击的 SHF 文件

菜单命令 Tools... Save Shocks File（保存冲击文件）允许将当前的冲击语句存储在磁盘上，选择一个没有被使用过的 8 个字母的名字。

5. 小计（Subtotals）

另见更多关于小计的理论和如何指定小计。

假设进行了一次模拟，日本取消了 5 种不同商品的进口关税，使美国获得了 100 万美元的福利收益。可能会想，这个收益中有多少是由于商品 1 的关税降低，多少是由于其他商品 2 至商品 4 的关税降低。

可以尝试进行一系列的实验，都是从原始数据开始的，在这些实验中，每次都取消一个关税。可能会发现，由于每个关税冲击而导致的美国福利的变化并没有完全加到 100 万美元。这种差异是由 GTAP 模型的非线性引起的。

GEMPACK 为这个问题提供了一种更复杂的方法，它有两个优点：一是归因于每个冲击的变化完全加到了整个包的效果上；二是它相当快速和容易做到。

在 GEMPACK 的行话中，小计是指一个冲击或一组冲击对所有冲击造成的总变化的贡献。假设完整冲击包被指定为

Shock tms(TRAD_COMM,REG,JPN) = select from file tms. shk

然后，如果你在冲击页的备忘录中加入以下几行：

Subtotals tms(EXTRACT,REG,JPN) = Extract Effect

Subtotals tms(FOOD,REG,JPN) = Food Effect

Subtotals tms(AGRIC,REG,JPN) = Agric Effect

Subtotals tms(LITMNFC,REG,JPN)小计 = Litmnfc Effect

Subtotals tms(HVYMNFC,REG,JPN)小计 = Hvymnfc Effect

RunGTAP 将计算这些单个关税削减对总模拟结果的贡献。冲击页上的定义小计按钮可以帮助编写这些语句。在指定冲击后，可以通过点击定义小计按钮要求计算各种小计。通过指定小计表格指定与每个小计相关的冲击。

小计的结果在结果页的不同栏目中显示。小计结果排在模拟结果和任何等级结果之后。注意，小计结果只能由 GEMPACK 7.0 版（或更高版本）的程序计算。

6. 关于小计理论的更多信息

假设写了一个模型：

（1）$Z = F(X,Y)$。

这里 Z 是一个内生变量，有两个外生变量 X 和 Y。在一个真实的模型中，Z 将是一个向量，还会有许多外生变量。然而，这个简单的模型足以证明小计的原理。对于围绕初始解的微小变化，我们可以写出线性化的形式。

（2）delZ = [Fx]delX + [Fy]delY。

Fx 和 Fy 是 F 相对于 X 和 Y 的导数。似乎可以说[Fx]delX 是 delZ 中由于 X 的变化而产生的部分，同样地，由于 Y 而产生的 Z 的变化是[Fy]delY。

GEMPACK 通过重复求解（2）这样的系统来解决非线性方程组。每一步计算出的变化（delZ）被累积起来，得到一个精确的变化解。同样地，我们可以把[Fx]delX 等项累积起来，得到每个外生变量的贡献 Cx 和 Cy。这些贡献加起来就是 Z 的总变化。

在计算过程中，对 delX 的一系列微小冲击将导致 X 从其初始值 X0 移动到其最终值 X1。同样，Y 也会从 Y0 移动到 Y1。我们可以把这两个外生变量的运动看作是在一个平面上的路径，从［X0，Y0］到［X1，Y1］。

显然，从［X0，Y0］到［X1，Y1］有许多条可能的路径。幸运的是，无论采取哪种路径，只要个别步骤 delX 和 delY 足够小，我们就会得出正确的 Z 的总变化。

然而，事实证明，对于非线性模型，单个累积贡献值 Cx 和 Cy 确实取决于（通常是相当弱的）X 和 Y 遵循的路径。

GEMPACK 为外生变量选择的路径是外生变量的初始值和最终值之间的一条直线。有一些理论上的理由可以认为，这条路径给出的 Cx 和 Cy 的估计偏差最小。

显然，将总的变化分解为可归因于个别外生变量变化的部分，必须取决于我们认为哪些变量是外生的。例如，考虑用 GTAP 进行模拟，对布匹和小麦这两种商品的关税进行冲击，引起两种相应进口量的内生变化。我们可以将对国家福利的总影响分解为两个关税冲击。

现在设想一个配套的模拟，这次两个关税是内生的，而相应的进口量（配额）是外生的，并受到冲击，因此它们的变化量与前一个模拟中的相同。我们应该发现，在两次模拟中，所有变量的变化量都是一样的。在这个意义上，关税和进口配额的变化是相等的。

然而，如果我们在第二次模拟中把对国民福利的总影响在两个进口量冲击之间进行分解，我们通常会得到对国民福利的相同变化的不同划分。模拟 1 中由于布匹关税变化而导致的福利变化部分，将与模拟 2 中由于布匹配额变化而导致的福利变化部分不一样。差异的原因只是因为两个模拟中的外生变量不同——它不需要模型中的任何非线性，也不需要两个模拟中的变量所遵循的路径不同。

7. 指定小计

每一列小计的结果显示的只是一些冲击对模型的内生变量的影响。要指定一个小计，需要指出希望看到哪些冲击的影响。可以通过指出（在指定小计表格中）有关的冲击变量来做到这一点。例如：

（1）假设在模拟中，对变量进口关税、出口关税技术变化进行了冲击。用户可能希望看到关税冲击和技术变化冲击的影响。要做到这一点，需要指定两个小计。

（2）假设在模拟中，通过冲击变量 tms（进口关税）的所有组成部分，取消了食品、制造业和服务业这三种商品的进口关税。用户可能希望看到取消这些关税对个别商品的影响。如果是这样，将指定 3 个小计。对于第一个小计，将指出 tms 的食品部分。对于第二项和第三项，将分别指出关税中的制造业和服务业部分。

在单击"冲击"页面上的"定义小计"按钮后，你会看到"指定小计"表格（与"冲击"页面类似）。可以选择定义冲击的变量（以及它们的组成部分，如果相关的话），这些变量构成了用户感兴趣的小计结果中的冲击。单击"添加到小计"按钮，将每个变量添加到该小计的变量列表中。一旦选择了所有冲击构成当前小计的变量，单击"确定"按钮。然后，将被要求对该小计进行描述。

（三）求解（Solves）

本页用于加载和保存实验以及运行模拟。

要运行模拟，（a）必要时选择不同的求解方法；（b）输入实验描述；（c）单击"求解"，开始求解过程。

当模型被解决时，会出现一个带有旋转地球的小窗口。根据你的机器速度和选择的求解方法，模型的求解时间可能为 10 秒到 3 小时。

在模型求解过程中，最好不要将机器用于其他用途。然而，如果有必要，可以隐藏求解过程，将能够运行其他程序。RunGTAP 将被最小化到任务栏中，但在模拟完成后又会自动弹出。

用户也可以完全停止求解过程（但可以看到旧作业仍在运行）。

如果求解成功，你可以用 File... Save 菜单命令永久保存结果。

1. 解决方法

RunGTAP 提供各种不同的求解方法。

（1）单步解法，或称约翰森法，将模型视为一个线性系统，围绕初始解进行线性化。这种方法是最简单和最快速的计算方法。然而，由于 GTAP 实际上是一个非线性系统，Johansen 的结果并不十分准确，除非是小冲击。误差与冲击的大小成正比：冲击的大小增加一倍，误差的大小就会增加一倍以上。

（2）多步求解程序是用来减少默认的一步或约翰森求解方法所产生的线性化误差。简而言之，欧拉多步骤程序自动将外生冲击划分为（用户指定的）数量相等的组成部分。例如，劳动力供应增加 10% 可能被计算为两个连续的 4.88% 的增长（$1.0488 \times 1.0488 = 1.1$）。第一个 4.88% 的分期付款的结果被计算出来，数据库也相应地被更新。使用新的数据库，计算第二批 4.88% 的结果。由于误差与冲击的大小成正比，将冲击减半导致每一步的误差都小于单一的、全幅度的误差的一半。因此，两步的结果可以结合起来，产生一个比单步更准确的解决方案。步骤越多，精度越高。

格拉格法和中点法是欧拉法的变种。在给定的步骤数下，它们有时可以产生更准确的结果。

（3）用外推法求解的顺序。早期用欧拉法求解模型的实验印证了如下结果：8步和 16 步解之间的差异通常是 4 步和 8 步解之间的一半；16 步和 32 步解决方案之间的差异大约是 8 步和 16 步解决方案的一半，以此类推。这个规则使我们能够预测一个无限步数的解决方案会产生什么样的结果，也就是精确的解决方案。

例如，我们可以选择运行 3 个分别为 4 步、8 步和 12 步的欧拉解。GEMPACK 会自动使用这些结果来推断出一个比 3 个单独解中的任何一个更精确的解。对于格拉格法和中点法，一连串解的步骤数必须是奇数或偶数。

2. 外推精度（XAC）文件

你可以使用 XAC 文件来估计单个结果的准确性。该报告有一个复杂的格式，GEMPACK 文档中对此进行了解释。

除非有以下一行（见图 4-9），否则不会产生一个 XAC 文件出现在你的 CMF-START 文件中。

外推精度文件 = YES。

有时明显的低精度并不值得担心。假设你有三个变量，它们的关系是相同的。

(A)	Saving	=	Earning -	Spending
Solution 1	2	=	1000001-	999999
Solution 2	-2	=	999999-	1000001

图 4-9 两个解决方案展示

GEMPACK 通过比较两个外推的解决方案（解决方案 1，解决方案 2）来估计准确性。在这种情况下，我们可以得出结论，挣钱和花钱的结果精确到百万分之二（5 位数）。对于储蓄，我们甚至不知道结果的符号。但是，在方程（A）的背景下，考虑到变量的相对大小，这并不值得担心（步伐 Micawber）。GEMPACK 在报告准确性方面不能利用经济见解或背景信息，因此它标记的一些问题可能并不重要。

若 XAC 文件太大，在大型模型中，XAC 文件可能相当大。你可以替换这一行：

外推精度文件 = YES；

在你当前版本目录下的 CMFSTART 文件中，用以下一行取代，

外推精度文件 = NO；

这样就没有 XAC 文件了。

或者，在 CMFSTART 中增加一行，例如：

XAC-retained % macro（REG）（TRAD_COMM）（TRAD_COMM，REG）。

意味着在 XAC 文件中只保留所列举的尺寸的变量。

3. 自动准确度和子区间

GEMPACK 的外推求解方法为每个变量产生一个误差界限。这些界限是对计算误差的保守估计——它们与冲击或参数设置的不确定性无关。误差估计只有在你选择 3 种求解方法时才可用。它们被列在（可选）XAC 文件中。

如果你认为你的 Gragg2 - 4 - 6 解不够精确呢？你可以通过运行 4 - 8 - 12 步 Gragg 外推法来获得更多的精度。

然而，事实证明，通常可以通过以下方式产生一个更准确的解决方案。

首先，将所有的冲击分成两个相等的分期付款。然后用格拉格法 2 - 4 - 6 来计算第一期的影响。这就产生了一个最新的数据库，它可以构成另一个 Gragg 2 - 4 - 6 模拟的起点，以计算第二批的影响。总的结果是由两次模拟的变化结果复合而成的。这一切需要的时间和 4 - 8 - 12 步格拉格推断法一样长，但通常会更准确。

在 GEMPACK 语言中，我们通过说计算被分成两个子区间来描述这个过程。

请注意，在上面的例子中，将得到两组误差估计，每个子区间一组。我们可能会决定，第一个子区间的结果足够准确，但第二个子区间的结果不准确。

在这种情况下，可以将第二个子区间分成两半，每一半都由自己的 Gragg 2 - 4 - 6 计算。这样我们就把整个计算分成了三个子区间，其中第一个子区间是另外两个的两倍。我们可以继续划分子区间，直到对精度感到满意（或直到我们感到疲倦）。

GEMPACK 的自动精度功能使所有这些程序自动化。在计算过程中，它决定需要多少个子区间来达到用户指定的精度水平。

如果在"选择求解方法"对话框中选择"自动精度"，会出现额外的选项，允许你指定你想要的求解的精度。

你可以要求 80% 的更新数据精确到 4 位数，如图 4 – 10 所示。

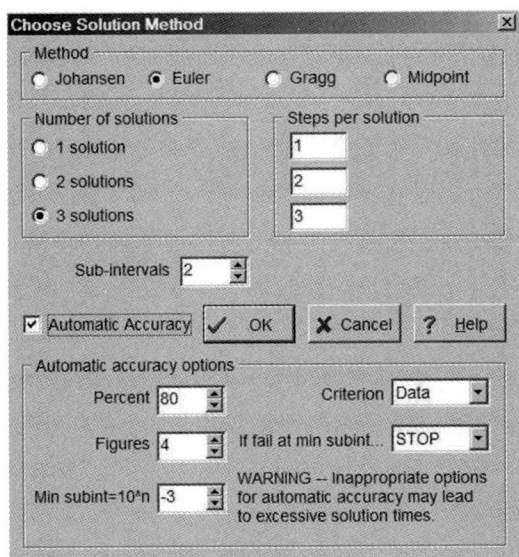

图 4 – 10　选择分析方法

在评估准确性时，我们是看更新的数据，还是看结果，这是有区别的。默认情况下，GEMPACK 使用数据标准，因为百分比变化可能指的是一个无限小的基数，所以是不相关的。

通常 GEMPACK 从两个子间隔开始，然后增加数量直到达到足够的精度。如果你的经验告诉你需要 6 个子区间，你可以通过将 6 个子区间作为起点来加快求解时间。

一些错误指定的模型永远不会收敛！这可能会导致 GEMPACK 的收敛。这可能导致 GEMPACK 不断地将子间隔分割成更小的部分，而无法得到精确的结果。最小子间隔选项可以防止这种情况发生。默认情况下，它被设置为 –6，意味着不会尝试小于百万分之一（ = 10E-6）的子间隔。

"If fail at min int" 选项控制计算是停止还是继续进行，如果在结果足够准确之前达到最小子间隔的话。

4. 准确度总结

如果你选择的是带外推法的求解方法，RunGTAP 会显示准确度总结，显示有多少变量的准确度达到 1、2、3、4、5 或 6 位数。修改后的 Chernoff 统计学显示总体精度。更新后的数据的准确性也以同样的方式进行总结。

GEMPACK 估计了一个相当保守的精度下限。在大多数情况下，结果会比总结所显示的准确度高得多。

对于变量的准确性有一个总结，对于文件中的数据的准确性也有一个总结。

如果你使用自动精度将你的模拟分成几个子区间，那么每个子区间都会有一个精度总结。使用组合框来显示你想看到的内容。组合框还显示哪个是最不准确的子区间。在 GEMPACK 8 或更高版本中，还有一个变量（但不是数据）的总体摘要，允许所有子区间的误差累积。

准确度由 0~10 的序数分来衡量。对于每个分值都有一个相应的面孔。点击并按住窗口底部的小键，可以看到整个面的范围。

查看菜单项允许你稍后再次查看准确度总结，如果它仍然存在的话（如果你改变版本或加载另一个实验，它会被删除）。

5. 运行一个测试模拟

使用菜单命令 Tools...Run Test Simulation（运行测试仿真），用当前版本运行一个简单的仿真。你可以这样做来检查 RunGTAP 是否正常工作，或者强迫 RunGTAP 重新生成丢失的文件。

6. SAVESIMS 文件夹

每次成功运行一个实验，RunGTAP 都会将该实验的一些结果存储在当前版本文件夹下的一个子目录中，称为 SAVESIMS。这些文件的名称与你的实验相同，它们是：

（1）用于运行主模拟的 CMF 文件；

（2）主模拟中的 UPD（更新）文件；

（3）来自主模拟的 LOG 文件；

（4）SL4 和 SLC 文件；

（5）EXP 文件，在求解时从闭合、冲击和求解页面的内容中生成。

这些文件可能对调试有用，或者在你想用 ViewSOL 一次检查几个解决方案的情况下，如果有必要，你可以删除 SAVESIMS 文件夹的内容以节省磁盘空间。

（四）结果（Results）

本页允许你检查在最后一次成功求解过程中计算出的变量值。最初，会显示一个内容窗口，列出模型变量。有两种方法来检查一个特定的项目：一是简单地在该项目上点击两次；二是单击或箭头键选择该项目。然后按"空格"键。

内容窗口将被数字窗口取代，显示数值。外生变量显示为红色。你可以点击显示为行或列标签的变量名称，在屏幕底部的状态栏中看到更长的描述。

要从数字窗口返回到内容窗口，在任何数字结果上点击两次。

使用"复制"菜单命令，可以将"内容"窗口或"数字"窗口复制到剪贴板上。每个窗口也可以打印（使用文件—打印）。你还可以调整用于显示结果的字体大小。

另请参见对特定集合元素进行过滤。

高级主题。通常 RunGTAP 被设置为在结果页上只显示比较有趣的变量（只显示 GTAP. MAP 文件中列出的变量）。你可以通过使用 ViewSOL 或关闭"工具—选项"对话框中的"使用地图文件"选项来查看所有变量。

三、操作步骤

（一）读入汇总数据

单击窗口左上角 Version | New，单击 Next 按钮后选择 New aggregation，并可以在右侧字段中选择你想要的名称。然后单击 Next 按钮，如图 4 - 11 所示。

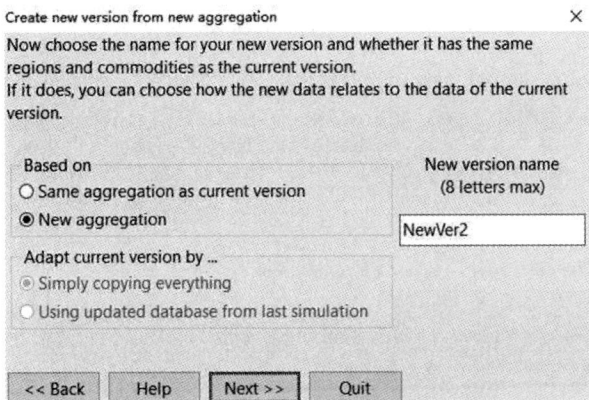

图 4 - 11　读入汇总数据

单击 Locate ZIP achieve 选择使用 GtapAgg 汇总后的 ZIP 文档，接着单击 Next、FINISH、OK 按钮。计算机将自动测试，如图 4 - 12 所示。

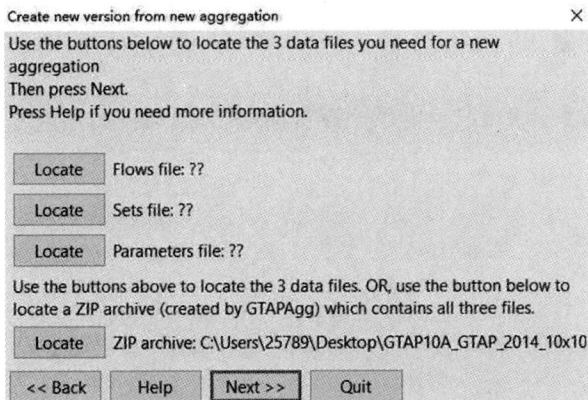

图 4 - 12　选择汇总数据包

（二）设置模拟方案

单击 Shocks 按钮，选择你想要冲击的变量（variable to shock）。以 "tms"（关税）为例。"Elements to Shock" 中，第一栏（All-TRAD_COMM）为选择您要设定的受冲击商品别；第二栏（AllREG）为选择您要设定的受冲击出口国；第三栏（All type of Shock）可选择您要的冲击方式，如 "% change rate" 为关税调整百分比；"% target rate" 则为目标税率。接下来，在 "Shock Value" 中选择冲击的幅度，负面冲击可加负号；若选择 target rate 则直接输入税率，注意此栏不需加%。

最后，单击 Add to Shock List 按钮即可完成。也可以依照 RunGTAP 的语法直接用键盘输入冲击变量，如图 4 – 13 所示。

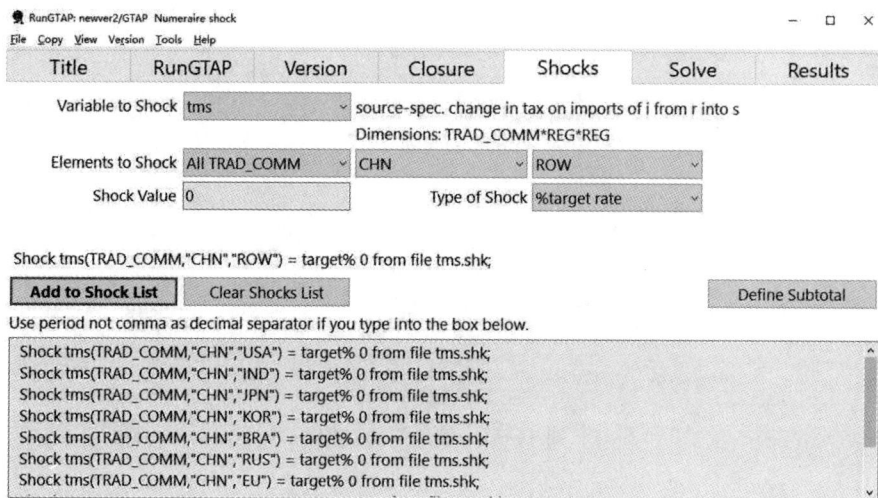

图 4 – 13   冲击界面及操作演示

（三）模拟求解

选择求解方法后，单击 Solve 按钮即可对数据进行分析，如图 4 – 14 所示。

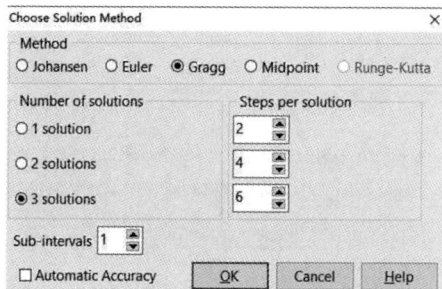

图 4 – 14   模拟求解选择方法

（四）结果分析

Results 界面展现了各项分析结果，若要对数据进行保存，单击 file | Save Out-puts | Save all Output as ZIP 命令即可，如图 4 – 15、图 4 – 16 所示。

Variable	Dimension	No.	Name
qds	TRAD_COMM*REG	1	domestic sales of commodity i in r
qf	TRAD_COMM*PROD_COMM*REG	1	demand for commodity i for use by j in region r
qfd	TRAD_COMM*PROD_COMM*REG	1	domestic good i demanded by industry j in region s
qfe	ENDW_COMM*PROD_COMM*REG	1	demand for endowment i for use in ind. j in region r
qfm	TRAD_COMM*PROD_COMM*REG	1	demand for i by industry j in region s
qg	TRAD_COMM*REG	1	government hhld demand for commodity i in region r
qgd	TRAD_COMM*REG	1	government hhld demand for domestic i in region s
qgdp	REG	1	GDP quantity index
qgm	TRAD_COMM*REG	1	government hhld demand for imports of i in region s
qim	TRAD_COMM*REG	1	aggregate imports of i in region s, market price weights
qiw	TRAD_COMM*REG	1	aggregate imports of i into region s, CIF weights
qiwcom	TRAD_COMM	1	volume of global merchandise imports by commodity
qiwreg	REG	1	volume of merchandise imports, by region

图 4 – 15　分析结果展示

			Name
			per capita utility from private expend. in region r
valuew	TRAD_COMM	1	value of world supply of good i
vgdp	REG	1	change in value of GDP
viwcif	TRAD_COMM*REG	1	value of merchandise regional imports, by commodity, CIF
viwcom	TRAD_COMM	1	value of global merchandise imports i, at world prices
viwreg	REG	1	value of merchandise imports, by region, at world prices
vxwcom	TRAD_COMM	1	value of global merchandise exports by commodity
vxwfob	TRAD_COMM*REG	1	value of merchandise regional exports, by commodity, FOB
vxwreg	REG	1	value of merchandise exports, by region
y	REG	1	regional household income in region r
yev	REG	1	regional household income in region r, for EV calc.

Double click on an item to view it (or arrow keys + spacebar)

图 4 – 16　数据保存步骤

第三节 ViewHar 软件

一、软件说明

ViewHAR 是一个用于浏览、提取和修改 GEMPACK 头阵列文件内容的程序。ViewHAR 可以在只读或编辑模式下运行。编辑模式提供全套的菜单选项，而只读模式的菜单比较简单，不允许修改文件。只读是默认的。在某些情况下，如果 ViewHAR 是从另一个程序启动的，或者如果打开了一个只读文件，编辑模式是不可用的。

二、软件使用步骤

（一）使用数据库的步骤

（1）单击 ViewHAR。

（2）选取 File\Open HAR or SL4 File。

（3）选取数据夹，以 BaseData. har 为例，可出现以下数据界面（见图 4－17）。

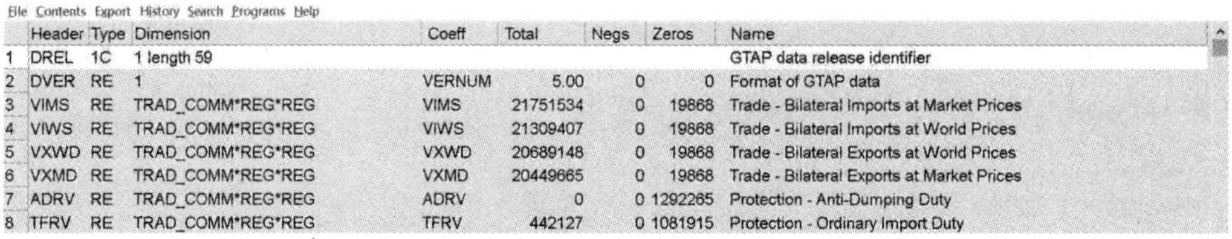
File Contents Export History Search Programs Help

	Header	Type	Dimension	Coeff	Total	Negs	Zeros	Name
1	DREL	1C	1 length 59					GTAP data release identifier
2	DVER	RE	1	VERNUM	5.00	0	0	Format of GTAP data
3	VIMS	RE	TRAD_COMM*REG*REG	VIMS	21751534	0	19868	Trade - Bilateral Imports at Market Prices
4	VIWS	RE	TRAD_COMM*REG*REG	VIWS	21309407	0	19868	Trade - Bilateral Imports at World Prices
5	VXWD	RE	TRAD_COMM*REG*REG	VXWD	20689148	0	19868	Trade - Bilateral Exports at World Prices
6	VXMD	RE	TRAD_COMM*REG*REG	VXMD	20449665	0	19868	Trade - Bilateral Exports at Market Prices
7	ADRV	RE	TRAD_COMM*REG*REG	ADRV	0	0	1292265	Protection - Anti-Dumping Duty
8	TFRV	RE	TRAD_COMM*REG*REG	TFRV	442127	0	1081915	Protection - Ordinary Import Duty

图 4－17 ViewHAR 界面展示

第一行是菜单栏，包含 File | Contents | Edit | Sets | Export | Import 等最为常用的菜单。第二行中，Header 表示表头，一个表头包含一个多维数据，Type 中 RE 表示实数数据，包含小数位，而 1C 则代表字符型数据，2I 表示整型数据；Dimension 表示数据的维度；Coeff 表示表头所代表的系数名称；其后的 Total | Negs | Zeros | Name 分别表示总值、负数个数、零值个数和数据解释。（提示：如果有些类型没有出现，请单击 File | Option，在 For real matrices，Contents shows：框架中自行选择需要显示的数据属性即可。）

可以在 Header 窗口下找到所需要的数据，如 EVFA 的数据，它代表以购买价表示的企业所使用要素的价值，单击 EVFA 可以查看相关数据。再双击任何单元格，或者单击菜单栏中 Contents，或者按空格键回到 Contents 界面，查看其他数据。单击右上角“×”按钮可关闭数据。

（二）ViewHAR 接口操作

例如：VXWD。

以查看基础数据 BaseData. har 为例进行介绍。首先，双击打开 BaseData. har，查找 VXWD，它代表的是以世界价格表示的双边贸易量，单位是百万美元。存在三个可选择栏：

商品名称：All TRAD_COMM，Sum TRAD_COMM，pdr ～ dwe

出口国：All REG，Sum REG，aus ～ xtw

进口国：All REG，Sum REG，aus ～ xtw

如要查看中国到美国的水稻出口量，可进行以下操作：

单击 ALL TRAD_COMM 选择"pdr"，第一个 REG 选择"CHN"，第二个 REG 选择"USA"，即可得到结果。

（三）如何由 ViewHar 下载数据

复制至 Excel 编辑：Export\Copy Screen to Clipboard（或直接按 Ctrl + C 键）。在 Excel 下进行运算、制表、代码中文化及制图等工作。

第四节　GEMPACK 软件

GEMPACK 是由澳大利亚维多利亚大学 COPS 中心研发的专门用于一般均衡模型分析的软件，特别适用于一般和部分均衡模型。它可以处理广泛的经济行为，还包含解决跨期模型的强大能力，并且提供了一系列用于处理经济数据库和模拟结果的实用程序以及大量示例。

一、安装前准备

（1）系统要求：Win7/Win8/Win10。

（2）至少 2GB 的可用硬盘空间，至少有 4GB 的内存（RAM），最好是 8GB。

（3）支持使用 DOS 命令，［Start... Run... " cmd"］和 Microsoft office。

（4）需要管理员权限访问电脑。

二、软件下载

GEMAPCK 有以下两种版本。

（一）Executable-Image

该版本没有编译功能，不能用 GFortran 编译生成 exe 文件，安装包文件名：gpei-12.1.004-install.zip。如果安装了此版本，在 Tab 文件里不能选择 FORTRAN 形式运行，只能选择 GEMSIM 形式运行程序。因为安装包文件名与 source code 版本十分相似，购买了 source code 版本初学者一般区分不清两种版本的区别，从而错误安装。只使用 Executable-Image 版本的初学者，不需要另外安装 GFortran 编译器。

下载地址：https：//www.copsmodels.com/gpeidl.htm

（二）Source code

该版本有较多人使用，它带有编译功能，安装包文件名：gpsc-12.1.004-install.zip。而且下载安装包 Zip 文件时候需要一个密码，还需要发邮件给 sales@gempack.com 获取密码，以便顺利下载。

下载地址：https：//www.copsmodels.com/gpscdl.htm

安装此版本需要先安装 GFortran 编译器。这个软件用来编译模型代码，如果有对模型代码进行过修改，需要重新编译成 exe 格式的可执行文件；注意：不同版本的 GEMAPCK 对应要下载对应版本的 GFortran，要仔细对应好自己下载的版本。

下载地址：https：//www.copsmodels.com/gpgfort.htm

三、软件安装

（一）安装 GFortran

如果是新的 GEMPACK 软件 12.0 – 12.1 版本，则需要下载 mingw-w64-gcc-6.4.0-setup.exe。下载并打开执行文件，建议安装到默认路径；如遇到确认或者接受窗口，请单击"是"或者"接受"按钮；安装完毕（免费软件，不需要授权文件），如图 4 – 18 所示。

Installing the GEMPACK compatible GFortran compiler

The install packages available below provide a GFortran which makes both 32-bit and 64-bit programs. During the installation of Source-code GEMPACK you choose which one to use. Most Windows PCs are now 64-bit so it is likely that during the installation of GEMPACK you will be able to select 64-bit GFortran, which we recommend. More details on 32-bit and 64-bit installations and why you might choose a 32-bit installation are available here.

Download the GEMPACK compatible GFortran install package suitable for your GEMPACK release:

GFortran package	Compatible GEMPACK releases
mingw-w64-gcc-6.4.0-setup.exe (93 MB). If downloading EXE files is a problem, try this zip version.	12.0 to 12.1
mingw-builds-gcc-4.8.1-setup.exe (90 MB). If downloading EXE files is a problem, try this zip version.	11.2 to 11.4
mingw-w64-1.0-gcc4.5.4pre-win32win64-toolchains.exe (104 MB)	11.0 to 11.3

GFortran 6.4.0 has faster compile times (LTG times) and makes EXEs with faster run runtimes than the older

图 4 – 18　GFortran 版本下载

（二）安装 GEMPACK Source Code 版本

（1）打开 gpsc-12.1.004-install.exe 执行文件，或者将压缩包的文件解压后打开，建议安装到默认路径 C:\GP。

（2）如遇到确认或者接受窗口，请单击"是"或者"接受"按钮。

（3）安装完毕后，将 licen.gem 授权复制到 C:\GP 下即可。

（4）GEMPACK 12 以上版本相比之前的版本运行速度快上数倍，仍然需要激活。激活方式分为在线激活和离线激活两种方式。

① 在线激活。默认安装完毕之后运行软件，将会直接跳出以下激活界面，或打开文件安装路径，单击 gpactivate.exe，左侧选择 GEMAPCK，第一步填写三项图中所示内容，第二步单击 request activation code，会将激活码发送至邮箱；第三步将激活码复制进入 entre activation code，单击 activate 激活即可，如图 4 – 19 所示。

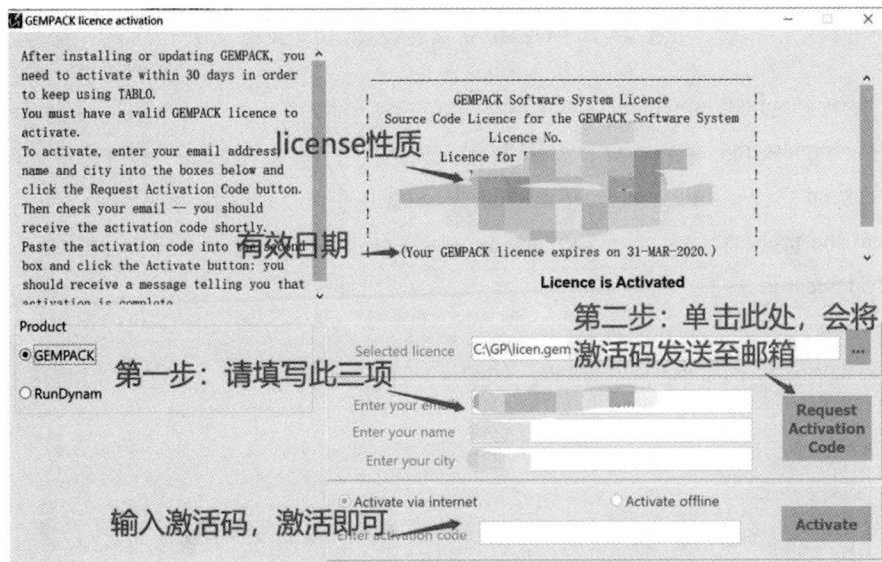

图 4 – 19　GEMPACK 在线激活页面

② 离线激活。现在大部分情况都是支持离线激活。如果在线激活失败，会显示如图 4 – 20 所示界面。

根据图 4 – 20 中红框部分的提示路径，找到文件"lar-GFM-1594-DESKTOP-6794OBD.licq"并发送到提供的邮箱"sales@gempack.com"（不推荐使用 QQ 邮箱）。拟发送的.licp 文件名称各组成部分，GFM 表示激活的软件为 GEMPACK，1594 为编号，DESKTOP-6794OBD 为计算机名称。随后会在邮箱接收到邮件和附件 lar-GFM-1594-DESKTOP-6794OBD.lica：

Dear ＊＊＊，

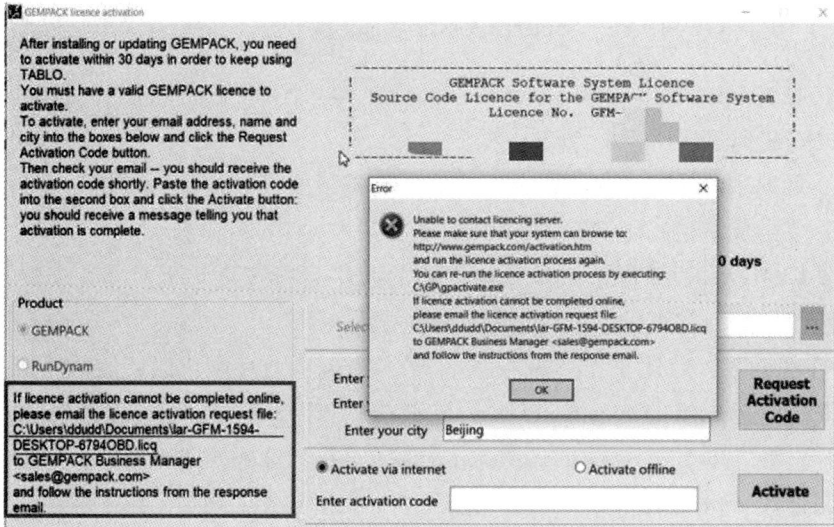

图 4 - 20　GEMPACK 在线激活失败页面

I have attached your licence activation response files.

To complete the activation run C：\GP\gpactivate. exe, select "offline activation", then click on "…" and browse for one of the attached ＊. lica files and click activate to complete the process.

Best regards,

＊ ＊ ＊

按照提示操作即可，激活完成，如图 4 - 21 所示。

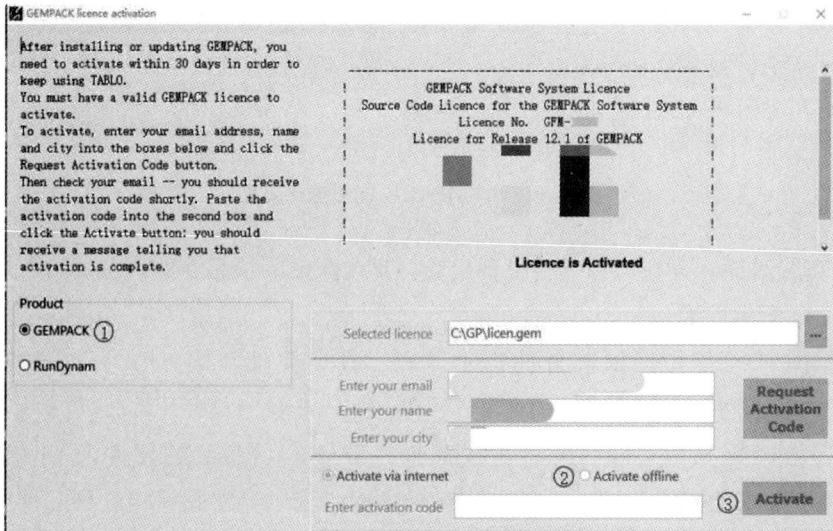

图 4 - 21　GEMPACK 离线激活

最后，安装好 Gfortune 之后再安装 GEMPACK，然后在安装 GEMPACK 过程中会出现以下的过程，代表安装过程顺利（见图 4 – 22 和图 4 – 23）。

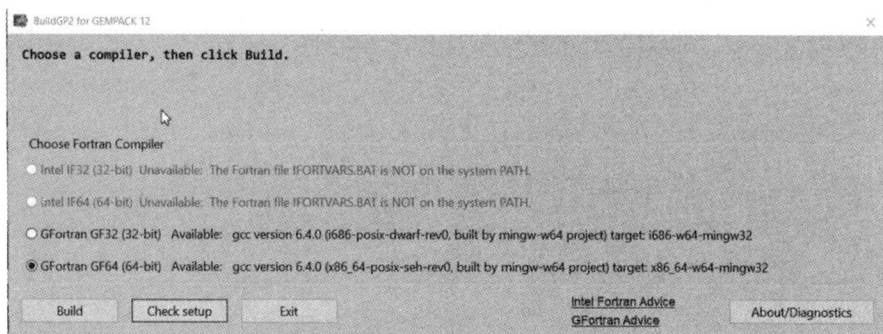

图 4 – 22 选择对应的 Gfortune 软件

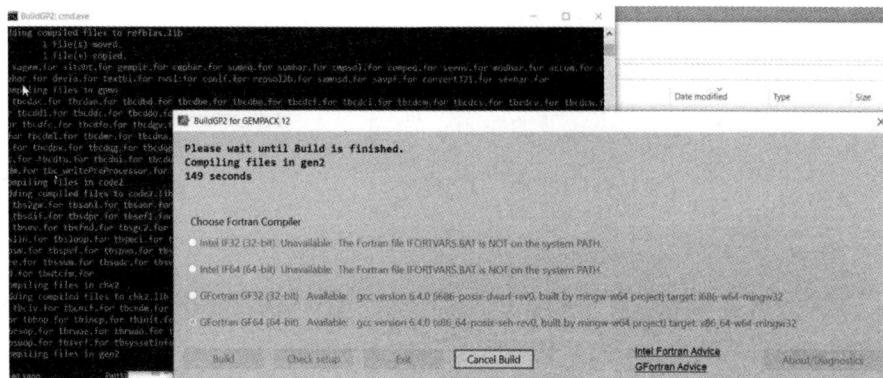

图 4 – 23 GEMPACK 安装进行过程

然后在过程中选择对应的 Gfortune 软件，就可以顺利安装了。全部安装完成，就能生成 exe 文件了，从而避免之后的一些编译麻烦，如图 4 – 24 所示。

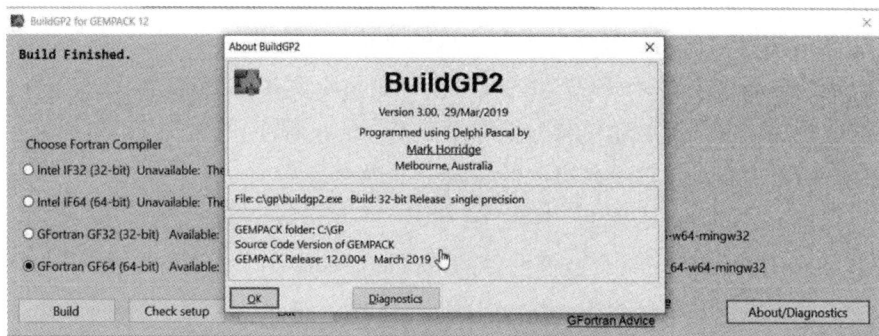

图 4 – 24 GEMPACK 安装完成

四、软件介绍

（一）GEMPACK 程序

1. 实现模型和进行模拟的程序

（1）TABLO：处理模型的描述；

（2）GEMSIM：对模型进行模拟；

（3）GEMPIE：打印模拟结果；

（4）SAGEM：用于 Johansen 模拟；

（5）MODHAR：构建或修改数据文件。

2. 实用程序

（1）SUMEQ：关于数值方程的信息；

（2）SEEHAR，CMPHAR，CMBHAR，SUMHAR：数据管理；

（3）SLTOHT：模拟结果的解后处理；

（4）SEENV：环境或解决文件的关闭；

（5）ACCUM，DEVIA：累加结果并发现偏差；

（6）TEXTBI：从二进制文件中提取文本文件（如 TABLO 输入或命令文件）；

（7）CONLF：将 Header Array 文件转换为不同格式。

3. MKHAR，RWHAR，MKEQ，RWEQ，RWSOL，MKSOL，CMPSOL，COMPEQ：在不同操作系统之间传输模型

4. Windows 程序（仅适用于 Windows 95，98，ME，NT，2000 或 XP）

（1）WinGEM：GEMPACK 的 Windows 界面；

（2）GemEdit：有时与 WinGEM 一起使用的 Windows 文本编辑器；

（3）ViewHAR：查看 Header Array 文件数据的 Windows 程序；

（4）ViewSOL：查看解决方案文件的 Windows 程序；

（5）RunGEM：使用模型自动进行仿真的 Windows 程序；

（6）TABmate：开发 TABLO 输入文件的 Windows 文本编辑器；

（7）AnalyseGE：帮助建模者分析结果的 Windows 程序；

（8）RunDynam：递归动态模型的 Windows 界面；

（9）Charter：Windows 绘图程序；

（10）AggHAR：用于聚合数据文件的 Windows 程序；

（11）ConvHAR：用于将 Header Array 文件转换为不同格式的 Windows 程序。

（二）GEMPACK 使用方法

GEMPACK 有两种使用方法：Unix/Command Prompt 和 WinGEM/RunGEM。

（1）Unix/Command Prompt。

这种方法是在命令行上工作（如 Unix），还包括在 DOS 下的命令提示符或者 Windows 的 DOS 框中工作。

（2）WinGEM。

在 Windows 环境下通过 WinGEM 界面使用 GEMPACK，建议初学者可以使用该种方法。

对于这两种方法，建议创建一个工作目录，将模型的所有文件保存在一起（并将这些文件与 GEMPACK 主目录中的 GEMPACK 程序分开）。

五、软件运行

（一）设置工作目录

本书以 WinGEM 界面来使用 GEMPACK。在进行模拟之前，首先为你的模拟建立一个文件夹，将所有 GTAP 文件都放入该目录下。这里将所用的模拟放在"E：\ rungtap \ RUSSUKR \ RUUKwar"目录下。

（二）开展在 TAB 文件中的计算

写一个 TABLO 的输入文件 GTAPNEW. TAB 文件，需要包含以下内容。

1. 能读出在 GTAP 数据库中选定部分的 READ 声明

2. 用于计算的 FORMULAs

（1）每个地区的每种贸易商品以市场价格表示的国内销售总额；

（2）每个地区供私人使用的每种商品的国内生产份额；

（3）每个地区以市场价格表示的全部贸易商品的销售总额。

3. 用 WRITEs 把这些值写入一个用 GTAPNEW. TAB 命名的新的文件

从 TAB 文件到能显示数字的数据文件有以下两个步骤。

（1）运行 GEMPACK 程序 TABLO，把 TABLO 文件 GTAPNEW. TAB 中的公式转换为计算机版本。

（2）运行 GEMPACK 程序 GEMSIM，它开展在 GTAPNEW. TAB 中各种公式的计算和组装在 GTAPView 输出文件的结果。

（三）运行 TABLO 来处理 TAB 文件

首先打开 WinGEM，在你的屏幕上方会出现如图 4－25 所示的界面。

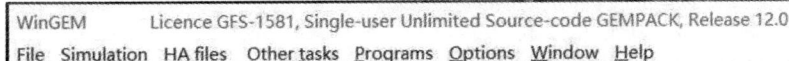

WinGEM　　Licence GFS-1581, Single-user Unlimited Source-code GEMPACK, Release 12.0

File　Simulation　HA files　Other tasks　Programs　Options　Window　Help

图 4－25　WinGEM 初始页面

接着点击"Simulation-TABLO Implement…",将会出现如图 4 – 26 所示的界面。

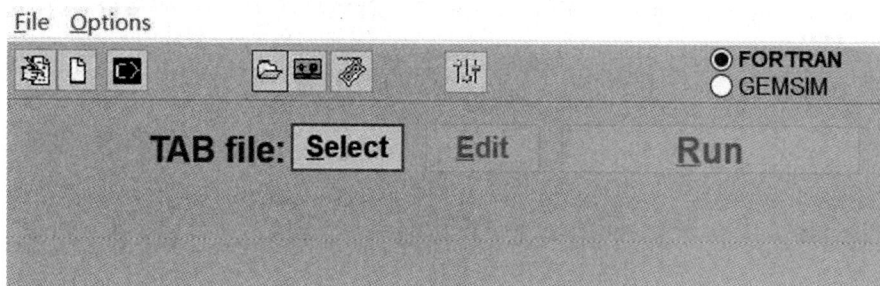

图 4 – 26 选择 TAB 文件

单击 Select 按钮。在所建路径下选择模拟,单击打开(见图 4 – 27)。

图 4 – 27 在路径下选择 TAB 文件

接着会出现如图 4 – 28 所示的界面。

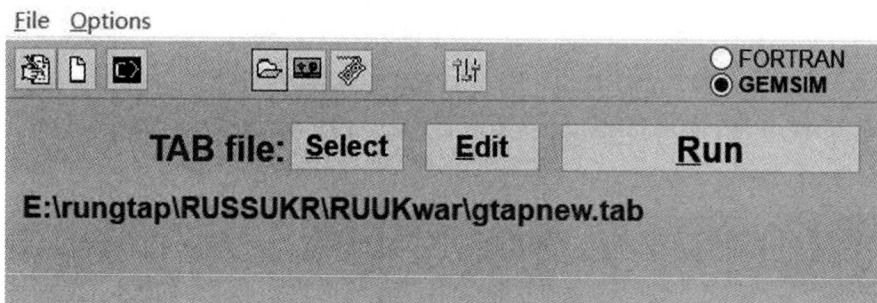

图 4 – 28 TABLO 运行

选中右上方的 GEMSIM 按钮,单击 Run 按钮来启动程序 TABLO 的运行,在 TA-BLO 运行时,它会检查这个文件的说明来看是否一致,如果 TABLO 发现不一致时,它将在运行完后报告错误。此时需要进入程序 TABmate 中删除错误(用红色显示),当你删除了错误后,点击屏幕上方中间的"Check"按钮,让 TABLO 再次检查你的 TAB 文件,不断重复上述步骤直到删除了所有错误,然后从 TABmate 中退出。

回到 WinGEM 中,重新运行 TABLO,会出现如图 4 – 29 所示的界面。

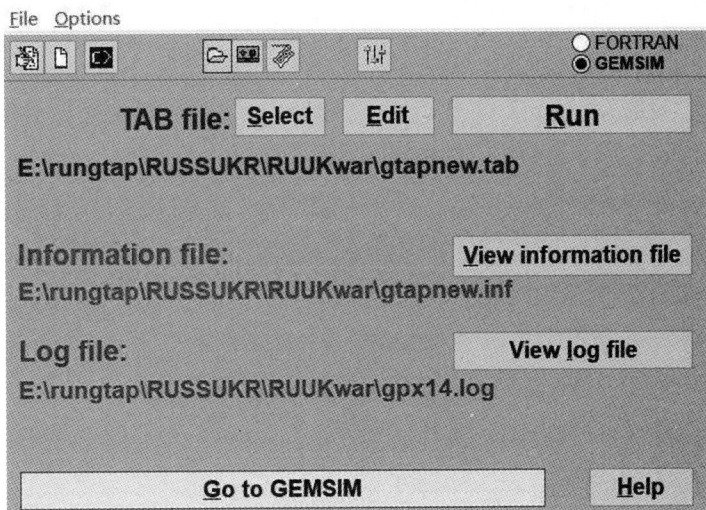

图 4 – 29 TABLO 运行完成

运行成功后，在页面底端将会出现 Go to GEMSIM 按钮。

（四）在 TAB 文件运行 GEMSIM 来计算公式

当 TABLO 的输入文件是正确的，并且在目录下已经准备好了 GEMSIM 辅助文件，单击 GO to GEMSIM 按钮，将会出现如图 4 – 30 所示的界面。

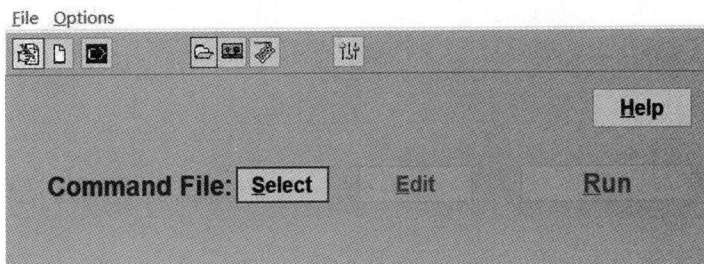

图 4 – 30 选择命令文件

单击 Select 按钮，在跳出的页面选择 cmf 文件，单击"打开"，如图 4 – 31 所示。

图 4 – 31 路径下选择 CMF 命令文件

将会出现如图 4 - 32 所示的界面。

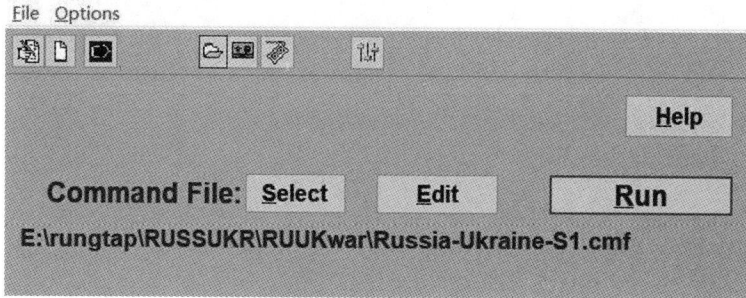

图 4 - 32 运行 GEMSIM

单击 Run，GEMSIM 将在这个 DOS 框中运行。

（五）查看结果

当 GEMSIM 运行结束后，单击 View Input/Output Files 来查看 TAB 文件中的结果。返回到 GEMSIM 窗口，单击 View log file 详细查看它执行的计算。这个 LOG 文件的顶部是 GEMSIM 已读取得 CMF 命令文件的说明，在文件里面还有已读取各种集的要素的名称、已读取数据的各个部分、与逻辑名称相关的实际文件等。退出 LOG 文件，返回到 GEMSIM 程序窗口（如图 4 - 33 所示）。

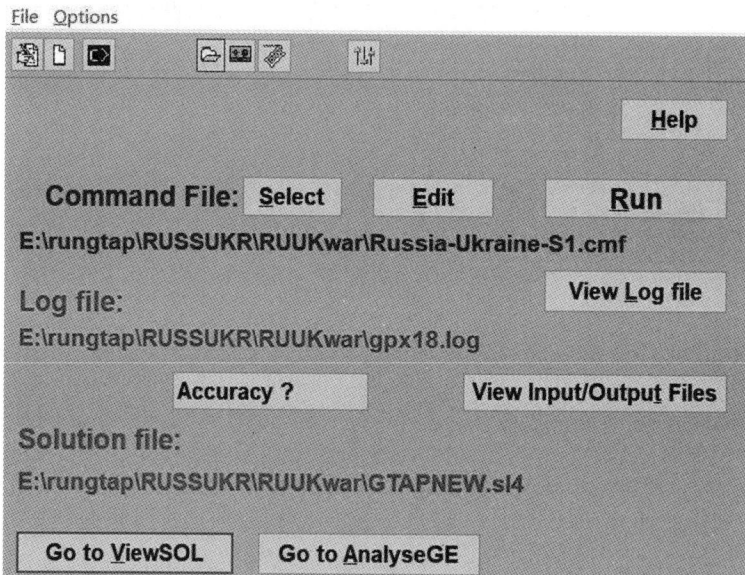

图 4 - 33 GEMSIM 运行完成

单击 Go to ViewSOL，将在 Contents 页面看到列出的许多模型变量（见图 4 - 34）。

ViewSOL - e:\rungtap\russukr\ruukwar\gtapnew.SL4

File... Contents Edit Format... Export... Time Series... Description Search Programs Help...

Everything | 1 gtapnew

Variable	Size	No.	Name
qgm	TRAD_COMM*REG	1	government hhld demand for imports of i in region s
qgt	TRAD_COMM*REG	1	government hhld demand for commodity i in region r
qim	TRAD_COMM*REG	1	aggregate imports of i in region s, market price weights
qiw	TRAD_COMM*REG	1	aggregate imports of i into region s, CIF weights
qiwcom	TRAD_COMM	1	volume of global merchandise imports by commodity
qiwreg	REG	1	volume of merchandise imports, by region
qo	NSAV_COMM*REG	1	industry output of commodity i in region r
qoes	ENDWS_COMM*PROD_COMM*REG	1	supply of sluggish endowment i used by j in r
qow	TRAD_COMM	1	quantity index for world supply of good i

图 4－34　Contents 页面模型变量

要查看变量中的结果，就在对应的行上双击。首先双击一下 qo 行来看一下这个变量的结果（见图 4－35）。

Everything | 1 gtapnew | 0

qo	1 China	2 USA	3 EU_27	4 Russian	5 Ukraine	6 Japan	7 Korea	8 Canada	9 RestofWorld
1 Land	0	0	0	0	0	0	0	0	0
2 UNSKLab	0	0	0	0	0	0	0	0	0
3 SKLAB	0	0	0	0	0	0	0	0	0
4 Capital	0	0	0	0	0	0	0	0	0
5 NatRes	0	0	0	0	0	0	0	0	0
6 Agr	-0	-0	-0	0	3	-0	-0	-0	-0
7 Coal	-0	0	-0	-2	8	-0	-0	0	0
8 Oil	-0	-0	-0	0	4	-0	-0	-0	-0
9 Gas	0	0	-0	0	28	-0	-0	0	0
10 Oil_pcts	0	0	0	-1	-4	0	0	-0	0
11 Electricity	-0	-0	0	-0	-1	0	0	-0	-0
12 En_Int_ind	0	-0	0	-0	-1	-0	0	-0	0
13 Other_ind	0	0	-0	0	-16	-0	-0	0	0
14 Service	0	0	-0	-0	-2	0	0	0	0
15 CGDS	0	0	0	-0	-46	0	0	0	0

图 4－35　qo 线性模拟结果

图 4－36 中代表生产要素的前 5 行是外生的，其余的是内生变动百分率。在上方第二个下拉框（求解列表框）显示“1 gtapnew”，这表明你所看到的是线性模拟结果（此变量的变动百分率）。若要看此变量的预期模拟水平值，在该列表框中选择“2 Pre gtapnew”，可以看到（见图 4－36）。

Everything | 2 Pre gtapnew | 0

qo	1 China	2 USA	3 EU_27	4 Russian	5 Ukraine	6 Japan	7 Korea	8 Canada	9 RestofWorld
1 Land	149867	46803	68145	11441	3016	5782	7718	3403	360826
2 UNSKLab	3196003	4255884	2352462	233803	26302	623131	315124	314021	4260884
3 SKLAB	1016231	5858669	3357073	278255	26279	698090	244648	484590	3650767
4 Capital	4316274	4321008	7860000	873567	40769	2144424	589697	590041	9458538
5 NatRes	139555	102926	38700	98262	2874	3550	1870	42742	621666
6 Agr	1028274	404185	460138	93382	25665	74811	43154	69874	2375927
7 Coal	203421	74087	24204	30143	5430	67	198	7894	191290
8 Oil	119704	298815	50366	286775	1191	487	384	106797	1593098
9 Gas	8758	141596	47452	121046	1550	1859	347	59644	494366
10 Oil_pcts	618549	684619	625386	235493	11690	255625	154025	88658	1300324
11 Electricity	494987	442645	530173	171342	29922	214378	64566	51049	903342
12 En_Int_ind	5571822	1786381	2972586	275660	41958	960762	493712	220472	3580682
13 Other_ind	5788591	3497532	4779633	225716	17539	1477201	831250	243741	3744786
14 Service	14675836	23827452	27378348	2134156	158436	6268677	1799720	2335156	25106800
15 CGDS	4632456	3402731	3851564	429642	18071	981509	415946	435116	5281104

图 4－36　qo 预期模拟水平值

这些都是模拟前的水平值，数量单位是一百万预期模拟美元所能购买的量。再在该列表框中选择“3 Post gtapnew”，你将会看到模拟后的水平值。如果变为“4 Ch/% Ch gtapnew”，将可以看到从模拟前的水平到模拟后的水平的变化（不是百分比变化）。

单击 Contents 返回到 Contents 列表。对于只有一个参数的变量，可以一次看到所有四项的结果。例如，双击 pgdp 行，会看到这个变量的所有四项结果（见图 4－37）。

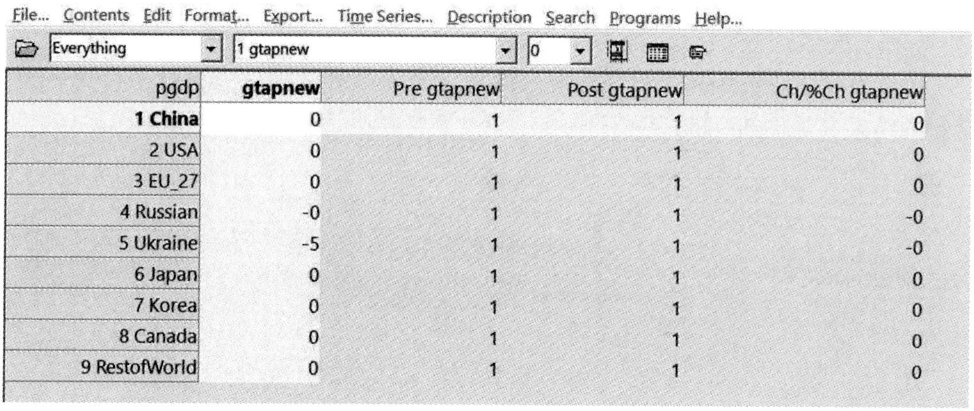
File... Contents Edit Format... Export... Time Series... Description Search Programs Help...
Everything
1 gtapnew
0

pgdp	gtapnew	Pre gtapnew	Post gtapnew	Ch/%Ch gtapnew
1 China	0	1	1	0
2 USA	0	1	1	0
3 EU_27	0	1	1	0
4 Russian	-0	1	1	-0
5 Ukraine	-5	1	1	-0
6 Japan	0	1	1	0
7 Korea	0	1	1	0
8 Canada	0	1	1	0
9 RestofWorld	0	1	1	0

图 4－37　pgdp 变量所有水平结果

再次返回到 Contents 页面。不是所有的变量都能有水平结果，例如，双击 qcgds 行，可以看到这个变量的结果，然后当把求解列表框变为“2 Pre gtapnew”时，只能看到 n. a.，说明这些结果不可用（见图 4－38）。

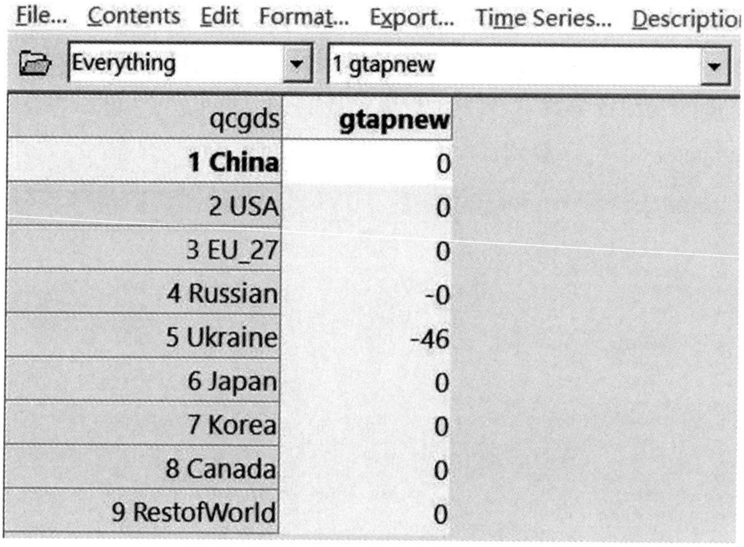
File... Contents Edit Format... Export... Time Series... Descriptio
Everything
1 gtapnew

qcgds	gtapnew
1 China	0
2 USA	0
3 EU_27	0
4 Russian	-0
5 Ukraine	-46
6 Japan	0
7 Korea	0
8 Canada	0
9 RestofWorld	0

图 4－38　qcgds 线性模拟结果

返回到 Contents 页面。要看看在 Contents 页中列出变量的另一种有效方式的影响，从 ViewSOL 的主菜单中单击 Format…——Arrange vectors by size AND set，然后单击 OK，会返回到 Contents 列表（见图 4－39）。

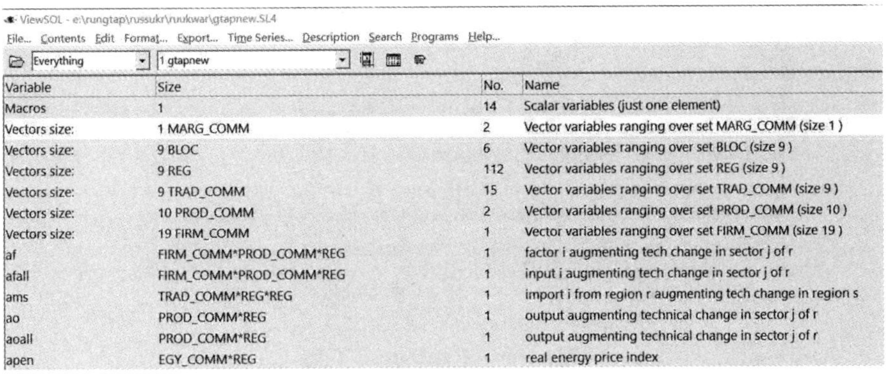

图 4－39 Contents 页面模型变量

要看看只有一个参数的所有变量在介于集 REG 之间的结果，双击第四行（9 REG），你会看到变量的线性结果。

当你查看完结果后，从 ViewSOL 中退出。然后在 WinGEM 的主菜单中单击 File | Exit 命令退出。

第五节 RunDynam 软件

RunDynam 软件是一款基于 GEMPACK 语言的程序（Harrison & Pearson，1998），它是特别为 GTAP-Dyn 模型和其他动态模型而编制的程序，该软件在构建模型的过程中，为用户提供了非常高的灵活性。用户可以使用 RunDynam 软件来检验数据、构建模拟、运行模拟和检验模拟结果，但如果想要对模型的内在理论进行修改，还需要从澳大利亚 Monash 大学那里获得更多的软件才能实现。另外，希望自己对区域和部门进行加总的用户还需要购买美国普渡大学的 GTAP 数据库。

一、安装前准备与软件下载

RunDynam 软件要求计算机使用的是 Windows XP 或者更新的操作系统，至少512MB 内存和至少 1GB 的硬盘空间。图 4－40 是 RunDynam 软件下载页面。

具体下载地址为：https：//www.copsmodels.com/gprddl.htm。

现在最新的版本为 2020 年 2 月的 3.82 版本：

https：//www. copsmodels. com/ftp/rundynamupdate/rundynam-install-382. exe；

https：//www. copsmodels. com/ftp/rundynamupdate/rundynam-install-382. zip。

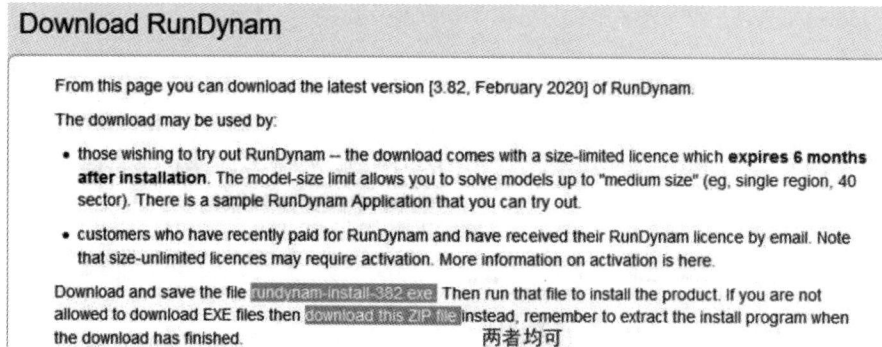

Download RunDynam

From this page you can download the latest version [3.82, February 2020] of RunDynam.

The download may be used by:

- those wishing to try out RunDynam -- the download comes with a size-limited licence which **expires 6 months after installation**. The model-size limit allows you to solve models up to "medium size" (eg, single region, 40 sector). There is a sample RunDynam Application that you can try out.
- customers who have recently paid for RunDynam and have received their RunDynam licence by email. Note that size-unlimited licences may require activation. More information on activation is here.

Download and save the file rundynam-install-382.exe. Then run that file to install the product. If you are not allowed to download EXE files then download this ZIP file instead, remember to extract the install program when the download has finished. 两者均可

图 4 – 40　RunDynam 下载

二、软件安装与介绍

（一）安装步骤

（1）打开 rundynam-install-382. exe 执行文件，建议安装到默认路径 C：\RunDynam；

（2）如遇到确认或者接受窗口，请点击是或者接受；

（3）安装完毕后，将 licen. rdn 授权复制到 C：\RunDynam 下即可；

（4）如若需要激活，其步骤参考 GEMPACK 激活程序；

（5）安装完毕。

（二）下载 RunDynam 应用档案

一旦完成了对 RunDynam 的安装，用户就可以在 GTAP 的网站上（http：//www. gtap. agecon. purdue. edu/models/Dynamic/applications. asp）获得在这一节以及这本书的其他章节需要用到的应用程序。每个应用程序都是一个 RunDynam 的压缩包，用户可以下载这些压缩版，并且把它们放在 RunDynam 的子目录下，即 c：\RunDynam\archive。

（三）打开 RunDynam

双击桌面上的 RunDynam 图标就可以打开 RunDynam 软件。如果弹出一个对话框询问是否想要加载 zip archive 里的模型或者模拟，请单击 No 按钮。

接下来屏幕上方将会显示以下的内容（见图 4 – 41）。

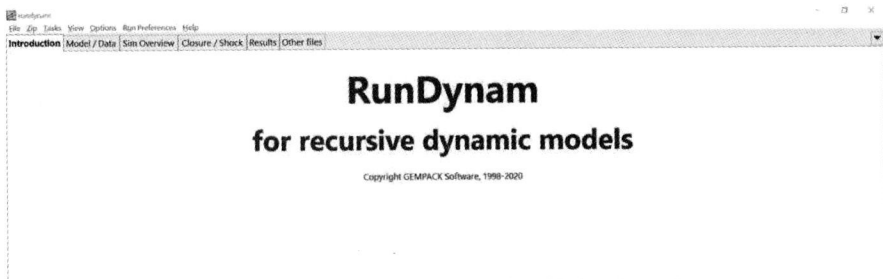

图 4 - 41 RunDynam 初始页面

进入 RunDynam 程序之后，用户会注意到页面的顶部有两个工具条。第一个工具条与见过的其他 Window 的工具条比较类似，这些都是主要选项，它们可以帮助用户完成一些主要的功能。第二个工具条看起来比较像一个记事本或者选项卡，每一个选项卡里对应着一个新的页面，包含一些设计模拟所需要的基本要素。

（四）页面介绍

1. Introduction 页面

在 Introduction 页面上，将看到程序的名称、版权和有关的 RunDynam 许可证的详细信息。

2. Model/Data 页面

在 Model/Data 页面上，可以选择动态模型和关于模型的任何输入数据文件，这些是基准情景的基础。

3. Sim Overview 页面

在 Sim Overview 页面上，可以在政策模拟中设置多年年份，在基准情景和政策运行中选择输出文档的名称，还可以选择模拟方法。

4. Closure/Shock 页面

列出了每个时间段的冲击和闭合文件。

5. Results 页面

给出在模拟之中被更新的数据结果。

三、软件运行

（一）读取模拟

首先为模拟新建一个文件夹，将所有文件放在该目录下。本书将所读取的模拟"gdyne-TRDB-TRDR-TRDP. zip"放在"D：\covid19"路径下（见图 4 -42）。

单击 RunDynam，单击"Zip - Restore Ingredients from ZIP Archive"，出现一个下

拉菜单，选择"Ch7HO3X3_gdyn_v32_97. zip"，单击"打开"按钮。

名称	修改日期	类型	大小
data	2022/4/19 17:18	文件夹	
model	2022/4/19 17:18	文件夹	
tabetc	2022/4/19 19:32	文件夹	
gdyne-TRDB-TRDR-TRDP.zip	2021/3/15 21:12	WinRAR ZIP 压缩...	6,207

图 4 – 42　路径下选择模拟的 ZIP 文件

屏幕上会出现关于这个 ZIP 资料的历史信息，单击 OK 按钮。屏幕上会再次出现一个对话框询问你是否确定读取你指定的 ZIP Archive，单击 OK 按钮。选择目录为 D：\gdyne-TRDB-TRDR-TRDP-v5，单击 OK 按钮，如果你选择的目录不存在，程序会自动建立这个路径，单击 Yes 按钮。弹出一个对话框，单击 OK 按钮（见图 4 – 43）。

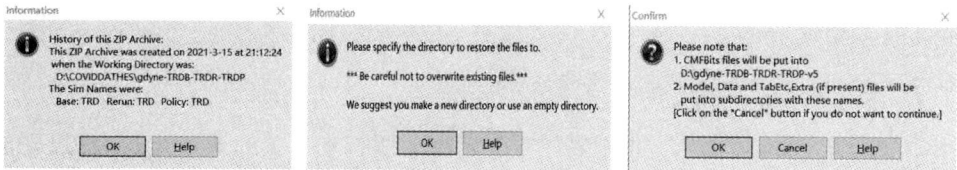

图 4 – 43　读取 ZIP 资料

文件解压以后，程序会问你，是否需要现在将模拟的细节信息加载到程序之中，单击 Yes 按钮。软件提醒你现在已经成功加载了应用，单击 OK 按钮（见图 4 – 44）。

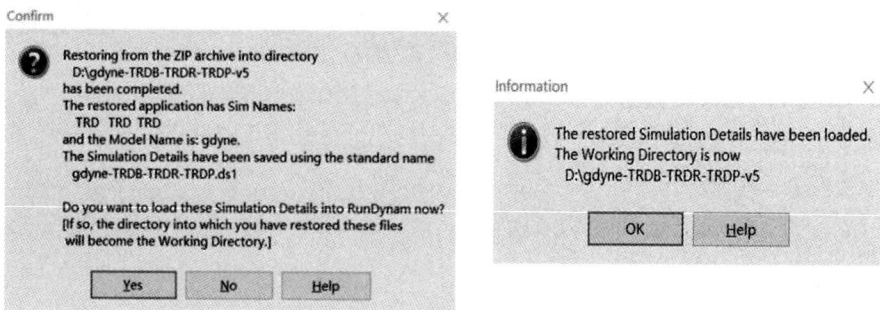

图 4 – 44　加载模拟

注意在选择的路径下新建了三个新的文件夹，即 D：\ gdyne-TRDB-TRDR-TRDP-v5 \ data，D：\ gdyne-TRDB-TRDR-TRDP-v5 \ model 和 D：\ gdyne-TRDB-TRDR-TRDP-v5 \ tabetc（见图 4 – 45）。

图 4 – 45 路径下新建的文件夹

单击 Mode/Data 标签，转到相关的界面。屏幕上方的蓝条中显示的就是模型名称，确认你所运行的是 gdyne. gss（见图 4 – 46）。

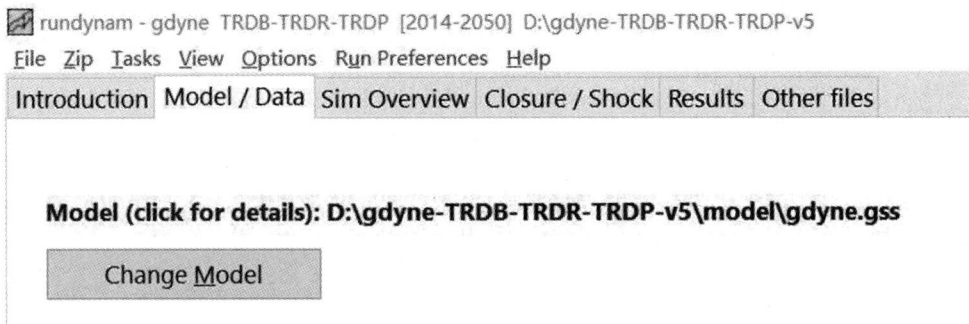

图 4 – 46 Mode/Data 页面

同时也确认一下，在屏幕中间的框体中列出了所有你需要的数据资料，如图 4 – 47 所示。

图 4 – 47 所有数据资料

（二）查看数据

1. 查看数据集

可以通过在主菜单里选择 View/Main TABLO file 来查看 TABLO 指令。用 TAB-mate 打开 TABLO 文件的一个副本，副本标签为 gdye. tab（见图 4 – 48）。

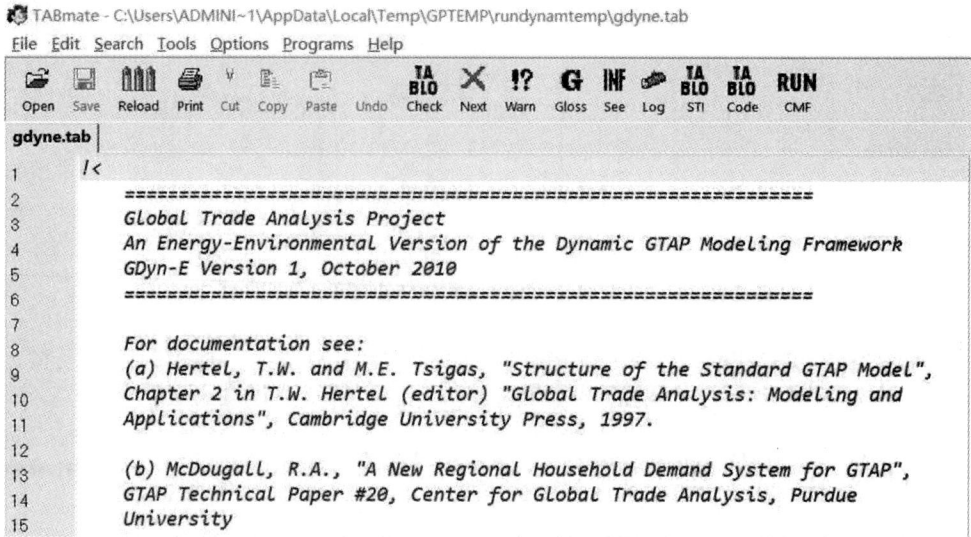

图 4-48　TABmate 打开 TABLO 文件

　　TABLO 文件包含了模型最主要的要素，包括变量、系数和公式。为了使软件可以执行在 TAB 文件里设定的公式，需要事先设定一些规则。

　　（1）TABLO 文件中提到的所有的变量、系数、数据集、参数和文件，必须要先定义。

　　（2）所有的系数，要么是从文件里读取的，要么是从其他的系数计算而来的，而且这里其他的系数必须是先定义过的。

　　为了帮助用户更好地理解模型，在 TABLO 文件中有很多说明和建议，即 TABLO 文件中两个感叹号之间的部分。遇到任何问题都可以在 TABLO 文件中查找相关的解释。

　　在 TABmate（或其他版本）中，选择 Search 命令，然后在主程序里单击 Find 查找你需要查看的部分，会看到以下内容（见图 4-49）。

```
File
    GTAPSETS # file with set specification #;
```

图 4-49　Find 查找内容

　　这段命令定义了一个叫作 GTAPSETS 的文件。"#"号之间的内容就是这个文件的标签。如果你现在使用 Search/Find 来查找 Set，会看到以下内容（见图 4-50）。

```
Set
    REG # regions in the model #
    maximum size 10 read elements from file GTAPSETS header "H1";
```

图 4-50　查找 Set

这段内容的第二行定义了这个集合，并且给它一个名字和标签。第三行申明这个集合包含不超过 10 个元素，而且是从"GTAPSETS"栏中标题为 H1 的文件中读取而来的。

如果你现在用 Search/Find 命令来查找 REG，会看到在 REG 这个集合里有许多变量、系数和公式（见图 4－51）。

```
Variable (all,r,REG)
    psave(r) # price of savings in region r #;
Variable (all,r,REG)
    qsave(r) # regional demand for NET savings #;
Coefficient (all,r,REG)
    SAVE(r) # expenditure on NET savings in region r valued at agent's prices #;
Update (all,r,REG)
    SAVE(r) = psave(r) * qsave(r);
Read
    SAVE from file GTAPDATA header "SAVE";
```

图 4－51　查找 REG

你也能看到定义在其他集合里的变量，如 TRAD_COMM 这个集合；你现在可以通过选择 File/Exit 命令来退出 TABmate。

回到 RunDynam，应该还处于名叫 Model/Data 的页面之中。如果查看含有数据文件的白色框体，能看到文件的名字与 GTAPSETS 的名字一致（见图 4－52）。

Input files for First Period of Base Case:

Right click on any line below to select or change actual file

```
File GTAPSETS = D:\gdyne-TRDB-TRDR-TRDP-v5\data\SETS.har ; ! file with set specification
File GTAPDATA = D:\gdyne-TRDB-TRDR-TRDP-v5\data\basedata.har ; ! file containing all base data
File GTAPPARM = D:\gdyne-TRDB-TRDR-TRDP-v5\data\default.har ; ! file containing behavioral parameters
File GTAPPARMK = D:\gdyne-TRDB-TRDR-TRDP-v5\data\gdpextra.har ; ! special parameters for dynamics
```

图 4－52　Model/Data 页面的数据文件

这表明 SETS. har 就是含有这个集合信息的文件，其逻辑名称叫作 GTAPSETS。为了打开这个文件，左击选中该行，右击弹出选项，选择 View this File。一旦进入 ViewHAR，将会看到一个菜单条和一个包含集合的表格，这里的每一行都代表一个集合（见图 4－53）。

在目录中，第一栏是集合的标题；第二栏是数据的类别；第三栏是数据的大小；第四栏是对于集合中包含的信息的特征描述。第三栏中的 25 length 12 意味着集合总共有 25 个要素，每一个最多可能包含 12 个特征值。在 TABLO 文件中看到区域的集合 REG 是在 H1 中的；H1 的最后一栏的描述和上文看到的"#"号之间的描述是一样的。

可以双击这一行的任意位置来查看其包含的数据；点击窗口上方的 Contents 返回目录。

sets.har in d:\gdyne-trdb-trdr-trdp-v5\data

File Contents Export History Search Programs Help

	Header	Type	Dimension	Coeff	Total	Name
1	DVER	RE	1		5.00	Format of GTAP Data
2	DREL	1C	1 length 59			GTAP data release identifier
3	H1	1C	25 length 12			Set REG Regions
4	H2	1C	8 length 12			Set TRAD_COMM Traded commodities
5	H6	1C	4 length 12			Set ENDW_COMM Endowment commodities
6	H9	1C	1 length 12			Set CGDS_COMM Capital goods
7	MARG	1C	1 length 12			Set MARG_COMM Margin commodities
8	DH1	1C	141 length 12			Set DREG dissagregated regions
9	DH2	1C	65 length 12			Set DTRAD_COMM dissagregated traded commodities
10	DH6	1C	8 length 12			Set DENDW_COMM dissagregated endowment commodities
11	DMAR	1C	3 length 12			Set DMARG_COMM dissagregated margin commodities
12	TARS	1C	2 length 12			Set TARSET Components of Tariff
13	MCOM	1C	65 length 12			Sectoral aggregation mapping
14	MREG	1C	141 length 12			Regional aggregation mapping

图 4-53 查看集合信息文件

2. 查看核心数据

现在来查看贸易商品（TRAD_COMM）。在查看数据之前，再看一次 TABLO 文件：gdyne. tab。在主菜单中选择 View - Main TABLO file，可以在逻辑名称为 GTAPDATA 的文件中找到核心数据。在 TABmate 中单击 Search/Find 命令，查找 GTAPDATA，可以看到以下说明（见图 4-54）。

```
File
    GTAPDATA # file containing all base data #;
```

图 4-54 查找 GTAPDATA

这一项说明定义了一个逻辑名称为 GTAPDATA 的文件，现在来查看一个包含数据的公式。

在 TABmate 中，选择 Search/Find 命令查找 TOTINCEQY，会找到一个标签为 TOTINCEQY 的公式（见图 4-55）。

```
Equation TOTINCEQY
# This equation determines the change in total income from equity #
(all,r,REG)
    yqh(r)
        = [YQHFIRM(r) / YQHHLD(r)] * yqhf(r)
        + [YQHTRUST(r) / YQHHLD(r)]  * yqht(r);
!<
    (NEQ 12)
>!
```

图 4-55 查找 TOTINCEQY

第一行是公式的名称；第二行是一项说明，告诉你这个公式的定义和作用；第三行说明这个公式是针对 REG 中的每个区域 r 的。

标准 GTAP 模型的惯例是使用大写字母代表绝对值变化，小写字母代表百分比变化。可以通过在 TABLO 文件中查找这些文件，来发现它们代表什么意义，以及它们是怎么计算出来的。因为所有的变量和参数都必须是在之前使用过的，所以一般都使用往前搜索功能。

在 TABmate 的主程序中选择 Search/Find 命令，并查找 YQHHLD，记得将查找选项设置为向前查找（见图 4-56）。

```
Coefficient (all, r, REG)
    YQHHLD(r) # regional household equity income #;
Formula (all, r, REG)
    YQHHLD(r) = YQHFIRM(r) + YQHTRUST(r);
```

图 4-56　查找 YQHHLD

这说明 YQHHLD（r）被定义为一个系数，而且表示区域家庭均衡情况下的收入。它等于另外两个系数的加和，分别是 YQHFIRM（r）和 YQHTRUST（r）。这个系数常常被定义为一个衍生变量，因为它并不是从数据库直接读取的。

现在你可以使用 Search/Find 命令来查找 YQHFIRM(r) 和 YQHTRUST(r)，将在 TABLO 文件中看到以下内容（见图 4-57）。

```
Variable (all,r,REG)
    yqhf(r) # regional household income from equity in domestic firms #;
Coefficient (ge 0)(all,r,REG)
    YQHFIRM(r) # income of region r from local firms #;
Update (all,r,REG)
    YQHFIRM(r) = yqhf(r);
Read
    YQHFIRM from file GTAPDATA header "YQHF";

Variable (all,r,REG)
    yqht(r) # regional household income from equity in the global trust #;
Coefficient (ge 0)(all,r,REG)
    YQHTRUST(r) # regional income from global trust #;
Update (all,r,REG)
    YQHTRUST(r) = yqht(r);
Read
    YQHTRUST from file GTAPDATA header "YQHT";
```

图 4-57　查找 YQHFIRM（r）和 YQHTRUST（r）

以上信息说明 YQHFIRM(r) 和 YQHTRUST(r) 是两个系数，分别定义为区域 r 从当地企业获取的收入和从 global trust 获取的收入。与 YQHHLD(r) 不同，这些系数是直接从逻辑名称为 GTAPDATA 的数据中标题为 YQHF 和 YQHT 的数据集中读取出来的。

如果在这里上下拉动滚动条，就会发现很多其他的系数也是从 GTAPDATA 里读取的。

回到 RunDynam 软件中，你现在应该仍然处于标签为 Model/Data 的页面之中。在包含数据文件的白色框体之中，可以看见与 GTAPDATA 相同的文件。

（三）运行模拟

单击 Sim Overview 页面，将会看到模拟的关键部分，包括起始年份、模拟时间段长度和模拟方式等，如图 4 - 58 所示。

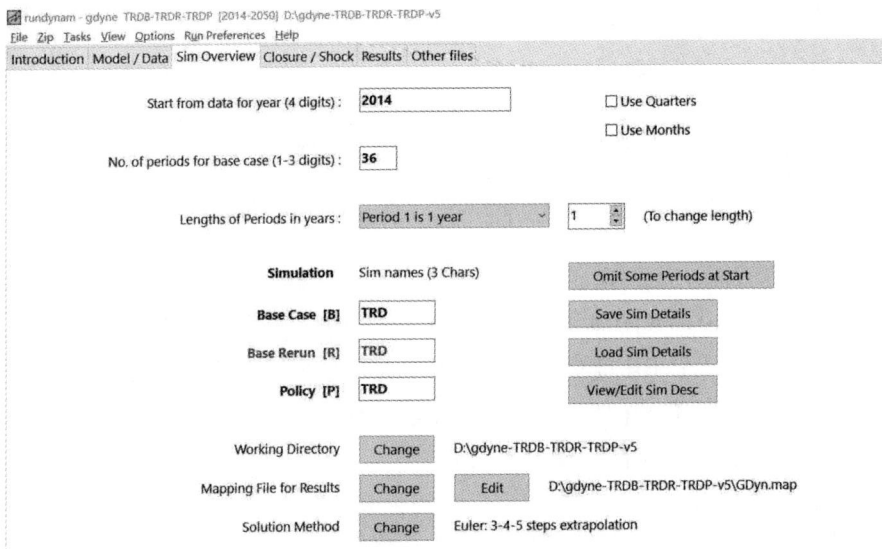

图 4 - 58　Sim Overview 页面的模拟详细信息

这个页面上，从上至下依次是：

（1）Start form data for year 用来选择模拟的起始年份。这里从 2014 年开始。

（2）No. of Periods for base case 用来确定你需要检验的时间段。在这个例子中需要关注 36 个时间段，即模拟的结束年份是 2050 年。接下来的下拉菜单规定每个时间段的长度。

（3）Simulation 和 Sim names，在 GDyne 模型中将会进行三个模拟，基准情景、基准情景的再运行和政策情景。

（4）选择当前的工作路径为 D:\gdyne-TRDB-TRDR-TRDP-v5。一定要确保这是当前的工作路径，如果不是，单击"修改"按钮，修改成为上面的路径。

（5）你需要将路径精确到一个映射文件 GDyn. map。这个映射文件包含了你想要进一步分析的变量列表。可以单击底部的 Edit 按钮来查看这个映射文件。

（6）你需要选择一种模拟方法。在这里本书使用 Euler：3 - 4 - 5 steps extrapolation，选择完成之后还需要进行确认，选择的模拟方法将会出现在文本框中。如果确认，单击 OK 按钮。

单击 Closure/Shock 按钮移动到下一个页面，如图 4 - 59 所示。

图 4 - 59 Closure/Shock 页面的冲击和闭合文件

这个表格列出了每个时间段的冲击和闭合文件。你会发现表格第一栏的标签会显示你在 Sim Overview 中给出的信息，2015 年、2016 年、……、2050 年。

对于每一个时间段，基准情景、政策冲击以及闭合都必须详细地制定。闭合和冲击都包含在文件之中（. CLS 是闭合文件、. BSH 是基准冲击文件、. PSH 是政策冲击文件）。如果设置正确，所有这些文件名称都会是黑体的，这可以帮助你进行检验。查看基准冲击文件的方法是把鼠标移动到你想要打开的文件上，右键点击，选择 Edit。冲击文件包含一系列的变量和与变量关联的冲击。

单击屏幕下方的 Run All 按钮，开始运行模拟（见图 4 - 60）。

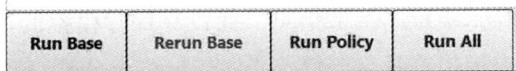

图 4 - 60 单击 Run All 按钮运行模拟

出现提示，单击 OK 按钮（见图 4 - 61）。

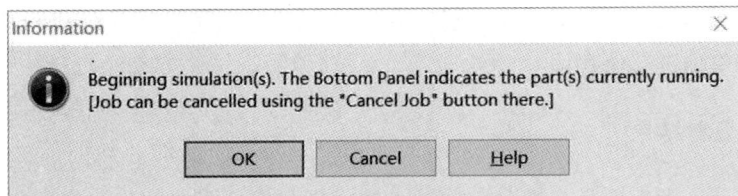

图 4 - 61 开始运行模拟

正在进行模拟运行，在页面下方可以看到运行年份（见图4－62）。

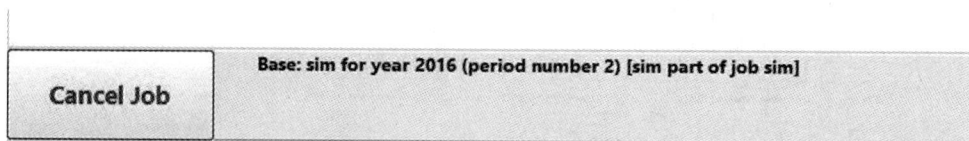

| Cancel Job | Base: sim for year 2016 (period number 2) [sim part of job sim] |

图4－62　查看当前运行时间段

模拟运行成功后，单击 OK 按钮。

（四）修改模拟

当你设定你自己的模拟时，建议一开始对当前已有的应用程序做小的修改，如改变闭合、修改冲击或者时间段，然后可以修改你自己的区域和部门加总。如果你想要构造自己的闭合或者冲击，只需要简单地修改你检查过的文件。如果你想要修改模拟的时间段，只需要在 Sim Overview 页面中进行修改。任何对于时间的修改都会自动调整到 Closure/Shock 中，然后可以修改自己的闭合和冲击。值得注意的是，如果修改了时间段的长度，你将需要在冲击文件中修改对于时间的冲击，因为这一点程序不会自己调整，这也是常常被人们遗忘的一个步骤。当开始构建模拟时，需要遵循以下的步骤。

首先，在 Sim Overview 页面中对于基准情景、基准情景的再运行和政策情景进行重命名。这样防止新的模拟抹掉之前的模拟结果。

其次，同时需要修改对于模拟的描述，在 Sim Overview 页面中单击 Edit sim description，这可以帮助你记住每个模拟的特征。

最后，保存模拟的资料。一种方法是通过选择 File-Save simulation details as 来保存模拟的详细信息，然后给模拟添加一个新的名称。以后的任何时候，如果你需要这些模拟信息，只需要单击 File/Load simulation details 并且选择相关的文件。这种方法的缺点在于只保存了模拟的细节信息，而没有保存模拟的资料本身。这样如果你更改某项资料的话，模拟本身又被修改了。

另一种方法是压缩模拟的资料。你可以通过选择 File-Save ingredient as Zip archive 来达到这一目的。在这里建议你将模拟资料保存为 Example1 f. zip。这种方法的缺点在于没有保存结果，但是因为所有的模拟资料和模拟细节信息都保存了，所以以后你需要结果的时候只需要再运行一遍模拟就可以了。当然你也可以直接压缩结果文件，单独进行保存。

（五）查看结果

这些结果是为模拟基本情况、模拟基本重现和模拟策略的每一个阶段而获取的，可以通过多种方式浏览。Results 这一变量被分成两个部分，第一部分允许你立刻浏览一下所有阶段的结果，而第二部分则分阶段地进行展示。

1. 查看所有阶段的结果

第一部分如图 4 – 63 所示。

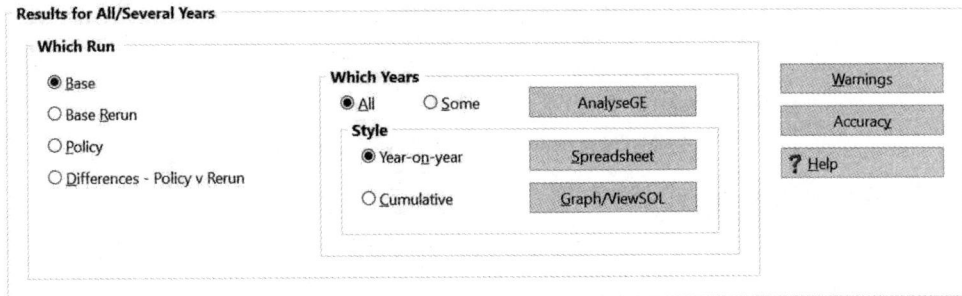

图 4 – 63　查看所有阶段的结果

这一部分由三个方面组成。

第一，点击第一纵列的选项之一就可以查看模拟基本情况、模拟基本重现和模拟政策的结果，以及基本重现和政策之间的差异。这两者之间的差异显示了政策冲击的影响，相当于一个比较动态模型的输出。

第二，无论是某个时期的结果还是所有时期的结果都可以显示在"AnalyseGE"程序、电子表格或者是在"ViewSOL"程序中。单击"AnalyseGE"框就可启动"AnalyseGE"程序，同样的，单击"Spreadsheet"框或者"Graph/ViewSOL"框都可以看到模拟内容。

第三，这一方面是关于方式的，既可以显示年度同比结果又可以显示累计结果。年度同比结果显示了在某个特定时期变量发生的百分比变化，而累计结果则显示了初始期和特定期之间变量发生的总的百分比变化。

2. 使用 ViewSOL 查看结果

使用 ViewSOL 程序检查数据的方法类似于之前用过的 ViewHAR 程序，比起 Spreadsheet，ViewSOL 观察结果更加方便。要使用 ViewSOL 查看结果，首先要确定你希望查看的模拟对象。

单击 Differences-Policy v Rerun 选项，会在选定对象附近的白色区域出现一个小黑点；

接下来确定方式：年度同比结果或者是累计结果，通过点击 Style 框中的 Year-on-year 来选择年度同比结果。

在这一阶段选择哪一种方式并不重要，因为这两种通过 ViewSOL 都是可行的。然而，模拟对象的选择是很重要的。

如果选择了 Base Case，那么只会有 Base Case 的结果，但是，如果选择了 Policy

或者是 Difference，那么所有模拟结果都可以在 ViewSOL 中即时查看。

现在点击 Graph/ViewSOL 框。ViewSOL 程序的屏幕将会如图 4-64 所示。

Variable	Size	No.	Name
Macros	1	27	Scalar variables (just one element)
af	FIRM_COMM*PROD_COMM*REG	1	factor i augmenting tech change in sector j of r
afall	FIRM_COMM*PROD_COMM*REG	1	input i augmenting tech change in sector j of r
afcom	FIRM_COMM	1	factor i augmenting tech change, worldwide
afreg	REG	1	factor augmenting tech change in region r
afsec	PROD_COMM	1	factor augmenting tech change in sector j, worldwide
ams	TRAD_COMM*REG*REG	1	import i from region r augmenting tech change in region s
ao	PROD_COMM*REG	1	output augmenting technical change in sector j of r
aoall	PROD_COMM*REG	1	output augmenting technical change in sector j of r
aoreg	REG	1	output augmetning tech change in region r
aosec	PROD_COMM	1	output augmenting tech change of sector j, worldwide
apen	EGY_COMM*REG	1	real energy price index
atd	REG	1	tech change shipping to s

图 4-64　ViewSOL 查看模拟结果

在 ViewSOL 中将会看到一个菜单栏和一个结果表格，表格分成四个纵列，第一列显示了不同的名称，第二列是变量的维度，第三列显示了列表中变量的编号，第四列则是变量的简单介绍。你会注意到无论在 RunDynam 中选择哪一项，累计差分结果都会显示，在 ViewSOL 中你需要再做一次选择。要查看模拟政策需要选择"Timeseries···-Show.. Pert-Perturbed Solution"。要查看模拟策略的年度同比结果，你需要选择 Timeseries... - Show.. YonY-Year-on-year。

现在可以双击变量名称，查看其中一个变量。向下移动并找到 qgdp，这是实际 GDP 中变量的百分比变化。接着可以点击主菜单中的 Contents，返回到变量表格。当你查看完之后，就可以从 ViewSOL 中退出了。

3. 查看某些时期的结果

在 RunDynam 结果界面中，如果你选择 some 选项，并点击 AnalyseGE，RunDynam 将会要求一个 RSL 文件，为了获取 RSL 文件，你需要取消并返回 RunDynam 界面。选择"Tasks - Run SS Jobs for Selected Years"。

接下来 RunDynam 将会要求你选择起始年份、结束年份和模拟对象。选择 2015 作为起始年份，2050 作为结束年份，并单击 OK 键。检查先决条件，并点击 OK 键（见图 4-65）。

接着 RunDynam 将会运行 SS job。

4. 查看个别时期的结果

这个部分可以查看每一个时期的基本情况和政策的模拟结果，以及每个时期结束后的更新数据和日志文件。Results 页面的第二部分如图 4-66 所示。

图 4 – 65 查看指定时期的结果

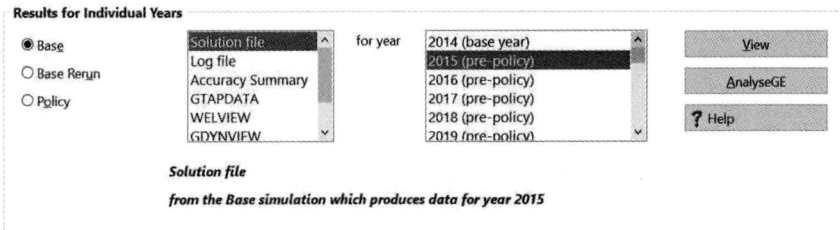

图 4 – 66 查看个别时期的结果

要查看 2050 年基本情况模拟的更新数据库，必须执行以下操作。

首先，选择你希望查看的模拟对象、基本情况或是政策，在这种情况下，选择 Base。其次，选择你要查看的输出类型，你可以从包含结果为变量的 Soultion file 中选择；Log file 包含模拟的日志文件，包括了可能发生的任何错误、模拟的 Accuracy Summary 或者是包含了更新数据库的 GTAPDATA。在这种情况下，通过单击 GTAP-DATA 来选择更新数据库。再次，选择你感兴趣的相应的时间标签。最后，单击 View 按钮来查看这些结果。

选择 File/Exit 命令从 ViewHAR 中退出。

下篇
CGE模型应用举例

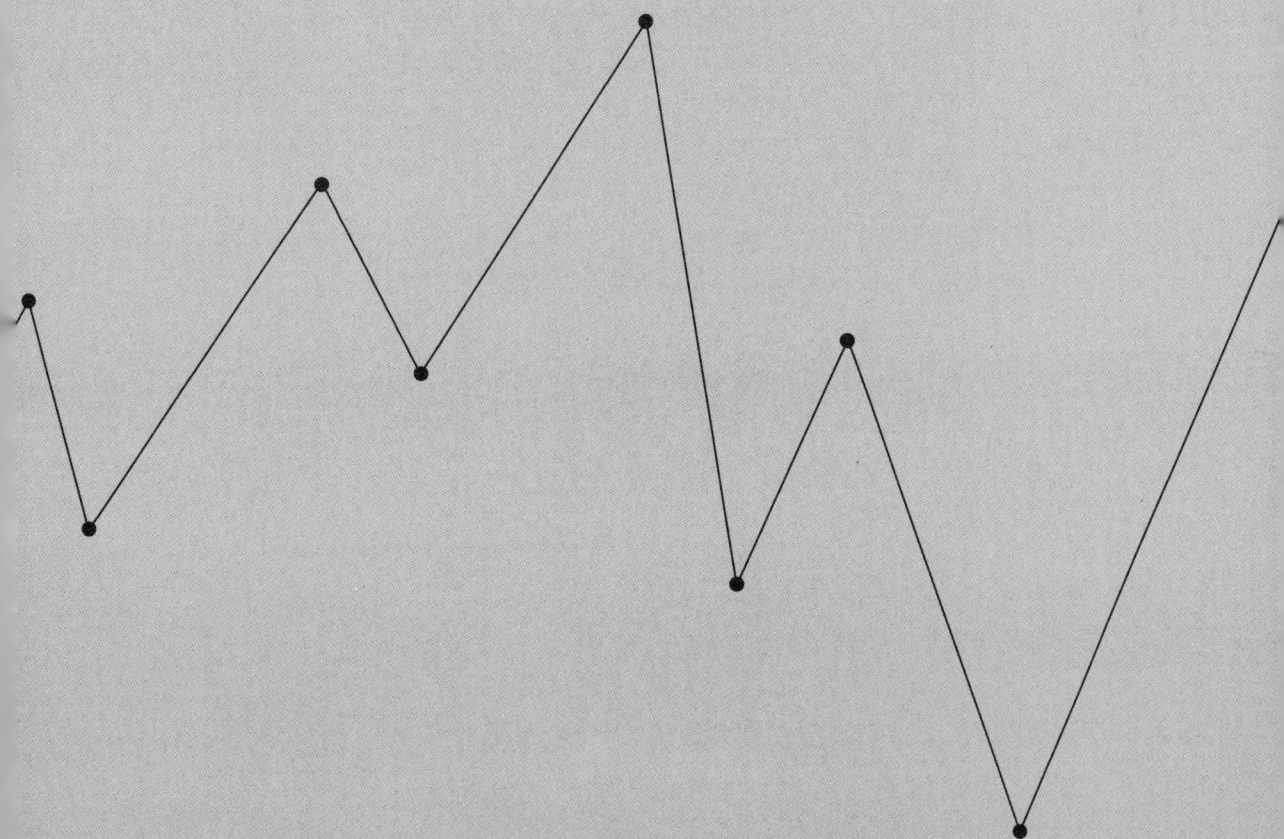

第五章 疫情领域：新冠肺炎疫情背景下不同国家停工的经济损失比较

第一节 研究背景

2020 年春节，新型冠状病毒肺炎（以下简称"新冠肺炎"）席卷中国，并迅速蔓延至周边多个国家和地区，引发了国际社会的高度关注。为抗击疫情，中国政府展现出强大的组织动员能力，经过两个半月的鏖战，全国的抗疫斗争取得了阶段性胜利。但与此同时，境外的新冠肺炎确诊病例却低开高走，疫情在全球范围内加速蔓延，给世界带来了巨大的人员伤亡和经济损失（Liu et al.，2020）。据美国翰斯·霍普金斯大学统计，截至 2020 年 8 月 24 日，全球累计确诊新冠肺炎病例逾 2346 万例，累计死亡人数近 81 万人。其中，美国新冠肺炎累计确诊人数高达 570 万人，累计死亡人数超过 17 万人[①]，是全球受创最为严重的国家。新冠肺炎的全球肆虐使重大突发公共卫生事件再次成为学术界和政界关注的热点，如何有效应对特大疫情已经成为世界各国面临的突出问题。

科学计量新冠疫情经济影响是对其进行有效应对的重要前提。作为一种重大突发传染性疫情，新冠肺炎不仅会增加社会医疗需求，也会通过影响人们和企业的经济行为进而诱发经济问题，且后者对经济的冲击效应远远高于前者（朱武祥等，2020；Duan et al.，2020；Guan et al.，2020）。尽管疫情对经济系统的作用渠道众多，但疫情所致的劳动力供给短缺是其影响经济的重要途径（周梅芳等，2020）。无论是疫情爆发初期部分国家所采取强制性隔离措施所致的劳动力供给不足，还是大规模人口感染和死亡所致的劳动生产率下降，抑或是人们由于趋利避害心理所呈

[①] https://coronavirus.jhu.edu/map.html

现的工作意愿减少等。疫情对各国劳动力市场均带来不可忽视的负面影响，而劳动力市场受创直接影响各国的经济增长（Mckibbin and Fernando，2021；Williams and Kayaoglu，2020）。目前，鲜有研究对停工的经济成本展开深入系统的评估。

学术界对重大疫情经济影响展开诸多有益的探索，从研究方法来看大体包含经验分析法和 CGE 模型两类。首先，部分学者采用经验分析法量化新冠肺炎疫情对中国经济的冲击效应，该类研究主要依据以往类似事件或历史资料对疫情爆发后的各种经济指标进行统计分析和推断，借以揭示疫情造成的各种经济损失（刘卫东，2020；何诚颖等，2020）。例如，钟瑛、陈盼（2020）对 2020 年 1 月上旬至 2 月上旬的 50 种重要生产资料的价格波动情况进行描述性统计分析，认为疫情可能导致中国就业出现"前紧后难"的态势；梁艳芬、李明等（2020）综合世界贸易组织、经济合作与发展组织、国际货币基金组织和标准普尔等机构的预测数据，归纳总结新冠肺炎疫情对中国经济的负面影响。李成威、傅志华（2020）通过梳理"非典"疫情的经济影响，推断新冠肺炎将使中国 GDP 迅速下降 0.2～0.5 个百分点。其次，部分学者利用 CGE 模型量化新冠肺炎的经济影响，在为数不多的文献中，马利谢夫斯卡等（Maliszewska et al.，2020）通过冲击劳动力和资本利用率、国际贸易成本、旅游服务需求等变量，发现疫情将使世界经济总量下降 2.10%。其中，发展中国家下降 2.50%，高收入国家下降 1.90%，该文认为发展中国家经济损失高于发达国家；麦基宾和费尔南多（McKibbin and Fernando，2021）借助 G-Cubed 模型通过对劳动力、生产成本、居民消费、风险溢价和公共支出等施加政策冲击，发现疫情将使中国 GDP 下降 6.48%～9.48%，美国 GDP 下降 12.10%～17.68%，日本 GDP 下降 13.63%～20.21%，该文则指出发达国家遭受的经济损失要高于发展中国家；世界卫生组织（2020）也测算了不同疫情发展态势下全球经济受损情况，研究通过对劳动力、居民需求和生产成本等变量进行冲击，发现 2020 年全球经济预期萎缩 4.80%～11.10%，其中，中国下降 4.00%～9.90%，美国下降 5.00%～10.80%，东盟下降 6.10%～14.70%。该文认为尽管疫情发展尚存较大不确定性，但它对世界经济产生重创是可以确定的。国内具有代表性的是周梅芳等（2020）对疫情的冲击路径和作用效果的开拓性评估，该文从供给侧和消费侧引入 5 条冲击路径以模拟疫情的经济影响。发现若不考虑宏观应对措施，疫情将使中国 GDP 下降 1.43%，其中 97% 的部分是由供给侧的停工导致的，需求侧冲击仅贡献了 3% 的经济损失。总的来看，尽管经验分析法具有简单明了的优点，但由于其缺乏扎实的理论基础，无法捕捉疫情与经济系统之间复杂的交互作用关系，不能根据外界条件变化合理修正参数，因此得到的相关结论也就不够稳健。而大多学者利用 CGE 模型量化经济影响时采用年度 CGE 模型，通过解析疫情对经济系统的传导机理，进而量化疫情对社会经济系统的冲击效果。然而，由于疫情发展和各国遏制措施的深刻不确定性，现有研究对疫情的传导机制刻画不一，在情景参数设置方面大多是基于有限信息的主观推断，导致不同研究结果差别较大。

总的来说，新冠肺炎导致的被迫停工已经成为一种重要的社会经济现象，但目前鲜有研究对停工的经济损害进行专门系统地评估。尽管少许学者在量化疫情经济影响时考虑了停工导致的劳动力损失，但相关模拟也对消费、生产成本和进出口贸易等其他变量施加政策冲击，得到的是多种政策共同作用的结果。已有研究指出停工是疫情影响经济增长的主要渠道（McKibbin and Fernando，2021），但相关分析仅是针对中国情景的模拟，缺乏不同国家间的定量比较以及对全球大停工经济影响的实证分析。研究停工的经济影响具有重要的现实意义和应用价值，特别是疫情对全球劳动力市场造成重创的背景下，对停工经济损失及变化规律展开深入系统的探究，不仅能为各国抗疫策略的优化与调整提供对策建议，对全球合作抗疫亦具有一定的促进意义。基于此，本节首先从理论层面探讨停工对经济系统的作用机理，揭示停工时长与其宏观经济损失之间的数量关系，其次采用全球动态多区域 CGE 模型对停工的宏观经济损失进行科学计量，全面测算停工对世界各国实际 GDP、居民福利、投资、居民消费和进出口贸易的影响。研究旨在揭示停工造成的各种宏观经济影响，以期为相关国家利用停工举措应对特大传染性疾病提供决策参考。

本章将集中回答以下问题：停工对经济系统的作用机理是怎样的？停工市场与宏观经济损失之间的数量关系是什么？停工对世界各国经济 GDP、居民福利等造成怎样的影响？

本章分为四个部分，第一部分为研究背景；第二部分为研究方法与模拟方案；第三部分为模拟结果和分析；第四部分为结论和讨论。

第二节 研究方法与模拟方案

一、理论模型

为揭示停工的宏观经济成本，需要从理论层面探讨停工对经济系统的作用机理。为此，本节假设经济产出与各投入要素之间满足常替代弹性（constant elasticity of substitution，CES）生产函数形式：

$$Y(L,K) = A(\alpha_1 \times L^{-\rho} + \alpha_2 \times K^{-\rho})^{-\frac{1}{\rho}} \tag{5.1}$$

其中，L 表示劳动力，K 表示资本，ρ 为弹性参数且满足 $0 < \rho < 1$，α_1 和 α_2 表示份额参数且满足 $\alpha_1 + \alpha_2 = 1$。假定停工导致的劳动力投入短缺为 Δ_l，其经济损失表征为政策冲击前后经济总量的变化 $F(\Delta_l) = Y(L,K) - Y(L - \Delta_l, K)$。可证明 $F(\Delta_l)$ 是关于 Δ_l 的递增函数，这是因为：

$$MD_{\Delta_l} = \frac{\mathrm{d}F(\Delta_l)}{\mathrm{d}\Delta_l}$$

$$= \frac{\mathrm{d}(A(\alpha_1 \times L^{-\rho} + \alpha_2 \times K^{-\rho})^{-\frac{1}{\rho}} - A(\alpha_1 \times (L - \Delta_l)^{-\rho} + \alpha_2 \times K^{-\rho})^{-\frac{1}{\rho}})}{d\Delta_l}$$

$$= A \times \frac{1}{\rho}(\alpha_1 \times (L - \Delta_l)^{-\rho} + \alpha_2 \times K^{-\rho})^{-1-\frac{1}{\rho}} \times (\rho \times \alpha_1 \times (L - \Delta_l)^{-\rho-1})$$

$$= A \times \alpha_1 \times (\alpha_1 \times (L - \Delta_l)^{-\rho} + \alpha_2 \times K^{-\rho})^{-1-\frac{1}{\rho}} \times ((L - \Delta_l)^{-\rho-1})$$

$$= A \times \alpha_1 \times \left(\alpha_1 + \alpha_2 \times \left(\frac{L - \Delta_l}{K}\right)^{\rho}\right)^{-1-\frac{1}{\rho}} > 0 \tag{5.2}$$

公式（5.2）表明，随着停工时间的延长，一国所遭受的宏观经济损失将会增大。进一步可以证明停工边际损失 MD_{Δ_l} 与停工时间 Δ_l 之间的关系亦是单调递增的，这是因为：

$$MMD_{\Delta_l} = \frac{\mathrm{d}MD_{\Delta_l}}{\mathrm{d}\Delta_l} = A \times \alpha_1 \times \alpha_2(\rho + 1) \times \left(\alpha_1 + \alpha_2\left(\frac{L - \Delta_l}{K}\right)^{\rho}\right)^{-2-\frac{1}{\rho}} \times \left(\frac{K}{L - \Delta_l}\right)^{1-\rho} > 0$$

$$\tag{5.3}$$

公式（5.3）表明，边际停工损失具有单调递增的数学特征。换而言之，疫情导致的停工时间越长，各国遭受的经济损失就会越大；停工天数越多，各国所遭受的边际损失也会越大。

另外，可以证明停工损失与初始要素分配结构之间关系密切。定义停工 Δ_l 导致的经济损失降幅为 $y(\Delta_l, \alpha_1) = (Y(L, K) - Y(L - \Delta_l, K))/Y(L, K)$，可以证明 $y(\Delta_l, \alpha_1)$ 是关于 α_1 的增函数，这是因为：

$$\frac{\partial y(\Delta_l, \alpha_1)}{\partial \alpha_1} = \frac{\partial\left(1 - \left(\frac{\alpha_1 \times (L - \Delta_l)^{-\rho} + \alpha_2 \times K^{-\rho}}{\alpha_1 \times L^{-\rho} + \alpha_2 \times K^{-\rho}}\right)^{-\frac{1}{\rho}}\right)}{\partial \alpha_1}$$

$$= \frac{1}{\rho} \times \left(\frac{\alpha_1 \times (L - \Delta_l)^{-\rho} + \alpha_2 \times K^{-\rho}}{\alpha_1 \times L^{-\rho} + \alpha_2 \times K^{-\rho}}\right)^{-\frac{1}{\rho}-1}$$

$$\times \frac{((L - \Delta_l)^{-\rho} - K^{-\rho}) \times \alpha_1 \times L^{-\rho} + \alpha_2 \times K^{-\rho} - (L^{-\rho} - K^{-\rho}) \times (\alpha_1 \times (L - \Delta_l)^{-\rho} + \alpha_2 \times K^{-\rho})}{(\alpha_1 \times L^{-\rho} + \alpha_2 \times K^{-\rho})^2}$$

$$= \frac{1}{\rho} \times \left(\frac{\alpha_1 \times (L - \Delta_l)^{-\rho} + \alpha_2 \times K^{-\rho}}{\alpha_1 \times L^{-\rho} + \alpha_2 \times K^{-\rho}}\right)^{-\frac{1}{\rho}-1}$$

$$\times \frac{\alpha_2 \times K^{-\rho} \times (L - \Delta_l)^{-\rho} - \alpha_1 \times K^{-\rho} \times L^{-\rho} + \alpha_1 \times K^{-\rho} \times (L - \Delta_l)^{-\rho} - \alpha_2 \times K^{-\rho} \times L^{-\rho}}{(\alpha_1 \times L^{-\rho} + \alpha_2 \times K^{-\rho})^2}$$

$$= \frac{1}{\rho} \times \left(\frac{\alpha_1 \times (L - \Delta_l)^{-\rho} + \alpha_2 \times K^{-\rho}}{\alpha_1 \times L^{-\rho} + \alpha_2 \times K^{-\rho}}\right)^{-\frac{1}{\rho}-1} \times \frac{K^{-\rho} \times ((L - \Delta_l)^{-\rho} - L^{-\rho})}{(\alpha_1 \times L^{-\rho} + \alpha_2 \times K^{-\rho})^2} > 0$$

$$\tag{5.4}$$

在公式（5.4）中，最后一个不等式成立是因为在 $0 < \Delta_l < L$ 的情况下，$(L - \Delta_l)^{-\rho} - L^{-\rho} > 0$ 自动成立。公式（5.4）的经济含义是，停工的经济损失与劳动报酬和初级要素分配中的占比相关。在同等停工时长的冲击下，那些劳动报酬占比较大的经济体其所遭受的负面影响会更大。

二、GDYNE 模型

为精确计量停工造成的各种宏观经济影响，本研究借助 GDYNE 进行实证分析。由于新冠肺炎已经全球大流行，各国的经济损失不仅取决于本国的疫情发展，也与其他国家防控防疫的政策措施密切相关。GDYNE 模型对国家间经贸往来和产业关联刻画较为细致，所以该模型成为分析新冠肺炎经济影响的有力工具。

（一）数据

为构建与 GDYNE 模型相匹配的全球能源经济动态数据库，本研究将在 GTAP 10 数据库基础上，利用世界各国历史宏观经济数据信息，依托 GDYNE 模型先进的动态机制，将全球经济均衡点从 2014 年动态到 2020 年，并以此作为新冠肺炎疫情经济损失评估的参考基准。为便于问题分析，同时考虑模型校准过程中数据的可得性。将 GTAP 10 数据库中原有的 141 个地区合并为 7 大类，分别为中国、美国、日本、韩国、欧盟、中东北非和世界其他地区。对于行业层面，研究将原有的 65 个行业合并为 27 类，主要包括 1 个农业、5 个能源类行业（煤炭、原油、天然气、成品油和电力）、3 个工业部门（轻工业、装备制造业和重工业）和 18 个服务业部门。实证分析主要包括历史校准和政策仿真两个部分，其中历史校准时间假定为 2014～2019 年，政策仿真则集中考察 2020 年。为提高模拟精度，历史校准主要使用了两大类数据：一是各地区经济就业数据，包括实际 GDP、投资、消费、进出口贸易、人口和就业等；二是各地区能源环境数据，包括煤炭、石油、天然气和成品油的生产与消费，以及碳排放变化等。其中，各地区就业数据主要来源于世界银行官网和国际货币基金组织官网，分品种化石能源的生产和消费，以及区域碳排放数据来源 BP（2019）。

（二）作用机理

疫情对经济系统的影响是全面且复杂的，目前无法穷尽疫情对经济活动的所有冲击渠道。根据研究目的，本研究拟考察疫情导致的被迫停工带来的经济影响，相关模拟主要通过对劳动力供给施加不同程度的政策冲击予以实现。疫情背景下的停工主要涵盖主动停工和被动停工两种。其中，主动停工源于人们的趋利避害心理，人们由于担心被病毒感染，故会采取自愿性旷工或减少工作时间，疫情影响了人们的主观工作意愿。被动停工的来源较为复杂：一是政府部门为了防止疫情快速传播而采取的大范围停工停产、居家隔离和交通管制等强制性管控措施，这些举措在抗击疫情的同时也阻碍了劳动力等生产要素在经济活动中的流动；二是受损严重企业由于产出大幅下滑导致的对劳动力需求的减少；三是感染新冠肺炎群体由于治疗需要所缺失的工作时间，以及疫情人口死亡对劳动力市场带来的永久性创伤。无论是主动停工还是被动停工，一个直接的后果是全社会劳动生产力受损，故借鉴已有研究的设置（周梅芳等，2020；Maliszewska et al.，2020），综合考虑停工时间导致的生产力减损作为冲击变量（*qfactsup*）。

（三）模拟情景

在疫情全球大流行背景下，停工不再局限于一国境内，而是会发生在受到疫情攻击的所有国家。这不仅包含政府部门为抗击疫情所采取停工等强制性措施，也包含居民为避免病毒感染所表现出的工作意愿降低。疫情的防控与国际合作密切相关，有效的国际合作能够快速扑灭疫情，降低疫情对各国劳动力市场的冲击程度；反之则会加剧疫情传播，促使各国劳动力市场长时间受创，故国际合作对全球停工时长有重要影响（Kimura et al.，2020）。综合考虑这些因素，为探究多边停工的经济后果，以下拟设计三种政策情景：

1. 快速遏制情景

该情景假定各国均以保护生命为首要目标，且在特大传染性疫情爆发初期就采取严格的隔离举措。国际社会也建立起有效的协作机制，通过联防联控能够避免疫情在不同国家间的交替传播。鉴于新冠肺炎疫情的潜伏期一般为 7～14 天（Mckibbin and Fernando，2021；Basseal et al.，2020），故假设世界各国均停工 14 天，即各国通过损失较少的停工天数便能实现疫情的快速控制。

2. 中度蔓延情景

该情景假定各国抗疫模式虽然在疫情爆发初期略有差异（如部分国家采取群体免疫策略），但由于疫苗研发的不确定性和病毒的高致病率，各国最终都会回到强制性隔离的路径上，这是因为隔离是挽救生命的最佳策略（Desierto and Koyama，2020）。此情景假设国际社会存在一定的协作机制，各国愿意采用适当措施以控制疫情在全球范围内蔓延，但由于国情的不同，无法采取步调一致的抗疫策略，导致疫情在短期内不能被有效控制，各国劳动力市场不得不持续承压。该情景对劳动力市场的冲击程度超过快速遏制情景，本研究假定全球停工 30 天以模拟此种情景的经济后果。

3. 全面爆发情景

该情景假定面临特大传染性疫情，世界各国各自为政且缺乏必要的沟通与协作，疫情在不同国家间交替传播，造成大量的人员感染与死亡，且这种恶化态势在疫苗研发成功之前不可扭转。在该情景下，疫情对各国劳动力市场造成长时间冲击，包括大规模人口伤亡造成的劳动力供给短缺、隔离措施在部分国家或地区反复重启以应对新的疫情输入、居民由于担忧被病毒感染所致的长时间失业等。此情景下疫情对劳动力的负面冲击最甚，本研究假设全球停工 60 天以模拟此种情景的经济影响。

第三节　模拟结果和分析

一、单边停工经济损失分析

（一）初级要素收入分配结构对比

停工经济损失与初级要素分配结构之间存在着非常紧密的关系，不同国家由于其初级要素收入分配结构的不同，停工所造成的经济损失也存在较大异质性，且劳动报酬占比较高的经济体其受损程度也将更大。图 5 - 1 展示了 2014～2019 年全球主要地区初级要素收入分配中劳动报酬占比情况，其中 2014 年数据来源于 GTAP 10 数据库，后续年份结果依据 GDYNE 模型递归动态计算而来。由图 5 - 1 可知，不同地区初级要素分配结构差别较大，美国劳动报酬在其国民收入中的占比超过 70%，而该比例在中东北非地区仅为 33%。与这两个地区不同，其他地区劳动报酬在初级要素收入中占比较为接近，均在 50% 附近波动。其中，中国劳动报酬在其初始要素分配中的占比由 2014 年的 47.98% 略微降至 2019 年的 47.43%。这意味着，在同等停工时长的冲击下，美国受损可能最大，中东北非受损则会最小，而中国、日本、韩国以及欧盟和世界其他地区受损程度将大体相同。

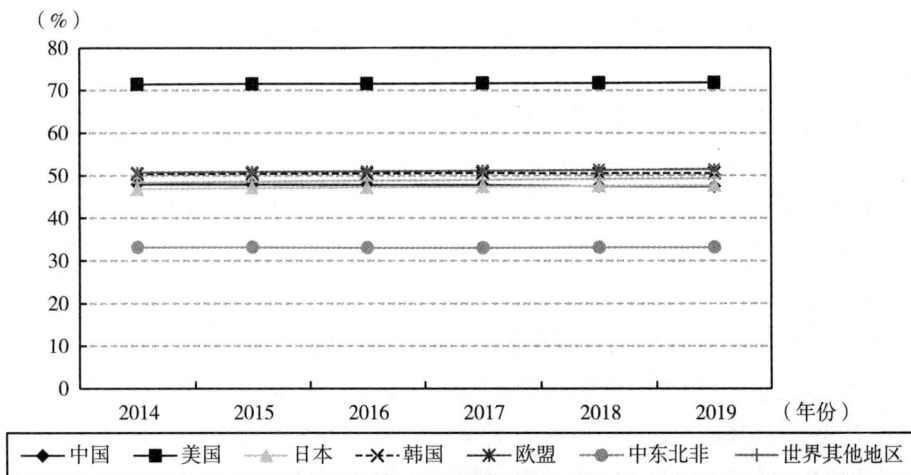

图 5 - 1　2014～2019 年初级要素分配中劳动者报酬占比

（二）单边停工宏观经济损失

表5-1展示了不同地区停工导致的实际GDP降幅，以无疫情时各地区2020年GDP为对比基准（下同）。

表5-1　　　　2020年不同停工时间冲击下各地区实际GDP的变化比例　　单位：%

国家（地区）	1天	5天	10天	20天	40天	60天	80天	100天	150天
中国	-0.13	-0.64	-1.28	-2.58	-5.23	-7.96	-10.78	-13.69	-21.48
美国	-0.19	-0.97	-1.95	-3.92	-7.89	-11.93	-16.03	-20.21	-31.00
日本	-0.13	-0.65	-1.30	-2.62	-5.30	-8.05	-10.88	-13.80	-21.54
韩国	-0.14	-0.70	-1.40	-2.81	-5.70	-8.66	-11.71	-14.86	-23.22
欧盟	-0.14	-0.70	-1.41	-2.83	-5.74	-8.72	-11.78	-14.94	-23.34
中东北非	-0.09	-0.45	-0.90	-1.82	-3.70	-5.65	-7.68	-9.79	-15.53
世界其他地区	-0.13	-0.66	-1.33	-2.67	-5.42	-8.24	-11.15	-14.16	-22.17

由表5-1可知，当停工1天时，美国实际GDP下降0.19%，中东北非则会下降0.09%，前者降幅是后者的2倍多。中国停工1天的实际GDP将会下降0.13%，与日本相同，但略低于韩国和欧盟的降幅0.14%。这表明，疫情导致的被迫停工其经济成本高昂，尤其是美国其负面冲击最大。与理论推导一致，随着停工时间的延长，各地区GDP损失也会逐渐增大，且存在边际递增的特征。例如，当停工时间增至150天时，美国GDP大幅萎缩31.00%，中国和日本GDP大幅萎缩22%左右。相比停工时长增加149倍时，美国GDP损失增加162倍，中国和日本损失增加约164倍。该发现表明，降低疫情导致的停工时长对各地区经济发展具有重要的政策含义，越早控制住疫情，劳动力市场越早恢复，各国能够避免的经济损失就会越显著。

虽然部分地区GDP降幅接近，但由于经济总量的差异，停工对各地区经济损失的绝对变化额一般不同，如表5-2所示。可知，当停工1天时，美国GDP损失约为437亿美元，欧盟GDP减少319亿美元，中国GDP损失为201亿美元。这表明，疫情导致的被迫停工对各地区经济冲击效应大不相同，且经济总量较高的经济体一般受损程度也会更大。从边际效果来看，欧盟、美国和中国停工导致的边际损害相对较高。例如，当停工时间增至100天时，欧盟GDP损失为34050亿美元，平均每天损失341亿美元；美国GDP损失为45324亿美元，平均每天损失453亿美元；中国GDP损失为21649亿美元，平均每天损失216亿美元。因此，与停工1天相比，欧盟平均损失增加22亿美元，美国平均损失增加16亿美元，中国平均损失则增加15亿美元。

表 5 – 2　　　　　2020 年不同停工时间冲击下各地区实际 GDP 的变化额　　　单位：亿美元

国家（地区）	1 天	5 天	10 天	20 天	40 天	60 天	80 天	100 天	150 天
中国	– 201	– 1009	– 2026	– 4079	– 8271	– 12588	– 17042	– 21649	– 33958
美国	– 437	– 2186	– 4379	– 8790	– 17707	– 26761	– 35963	– 45324	– 69529
日本	– 68	– 342	– 687	– 1382	– 2798	– 4253	– 5749	– 7290	– 11381
韩国	– 25	– 126	– 254	– 511	– 1034	– 1572	– 2126	– 2697	– 4216
欧盟	– 319	– 1599	– 3208	– 6454	– 13070	– 19862	– 26848	– 34050	– 53178
中东北非	– 42	– 212	– 426	– 860	– 1749	– 2672	– 3630	– 4629	– 7344
世界其他地区	– 379	– 1900	– 3811	– 7672	– 15548	– 23649	– 31998	– 40621	– 63609

二、多边停工经济损失分析

（一）对实际 GDP 的影响

多边停工对各地区实际 GDP 的影响如表 5 – 3 所示。由表 5 – 3 可知，停工将会导致世界经济陷入萎缩，尤其是疫情应对不利导致的停工时间拖长，其经济成本高昂。具体的，当停工为 14 天时，2020 年全球经济总量相比无疫情时减少 20635.41 亿美元，降幅为 2.03%；而当停工时间增至 30 天时，全球经济总量减少 44625.87 亿美元，降幅增至 4.39%；进一步，当停工时间增至 60 天时，全球经济总量将会减少 90882.60 亿美元，降幅高达 8.95%。从区域层面来看，美国和欧盟是受损最为严重的，其实际 GDP 降幅由快速遏制情景的 2.74% 和 1.95% 分别增至全面爆发情景的 11.94% 和 8.60%，恶化较为明显。对于中国，其实际 GDP 降幅由快速遏制情景的 1.78% 增至全面爆发情景的 7.89%，略高于中东北非，但低于其他五个地区。这表明，与主要发达国家相比，停工对中国经济增长的负面冲击相对偏弱一些。从边际效应来看，与单边停工结果类似，多边停工的经济损失亦满足边际递增的数学特征。因此缩短疫情导致的停工时长将会显著降低各国的经济损失，这在疫情全球大流行背景下仍然成立。

表 5 – 3　　　　　2020 年全球大停工对各地区实际 GDP 的影响（相比基准情景）

国家（地区）	停工 14 天		停工 30 天		停工 60 天	
	实际 GDP 变化幅度（%）	实际 GDP 变化额（亿美元）	实际 GDP 变化幅度（%）	实际 GDP 变化额（亿美元）	实际 GDP 变化幅度（%）	实际 GDP 变化额（亿美元）
中国	– 1.78	– 2819.71	– 3.86	– 6107.58	– 7.89	– 12477.31
美国	– 2.74	– 6139.40	– 5.90	– 13233.55	– 11.94	– 26774.97

国家（地区）	停工 14 天		停工 30 天		停工 60 天	
	实际 GDP 变化幅度（%）	实际 GDP 变化额（亿美元）	实际 GDP 变化幅度（%）	实际 GDP 变化额（亿美元）	实际 GDP 变化幅度（%）	实际 GDP 变化额（亿美元）
日本	- 1.80	- 953.46	- 3.91	- 2064.00	- 7.97	- 4211.84
韩国	- 1.91	- 347.42	- 4.14	- 751.98	- 8.45	- 1534.16
欧盟	- 1.95	- 4445.31	- 4.22	- 9617.27	- 8.60	- 19602.30
中东北非	- 1.26	- 595.18	- 2.74	- 1294.51	- 5.64	- 2666.44
世界其他地区	- 1.86	- 5334.93	- 4.03	- 11556.98	- 8.23	- 23615.57
世界	- 2.03	- 20635.41	- 4.39	- 44625.87	- 8.95	- 90882.60

如表 5 - 3 所示，疫情导致的被迫停工其经济损失主要取决于本国的停工时长，与国外停工时长之间的关系并不显著。具体的，与表 5 - 2 相比，在同样 60 天停工时长的冲击下，美国在多边停工下的经济损失较单边停工微增 0.05%，中国、日本、韩国以及欧盟和中东北非则分别增加 0.88%、0.97%、2.41%、1.31%、0.21%，即多边停工和单边停工的经济损失相差不大。这也说明，降低疫情对本国劳动力市场的负面冲击对控制疫情的经济损失至关重要。

（二）对各地区居民福利的影响

停工将导致居民收入的大幅下滑，这会恶化各国的福利水平，相关结果如图 5 - 2 所示。需要说明的是，与标准 GTAP 模型相同，GDYNE 模型采用希克斯等价变差（hicks equivalent variation，HEV）来表征一国的福利水平，该处理方式综合考虑了人均总效用和区域总收入的影响（Cui et al.，2019）。由图 5 - 2 可以看出，停工对不同地区福利损害不同，受 GDP 大幅下降的影响，美国和欧盟的福利恶化较为明显。以全球停工 30 天为例，美国居民福利下降 12698 亿美元，欧盟居民福利下降 8133 亿美元，二者累计贡献了全球 56% 的福利损失。中国居民福利恶化 4253 亿美元，约为美国的 1/3、欧盟的 1/2。这表明，在同等停工时长冲击下，美欧等发达国家福利恶化程度远高于中国。因此，与发展中国家相比，美欧等发达国家更需强化政策设计以缓解疫情对本国居民福利的负面冲击。

（三）对各地区实际投资的影响

受需求骤降和生产成本大幅攀升的影响，企业生产经营困难加剧，进一步影响到企业的投资意愿。疫情背景下的全球大停工对各地区实际投资的影响如图 5 - 3 所示。所有地区的投资均呈现不同程度的下滑，但停工对发达国家投资的抑制作用明

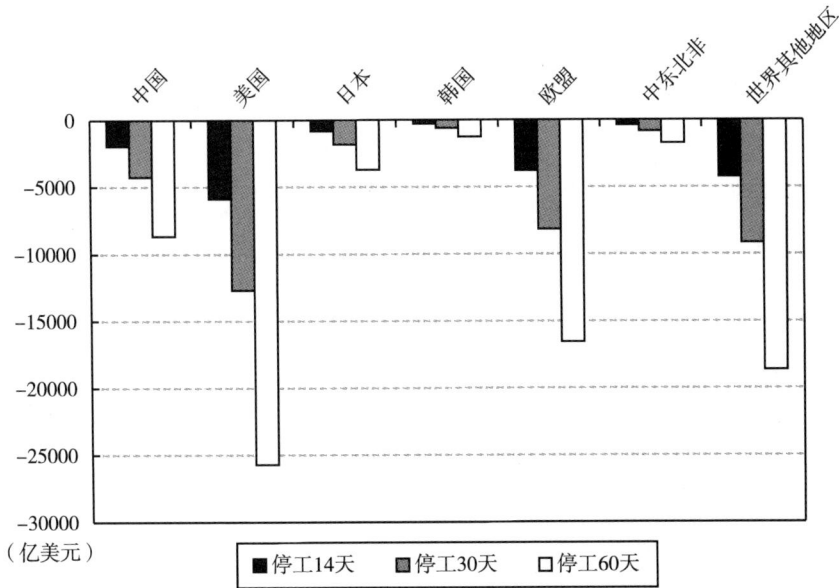

图5-2　全球大停工对各地区居民福利的影响

显高于发展中国家。以全面爆发情景为例，疫情冲击将使得美国投资大幅下降
22.61%，日本投资大幅减少14.44%，欧盟投资大幅萎缩10.29%。与之不同的是，
中国和中东北非实际投资分别下降4.16%和3.18%，降幅远低于上述三个地区。该
发现表明，为应对疫情冲击导致的经济下行，发达国家相比发展中国家更需强化政
府的公共投资行为。

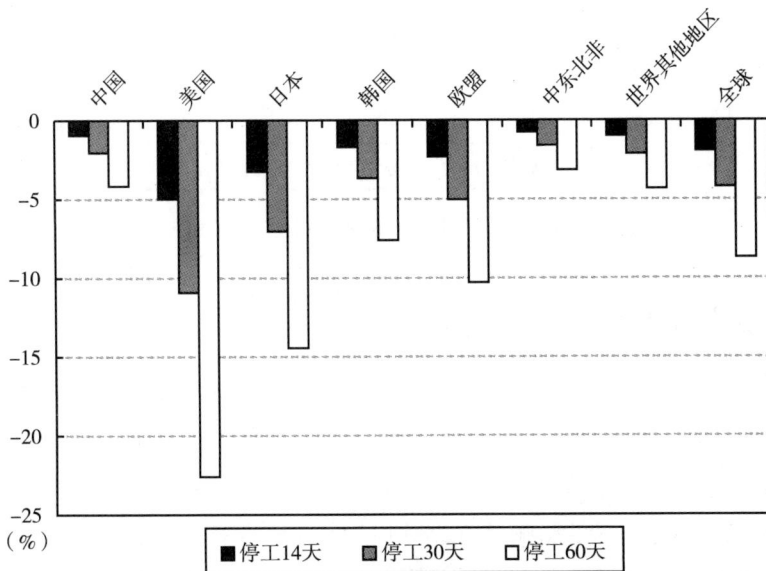

图5-3　全球大停工对各地区实际投资的影响

（四）对各地区居民消费的影响

停工对居民消费将会产生重要的负面影响，停工时间越长，居民消费萎缩就会越明显，尤其对于储蓄率较低的发达国家其负向影响就会越显著。如图 5-4 所示，所有地区的居民消费都会下降，且发达国家消费降幅普遍高于发展中国家。以全面爆发情景为例，疫情冲击使美国居民消费下降 12.59%，在所有地区中降幅最大。欧盟、日本和韩国的居民消费降幅大体相当，均在 7.50% 附近波动，说明停工对这些地区居民消费抑制程度相近。停工对中国、中东北非居民消费的负面影响相对小一些，降幅分别为 6.25% 和 3.71%。该发现意味着为对冲疫情对居民消费的挤压，各国均需出台配套扶持政策，特别是对受损较为严重的发达国家，制定救助政策尤为迫切。当前，美国、日本和澳大利亚等选择向民众发放现金等方式以对冲疫情对本国消费的负面冲击，本研究也佐证了此类措施的必要性。

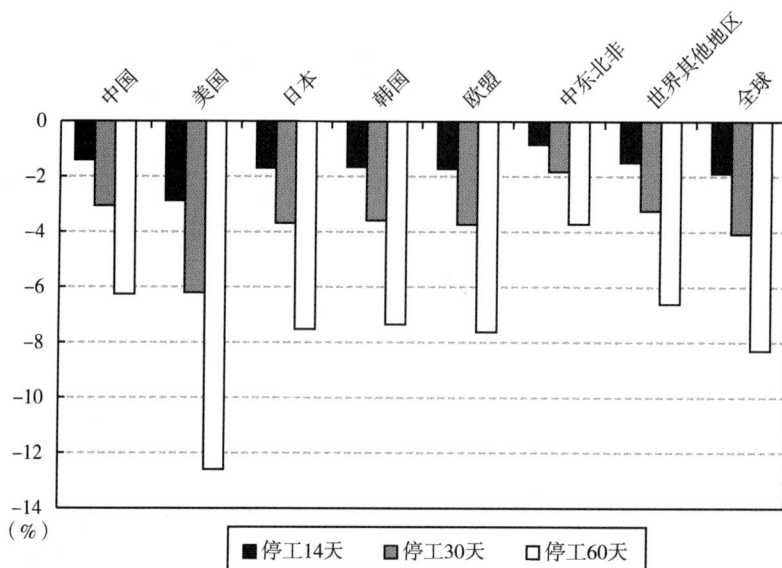

图 5-4　全球大停工对各地区居民消费的影响

（五）对各地区进出口贸易的影响

停工导致了全球产业链断裂，并对国际贸易产生了重要冲击。如表 5-4 所示，当全球停工 14 天时，国际贸易将会萎缩 1.78%，当停工时间延长至 30 天时，全球贸易降幅将增至 3.83%，而当全球停工 60 天时，国际贸易将大幅下降 7.75%。由此可知，停工对国际贸易的影响具有边际递增特征。从区域来看，停工对不同国家出口贸易的影响方向和冲击程度不尽相同。与其他地区出口萎缩不同，美国出口呈现一定程度的增加。

表5-4　　　　全球大停工对各地区进出口贸易的影响（相比基准情景）　　单位：%

国家（地区）	停工14天		停工30天		停工60天	
	出口	进口	出口	进口	出口	进口
中国	-3.33	-0.90	-7.22	-1.94	-14.72	-3.89
美国	1.89	-4.38	4.40	-9.44	10.25	-19.09
日本	-0.36	-2.02	-0.76	-4.37	-1.49	-8.92
韩国	-1.70	-1.40	-3.67	-3.04	-7.47	-6.22
欧盟	-1.63	-1.85	-3.53	-3.99	-7.24	-8.15
中东北非	-1.61	-0.76	-3.52	-1.64	-7.34	-3.27
世界其他地区	-2.48	-1.17	-5.40	-2.51	-11.08	-5.05
世界	-1.78	-1.78	-3.83	-3.83	-7.75	-7.75

实际上，麦基宾和西多连科（McKibbin and Sidorenko，2006）、迪克逊等（Dixon et al.，2010）均指出大规模流行病会在短期内迫使企业产能利用率大幅下降，这将拉低资本回报率，受资本逐利性的驱动，国际资本会从疫情国逃离以规避资金风险，而资本外逃又会导致疫情国货币贬值，进而引发出口增加、进口减少。需要说明的是，表5-4并未考虑各国为抗击疫情所采取的货币政策和财政政策。实际上，尽管停工对美国经济冲击最大，但由于美联储在疫情爆发后果断采取了无限量化宽松（quantitative easing，QE）政策，避免美国股市的反复熔断，提振了消费和投资信心，有效遏制了国际资本从美国大幅外逃，美元贬值也得到了一定程度的控制。模拟发现，疫情导致的被迫停工使美国出口出现微增。

第四节　结论和讨论

在缺乏特效药或疫苗的情况下，大规模强制性隔离是人类抗击特大传染疫情的重要举措，这有助于在较短时间遏制住疫情从而挽救更多生命。当然，强制性隔离也会导致以劳动力为代表的生产要素在经济活动中的流动受阻，这对经济增长将会带来不可忽视的负面影响。疫情导致的被迫停工已经成为一种重要的社会经济现象，目前鲜有研究对此展开深入系统的评估。为揭示停工此类抗疫举措的经济成本，本研究首先构建了一个理论模型，探讨停工对经济系统的作用机理，分析停工时长与其宏观经济损失之间的数量关系，随后采用全球动态多区域CGE模型对各主要国家（或地区）停工的宏观经济损失进行计量，测算疫情冲击下的大停工对各地区实际GDP、居民福利、投资、居民消费和进出口贸易的影响。

经过实证分析，得出以下重要发现。一是停工的经济损害高度依赖于劳动报酬在初次要素分配中的占比，劳动报酬占比越高的经济体其所遭受的负面影响越大，反之则会越小。二是停工时间越长，各国的宏观经济损失就会越大，且这种损失具有边际递增的特征。当停工时间由 1 天增至 100 天时，美国平均每天损失由 437 亿美元增至 453 亿美元，中国平均每天损失由 201 亿美元增至 216 亿美元。三是在同等停工时长冲击下，发达国家较发展中国家宏观经济损失更高，福利损害更大，投资下降更为明显，居民消费受冲击更加显著，特别是美国其受损程度全球最高。四是国际疫情应对不利导致的停工时间被迫拖长其经济成本高昂，如果停工时间从 14 天拖长到 60 天，全球经济总量降幅将由 2.03% 增至 8.93%，居民消费降幅将从 1.88% 增加到 8.31%，国际贸易萎缩幅度将由 1.78% 增至 7.75%。

实证结果显示，停工对发达国家造成的宏观经济损失要高于发展中国家，尤其是美国，其面临的经济损失全球最高。该发现有助于解释为什么特朗普政府在疫情爆发初期不愿意采取类似中国这种严格的隔离措施，一个主要担忧是经济代价高昂（Desierto and Koyama，2020）。然而，美国的消极抗疫策略并未能挽救本国经济。由于错过了最佳防控时间，疫情在美国的大面积蔓延并延续至今，给劳动力市场带来重创，进而引发了严重的经济危机。根据美国劳工部的统计，2020 年 4 月、5 月、6 月和 7 月美国的失业率分别高达 14.7%、13.3%、11.1% 和 10.4%，尽管有下降趋势，但幅度远超疫情前 2% 的水平。受此影响，美国二季度 GDP 环比大幅萎缩 9.5%。据 OECD 统计，2020 年上半年美国 GDP 同比下降 4.62%，高于中国同期降幅 1.60%，疫情对美国的经济损害超过了中国。鉴于新冠肺炎疫情在美国已造成超过 570 万人感染和 17 万人死亡，且相关数据仍在快速增加中，特朗普政府的防疫策略非但未能挽救生命，也未能避免严重的经济损失，这种消极的抗疫策略亟待改善。

特大疫情的防控不仅需要权衡经济成本和健康代价，也要统筹短期成本和长期损失。本书认为，各国有必要在本国疫情爆发初期果断采取以停工为代表的严格防控防疫措施，这有助于实现挽救生命和保护经济的双重目标。实际上，中国的抗疫经验表明此种防疫模式可以迅速控制疫情，大大减少感染人数和死亡人数，且有助于经济快速恢复。从经济有效性角度来看，强制性隔离虽然短期内经济成本高昂，但这种损失可被未来的潜在收益所抵消。原因在于早期的隔离能够避免后期疫情所致的大规模感染和人口伤亡，虽在短期内对劳动力市场形成重创，但从长远来看具有一定的补偿作用。换而言之，短期停工导致的生产力损失可以通过未来劳动力市场恢复予以弥补。鉴于新冠肺炎已导致全球超过 2346 万人感染和近 81 万人死亡，绝大部分人员伤亡在严格防控防疫策略下本可以避免，这也佐证了早期隔离举措所蕴含的巨大健康效应和对劳动生产力的补偿效果。随着新冠肺炎疫情的持续发酵，这种潜在的经济收益会随着全球感染人数和死亡人数的进一步攀升而被不断放大，故早期强制性隔离的经济成本未必一定高于其他抗疫策略。

本书研究发现，由于国际抗疫不利导致的停工时间延长其经济成本高昂，考虑到停工的边际损失具有单调递增特征，因此越早控制住疫情，各国的潜在边际损失就会越低。事实上，疫情的控制需要世界各国通力合作方能完成，但目前国际合作抗疫的政治基础脆弱。由于缺乏足够的政治互信，全球抗疫大都处于"各自为政"的状态，这种碎片化的抗疫模式只会加剧全球疫情传播，对各国劳动力市场产生持续的负面冲击。例如，对于中国，尽管国内疫情在2020年4月后得到较好控制，但随着国外疫情的不断输入，北京和新疆等地被迫重启"封城"以应对新的疫情，国内复工复产受到干扰。对于国外，疫情的大面积蔓延降低了人们的工作意愿，如美国10%以上的失业率持续4个多月且有延续之势，经济体不得不面临劳动力长期严重承压的挑战。本书认为，世界各国应该摒弃对疫情的政治操弄，构建强有力的国际抗疫平台，将工作重心聚焦在疫情的防控方面，这不仅能够挽救生命，对降低疫情的长期经济损害亦具有十分重要的现实意义。

第六章　疫情领域：全球新冠肺炎疫情致死人口长期经济损失模拟

第一节　研究背景

2020 年，一场突如其来的新型冠状病毒肺炎引发国际社会的高度关注。为抗击疫情，世界各国采取了种类多样的抗疫举措，但在遭受了巨大的人员伤亡和经济损失后，疫情仍未得到有效控制。

疫情对劳动力市场的冲击效应一直是学术界关注的热点，实证分析发现在疫情爆发之初，各国劳动力市场均遭受重创。例如，蒂尔瓦赫特（Till von Wachter，2020）发现在疫情爆发初期，美国有 4 个月失业率一直维持在 10% 以上，疫情对美国弱势就业者所造成的终生收入损失超过 2 万亿美元；博尔兰和查尔顿（Borland and Charlton，2020）调研发现 2020 年 3 月澳大利亚工作时长大幅减少 9.5%，就业人数减少 4.7%；鲍尔和韦伯（Bauer and Weber，2020）发现德国 2020 年 4 月由于封锁措施所导致的失业人数增加 11.7 万人；勒米厄等（Lemieux et al.，2020）发现在疫情爆发的最初三个月，澳大利亚周工作时长下降 32%，就业人数大幅减少 15%。疫情不仅给劳动力市场带来重创，还加剧了一系列社会不平等问题：性别不平等，女性比男性更容易遭受疫情冲击（Del Boca et al.，2020；Mohapatra，2021）；种族不平等，黑人、亚洲人和少数族裔人群更易感染和死亡（Kirby，2020）；年龄不平等，老年人死亡率远高于中青年和婴幼儿（Moosa and Khatatbeh，2021）；教育不平等，低收入学生比高收入学生更易中断教育和培训（Sevilla and Smith，2020）；收入不平等，低收入家庭较高收入家庭更难应对疫情的负面冲击（Bonacini et al.，2021）。总之，尽管学术界探究了疫情导致的失业问题，但大都以短期回顾为主，且多为定性分析手段，目前未见研究从定量层面揭示疫情对各国劳动力市场的长期冲击效应。

新冠肺炎疫情对宏观经济的冲击效应也是一个非常重要的研究问题，部分学者对此展开评估，从研究方法来看主要有投入产出模型和 CGE 模型两类。投入产出模型主要借助投入产出技术，从劳动力供给、居民需求和进出口贸易等方面构建冲击命令，模拟疫情对各国宏观经济的短期冲击效应（Lenzen et al.，2020；Haddad et al.，2020）。投入产出模型数据库更新缓慢，且不能充分考虑贸易替代和生产要素替代，其模拟结果容易出现偏误。CGE 模型以整个经济系统为研究对象，它通过模拟疫情对经济系统的冲击过程，揭示疫情导致的宏观经济波动和行业产出变化，受到越来越多人的关注（Lahcen et al.，2020；Zidouemba et al.，2020）。目前，使用 CGE 模型模拟疫情经济影响的文献逐渐增多：马利特等（Malliet et al.，2020）评估了法国封锁 55 天的经济与环境影响，发现 2020 年法国 GDP 下降 5%，碳排放下降 6.6%；麦基宾和费南多（McKibbin and Fernando，2021）借助 G-Cubed 模型通过对劳动力、生产成本、居民消费、风险溢价和公共支出等施加政策冲击，发现疫情将使中国 GDP 下降 6.48% ~ 9.48%，美国 GDP 下降 12.10% ~ 17.68%。由于疫情发展和各国遏制措施的深刻不确定性，现有研究对疫情的传导机制刻画不一，导致不同研究结果差别较大（黄群慧，2020；Song and Zhou，2020）。特别是，疫情已在全球范围内导了大规模人口死亡和劳动力减损，目前鲜有学者采用 CGE 模型测算人口减损对各国经济的长期影响。

不仅如此，对现有国家疫情应对效果展开及时准确的评估也具有重要的现实意义和决策价值。新冠肺炎疫情的全球蔓延与各国抗疫举措不同有关，目前不同国家在疫情应对策略和政策力度方面存在巨大差异。例如，中国和新加坡等亚洲国家在疫情爆发初期迅速采取了强制性隔离措施，包括停工停产、居家隔离、交通管制和封国封城等，取得较好的防疫效果（Anderson et al.，2020）。韩国虽未采取"封锁"措施，但其通过将检测、早期隔离、免费治疗与数字技术相结合，也在早期控制住了疫情的快速蔓延（Majeed et al.，2020）。对于美国，特朗普政府在疫情爆发初期应对相对消极，而随着疫情的逐渐严峻，美国出台了"保持社交距离"政策，但由于联邦政府和部分州政府分歧严重，相关举措在美国多数地区并不具有强制性（Baccini et al.，2021；Gupta et al.，2020；Moosa，2020）。瑞典是全球首个实施"群体免疫"策略的国家，该策略最初也被英国采用，但随着死亡人数的快速攀升，英国政府随后转向采取强制性封锁举措（Yarmol-Matusiak et al.，2021）。一些学者认为，强制性隔离和大规模检测是最有效的非医学行为，但大规模检测需要足够的检测资源和检测能力，这并非所有国家都能做到（Kasy and Teytelboym，2020；Susskind and Vines，2020）。尽管强制性隔离对病毒遏制效果明显，但受限于经济成本高昂且不具备长期性（Rowthorn and Maciejowski，2020），而过早放弃强制性隔离举措会大大增加死亡率，并导致未来收入下降和居民福利损害（Brodeur et al.，2021）。总之，不同国家疫情应对举措呈现出明显的异质性，尽管部分学者认为强制性隔离对病毒遏制作用明显，但对其经济成本缺乏长期性评估。

疫情应对效果评估是一项复杂的系统性工程，不仅需要考虑各国所遭受的健康损害，还要测算不同国家所付出的宏观经济成本，本质上是个多目标决策问题（Colmer，2020）。面对疫情冲击，"保人命"还是"保经济"始终是一个两难选择（Besley and Stern，2020）。尽管疫情对各国健康损害的影响通常是短期的，但人口死亡所致的劳动力减损对经济增长的负面影响将具有长期性（Banks et al.，2020；von Wachter，2020）。疫情通过人口对经济系统产生的长期影响主要有三个途径：首先，人口死亡会导致居民收入减少、储蓄不足和消费下降，这对疫情后期的经济复苏不利（Gibson and Olivia，2020）；其次，劳动力减少会导致企业用工成本上升，削弱产品竞争力，劳动力减损越严重的国家其长期经济损害可能越高（Lemieux et al.，2020）；最后，由于不同国家人口死亡密度不同，其劳动力减损也会不同，疫情改变了不同国家间的劳动力竞争优势，这将持续作用于各国经济增长（Briggs et al.，2021）。目前，关于疫情致死人口经济损失测算的文献较为缺乏。

综上，面对特大传染性疫情，世界各国采取种类多样的抗疫举措，导致了不同的经济损失和人员伤亡。已有文献注意到，疫情对劳动力市场的短期冲击是剧烈且复杂的，那么这种负面影响是否会一直存在，如若不是又会以何种规律衰减，目前也无文献涉及。此外，疫情导致的大规模人口死亡对各国经济的长期影响如何，鲜有学者对此展开定量评估。基于此，本节首先以美国、中国、巴西和印度等全球 24 个主要经济体为研究对象，测算出疫情致死人口的短期和长期经济影响。其次从短期和长期两个视角出发，综合权衡生命安全和经济成本，对不同国家的新冠肺炎疫情应对效果进行量化评估。不仅如此，全面评估各主要国家的疫情应对及复苏表现，可为总结过去和理解未来提供有价值和有意义的分析视角和决策参考。

本节将集中回答以下问题。疫情致死人口对世界各国经济的影响是怎样的？各国应对疫情采取不同措施导致疫情健康损害和经济成本有所不同，不同抗疫模式下的应对效果有何不同？

本节分为五个部分，第一部分为研究背景；第二部分为模型、数据处理与情景设置；第三部分为模拟结果和分析；第四部分为研究拓展与分析；第五部分为结论与政策建议。

第二节 模型、数据处理与情景设置

一、GDYNE 模型数据处理

为精确计量新冠肺炎疫情致死人口的长期经济影响，本节将借助 GDYNE 展开实证分析。

（一）数据

为构建与 GDYNE 模型相匹配的能源经济动态数据库，本节将在 GTAP 10 数据库基础上，利用世界各国历史宏观经济数据信息，依托 GDYNE 模型先进的动态机制，将全球经济均衡点从 2014 年动态移动到 2020 年，并借助历史趋势外推技术生成新冠肺炎疫情经济损失评估的参考基准。为便于问题分析，根据疫情影响的严重程度，同时考虑校准数据的可得性，将 GTAP 10 数据库中原有的 141 个地区合并为 25 类，分别为美国、巴西、印度、墨西哥、英国、意大利、法国、哥伦比亚、俄罗斯、南非、阿根廷、德国、加拿大、印度尼西亚、土耳其、荷兰、瑞典、中国、沙特、罗马尼亚、瑞士、日本、澳大利亚、韩国和世界其他地区。该划分在经济和疫情方面均具有代表性，不仅如此，该划分还涵盖了全球主要的抗疫类型，包括采取"群体免疫"策略的瑞典，推行强制隔离举措的中国，实施大规模检测的韩国，推进"增加社交距离"政策的美国等。对于行业归并，将原有的 65 个行业合并为 8 大类：农业、煤炭、原油、天然气、成品油、电力、工业和服务业。其中，将能源类行业单列出来主要便于模型校准。

实证分析主要包括历史校准和政策仿真两个部分，其中历史校准时假定为 2014 ~ 2020 年，政策仿真则集中考察 2021 ~ 2050 年。考虑到 2021 年已经过去，将采用 OECD 最新预测数据[①]对 2021 年各国 GDP 进行校准，借以提升疫情背景下模型对各国经济变动的捕捉能力。为提高模拟精度，历史校准主要使用了两大类数据：一类是各地区经济和就业数据，包括实际 GDP、投资、消费、进出口贸易、人口和就业等；另一类是各地区能源环境数据，包括煤炭、石油、天然气和成品油的生产和消费，以及碳排放变化等。其中，地区经济和就业数据主要来源于世界银

---

① https：//stats. oecd. org/

行官网和国际货币基金组织官网，分品种化石能源的生产和消费以及区域碳排放信息来源 BP（2020）。

（二）作用机理

疫情对经济系统的影响是全面且复杂的。根据疫情对经济系统的作用机理，疫情会导致严重的劳动力减损问题：首先，由于人们的趋利避害心理，劳动者可能选择自愿性旷工或减少工作时间以避免被病毒感染（Bonacini et al.，2021）；其次，政府部门采取的强制性隔离等抗疫举措会阻碍劳动力等生产要素在经济活动中的流动（Hupkau and Petrongolo，2020）；再次，受损严重的企业会减少对劳动力的需求（Costa Dias et al.，2020）；最后，感染人群劳动生产率的下降，以及劳动力人口死亡对劳动力市场带来的永久性创伤（Banks et al.，2020）。周梅芳等（2020）从供给侧和消费侧引入 5 条冲击路径以模拟疫情的经济影响，发现疫情对经济的负面影响 97% 是由供给侧的停工导致的，需求侧冲击仅贡献 3% 的经济损失。鉴于此，本节主要考察疫情所致的人口死亡和劳动力减损，通过冲击人口总量和劳动力供给水平，进而模拟疫情对世界各国造成的短期和长期经济损失。在具体模拟时，主要设置两条冲击路径：一是借鉴已有研究设置（McKibbin and Fernando，2021），对模型中的劳动力供给变量 $qfactsup$ 进行冲击，据此模拟各国劳动生产力的减损情况；二是冲击模型中的人口变量 pop，用以模拟疫情背景下各国人口规模的减少。考虑到疫情经济影响主要取决于劳动力减损程度（周梅芳等，2020），研究将借助 GDYNE 模型利用 2020~2021 年实际 GDP 降幅内生求解各国 $qfactsup$ 变化幅度，并假定各国劳动力减损在疫情有效控制后能够回弹至正常水平，即假设疫情中被迫失业的劳动人员在疫情结束能够重新找到工作。

在 GDYNE 模型中，劳动力减损对经济系统的作用机理如图 6-1 所示。首先，从居民部门来看，用工时间下降导致了劳动报酬的减少，在收支平衡约束下，居民消费将会下降，进而波及经济增长。对企业来说，当劳动力供给短缺时，企业由于生产资料投入不足产出将会下滑，此外疫情大流行进一步加剧全球供应链中断风险，企业面临进口成本上升和出口需求下滑的双重打击，企业由此陷入生产经营困难，导致投资需求下降。对于政府部门而言，疫情导致的被迫停工使各项税收收入减少，政府公共支出不足，财政赤字压力加大。GDYNE 模型能够捕捉上述所有传导机制，且可以量化劳动力减损冲击下全球不同国家、不同行为主体、不同产业部门间复杂的交互作用关系。

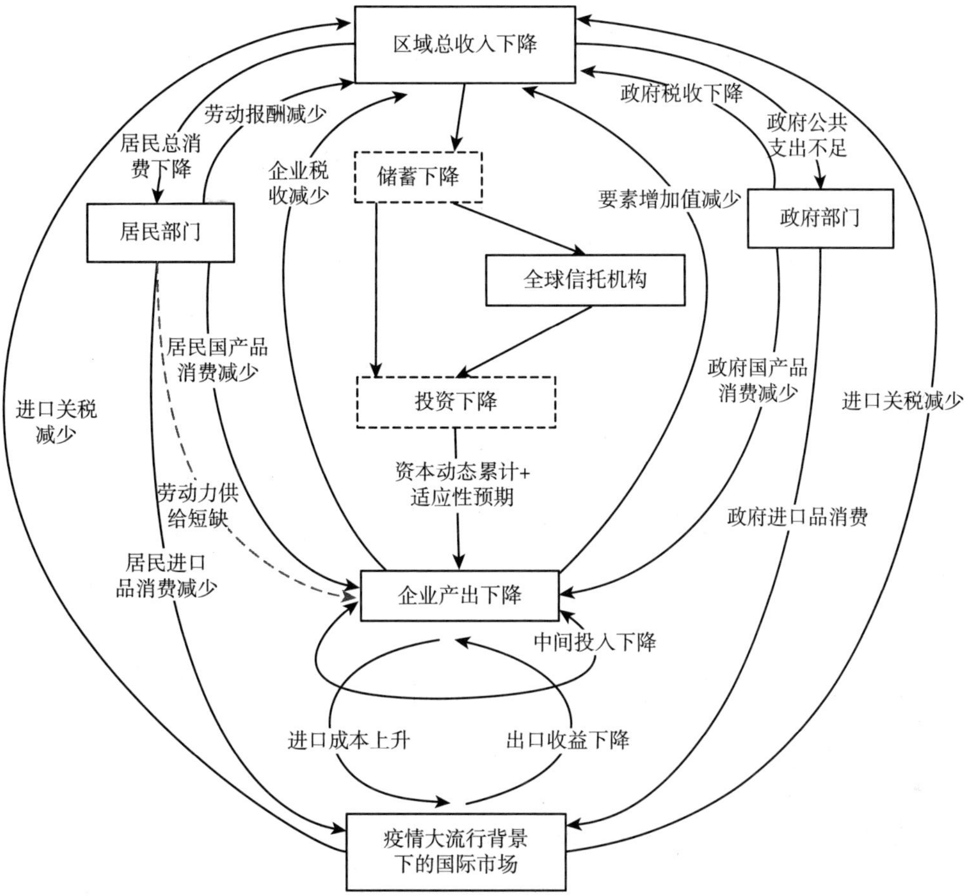

图 6-1 GDYNE 模型中停工对经济系统的作用机理

二、基准情景构建

（一）2020~2050 年各地区人口及劳动力增长假定

为准确模拟疫情致死人口的长期经济效应，对未来人口总量和劳动力供给进行合理预期是关键，本节主要借鉴世界银行 2019 年的预测结果。通过对无疫情背景下 2050 年前各国人口和劳动力变化进行冲击，从而构建研究所需的基准情景（business as usual，BAU）（见图 6-2 和图 6-3）。

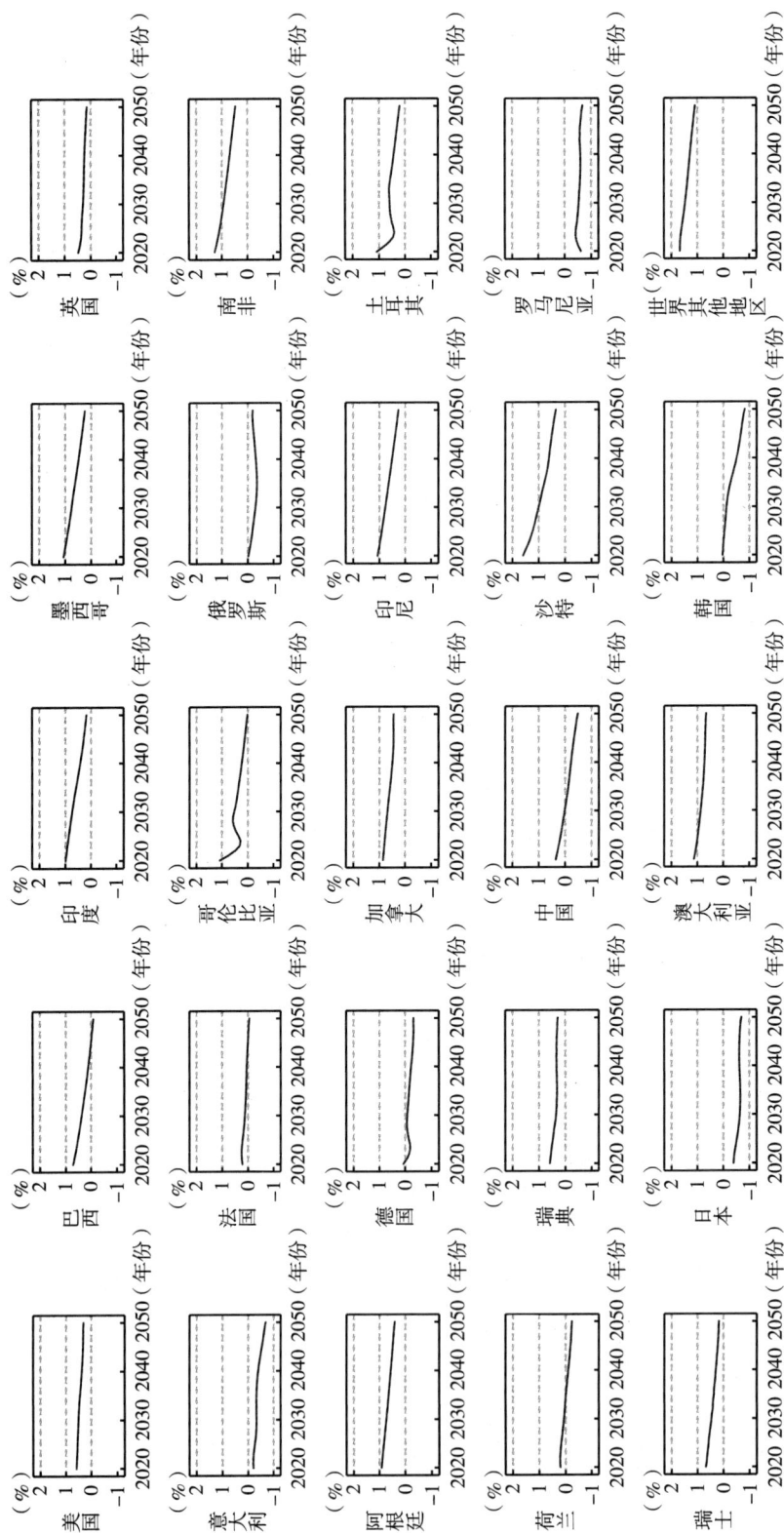

图 6-2　BAU 情景下各国家（地区）人口增长假定

资料来源：世界银行（2019）。

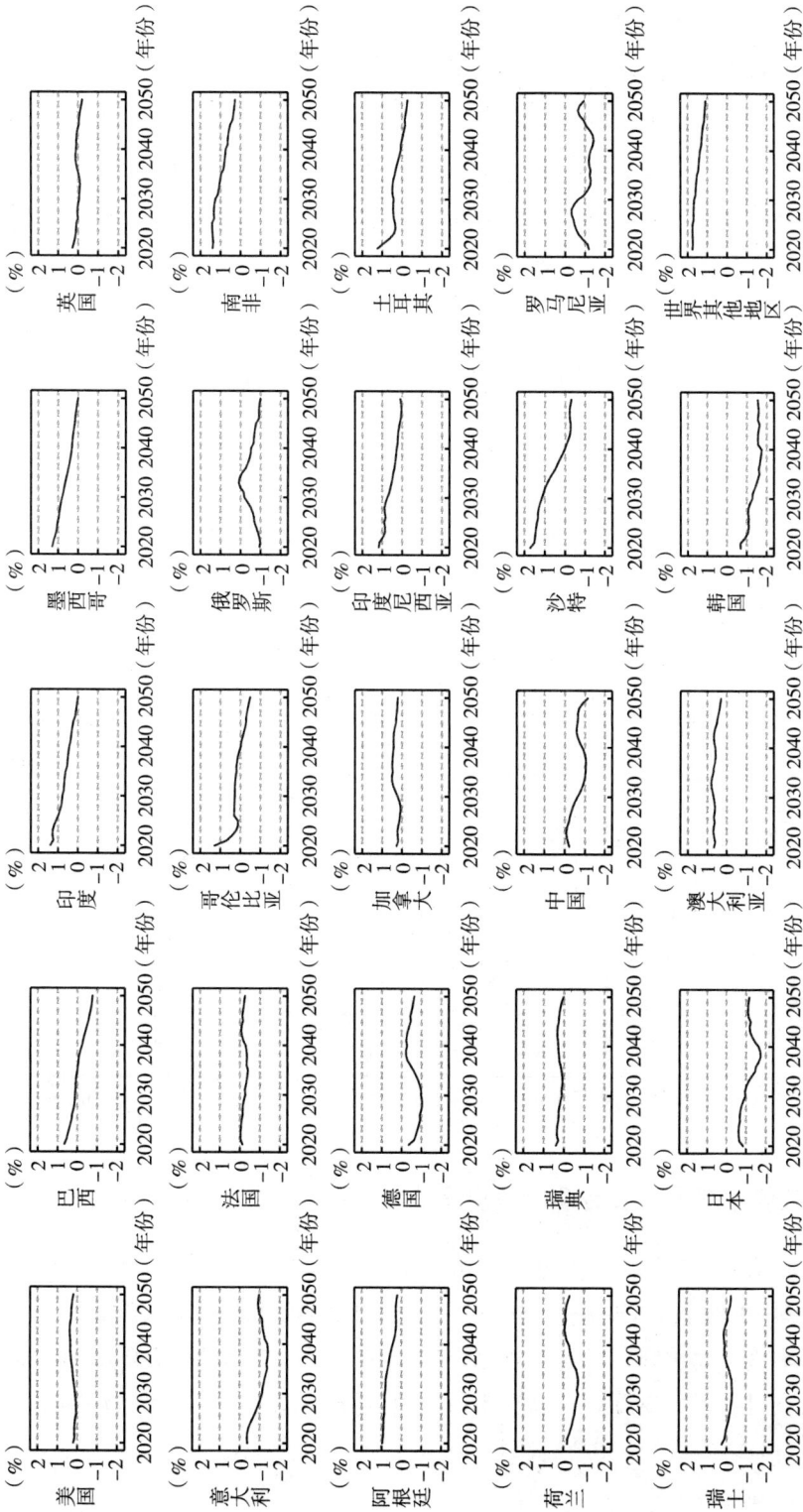

图 6 - 3　BAU 情景下各国家（地区）劳动力增长假定

资料来源：世界银行（2019）。

（二）主要国家 GDP 损失设定

为提高 GDYNE 模型对实际经济的预测能力，需要收集 2020～2021 年各国 GDP 的变化情况，并将其作为外生约束纳入模型的政策冲击中。相关数据取自 OECD 于 2021 年 12 月发布的全球经济展望①，具体结果如表 6－1 所示。通过表 6－1 可以发现，疫情对全球经济带来重创，2020 年世界 GDP 较 2019 年萎缩 3.26%，而随着疫情后期的复工复产，2021 年世界经济预期反弹 5.68%，且疫情对不同国家造成的经济冲击效应不同。

表 6－1　　　　　　　**2020～2021 年疫情冲击下各国 GDP 变化**　　　　　单位：%

国家（地区）	2020 年	2021 年	国家（地区）	2020 年	2021 年
美国	－3.40	5.56	印度尼西亚	－2.07	3.31
巴西	－4.36	4.99	土耳其	1.79	9.04
印度	－7.25	9.44	荷兰	－3.81	4.33
墨西哥	－8.31	5.90	瑞典	－2.94	4.32
英国	－9.69	6.92	中国	2.30	8.10
意大利	－9.00	6.31	沙特	－4.15	2.30
法国	－7.99	6.79	罗马尼亚	－3.86	6.28
哥伦比亚	－6.80	9.54	瑞士	－2.51	2.93
俄罗斯	－2.95	4.33	日本	－4.59	1.84
南非	－6.43	5.20	澳大利亚	－2.45	3.81
阿根廷	－9.90	7.96	韩国	－0.85	3.98
德国	－4.93	2.87	世界其他地区	－2.96	5.20
加拿大	－5.31	4.82	世界	－3.26	5.68

注：2021 年各国 GDP 预测数据来自 OECD 发布的预测报告 Economic Outlook No 110-December 2021。

（三）疫情致死人口及劳动力减损评估

为构建政策冲击情景，需要测算疫情冲击下世界各国人口损失比例及劳动力减损水平。图 6－4 列举了 2020～2021 年不同国家疫情致死人口及其死亡密度，数据来源于美国华盛顿大学健康计量和评估研究结果②。2020～2021 年全球因为新冠肺炎疫情死亡人口接近 592 万人，相当于每百万人死亡 756 人。从死亡规模来看，美

---

① https：//stats.oecd.org/
② https：//covid19.healthdata.org/global？view = social-distancing&tab = trend

国、俄罗斯、巴西和印度受创最为惨重，分别为 82 万人、65 万人、62 万人和 48 万人，四国占全球死亡总量的 43%；与之相对，中国、韩国和澳大利亚疫情死亡人口分别为 4760 人、5625 人和 2248 人，在全球死亡总量中占比不足 1%。从死亡密度来看，俄罗斯、墨西哥、罗马尼亚受损最为严重，每百万人中死亡人数高达 3000 人以上，而中国、韩国、日本等亚洲国家人口死亡密度较小，尤其是中国每百万人中死亡人数仅为 3 例。鉴于人口在经济增长中扮演着十分重要的角色，疫情对不同国家人口所造成的差别化冲击必将导致多样性的经济效果。

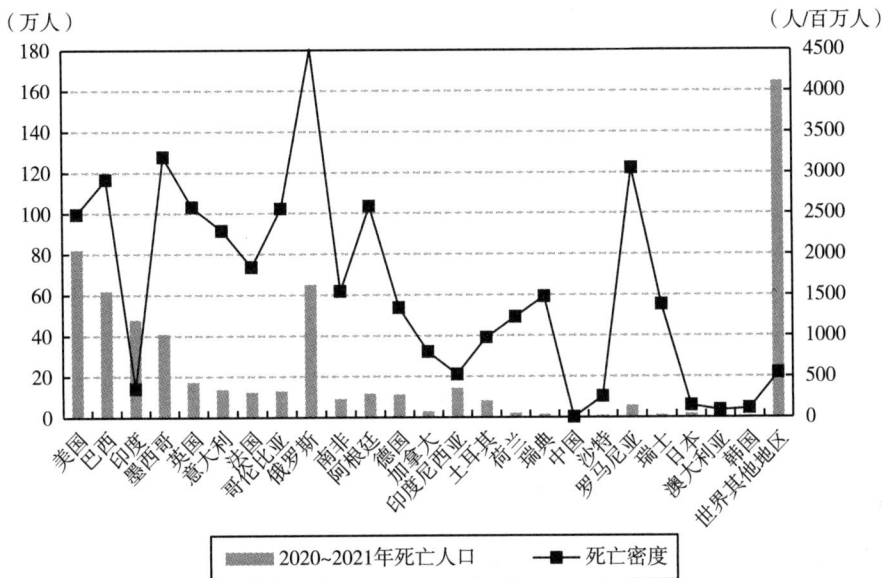

图 6 - 4　2020～2021 年新冠肺炎疫情死亡人口对比

疫情加剧了年龄层面的不公平，一般而言，疫情对老年人口的威胁较大，疫情导致的人口降幅并不等同于劳动力降幅。为解析疫情对各国劳动力市场的冲击效应，有必要弄清疫情致死人口的年龄分布特征。事实上，疫情致死人口对各国经济增长将造成正负两个方面的冲击效应：一方面，大量老年人口死亡会降低社会抚养负担，这对疫情过后经济复苏或有一定的刺激作用；另一方面，作为经济活动的重要投入要素，劳动力减损会直接影响经济产出，且由于人口死亡的不可逆性，劳动力减损对经济增长的负面影响具有长期性。疫情致死人口的经济效应是上述两个因素合力的结果，需要借助量化评估模型测算方能得到。

疫情对劳动力减损的冲击需要考虑劳动力的时变特征，否则可能导致损失结果的高估。按照世界银行的定义，劳动力人口是 15～64 岁具备劳动能力的人口，故某一年人口死亡对后续年份劳动力供给的冲击幅度不同。例如，2020 年死亡的 64 岁人群在 2021 年将不再是劳动力，而 2020 年死亡的 14 岁人群在 2021 年又是新的劳动力（无疫情冲击）。考虑到一种极端情景，假设某国 2020 年疫情死亡人口都是 64

岁人群，那么疫情对该国劳动力减损的冲击应该仅局限在 2020 年，不应持续扩大到 2021 年及其以后年份。为测算疫情导致的劳动力减损对经济的长期冲击效应，需要计算当前人口死亡对后续年份劳动力供给的影响，并将其作为冲击变量纳入 GDYNE 模型中。具体计算过程见公式（6.1）至公式（6.5）：公式（6.1）定义了一个时间间隔变量 T^*；公式（6.2）统计的是 2020 年国家 r 疫情导致的劳动力减损人数 DL_r^{2020}，其中 $DL_{r,i}^{2020}$ 为当年该国第 i 岁人口的死亡人数，其值等于死亡总人口乘以该年龄的死亡占比；公式（6.3）计算的是 2021 年国家 r 疫情导致的劳动力减损人数 DL_r^{2021}；公式（6.4）计算的是 2020 年和 2021 年死亡人群在 T 年造成的劳动力减损人数；公式（6.5）则是 T 年劳动力减少比例，L_r^T 是 T 年无疫情时 r 国家的劳动力供给水平。

$$T^* = \max(2035 - T, 0) \tag{6.1}$$

$$DL_r^{2020} = \sum_{i=15}^{64} DL_{r,i}^{2020} \tag{6.2}$$

$$DL_r^{2021} = \sum_{i=15}^{64} DL_{r,i}^{2021} \tag{6.3}$$

$$DL_r^T = \sum_{i=T^*}^{2084-T} DL_{r,i}^{2020} + \sum_{i=T^*+1}^{2085-T} DL_{r,i}^{2021}, 2021 \leqslant T \leqslant 2050 \tag{6.4}$$

$$DR_r^T = \frac{DL_r^T}{L_r^T}, 2020 \leqslant T \leqslant 2050 \tag{6.5}$$

疫情冲击下各国劳动力减损的动态变化趋势如表 6-2 所示。关于劳动力减损的评估主要基于 2020 年和 2021 年死亡人口得到的计算结果，2022 年及其以后疫情新增死亡人口所致的劳动力减损可参照类似办法获得。由表 6-2 可知，2020 年，墨西哥、巴西劳动力减损比例较大，分别为 12.44‰ 和 5.53‰，而中国、韩国、日本、澳大利亚等地区劳动力减损比例不到万分之一；2030 年，世界各地区劳动力减损均有所改善，中国、韩国、澳大利亚劳动力基本不受影响；2040 年，各地区劳动力损失进一步减小，荷兰劳动力恢复正常；2050 年，各地区劳动力减损比例相比 2040 年基本没有变化，部分地区减损比例有所反弹。

表 6-2　　　　　　　　疫情导致劳动力减损的动态变化趋势

国家（地区）	劳动力减损人数（人）				劳动力减损比例（‰）			
	2020 年	2030 年	2040 年	2050 年	2020 年	2030 年	2040 年	2050 年
美国	76418	22103	13442	13442	-3.56	-1.02	-0.60	-0.59
巴西	81939	69241	40346	40346	-5.53	-4.54	-2.65	-2.81
印度	92891	78753	45282	45282	-1.00	-0.77	-0.42	-0.41

续表

国家（地区）	劳动力减损人数（人）				劳动力减损比例（‰）			
	2020 年	2030 年	2040 年	2050 年	2020 年	2030 年	2040 年	2050 年
墨西哥	106707	50309	24115	24115	-12.44	-5.31	-2.42	-2.38
英国	9842	2330	1010	1010	-2.30	-0.54	-0.23	-0.24
意大利	6064	1111	631	631	-1.58	-0.31	-0.20	-0.22
法国	7230	1566	721	721	-1.75	-0.38	-0.18	-0.18
哥伦比亚	14341	9214	5130	5130	-4.10	-2.55	-1.40	-1.44
俄罗斯	14125	4339	2108	2108	-1.48	-0.49	-0.24	-0.26
南非	16438	13308	6957	6957	-4.22	-2.99	-1.42	-1.36
阿根廷	13406	7983	4192	4192	-4.60	-2.51	-1.23	-1.20
德国	2719	990	479	479	-0.51	-0.20	-0.10	-0.11
加拿大	1078	218	105	105	-0.43	-0.09	-0.04	-0.04
印度尼西亚	15826	26538	20187	20187	-0.85	-1.31	-0.95	-0.94
土耳其	6017	4580	3435	3435	-1.06	-0.77	-0.56	-0.57
荷兰	755	79	0	0	-0.68	-0.07	0.00	0.00
瑞典	650	127	71	71	-1.01	-0.19	-0.11	-0.10
中国	1616	209	121	121	-0.02	0.00	0.00	0.00
沙特	4269	1911	1031	1031	-1.71	-0.67	-0.34	-0.35
罗马尼亚	6432	3898	2173	2173	-5.12	-3.29	-2.07	-2.30
瑞士	381	35	18	18	-0.67	-0.06	-0.03	-0.03
日本	412	301	90	90	-0.06	-0.04	-0.02	-0.02
澳大利亚	39	8	6	6	-0.02	0.00	0.00	0.00
韩国	108	30	14	14	-0.03	-0.01	0.00	-0.01
世界其他地区	143782	103315	58780	58780	-0.77	-0.47	-0.23	-0.20

三、政策情景

考虑到疫情发展和接种进度的不确定性，本节主要考虑三种政策情景：乐观情景、中间情景和悲观情景。

乐观情景假定新冠肺炎疫情在 2022 年底基本结束，由于全球疫苗的快速有效接种，2022 年各国由于疫情产生的死亡人数假定为 2020 年和 2021 年年均水平的 10%，且死亡人口年龄分布与前两年相同，疫情对各国经济的长期影响主要来源于 2020～2022 年的人口死亡和劳动力减损。

中间情景假定疫情在 2022 年底基本结束，由于全球疫苗的相对有效接种，2022 年各国由于疫情产生的死亡人数假定为 2020～2021 年年均水平的 30%，且死亡人口年龄分布与前两年相同，疫情对各国经济的长期影响主要来源于 2020～2022 年的人口死亡和劳动力减损。

悲观情景假设疫情在 2024 年底基本结束，由于疫情反复和全球疫苗接种缓慢，2022 年疫情所致死亡人数为 2020～2021 年年均水平的 50%，2023 年为 30%，2024 年为 10%，且 2022～2024 年死亡人口年龄分布不变，疫情对各国经济的长期影响主要来源于 2020～2024 年的人口死亡和劳动力减损。

第三节　模拟结果和分析

一、主要国家经济走势模拟

图 6-5a 和图 6-5b 分别展示了 BAU 情景下 2020～2050 年全球主要国家（地区）的经济增长走势及份额占比。可知，若没有新冠肺炎疫情，2020 年全球经济预期增长 2.98%，其中印度 GDP 增长 6.40%，中国 GDP 增长 6.08%，美国 GDP 增长 2.33%。展望未来，与老龄化问题有关，中国经济增速会逐渐放缓，其值将从 2030 年的 4.74% 降至 2040 年的 3.97%，并在 2050 年进一步降至 3.44%。由于不同国家经济成长趋势不同，全球经济版图将在未来 15 年内发生重要改变，中国将在 2030 年超过美国成为全球第一大经济体，印度则在 2032 年超过日本成为全球第三大经济体。从全球经济构成来看，中印两国在世界经济中的重要性会不断凸显，2050 年中国 GDP 份额会由 2019 年的 15.82% 大幅升至 27.13%，而印度 GDP 占比则由 3.18% 增至 5.81%。与之相反，美国 GDP 份额将由 2019 年的 21.98% 降至 2050 年的 19.27%，日本 GDP 占比则会从 5.30% 降至 3.06%。

图 6-6a 和图 6-6b 分别展示了乐观情景下 2020～2050 年全球主要国家的经济变动趋势及份额占比。乐观情景下，各国经济会在 2021 年有一个较大反弹。其中，哥伦比亚 GDP 反弹幅度最大，达到 9.54%，这与 2020 年哥伦比亚 GDP 降幅较大有关。实际上，在 BAU 情景下哥伦比亚 2020 年的 GDP 增速为 2.36%，而在疫情冲击下其 GDP 降幅高达 6.80%，这表明疫情迫使哥伦比亚 GDP 损失幅度超过 9%。与之

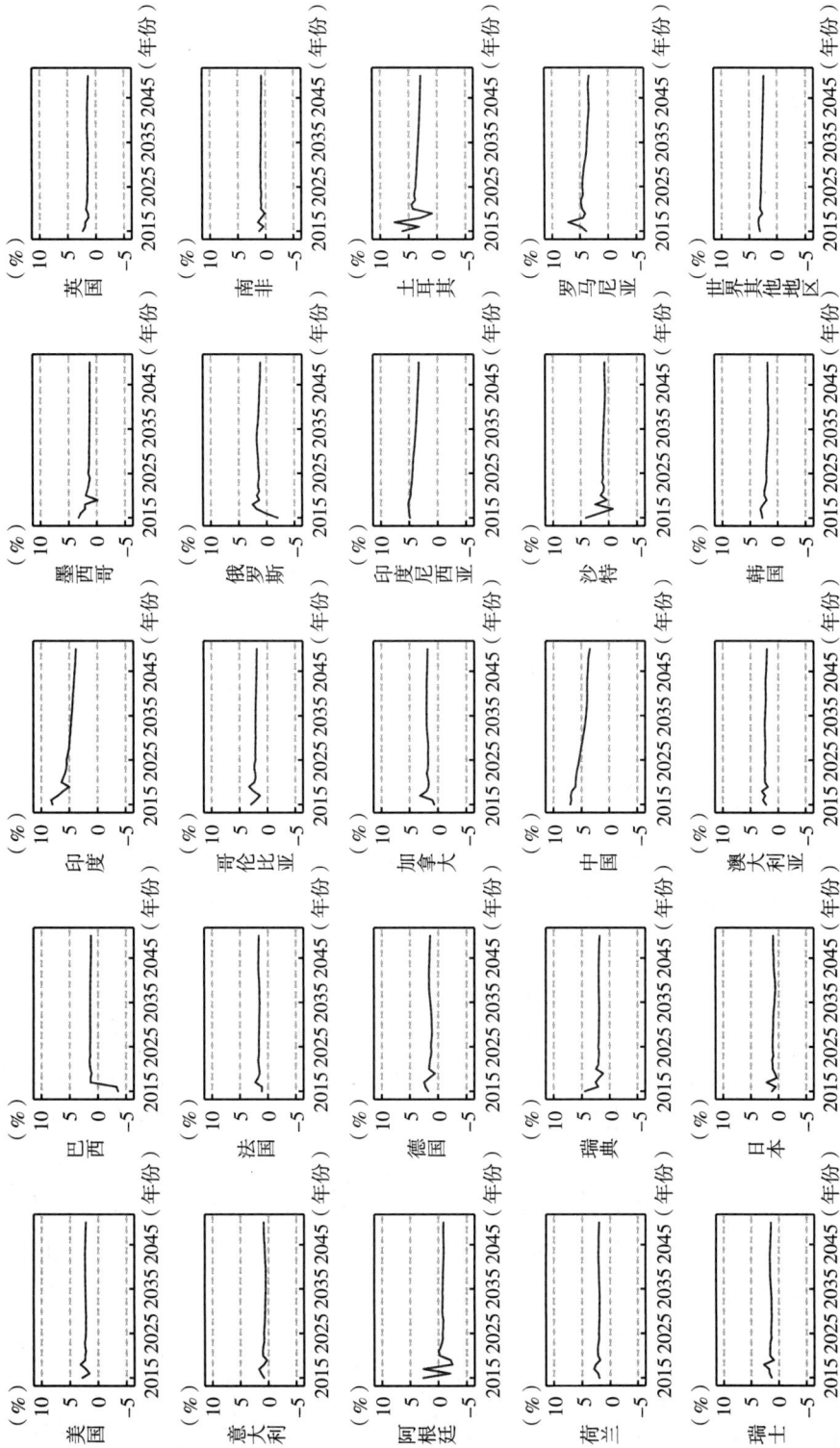

图 6－5a　BAU 情景下 2020～2050 年全球主要国家（地区）的经济增长走势

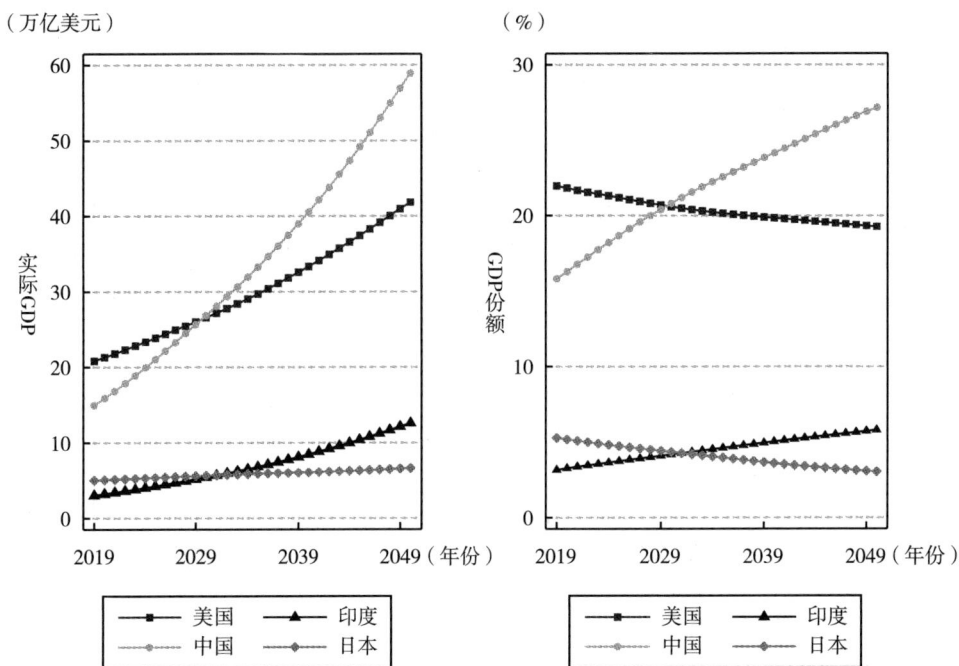

图 6 – 5b   BAU 情景下 2020 ~ 2050 年全球主要国家实际 GDP 及其份额

类似，2021 年印度和土耳其 GDP 增幅也超过 9%，美国 GDP 增长 5.56%，日本反弹 1.84%，全球经济预计增长 5.68%。对于中国，由于疫情应对得当其经济复苏迅速，2021 ~ 2023 年中国 GDP 增速分别为 8.10%、6.86% 和 6.68%。如图 6 – 5 所示，新冠肺炎疫情的爆发虽然缩小了中美间的经济差距，但未能改变中国经济赶超美国的时间，而印度赶超日本的时间则有所提前，2031 年印度经济超过日本成为全球第三大经济体。具体的，2030 年中国 GDP 比美国高出 0.29 万亿美元，大于 BAU 情景下两国间经济差 0.27 万亿美元；2032 年印度 GDP 比日本 GDP 高出 0.22 万亿美元，略高于 BAU 情景下两国间的经济差。本节乐观情景下关于中国的预测结果得到部分学者印证。例如，陈锡康等（2021）预测 2021 年中国 GDP 增长 8.50%，与本研究结果 8.10% 相差不大；预测 2021 ~ 2035 年年均 GDP 增长率为 5.00%，与本研究结果 4.32% 相差不大；预测 2036 ~ 2040 年年均 GDP 增长率是 4.20%，与本研究结果 4.00% 相差不大；预测 2041 ~ 2050 年年均 GDP 增长率为 3.80%，与本研究结果 3.78% 基本一致。

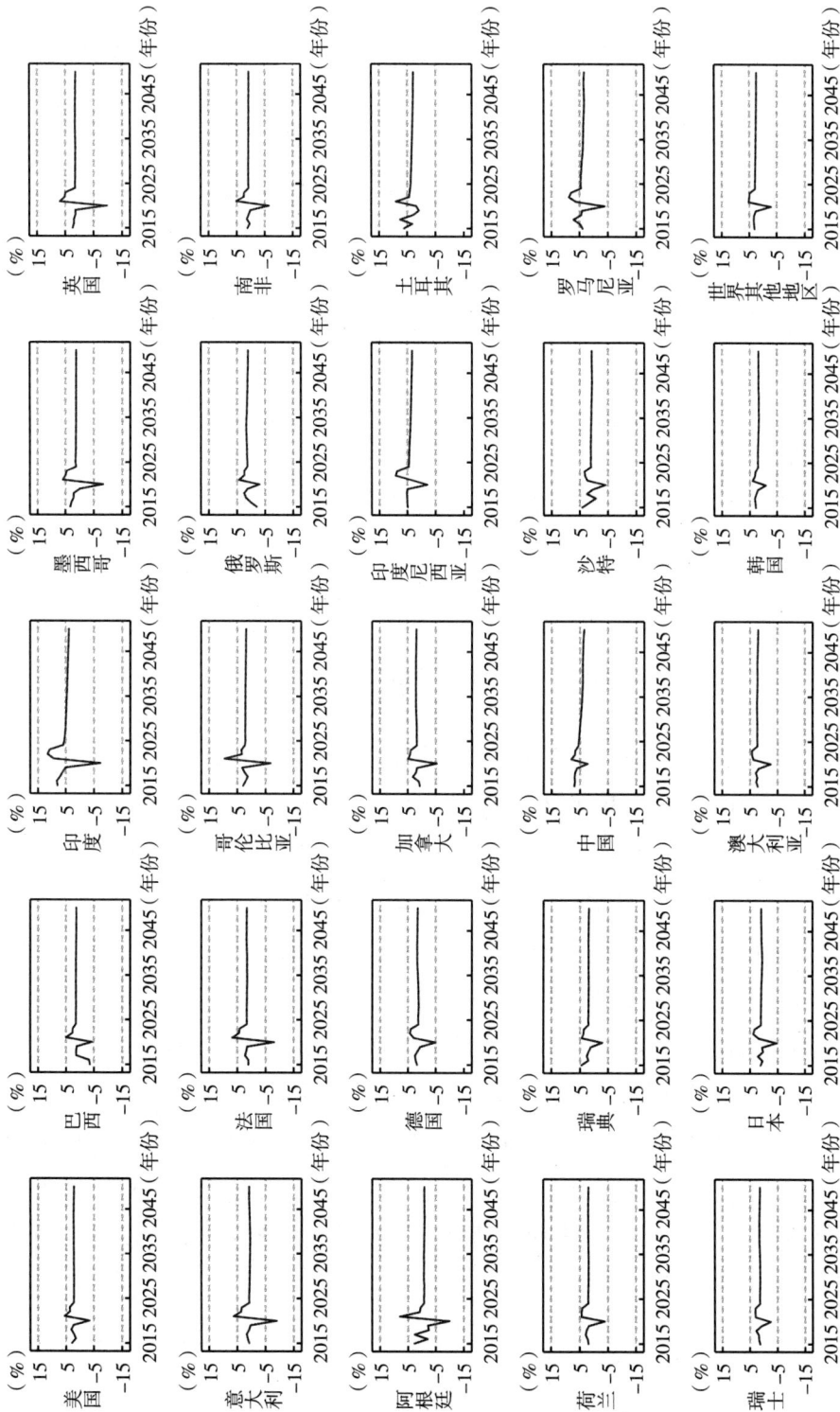

图 6－6a　乐观情景下全球主要国家（地区）GDP 增长趋势

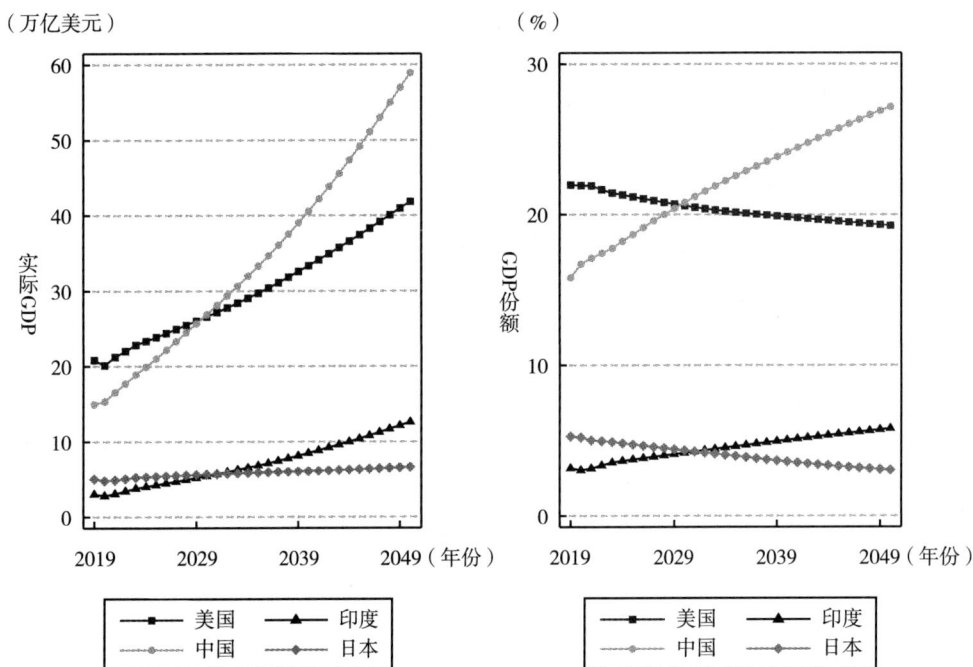

图 6 - 6b　乐观情景下全球主要国家实际 GDP 及其份额

　　图 6 - 7a 和图 6 - 7b 分别列举了中间情景下 2020～2050 年全球主要国家的经济走势及份额占比。与乐观情景相似，由于全球疫苗的有效接种，全球经济复苏进程加快，绝大多数国家经济均有一个"报复性"反弹，但由于死亡人数的增加，2022 年各国经济增幅低于乐观情景。具体看来，2022 年印度 GDP 反弹 9.69%，印度尼西亚 GDP 增加 7.67%，罗马尼亚 GDP 反弹 7.49%，美国 GDP 增长 3.22%，日本反弹 2.93%，全球经济增长 4.26%。中国经济复苏进程也滞后于乐观情景，2021～2023 年中国 GDP 增速分别为 8.10%、6.55% 和 6.39%。与乐观情景相同，中间情景下中国经济总量超过美国的时间仍为 2030 年，印度经济反超日本的时间仍为 2031 年。从全球经济结构来看，中国 GDP 份额将从 2030 年的 20.82% 增至 2050 年的 27.14%，与乐观情景相比上述两个份额均增加 0.08 个百分点，表明疫情提升了中国在全球经济中的比重，但增幅有限。

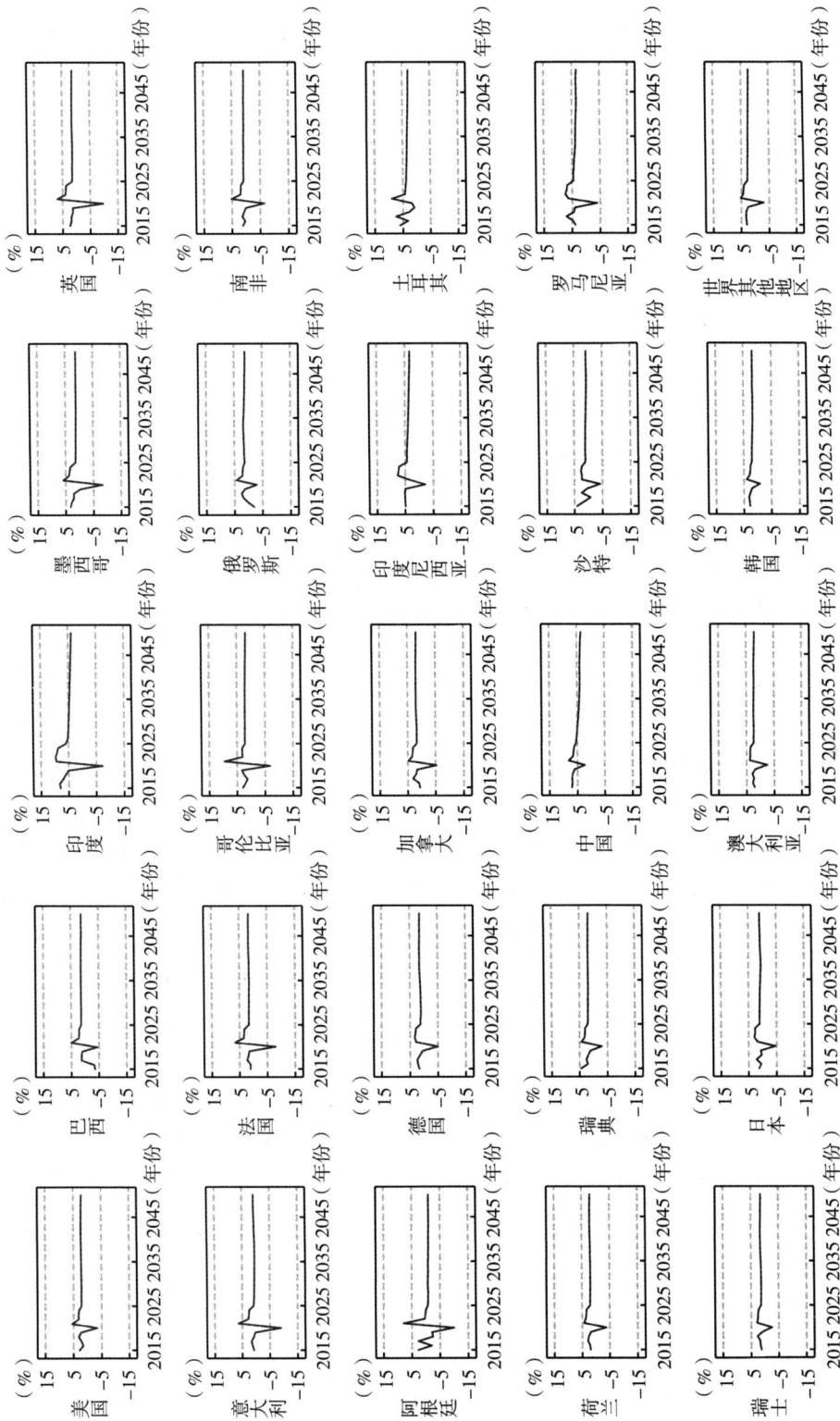

图 6-7a 中间情景下全球主要国家（地区）GDP 增长趋势

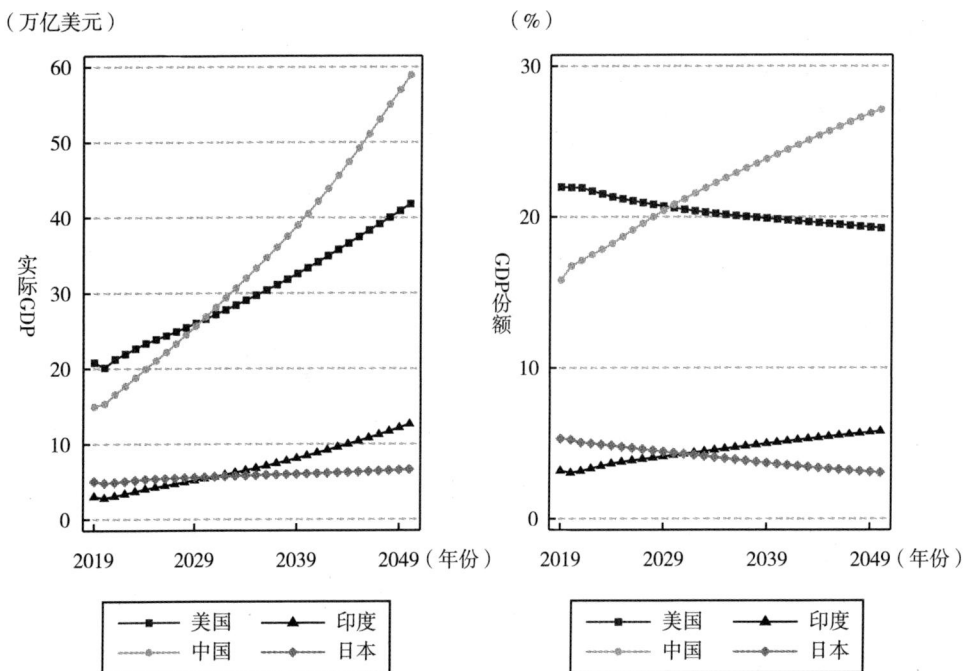

（万亿美元）　（%）

图 6-7b　中间情景下全球主要国家实际 GDP 及其份额

　　图 6-8a 和图 6-8b 分别展示了悲观情景下 2020～2050 年全球主要国家的经济变动趋势及份额占比。可知，此种情景全球经济虽在 2021 年有所复苏，但受疫情持续发酵、全球疫苗接种缓慢等因素的影响，各国经济增速有所放缓。具体地，2022～2023 年，印度 GDP 增速由 8.89% 降至 8.50%，日本 GDP 增速将由 2.49% 降至 2.24%，美国 GDP 增速由 3.01% 增至 3.05%，全球经济增速由 3.94% 降至 3.86%。对于中国，其在 2021～2023 年的 GDP 增速依次为 8.10%、6.40% 和 6.24%，中国经济复苏进程亦有所放缓。如图 6-8 所示，悲观情景下，中国经济总量超过美国的时间仍为 2030 年，印度经济反超日本的时间仍为 2031 年。虽然中美、印日经济赶超的时间点未发生改变，但相关经济差距会进一步缩小。对于全球经济结构，2030 年中国 GDP 份额约为 20.82%，高于美国的 20.60%，2050 年中国 GDP 占比 27.14%，高于美国的 19.26%。总的看来，疫情加速了世界经济重心向亚洲东移的进程，尤其是中国和印度经济扩张明显。

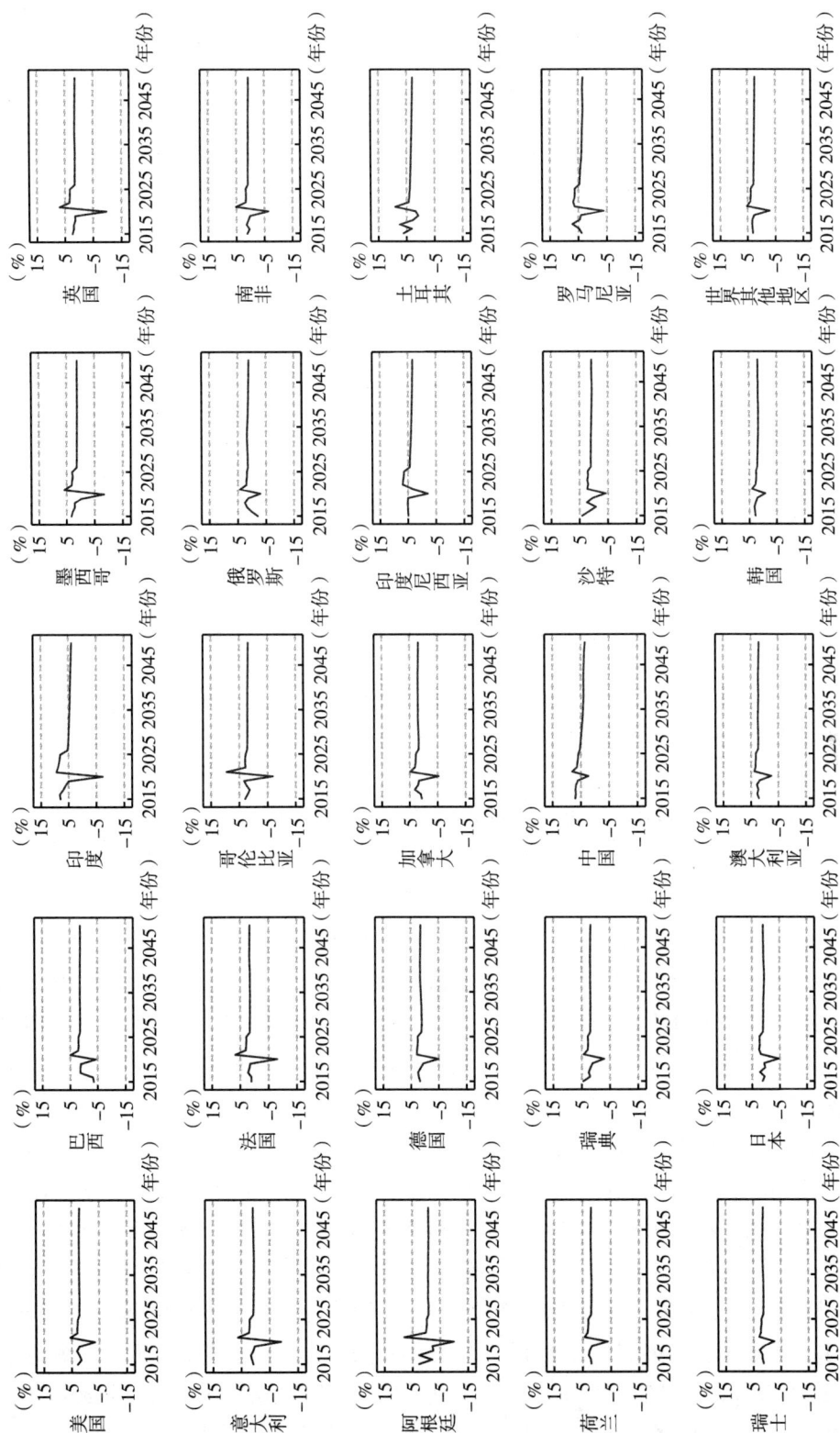

图 6 - 8a　悲观情景下全球主要国家（地区）GDP 增长趋势

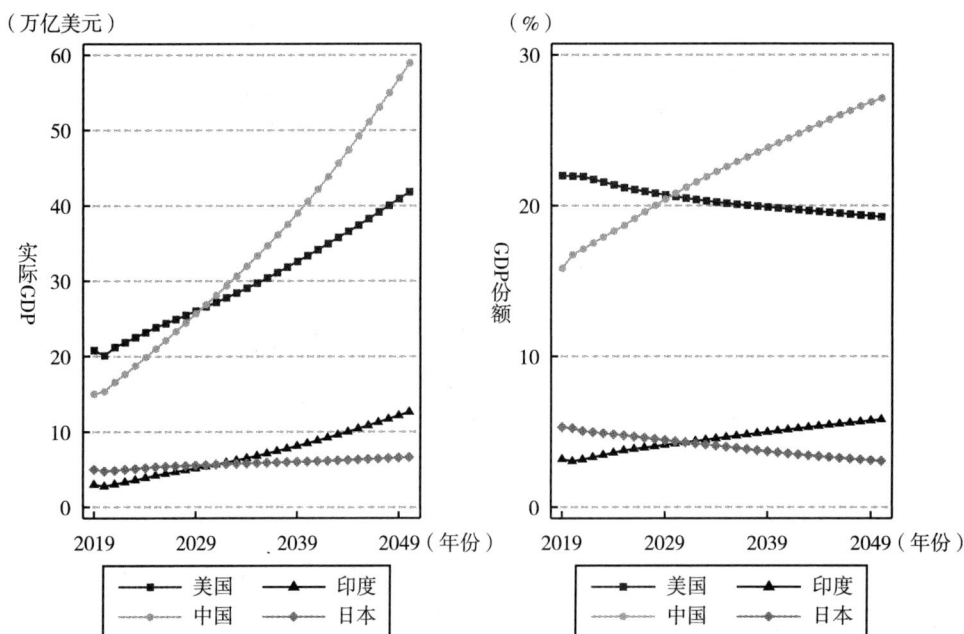

图6-8b　悲观情景下全球主要国家实际GDP及其份额

二、疫情经济损失测算

由于应对举措的多样性，疫情对不同国家的宏观经济冲击效应不尽相同。表6-2列举了三种政策情景下各国宏观经济损失的变化情况。可以发现，疫情对全球经济带来重创，所有地区GDP均显著下降。以2020年为例，全球经济损失高达6.07%，其中印度、英国、墨西哥和意大利受创最为严重，GDP降幅依次为12.83%、11.28%、10.08%和9.88%。与之相比，韩国和土耳其经济遭受的负面影响相对较小，二者GDP降幅分别为3.17%和3.86%。对于中国，尽管2020年GDP较2019年增长2.30%，但与BAU情景相比却下降3.57%，表明疫情对中国经济的负面冲击也较为显著。

从世界范围来看，疫情大流行导致了大规模人口伤亡，由于不同国家人口死亡密度及其年龄分布不同，各国所遭受的长期经济影响也会不同。如表6-3所示，疫情对全球部分国家经济的负面影响将持续到2050年，尤其是人口死亡密度较高且劳动力损失较大的国家如英国、墨西哥、意大利和法国等，短期人口大规模死亡对经济增长造成了长期损害，且疫情越严峻的国家所遭受的负面冲击也会越高。以2050年为例，乐观情景下英国、墨西哥、意大利和法国GDP较无疫情情景分别减少0.03%、0.02%、0.01%和0.01%。与其他国家相比，疫情对中国的长期经济损失相对较小，如在悲观情景下2030年和2050年GDP较BAU情景均增长0.07%。

表6-3　疫情对主要国家（地区）GDP 的冲击效应（相比 BAU）

单位:%

国家（地区）	2020年	2021年	乐观情景				中间情景				悲观情景			
			2022年	2023年	2030年	2050年	2022年	2023年	2030年	2050年	2022年	2023年	2030年	2050年
美国	-5.61	-2.50	-1.26	-0.03	0.01	0.01	-1.67	-0.85	0.01	0.02	-1.88	-1.26	0.01	0.02
巴西	-5.65	-2.36	-1.22	-0.08	-0.02	-0.01	-1.60	-0.84	-0.02	-0.01	-1.79	-1.22	-0.02	-0.01
印度	-12.83	-10.08	-5.12	-0.41	0.09	0.10	-6.75	-3.54	0.10	0.11	-7.43	-4.86	0.12	0.13
墨西哥	-10.08	-6.38	-3.16	-0.09	-0.03	-0.02	-4.21	-2.12	-0.03	-0.02	-4.75	-3.16	-0.04	-0.03
英国	-11.28	-6.67	-3.32	-0.04	-0.03	-0.03	-4.42	-2.22	-0.03	-0.03	-4.98	-3.32	-0.03	-0.03
意大利	-9.88	-5.15	-2.55	-0.02	-0.01	-0.01	-3.41	-1.70	-0.01	-0.01	-3.84	-2.55	-0.01	-0.01
法国	-9.42	-4.87	-2.43	-0.03	-0.01	-0.01	-3.24	-1.62	-0.01	-0.01	-3.64	-2.43	-0.01	-0.01
哥伦比亚	-8.94	-2.35	-1.17	-0.01	0.02	0.02	-1.56	-0.78	0.02	0.03	-1.76	-1.17	0.03	0.03
俄罗斯	-4.62	-1.79	-0.88	0.01	0.03	0.03	-1.17	-0.57	0.03	0.03	-1.32	-0.86	0.04	0.04
南非	-7.24	-3.21	-1.62	-0.06	-0.01	0.00	-2.15	-1.10	-0.01	0.00	-2.41	-1.63	-0.02	-0.01
阿根廷	-9.68	-2.42	-1.24	-0.05	-0.01	0.00	-1.63	-0.84	-0.02	0.00	-1.83	-1.24	-0.02	0.22
德国	-6.43	-5.20	-2.58	-0.01	-0.01	-0.01	-3.44	-1.72	-0.01	-0.01	-3.88	-2.58	-0.01	-0.01
加拿大	-6.84	-4.08	-2.02	0.01	0.01	0.01	-2.70	-1.34	0.01	0.01	-3.04	-2.02	0.01	0.01
印度尼西亚	-6.50	-7.77	-3.77	0.04	0.05	0.06	-5.08	-2.48	0.06	0.07	-5.74	-3.76	0.07	0.08
土耳其	-3.86	-0.08	-0.03	0.02	0.03	0.03	-0.05	-0.01	0.03	0.03	-0.05	-0.03	0.03	0.03
荷兰	-5.88	-3.96	-1.94	0.01	0.02	0.02	-2.60	-1.28	0.02	0.02	-2.94	-1.93	0.02	0.02
瑞典	-5.31	-3.19	-1.58	0.01	0.02	0.02	-2.11	-1.04	0.02	0.02	-2.38	-1.57	0.02	0.02
中国	-3.57	-1.66	-0.80	0.06	0.06	0.06	-1.08	-0.51	0.06	0.06	-1.22	-0.79	0.07	0.07
沙特	-5.50	-4.21	-2.08	-0.04	-0.03	-0.03	-2.78	-1.39	-0.04	-0.03	-3.13	-2.08	-0.04	-0.03
罗马尼亚	-8.11	-6.78	-3.30	-0.02	0.02	0.03	-4.43	-2.17	0.03	0.04	-5.00	-3.28	0.03	0.04
瑞士	-4.05	-2.82	-1.40	0.00	0.01	0.01	-1.87	-0.93	0.01	0.01	-2.11	-1.40	0.01	0.01
日本	-5.59	-4.89	-2.41	0.00	0.00	0.00	-3.23	-1.60	0.00	0.00	-3.64	-2.42	0.00	0.00
澳大利亚	-4.74	-3.46	-1.71	0.02	0.03	0.03	-2.29	-1.12	0.03	0.03	-2.58	-1.70	0.03	0.03
韩国	-3.17	-1.68	-0.83	0.01	0.01	0.01	-1.11	-0.55	0.02	0.02	-1.26	-0.83	0.02	0.02
世界其他地区	-5.79	-3.77	-1.85	0.03	0.04	0.05	-2.48	-1.21	0.05	0.05	-2.80	-1.84	0.05	0.06
世界	-6.07	-3.58	-1.77	-0.01	0.03	0.03	-2.36	-1.17	0.03	0.04	-2.66	-1.75	0.03	0.04

　　表6-4从累计视角展示了疫情对全球经济的冲击效应，可以发现，疫情越严峻，全球经济损失就会越高。经测算，2020~2025年，疫情造成的GDP损失在最保守的乐观情景下也有11.34万亿美元，与BAU情景相比下降1.80%，占2019年全球经济总量94.75万亿美元的11.97%；而当疫情发酵到悲观情景时，宏观经济损失将增至15.05亿美元，较BAU情景下降2.39%，等同于2019年全球GDP减少15.88%。若将时间窗口拓展到2020~2030年，全球累计宏观经济损失由乐观情景的11.20万亿美元增至悲观情景的14.88万亿美元，降幅则由0.90%增至1.20%，等同于2019年世界经济总量减少11.82%~15.70%。更进一步，若以2020~2050为疫情的主要评估窗口，全球累计经济损失将由乐观情景的10.14万亿美元增至悲观情景的13.49万亿美元，降幅由0.22%增至0.29%，相当于2019年世界GDP减少10.70%~14.24%。考虑到2019年美国GDP约为20.83万亿美元，可知在最严重的情况下，2020~2050年疫情所致的宏观经济损失约为美国一年经济总量的65%。

表6-4　　　　　　　　不同时间尺度下疫情宏观经济损失度量（相比BAU）

政策情景	宏观经济损失额（万亿美元）			宏观经济损失幅度（%）		
	2020~2025年	2020~2030年	2020~2050年	2020~2025年	2020~2030年	2020~2050年
乐观情景	11.34	11.20	10.14	1.80	0.90	0.22
中间情景	13.21	13.05	11.85	2.10	1.05	0.25
悲观情景	15.05	14.88	13.49	2.39	1.20	0.29

　　疫情经济损失的区域分布如图6-9所示，美国、印度、英国和中国是四个最

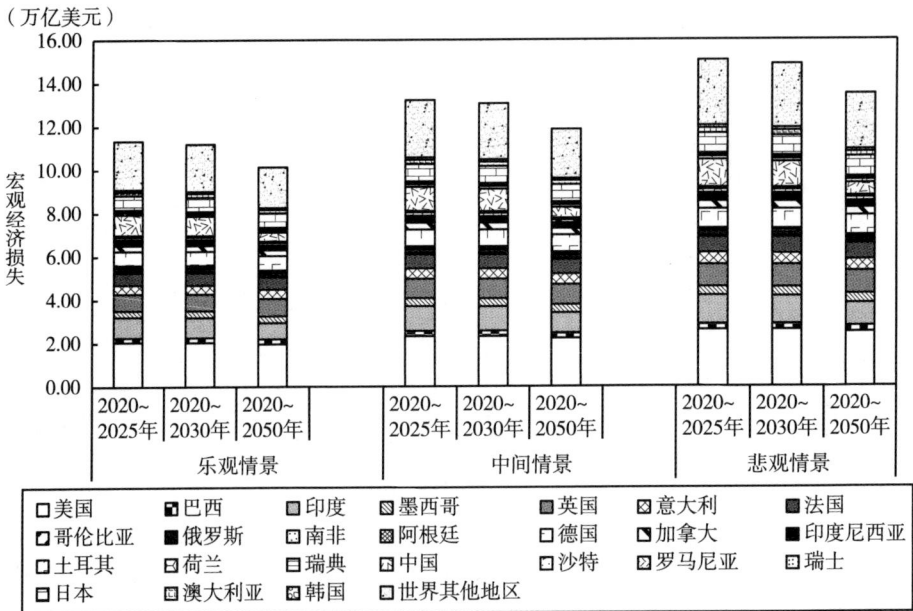

图6-9　疫情对主要国家（地区）造成的宏观经济损失（相比BAU）

为重要的损失来源国。需要说明，尽管疫情背景下中国 GDP 降幅相对较小（见表 6-4），但由于基量较大，转换成绝对额后中国受损也较为严重。以中间情景为例，2020～2050 年，全球累计经济损失 11.85 万亿美元，其中，美国受损 2.22 万亿美元，占比 18.73%；中国受损 0.50 万亿美元，占比 4.22%；印度和英国损失相同，受损 0.92 万亿美元，占比接近 8%。总之，无论基于何种情景，美国所遭受的宏观经济损失额均是全球第一，说明其抗疫模式并不具备成本有效性。

第四节 拓展研究与分析

本节主要从经济成本和生命安全两个方面，对全球主要国家新冠肺炎疫情应对效果进行综合评估。考虑到疫情的经济损失与时间长短有关，具体评估区分了短期、中短期、中期、长期四个时间尺度。

一、短期视角

尽管新冠肺炎疫情在 2020～2021 年集中爆发，但疫情在 2022 年仍在持续发酵，考虑疫情发展的不确定性，短期评估主要考虑 2020～2021 年。通过计算相关指标在不同时间区间的累计变化，从经济影响和人口死亡两个维度综合评定各国的疫情应对效果，该分析也类似一种事后评估。鉴于不同国家经济总量和人口规模差别较大，为消除规模效应，健康成本以人口死亡密度进行计量，经济影响则以各国累计 GDP 降幅（相比 BAU）予以表征。

表 6-5 统计了 2020～2021 年全球主要国家累计 GDP 损失和累计人口死亡密度。从生命安全来看，俄罗斯人口死亡密度最高，中国人口死亡密度最低；从经济损失来看，印度 GDP 降幅最大，土耳其 GDP 降幅最小。具体的，2020～2021 年，全球每百万人约 763 人死于新冠肺炎疫情，其中，俄罗斯死亡密度高达 4511 人/百万人，中国死亡密度为 3 人/百万人，前者是后者的 1500 倍多。从经济损失来看，2020～2021 年全球累计 GDP 较 BAU 情景下降 4.81%，其中，印度 GDP 大幅下降 11.41%，土耳其 GDP 下降 1.92%，前者接近后者的 6 倍。

表 6-5 2020～2021 年疫情对主要国家（地区）造成的人员伤亡和经济损失

国家（地区）	人口死亡密度（人/百万人）	累计 GDP 降幅（相对 BAU，%）	国家（地区）	人口死亡密度（人/百万人）	累计 GDP 降幅（相对 BAU，%）
美国	2489	4.04	印度尼西亚	527	7.15
巴西	2914	3.99	土耳其	977	1.92

国家 （地区）	人口死亡密度 （人/百万人）	累计 GDP 降幅 （相对 BAU,%）	国家（地区）	人口死亡密度 （人/百万人）	累计 GDP 降幅 （相对 BAU,%）
印度	348	11.41	荷兰	1232	4.91
墨西哥	3192	8.22	瑞典	1481	4.24
英国	2578	8.96	中国	3	2.59
意大利	2284	7.50	沙特	255	4.85
法国	1840	7.13	罗马尼亚	3054	7.43
哥伦比亚	2554	5.61	瑞士	1383	3.43
俄罗斯	4511	3.20	日本	146	5.24
南非	1544	5.22	澳大利亚	88	4.09
阿根廷	2584	6.05	韩国	109	2.42
德国	1343	5.81	世界其他地区	543	4.77
加拿大	800	5.45	世界	763	4.81

　　图 6 - 10 对比了 2020 ～ 2021 年全球主要国家的疫情应对效果。以全球平均水平为标杆，可将世界各国疫情应对效果划分为"人财两空""人命优先""人财两全"和"经济优先"四种类型，位居四个象限。具体的，处于第 I 象限的国家人口死亡密度大、GDP 遭受损失较高，属于典型的"人财两空"型，此类国家以英国、意大

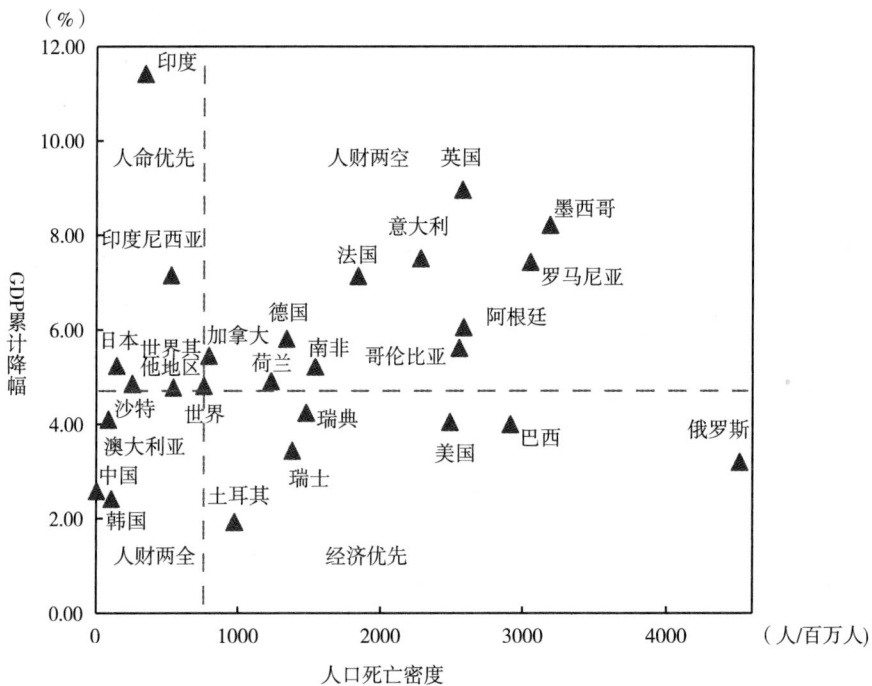

图 6 - 10　短期视角（2020 ～ 2021 年）下各国疫情应对效果对比

利和法国为主的欧洲国家，以及以墨西哥和阿根廷为主的南美国家最具代表。处于第Ⅱ象限的国家人口死亡密度小，但是经济损失较为严重，属于"人命优先"型，此类国家在疫情爆发后采取保人命而非保经济的应对策略，以印度和印度尼西亚为代表。处于第Ⅲ象限的国家人口死亡密度低、经济损失小，表现为"人财两全"型，主要以中国、韩国、沙特和日本等亚洲国家为代表，此类国家通过强制性隔离和大规模检测迅速控制住疫情，为经济快速复苏奠定了基础。处于第Ⅳ象限的国家人口死亡密度大，但经济损失相对较小，表现为"经济优先"型，以美国、巴西、瑞典为代表，该类国家在疫情发生后，没有采取积极的防控防疫措施，甚至推行"群体免疫"策略，造成了大量的人员死亡，付出了惨重的人力资本，为疫情后期经济复苏增添了变数。

二、中短期视角

中短期分析主要考虑2020～2025年，表6-6列举了此段时间各国累计的经济损失和人口死亡密度。可以发现，三种政策情景下24个国家GDP降幅的排序基本相同。其中，印度、英国和墨西哥受损最为严重，而土耳其、韩国和中国GDP降幅相对较小，显示出疫情对不同国家经济累计效应的异质性。具体看来，2020～2025年，三种情景下印度累计GDP较无疫情下降4.27%～5.84%，英国累计GDP则萎缩3.46%～4.57%，中国累计GDP较无疫情下降0.87%～1.15%，韩国累计GDP则萎缩0.90%～1.18%，美国累计GDP降幅为1.51%～1.92%。疫情提升了中国经济在全球经济中的比重，2020～2025年中国累计GDP全球占比由乐观情景的17.70%增至悲观情景的17.76%，而无疫情时该份额为17.53%。

表6-6　　　　　　2020～2025年疫情对各国造成的人员伤亡和经济损失

国家（地区）	乐观情景			中间情景			悲观情景		
	人口死亡密度（人/百万人）	累计GDP降幅（相对BAU，%）	累计GDP世界占比（%）	人口死亡密度（人/百万人）	累计GDP降幅（相对BAU，%）	累计GDP世界占比（%）	人口死亡密度（人/百万人）	累计GDP降幅（相对BAU，%）	累计GDP世界占比（%）
美国	2613	1.51	21.56	2862	1.71	21.58	3111	1.92	21.60
巴西	3059	1.53	2.25	3351	1.73	2.26	3642	1.92	2.26
印度	365	4.27	3.44	400	5.16	3.42	435	5.84	3.41
墨西哥	3351	3.22	1.50	3671	3.74	1.50	3990	4.27	1.49
英国	2707	3.46	3.46	2964	4.01	3.45	3222	4.57	3.44
意大利	2398	2.89	2.28	2626	3.31	2.28	2854	3.74	2.27

续表

国家 （地区）	乐观情景			中间情景			悲观情景		
	人口死亡密度（人/百万人）	累计GDP降幅（相对BAU，%）	累计GDP世界占比（%）	人口死亡密度（人/百万人）	累计GDP降幅（相对BAU，%）	累计GDP世界占比（%）	人口死亡密度（人/百万人）	累计GDP降幅（相对BAU，%）	累计GDP世界占比（%）
法国	1932	2.71	3.25	2116	3.11	3.25	2300	3.52	3.24
哥伦比亚	2681	1.99	0.45	2937	2.18	0.45	3192	2.38	0.45
俄罗斯	4737	1.17	2.19	5188	1.32	2.19	5639	1.47	2.20
南非	1621	2.01	0.37	1775	2.27	0.37	1930	2.53	0.37
阿根廷	2713	2.27	0.50	2971	2.47	0.50	3230	2.67	0.50
德国	1411	2.32	4.43	1545	2.75	4.42	1679	3.18	4.41
加拿大	840	2.08	2.05	920	2.42	2.05	1000	2.76	2.05
印度尼西亚	553	2.77	1.28	606	3.40	1.27	659	4.06	1.27
土耳其	1025	0.58	1.19	1123	0.59	1.19	1221	0.60	1.20
荷兰	1293	1.88	1.07	1416	2.21	1.07	1540	2.54	1.07
瑞典	1555	1.61	0.70	1704	1.87	0.70	1852	2.14	0.70
中国	4	0.87	17.70	4	1.00	17.73	4	1.15	17.76
沙特	268	1.95	0.82	293	2.29	0.82	319	2.64	0.82
罗马尼亚	3207	2.80	0.29	3512	3.35	0.29	3817	3.91	0.29
瑞士	1452	1.34	0.80	1591	1.57	0.80	1729	1.81	0.80
日本	153	2.11	4.95	168	2.51	4.94	183	2.92	4.94
澳大利亚	92	1.57	1.75	101	1.86	1.75	110	2.15	1.75
韩国	114	0.90	1.78	125	1.04	1.78	136	1.18	1.78
世界其他地区	570	1.78	19.92	624	2.10	19.92	679	2.42	19.92
世界	802	1.80	100.00	878	2.10	100.00	954	2.39	100.00

　　中短期视角下24个国家疫情应对效果如图6-11所示。与图6-9类似，疫情应对效果表现为"人财两空"型的国家有11个，分别为英国、意大利、法国、墨西哥、阿根廷、哥伦比亚、罗马尼亚、南非、加拿大、荷兰和德国；疫情应对效果呈现为"人命优先"型的国家主要为印度、印度尼西亚、日本和沙特；疫情应对效果"人财两全"型的国家主要有3个，分别为中国、韩国和澳大利亚；疫情应对效果呈现为"经济优先"型的国家有6个，依次为美国、巴西、瑞典、瑞士、俄罗斯和土耳其。值得注意的是，荷兰位于"人财两空"和"经济优先"的边界

地带，沙特位于"人财两全"和"人命优先"的边界地带，而当疫情由乐观情景变为悲观情景时，哥伦比亚的位置也处于"人财两空"和"经济优先"的边界地带。

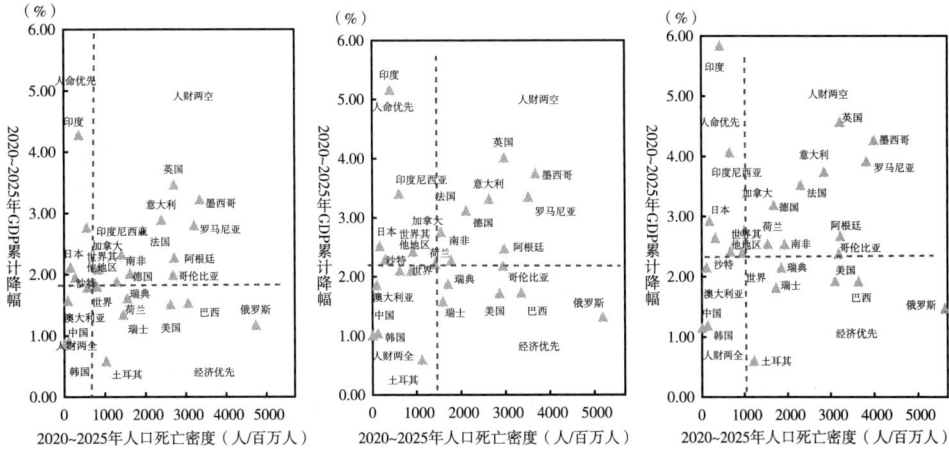

图6-11　中短期视角下主要国家（地区）疫情应对效果对比

注：从左到右为乐观情景、中间情景和悲观情景。

与图6-9相比，图6-11中部分国家在各自象限内出现了相对位移的改变。其中，印度和澳大利亚有下移倾向，而英国、意大利、法国、墨西哥、阿根廷和德国等出现上移趋势。下移意味着损失幅度较全球平均水平有所下降，疫情后期经济恢复相对较好，在全球经济中的重要性不断增强；而上移则表明经济损失幅度较全球平均水平有所上升，这些国家疫后经济复苏速度较慢，在全球经济中的重要性受到削弱。

三、中期视角

中期主要考虑2020~2030年，表6-7列出了此段时间主要国家（地区）遭受的经济损失和人口伤亡情况。与短期类似，中期视角下印度、英国和墨西哥经济损失最高，其中，英国累计GDP降幅由乐观情景的1.83%增至悲观情景的2.41%，墨西哥累计GDP降幅则由1.72%增至2.27%。中期视角下印度累计经济损失仍然最高，其累计GDP降幅由乐观情景的1.99%增至悲观情景的2.71%。由表6-6可知，2020~2030年中国累计GDP较BAU情景下降0.38%~0.51%，累计经济总量全球占比为18.85%~18.88%，高于无疫情时的18.75%，表明从中期视角来看疫情也提升了中国经济在全球经济中的重要性。

表 6 - 7　　　　　　　　2020～2030 年疫情对各国造成的人员伤亡和经济损失

国家（地区）	乐观情景			中间情景			悲观情景		
	人口死亡密度（人/百万人）	累计 GDP 降幅（相对 BAU，%）	累计 GDP 世界占比（%）	人口死亡密度（人/百万人）	累计 GDP 降幅（相对 BAU，%）	累计 GDP 世界占比（%）	人口死亡密度（人/百万人）	累计 GDP 降幅（相对 BAU，%）	累计 GDP 世界占比（%）
美国	2613	0.78	21.19	2862	0.88	21.20	3111	0.99	21.21
巴西	3059	0.82	2.17	3351	0.92	2.17	3642	1.03	2.17
印度	365	1.99	3.73	400	2.40	3.72	435	2.71	3.72
墨西哥	3351	1.72	1.46	3671	1.99	1.45	3990	2.27	1.45
英国	2707	1.83	3.37	2964	2.12	3.37	3222	2.41	3.36
意大利	2398	1.55	2.17	2626	1.78	2.17	2854	2.01	2.17
法国	1932	1.42	3.17	2116	1.64	3.16	2300	1.85	3.16
哥伦比亚	2681	1.02	0.45	2937	1.12	0.45	3192	1.21	0.45
俄罗斯	4737	0.60	2.11	5188	0.68	2.11	5639	0.75	2.11
南非	1621	1.08	0.35	1775	1.22	0.35	1930	1.36	0.35
阿根廷	2713	1.27	0.46	2971	1.38	0.46	3230	1.49	0.46
德国	1411	1.23	4.25	1545	1.46	4.25	1679	1.69	4.25
加拿大	840	1.08	2.00	920	1.26	2.00	1000	1.43	2.00
印度尼西亚	553	1.32	1.34	606	1.63	1.34	659	1.94	1.34
土耳其	1025	0.28	1.21	1123	0.28	1.22	1221	0.28	1.22
荷兰	1293	0.97	1.05	1416	1.13	1.05	1540	1.30	1.05
瑞典	1555	0.83	0.68	1704	0.96	0.68	1852	1.10	0.68
中国	4	0.38	18.85	4	0.44	18.87	4	0.51	18.88
沙特	268	1.05	0.79	293	1.24	0.79	319	1.42	0.79
罗马尼亚	3207	1.35	0.31	3512	1.61	0.30	3817	1.89	0.30
瑞士	1452	0.70	0.77	1591	0.83	0.77	1729	0.95	0.77
日本	153	1.12	4.73	168	1.34	4.73	183	1.55	4.72
澳大利亚	92	0.79	1.73	101	0.94	1.73	110	1.09	1.73
韩国	114	0.46	1.73	125	0.53	1.73	136	0.60	1.73
世界其他地区	570	0.89	19.94	624	1.04	19.94	679	1.20	19.93
世界	802	0.90	100.00	878	1.05	100.00	954	1.20	100.00

中期视角下，中国、印度和印度尼西亚等新兴经济体凭借其快速的经济恢复能力，经济总量在全球经济中的比重进一步提升，而英国、法国和意大利等发达国家由于潜在经济增长率本就较低，外加上前期疫情导致的劳动力减损严重，其在全球经济中的重要性受到进一步削弱。例如，在中间情景下，2020～2025 年中国累计

GDP 全球占比 18.87%，与中短期的 17.73% 相比高出 1.14 个百分点；印度累计 GDP 占比 3.72%，较中短期的 3.44% 高出 0.28 个百分点。与之相反，2020～2025 年法国累计 GDP 全球占比 3.16%，略低于中短期视角的 3.17%；墨西哥累计 GDP 占比为 1.45%，略低于中短期的 1.46%。

中期视角下 24 个主要国家疫情应对的对比结果如图 6-12 所示。与上述分析大体相同，11 个国家的疫情应对效果陷入 "人财两空" 型，分别为英国、意大利、法国、墨西哥、阿根廷、哥伦比亚、罗马尼亚、南非、加拿大、德国和荷兰；4 个国家属于 "人命优先" 型，分别为印度、日本、印度尼西亚和沙特；3 个国家属于 "人财两全" 型，分别为中国、韩国和澳大利亚；6 个国家疫情应对效果属于 "经济优先" 型，分别为美国、巴西、瑞典、瑞士、俄罗斯和土耳其。与图 6-11 相比，图 6-12 中部分国家也出现了相对位移的改变，例如，荷兰和沙特出现上移，累计 GDP 损失高于全球平均水平，其中荷兰上升至 "人命优先" 型，这种改变与疫情对不同国家造成的人口损失及其年龄分布不同有关。

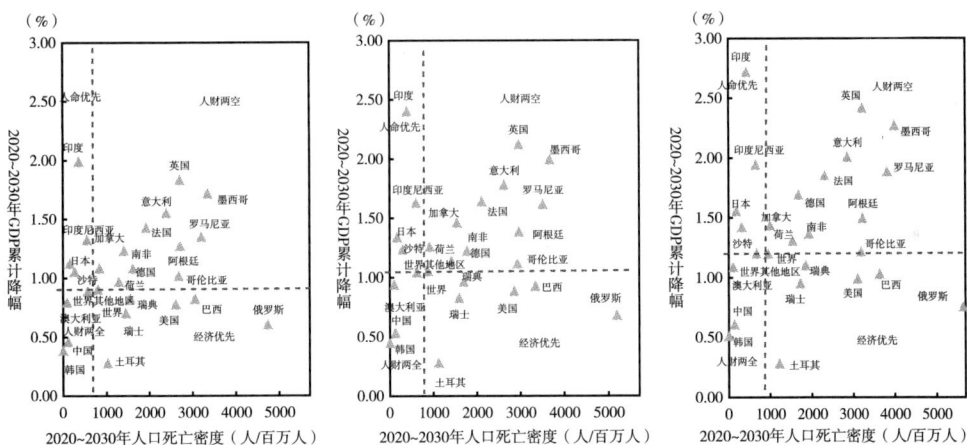

图 6-12　中期视角下主要国家（地区）疫情应对效果对比

注：从左到右为乐观情景、中间情景和悲观情景。

四、长 期 视 角

长期视角主要考虑 2020～2050 年，表 6-8 列出了此段时间主要国家（地区）遭受的经济损失和人口伤亡。可以发现，与短期结果不同，长期视角下英国和墨西哥经济损失最大，这与疫情中英国和墨西哥人口死亡密度过高有关，经测算，2020～2050 年英国和墨西哥累计 GDP 较 BAU 情景分别下降 0.57%～0.76% 和 0.55%～0.72%。与之类似，意大利和阿根廷宏观经济损失也较为明显，前者累计 GDP 下降 0.52%～0.68%，后者降幅则为 0.49%～0.55%。长期视角下，疫情对中国带来的宏观经济损失相对偏小，其累计 GDP 相比无疫情下降 0.04% ~ 0.05%，经济总量全球占比为 23.05% ~ 23.06%，略高于无疫情时的 23.01%，表明从长期来看，疫情确实提升了中国经济在全球经济中的比重。

表 6 - 8　　　　　　　　　2020 ~ 2050 年疫情对各国造成的人员伤亡和经济损失

国家（地区）	乐观情景			中间情景			悲观情景		
	人口死亡密度（人/百万人）	累计 GDP 降幅（相对 BAU，%）	累计 GDP 世界占比（%）	人口死亡密度（人/百万人）	累计 GDP 降幅（相对 BAU，%）	累计 GDP 世界占比（%）	人口死亡密度（人/百万人）	累计 GDP 降幅（相对 BAU，%）	累计 GDP 世界占比（%）
美国	2613	0.21	20.15	2862	0.24	20.15	3111	0.26	20.15
巴西	3059	0.26	1.87	3351	0.29	1.87	3642	0.32	1.87
印度	365	0.34	4.77	400	0.41	4.77	435	0.47	4.77
墨西哥	3351	0.55	1.25	3671	0.63	1.25	3990	0.72	1.25
英国	2707	0.57	2.96	2964	0.66	2.96	3222	0.76	2.96
意大利	2398	0.52	1.73	2626	0.60	1.73	2854	0.68	1.73
法国	1932	0.44	2.81	2116	0.50	2.81	2300	0.56	2.81
哥伦比亚	2681	0.27	0.42	2937	0.30	0.42	3192	0.32	0.42
俄罗斯	4737	0.16	1.84	5188	0.18	1.84	5639	0.20	1.84
南非	1621	0.35	0.28	1775	0.40	0.28	1930	0.45	0.28
阿根廷	2713	0.49	0.32	2971	0.53	0.32	3230	0.55	0.32
德国	1411	0.38	3.67	1545	0.46	3.66	1679	0.53	3.66
加拿大	840	0.31	1.83	920	0.36	1.83	1000	0.41	1.83
印度尼西亚	553	0.26	1.55	606	0.32	1.55	659	0.39	1.55
土耳其	1025	0.05	1.31	1123	0.04	1.31	1221	0.04	1.31
荷兰	1293	0.27	0.97	1416	0.31	0.97	1540	0.36	0.97
瑞典	1555	0.23	0.63	1704	0.26	0.63	1852	0.30	0.63
中国	4	0.04	23.05	4	0.05	23.05	4	0.05	23.06
沙特	268	0.36	0.64	293	0.42	0.64	319	0.48	0.64
罗马尼亚	3207	0.29	0.35	3512	0.34	0.35	3817	0.40	0.35
瑞士	1452	0.21	0.67	1591	0.25	0.67	1729	0.28	0.67
日本	153	0.36	3.87	168	0.43	3.87	183	0.51	3.87
澳大利亚	92	0.20	1.66	101	0.24	1.66	110	0.28	1.66
韩国	114	0.12	1.56	125	0.14	1.56	136	0.16	1.56
世界其他地区	570	0.20	19.84	624	0.24	19.84	679	0.28	19.84
世界	802	0.22	100.00	878	0.25	100.00	954	0.29	100.00

上述分析表明，疫情所致人口死亡对经济增长会带来长期冲击效应，但由于死亡人数和年龄分布的不同，疫情对不同国家负面影响的累计效应不同。这表明，从不同时间维度去评估各国的疫情防控效果，可能得到不一致的结论。图 6 - 13 对比了长期视角下不同国家（地区）的疫情应对效果。以乐观情景为例，有 12 个国家陷入"人财两空"型，分别为英国、意大利、法国、墨西哥、阿根廷、哥伦比亚、罗马尼亚、南非、加拿大、德国、荷兰和巴西；4 个国家表现为"人命优先"型，分别为印度、日本、沙特和印度尼西亚；3 个国家属于"人财两全"型，分别为中国、韩国和澳大利亚；4 个国家疫情应对效果属于"经济优先"型，分别为美国、瑞士、俄罗斯和土耳其。图 6 - 13 显示，采取"群体免疫"策略的瑞典其经济降幅上移至全球平均水平，位居"经济优先"型和"人财两空"型的边界；哥伦比亚从"经济优先"型向"人财两空"型转变，凸显了早期疫情人口死亡对经济增长造成了长期的负面影响。

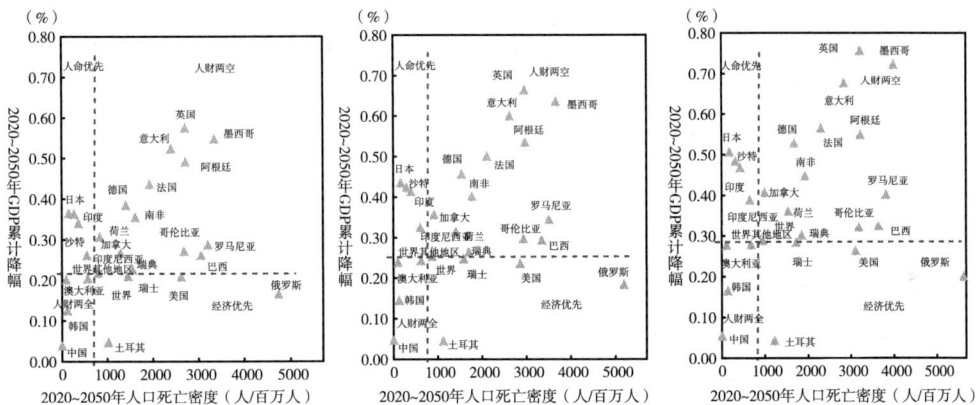

图 6 - 13　长期视角下主要国家（地区）疫情应对效果对比

注：从左到右为乐观情景、中间情景和悲观情景。

对比短期（见图 6 - 10）和长期（见图 6 - 13），可以发现短期中处于第Ⅳ象限的国家大都有上移至第Ⅰ象限的倾向，即由"经济优先"型转变为"人财两空"型，这说明短期消极抗疫国家从长期来看并不具备成本有效性。实际上，以美国、巴西和瑞典为代表的国家在疫情发生后并未采取严格的隔离措施，短期似乎保护了经济，但从长远来看，这不仅损失了大量的人口和劳动力，也未能保全经济，容易陷入"人财两空"的窘境。与之形成对比，短期内采取严格抗疫措施的国家，如中国和韩国，由于保全了生命、避免了人口大规模死亡，为疫情后期经济复苏留下宝贵"火种"，这些国家长期经济损失得到控制，疫情表现向"人财两全"型靠拢。总的来说，短期消极抗疫不仅对生命安全造成威胁，也对经济造成了持久性伤害，这种防疫策略并不可取。

第五节   结论与政策建议

本节以世界 24 个主要国家为研究对象，首先研究了疫情致死人口的经济损失，其次综合健康成本和经济损失，从短期、中短期、中期、长期四个时间维度出发，对不同国家典型抗疫模式的经济影响进行了分情景的量化评估。

在对疫情致死人口的经济损失评估中，我们发现：（1）新冠肺炎疫情对全球经济将带来长期的负面影响，到 2050 年累计经济损失可能高达 13.49 万亿美元，相比无疫情下降 0.29%。其中，美国当前的防控模式将导致其经济受创程度最高，其累计经济损失高达 2.60 万亿美元，占全球损失总额的 18% 左右。（2）疫情冲击可能加速全球经济中心东移的进程，中国将于 2030 年超越美国成为全球第一大经济体，而印度则在 2031 年超过日本成为全球第三大经济体。（3）疫情对全球多数国家经济的负面影响将持续到 2050 年，特别是人口死亡密度较高且劳动力损失较大的国家，如英国、墨西哥、意大利和法国等，短期人口大规模死亡对这些地区经济增长造成长久性损害。

综合生命安全和经济损失两个视角，我们发现：（1）全球在新冠肺炎疫情应对上可划分为四种模式，即以美国、巴西和瑞典等为代表的"经济优先"型，以印度为代表的"人命优先"型，以墨西哥、英国和阿根廷等为代表的"人财两空"型，以及以中国、韩国和澳大利亚等为代表的"人财两全"型；（2）长期来看，"经济优先"型国家可能逐渐转为"人财两空"型，即短期片面追求经济发展而消极抗疫的国家，由于疫情所致劳动力减损严重，长期经济增长乏力，故"经济优先"的抗疫策略并不能实现保护经济的初衷。

特大疫情的防控不仅需要权衡经济成本和生命代价，也要统筹短期成本和长期损失。本章研究发现，不同抗疫模式所产生的经济效应和健康效应存在明显不同，而以中国和韩国为代表的亚洲国家在疫情爆发之初应对效果普遍优于欧美国家。综合中国和韩国的抗疫经验，研究认为，各国有必要在本国疫情爆发初期就采取强制性隔离和大规模检测，这有助于实现挽救生命和保护经济的双重目标。实际上，强制性措施和大规模检测有助于迅速控制疫情（欧阳桃花等，2020），能够大大地减少感染人数和死亡人数，这些幸存的人口和劳动力是未来经济增长的重要动力，有利于增强疫后的经济回弹力。

由于疫情引起的劳动力减损可能对很多国家的经济造成长期性影响，这强调了各国人口政策的制定或调整的重要性。实际上，由于抗疫模式、医疗体系建设和人口年龄结构的不同，疫情对不同国家劳动力市场的冲击效应也不尽相同，短期内人口死亡本质上改变的是未来不同国家间的劳动力竞争优势，故劳动力减损严重的国家其在未来经济竞争中或将处于不利地位。这表明，为对冲疫情的负面冲击，各国有必要实施更为积极的人口政策，通过鼓励生育或扩大移民，及时弥补疫情导致的劳动力供给短缺，从而最大可能地降低疫情对本国经济的影响。具体地，对于中国，尽管疫情应对效果相对较好，但考虑到老龄化问题日趋严峻，建议应尽早放开生育限制，这不仅有助于应对老龄化，对保持经济快速增长亦有积极的推动作用。对于美国，考虑其并未对居民生育进行限制，但近年来其对人才流动的逆全球化趋势越发明显，特别是在中美贸易冲突背景下美国不断收紧对华留学签证，这不利于美国经济复苏，故建议其宽松移民政策，推动留学交流的去政治化或将是缓解疫后劳动力短缺的重要选择。

第七章 经贸领域：中国芯片进口中断风险及其经济易损性评估

第一节 研究背景

美国拜登政府延续了特朗普政府时期的对华强硬政策，不同之处在于，拜登政府更倾向于通过构建联盟的方式与中国竞争对抗，且重点关注高科技领域（包群和张志强，2021）。芯片作为高科技的核心载体，是中美竞争博弈的焦点之一。2021 年 5 月 11 日，在拜登政府主导下，包括高通、三星和台积电在内的 64 家芯片制造商在美国组建半导体产业联盟，该联盟将中国企业排除在外，对华遏制意图明显（Lazonick and Hopkins，2021）。2021 年 6 月 8 日，美国参议院通过《2021 美国创新和竞争法案》，明确提出要在芯片等高科技领域协调盟国和伙伴国制定多边出口管制措施，有效阻断关键技术外泄（Mearsheimer，2021）。2021 年 12 月 9 日，美国商务部长雷蒙多表示，深化美国与亚洲国家的经济关系是拜登政府的"优先任务"，美国打算推动一项"强大的经济框架"，将通过该框架协调出口管制，从而"限制向中国出口'敏感产品'"。2022 年 3 月 28 日，美国政府提议与韩国、日本和中国台湾组建"芯片四方联盟"，意图利用这一组织将中国排除在全球半导体供应链之外。鉴于美国近期在芯片产业全球布局的排华性、竞争法案中对华的遏制性以及科技封锁的长臂管辖特征，同时考虑到美国有对我国华为和中芯等企业实施芯片禁运的先例，在未来某个竞争白热化的时点，不排除其联合其他国家或地区进一步对我国实施芯片出口禁运的可能。中国作为全球最大的芯片消费国和进口国，未来一旦遭遇芯片断供，其经济有可能遭受严重负面冲击。在此背景下，有必要未雨绸缪，深入分析当前全球芯片贸易格局，研判未来全球芯片禁运联盟的可能范围和我国未来面临的芯片禁运及供应中断风险，并就芯片封锁对我国宏观经济的潜在影响进行科学系统的评估，据此制定相应预案。

已有文献从美国对华出口管制的动因以及美国单独实施对华出口管制的影响进行了研究。具体地，部分学者分析了美国对华出口管制的动因，并认为对潜在竞争对手实施高科技封锁是美国惯用的竞争对抗手段。如早在冷战时期，美国就将出口管制作为战略性武器，通过对敏感的设备、软件及技术等施加出口限制，以实现对社会主义国家的经济遏制（魏简康凯，2018；李峥，2020）。部分研究深入探讨了美国近期新一轮对华高科技封锁的动因，并认为美国为遏制中国高科技发展，其对华高科技封锁将具有长期性，且总体形势日益严峻（裴长洪和刘斌，2020；朱启荣和王玉平，2020；范旭和刘伟，2020）。具体的，李巍（2019）认为美国对华经济接触战略已经终结，目前正逐步转向"经济脱钩"甚至是"经济遏制"阶段，而高科技封锁是美国对华经济对抗的主要手段之一；余振等（2018）认为中国在推进全球价值链升级过程中与发达国家特别是美国的价值链利益发生冲突，从而将不可避免产生贸易摩擦，中美贸易冲突将呈现常态化、长期化、复杂化的趋势；李峥（2020）指出美国发动科技战的深层动因在于中国的发展对美国构成威胁，出口管制是美国打压中国高科技发展的主要手段，美国未来会通过联合盟国的措施限制我国科技实力的提升。总体上，上述学者认为随着中国经济的崛起，美国对华的高科技封锁具有必然性，美国会持续强化对华的技术封锁，这将深刻改变中美双边关系乃至全球政治经济秩序。

部分研究对美国单独实施对华出口管制的静态经济影响进行了评估，一般认为这对中美两国经济发展均不利，是一种"双输"的竞争策略（于阳等，2006；吴晓波等，2021；田开兰等，2021）。具体的，朱启荣和王玉平（2020）采用GTAP模型测算了美国单独采取对华技术出口管制的静态经济影响，作者假定中国进口贸易技术溢出效应分别减少1%、3%和5%，发现该冲击下中美两国GDP、居民消费、社会福利和进出口贸易均遭受负面冲击；李真等（2021）基于贸易增加值法评估了美国单边技术管制对中国经济的冲击影响，发现中国制造业整体出口增加值中源自国外增加值部分比例会大幅下降，但计算机、电子和光学制品、电气设备等行业仍高度依赖国外进口；姜辉（2020）从总贸易、出口、进口、外资和人员五个维度测度和比较了我国各省份对美外贸风险的地理分布差异，发现美国出口管制对上海、浙江等沿海省份的负面影响较大；瓦拉斯和瓦拉达拉杰（Varas and Raj，2020）评估发现，若美国完全禁止向中国出售芯片，美国芯片厂商收入预期减少37%，市场份额降低18%。上述研究评估了美国单独实施对华出口管制的经济影响，但并未考虑美国可能与其他国家和地区进行结盟对我国实施禁运的可能，且相关评估以静态为主，未模拟禁运的影响在时间维度上的演化。当前，通过构建联盟的方式不断强化对华封锁已成为美国政府的对华策略，该方面研究工作亟待加强。

总之，拜登时代的美国并未改变特朗普时代对华的敌对政策，而是进一步寻求联盟与中国展开竞争和对抗。尽管中国一再强调和平崛起，但仍难以遏止美国对华的战略围堵和高科技打压。当前，美国正在联合韩国、日本和中国台湾等地打造半导体联盟，并提出要在芯片等高科技领域协调盟国（地区）和伙伴国（地区）制定多边出口管制措施。作为前瞻性研判，有必要对以美国为首的相关国家地区对我国实施芯片禁运的情景进行推演，并对其宏观经济影响进行事前评估，测试芯片断供后我国经济的承压状况，通过制定相应的应对预案，有效应对潜在的芯片断供风险对我国经济的负面冲击。基于此，本书首先分析当前全球芯片贸易格局及其演化趋势，并根据未来芯片禁运联盟的范围和芯片禁运的严重程度推演设计不同的芯片禁运情景，进一步构建了 GDYN 模型，模拟不同芯片禁运联盟情景下世界主要国家或地区宏观经济受到的冲击效应，重点关注芯片禁运联盟对我国及相关国家和地区的经济影响边界，测试芯片断供后我国经济的承压状况，评估不同禁运联盟情景下相关国家和地区之间的损益关系。

第二节　全球芯片贸易格局与我国芯片进口来源分析

一、全球芯片贸易变化趋势

过去十年全球芯片贸易取得了突飞猛进的发展。图 7 - 1 展示了 2010 年以来全球芯片贸易的变动情况。全球芯片贸易额由 2010 年的 5433 亿美元增至 2018 年的 9544 亿美元，增长了 75.67%。尽管受全球新冠肺炎疫情和中美贸易摩擦的影响，2019 年和 2020 年全球芯片贸易额有所下降，但芯片贸易在世界贸易总额中的比重却攀升至历史新高，2020 年达到 7.06%。

从地区分布结构上看，全球芯片供给和消费主要集中在亚洲地区。如表 7 - 1 所示，2020 年，中国进口芯片 3825.98 亿美元，占全球进口比重 43.54%，东盟芯片进口额为 1787.43 亿美元，在世界占比 20.34%，两者累计贡献超过 60%。从出口看，东盟、中国台湾、中国和韩国是主要的芯片出口方，2020 年分别出口芯片 1904.26 亿美元、1266.81 亿美元、1198.43 亿美元和 912.98 亿美元，全球占比依次为 21.67%、14.42%、13.64% 和 10.39%。从净进口看，中国位居世界首位，2020 年其值接近 2628 亿美元。

（亿美元）　　　　　　　　　　　　　　　　　　　　　　　　　　（％）

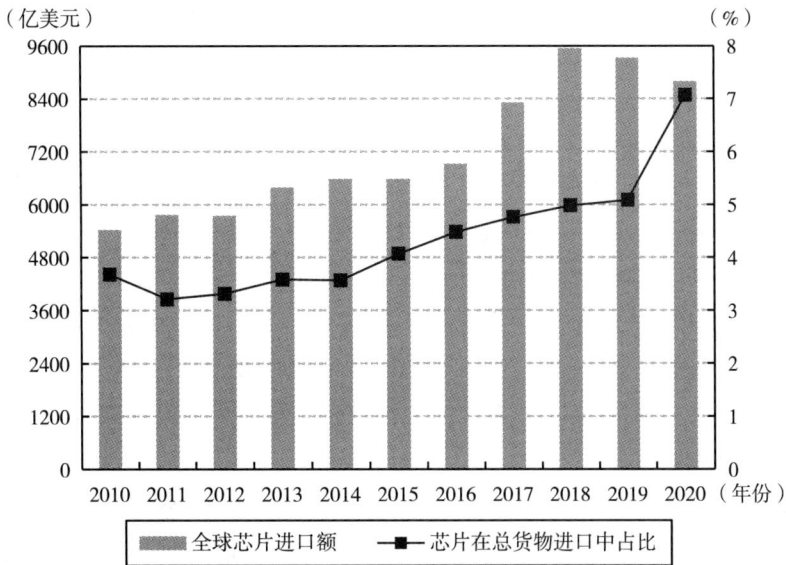

图 7-1　2010～2020 年全球芯片贸易变化趋势

资料来源：UN Comtrade Database（https：//comtrade. un. org/）。

表 7-1　　　　　　　　　　　2020 年世界芯片进出口来源地

国家（地区）	2020 年芯片进口		2020 年芯片出口	
	进口额（亿美元）	进口份额（％）	出口额（亿美元）	出口份额（％）
中国	3825. 98	43. 54	1198. 43	13. 64
美国	400. 18	4. 55	638. 28	7. 26
加拿大	16. 50	0. 19	8. 02	0. 09
英国	17. 74	0. 20	19. 93	0. 23
澳大利亚	4. 81	0. 05	0. 67	0. 01
新西兰	0. 62	0. 01	0. 26	0. 00
日本	155. 55	1. 77	403. 3	4. 59
印度	84. 76	0. 96	3. 08	0. 04
中国台湾	808. 19	9. 20	1266. 81	14. 42
韩国	557. 58	6. 35	912. 98	10. 39
东盟	1787. 43	20. 34	1904. 26	21. 67
欧盟 27 国	594. 03	6. 76	656. 72	7. 47
世界其他地区	532. 90	6. 07	1773. 55	20. 19
世界	8786. 28	100	8786. 28	100

资料来源：UN Comtrade Database（https：//comtrade. un. org/）。

二、中国芯片进口来源分析

从时间趋势来看，中国对芯片的进口需求不断增加，对外依存度不断攀升，进口安全风险日趋凸显。如图 7 - 2 所示，2010 ~ 2020 年，中国芯片进口额由 1695 亿美元快速增至 3826 亿美元，年均增速高达 8.48%。结合图 7 - 1 全球芯片贸易额可测算，中国芯片进口的世界占比从 2010 年的 31.20% 增至 2020 年的 56.19%，扩张趋势十分明显。芯片在我国进口贸易中的份额由 2010 年的 12.14% 增至 2020 年的 18.61%，远高于世界平均水平，芯片日益成为影响我国进口安全乃至整个经济社会安全的关键因素。这意味着，未来我国一旦遭遇某种程度的芯片进口中断，其经济负面影响将不容小觑。

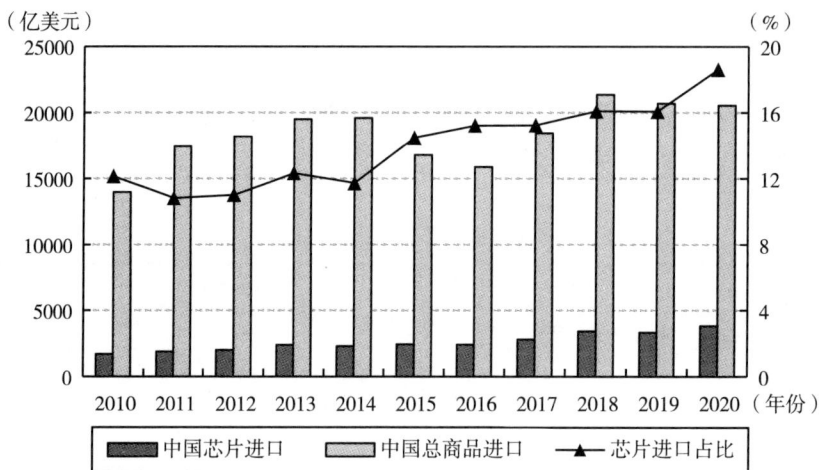

图 7 - 2　2010 ~ 2020 年中国芯片进口变化趋势

资料来源：UN Comtrade Database（https：//comtrade. un. org/）。

从进口来源看，中国芯片进口主要集中在韩国、中国台湾和东盟三个地区。如图 7 - 3 所示，2010 ~ 2020 年，从上述三个地区芯片进口额由 1089 亿美元增至 2737 亿美元，年均增速 9.65%，进口份额则由 64.28% 增至 71.53%。分地区看，对台湾地区芯片进口依赖最为严重，其进口额由 2010 年的 378 亿美元增至 2020 年的 1267 亿美元，年均增速 12.86%；从韩国进口芯片由 2010 年的 318 亿美元增至 2020 年的 747 亿美元，年均增速 8.92%；从东盟进口芯片由 393 亿美元增至 722 亿美元，年均增速 6.27%。图 7 - 3 显示，我国对"五眼联盟"国家芯片的直接进口依存度有限。以 2020 年为例，中国从美国进口芯片 195.51 亿美元（占比 5.11%），从"五眼联盟"进口芯片 200.57 亿美元（占比 5.24%）。

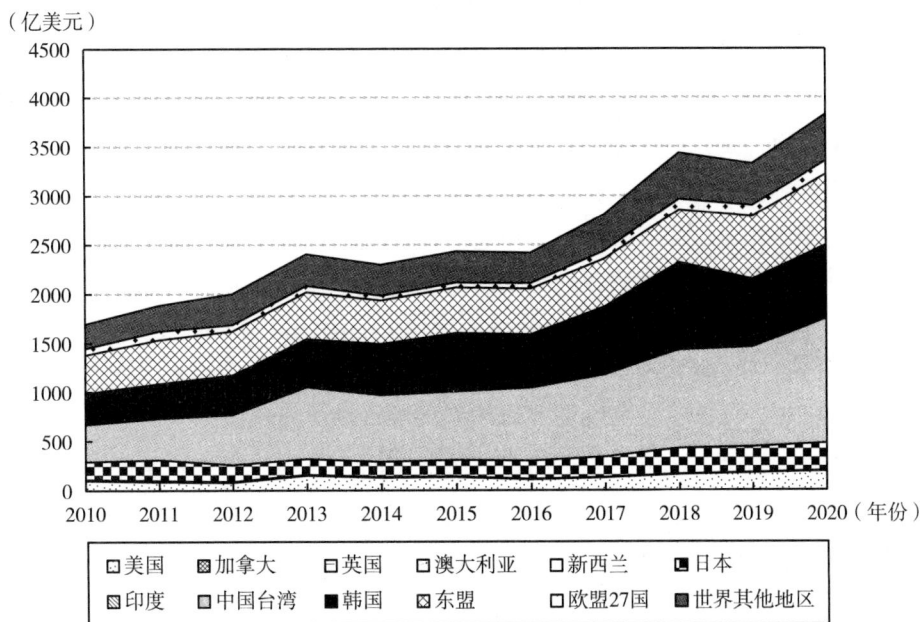

图 7 - 3 2010 ~ 2020 年中国芯片进口来源

资料来源：UN Comtrade Database（https：//comtrade. un. org/）。

综上，芯片是全球贸易的重要组成部分，芯片产业链断链或重构不仅影响一国经济，也会对全球经济产生复杂而深远的影响。作为全球制造业中心，同时也是最大的芯片消费国和进口国，中国芯片进口受阻不仅在短期内会影响经济发展和国家经济安全，更会阻碍我国产业升级，影响我国经济长期向高质量发展迈进。因此，有必要对以美国为首的相关国家或地区对我国实施芯片禁运的情景进行推演，并对其宏观经济影响展开事前评估，为制订可能的应对方案提供依据。

第三节　模型、数据与情景设计

一、模型方法

本书利用 GDYN 模型评估芯片贸易中断风险对我国的潜在影响。GDYN 模型由美国普渡大学开发，是以全球经济为背景的多区域多部门递归动态 CGE 模型（Lakatos and Walmsley，2012）。GDYN 模型保留了标准 GTAP 模型的主要特征：生产技术规模报酬不变、完全竞争市场假设和产品来源的差异化。GDYN 模型为各国分配一个总收入账户，用于汇集所有收入来源，包括资本所得、工资收入和进口关税等。该区域总收入在储蓄、居民消费和政府消费三者间进行分配，遵循柯布－道格拉斯（Cobb-Douglas）效用函数形式（Cui et al.，2015）。对于居民消费，GDYN 模型采用了非其序性（non-homothetic）固定差异替代弹性（constant difference of e-lasticity，CDE）效用函数的设定形式，即居民消费边际替代率不仅依赖于不同商品的相对比例，也与商品消费数量有关，该设置有助于使用自价格弹性、交叉价格弹性及收入弹性等数据对居民消费行为进行校准（Markandya et al.，2015）。此外，与标准 GTAP 模型相比，GDYN 加入了跨地区资本流动、资本累计以及投资的适应性预期等机制，采用资本逐年累积的方式实现整个模型的动态化，可以模拟外生政策冲击后各地区在时间维度上经济变动情况（Costantini and Sforn，2020）。芯片在国际贸易中扮演着十分重要的角色，一国芯片进口受阻不仅会影响本国产业和经济发展，也会通过供应链条对世界其他国家地区产生直接或间接影响，而 GDYN 模型以全球经济为研究对象，能够刻画不同经济体、不同产业部门间相互关联和相互制约的交互作用关系，以及芯片禁运经济影响的时变特征，使该模型成为研究全球芯片贸易中断影响的有力工具之一。

GDYN 模型对国际贸易有着细致化的处理，它假设行业产出有国内消费和出口两个去向，在常转换替代弹性（constant elasticity of transformation，CET）的假定下，销量的分配满足企业利润最大化约束。对于进口贸易、GDYN 模型假定进口产品与国内生产产品是非同质的，两者之间不能完全替代，且不同进口来源国的产品也不能完全替代，它们均满足阿明顿假设。对于进口关税，GDYN 模型假设存在两类关税变量：对所有贸易伙伴国同时实施的关税壁垒和仅对某一国实施的特别关税壁垒，二者分别用变量 TM 和变量 TMS 表示。具体关系如公式（7.1）所示：

$$PMS_{i,r,s} = PCIF_{i,r,s} \times (1 + TM_{i,s}) \times (1 + TMS_{i,r,s}) \tag{7.1}$$

其中，$PMS_{i,r,s}$ 表示 r 国出口到 s 国的商品 i 在 r 国市场的消费价格，$PCIF_{i,r,s}$ 表示 r 国出口到 s 国商品 i 的到岸价格，$TM_{i,s}$ 为 s 国对商品 i 征收的进口关税税率，$TMS_{i,r,s}$ 为 s 国对 r 国商品 i 额外加征的特别关税税率。公式（7.1）刻画了商品从进关到流通再到市场所需加征的税费，但该公式并不能直接用于模拟芯片进口受阻，主要是因为现实情况中的芯片禁运更多是由国家行政手段主导的，如美国联合其他国家或地区实施的芯片出口管制等，故需采取一种合理的方式将这种非市场行为纳入模型架构中。从影响机理来看，发达国家的出口管制将会增加我国芯片进口难度和成本，且随着出口管制力度的增强，我国芯片进口价格将会不断上升，该影响机制与进口关税较为类似。但与进口关税返回中央政府不同，我国芯片进口成本上升主要源于发达国家行政力量主导的非市场化行为，这种进口价格上涨并不能导致国家层面的关税收益。为此，本书将"虚拟关税"的概念引入国际贸易模型，采用虚拟关税对芯片进口受阻进行刻画：随着虚拟关税成本的增加，芯片进口成本也会增加，特别是，当虚拟关税高到一定程度后，芯片进口发生中断。具体地，本书通过添加虚拟

关税变量 $TMS1_{i,r,s}$ 模拟 r 国对 s 国实施的芯片出口禁运情形，具体如公式（7.2）所示：

$$PMS_{i,r,s} = PCIF_{i,r,s} \times (1 + TM_{i,s}) \times (1 + TMS_{i,r,s}) \times (1 + TMS1_{i,r,s}) \qquad (7.2)$$

在实际模拟中，可将虚拟关税变量设为内生变量，与之相关的贸易流量设为外生变量。当模拟 r 国对 s 国实施芯片出口禁运情形时，可将 r 国对 s 国的芯片出口量降为 0，此时 GDYN 模型将会内生求解出所需的虚拟关税水平。

二、模型校准与数据处理

在利用模型评估芯片禁运的影响之前，我们需要对模型进行校准。GDYN 模型校准主要是基于历史宏观经济数据对模型的主要变量进行校准，获取相关技术进步参数和位移参数。模型校准主要使用了以下数据：实际 GDP、投资、消费、进口、出口、人口和就业等，数据主要来源于世界银行和国际货币基金组织（IMF），历史校准的数据时间范围为 2014～2020 年。具体地，为构建与 GDYN 模型相匹配的经济系统动态数据库，本研究将在 GDYN 10 数据库基础上，依托 GDYN 模型先进的动态机制，利用世界各国和地区历史宏观经济数据信息，将全球经济均衡点从 2014 年动态递推到 2020 年，并借助历史趋势外推技术生成政策评估的基准情景（business as usual，BAU）。在未来预期方面，考虑到新冠肺炎疫情对全球经济产生重要影响，未来基准情景的校准需要考虑新冠肺炎疫情带来的影响。本研究依据 IMF 2021 年 10 月发布的预测报告 Recovery During a Pandemic 数据对世界各国未来经济走势进行预期。具体地，该报告对全球 195 个国家或地区 2020～2026 年主要宏观经济指标进行了展望，涉及 GDP、投资、进口和出口等，结果综合考虑了疫情冲击和疫后经济复苏进程，这些将作为本书政策评估的参考基准。

在地区划分上，由于本书主要关注不同范围和程度的芯片禁运对中国宏观经济的潜在冲击影响，同时考虑到国际芯片贸易中不同国家所处的地位差异以及大国国际关系的实际情况，将 GDYN 10 数据库中原有的 141 个国家或地区重新合并划分为 25 个地区：中国、美国、加拿大、英国、澳大利亚、新西兰、日本、印度、中国台湾、韩国、东盟、欧盟 27 国和世界其他地区等，这种区域划分既包含了韩国、中国台湾等主要的芯片进口国家和地区，也对"五眼联盟"国家、日本、欧盟做了区分，可以模拟不同禁运情景下芯片进口中断的宏观经济影响。对于行业分类，将原有 65 个行业合并为 12 大类行业：农林业、牧渔业、采掘业、食品烟草、纺织皮革、轻工业、重工业、电子信息行业、电器设备、运输设备、邮电行业和服务业，从而模拟芯片禁运对主要相关行业的冲击影响。

需要指出的是，受限于数据和技术等原因，现有投入产出表和 CGE 模型并未将芯片同其他产业区分开来，而是包含在电子信息产业中。为模拟相关国家地区对我国实施芯片出口禁运的经济影响，本书根据电子信息产品进口贸易中的芯片占比来设置冲击强度，将芯片出口禁运导致的芯片进口下降转化为电子信息产品进口降幅，并将其作为政策约束纳入 GDYN 模型中。表 7 - 2 列举了 2020 年中国从不同地区进口电子产品和芯片的情况。可以看到，从中国台湾和韩国进口的电子信息产品主要是芯片，其占比分别为 79.75% 和 70.43%。

表 7 - 2　　　　　中国从不同国家（地区）进口电子信息产品中芯片占比

国家（地区）	芯片进口额（亿美元）	电子信息产品进口额（亿美元）	占比（%）
美国	195.51	377.52	51.79
加拿大	2.39	11.58	20.64
英国	2.58	37.37	6.90
澳大利亚	0.02	3.07	0.54
新西兰	0.07	0.59	11.69
日本	279.87	832.26	33.63
印度	0.09	16.35	0.56
中国台湾	1267.15	1588.93	79.75
韩国	747.20	1060.83	70.43
东盟	722.44	1333.35	54.18
欧盟 27 国	132.46	766.74	17.28
世界其他地区	476.21	1378.48	34.55
世界	3825.98	7407.07	51.65

资料来源：UN Comtrade Database（https：//comtrade. un. org/）。

三、芯片禁运联盟情景设置

基于当前全球芯片贸易格局，综合考虑美国对华芯片禁运可能涉及的联盟国家或地区，以及我国可能遭遇芯片禁运的严重程度，本书共考察五种芯片禁运情景。具体地，按禁运联盟范围逐步扩大和严重程度逐步加强的顺序，芯片禁运情景设置如表 7 - 3 所示。其中，S1 假设美国单独对中国实施芯片出口禁运，S2 假设美国、加拿大、英国、澳大利亚和新西兰（即"五眼联盟"）同时对中国实施芯片出口禁运，S3 假设"五眼联盟"联合日本和印度同时对中国实施芯片出口禁运，S4 假设"五眼联盟"联合日本、印度、韩国和中国台湾同时对中国实施芯片出口禁运，S5 假设存在最极端情形，即所有国家和地区均对中国实施芯片出口禁运。在时间维度上，研究假设禁运从 2022 年开始实施，且在 2026 年前不会取消。模拟到 2026 年主要有以下两方面的原因。一是在模型校准中，基准情景需要考虑疫情冲击带来的影响，从而在政策冲击情景中能将疫情带来的影响与芯片禁运的影响进行剥离，因此本书的基准情景构建包含了疫情的冲击效应。我们基于 IMF 最新发布的 Recovery During a Pandemic 报告对基准情景进行校准，而该报告关于各国经济展望的数据只持续到 2026 年。因此，为降低结果的不确定性，暂未模拟更长时间的政策冲击效应。二是为揭示芯片禁运导致的贸易中断影响上限，一个重要假设是国产芯片不足以对进口芯片进行大规模替代，该假设在中短期内更具有合理性，而如果考虑到中国当前对芯片产业的大力扶持，在未来中长期实现某些关键技术的突破是大概率事件，故将研究视角聚焦在中短期可以避免未来长期技术发展不确定性带来的影响。因此本书集中考察芯片断供在未来五年（2022～2026 年）对我国的影响。需要说明的是，尽管现实中相关国家和地区对中国的芯片禁运可能以高端芯片为主，但目前不同类型芯片的贸易数据并不公开，尤其是从不同国家或地区进口的不同尺寸的芯片数据未见披露，故本书假定芯片禁运范围包含所有类型和尺寸的芯片，所以模拟结果为相关影响的上界。

表 7 - 3 我国面临芯片禁运联盟的情景

情景代码	情景设置
S1	美国单独对中国实施芯片出口禁运
S2	"五眼联盟"对中国实施芯片出口禁运
S3	"五眼联盟"联合日本、印度对中国实施芯片出口禁运
S4	"五眼联盟"联合日本、印度、韩国和中国台湾对中国实施芯片出口禁运
S5	所有国家和地区对中国实施芯片出口禁运

第四节　结果分析

我们将从宏观经济和重点产业两个层面深入分析芯片禁运对我国和全球主要国家或地区的冲击效应，具体如下。

一、宏观经济影响

（一）实际 GDP 变化

表 7 - 4 展示了以无芯片禁运为参考基准（BAU），不同芯片禁运情景下各地区 GDP 的变化情况。随着芯片禁运联盟范围的不断扩大，中国芯片进口短缺越发凸显，由此造成的宏观经济损失将不断增大。在 S1 情景下，2022 年中国 GDP 较 BAU

情景下降 0.019%，而到 S5 情景下，该降幅增至 0.505%。从时间趋势看，芯片禁运对我国宏观经济的负面影响呈现逐步减缓之势，这主要是由于芯片禁运会倒逼我国将更多资源投入芯片研发和生产，而国产芯片供给的增加将在一定程度上对国外进口芯片形成替代。以 S4 情景为例，中国 GDP 较 BAU 降幅从 2022 年的 0.333% 降至 2026 年的 0.294%，降幅略有收窄。实际上，芯片作为一种高新技术产品其准入门槛较高，国产芯片取代进口芯片不是一蹴而就的事情，故芯片禁运对我国经济的负面影响或将持续较长时间。

表 7-4　　芯片禁运对世界主要国家（地区）实际 GDP 影响（相对 BAU）　　单位：%

国家（地区）	S1		S2		S3		S4		S5	
	2022 年	2026 年	2022 年	2026 年	2022 年	2026 年	2022 年	2026 年	2022 年	2026 年
中国	-0.019	-0.015	-0.020	-0.016	-0.068	-0.060	-0.333	-0.294	-0.505	-0.462
美国	-0.006	-0.006	-0.006	-0.006	-0.006	-0.006	-0.006	-0.006	-0.004	-0.005
加拿大	-0.002	-0.002	-0.012	-0.012	-0.016	-0.015	-0.027	-0.026	-0.043	-0.043
英国	-0.002	-0.002	-0.007	-0.007	-0.009	-0.009	-0.018	-0.018	-0.011	-0.012
澳大利亚	-0.003	-0.003	-0.003	-0.003	0.007	0.008	0.033	0.034	0.038	0.038
新西兰	-0.002	-0.002	-0.004	-0.004	0.003	0.003	0.020	0.022	0.028	0.030
日本	0.009	0.010	0.010	0.010	-0.225	-0.227	-0.282	-0.283	-0.273	-0.274
印度	-0.001	-0.001	-0.002	-0.002	-0.003	-0.003	-0.017	-0.019	0.020	0.019
中国台湾	0.026	0.026	0.027	0.027	0.120	0.119	-1.543	-1.494	-1.549	-1.497
韩国	0.019	0.018	0.020	0.019	0.078	0.074	-1.126	-1.117	-1.147	-1.140
东盟	0.004	0.004	0.004	0.004	0.026	0.026	0.159	0.158	-0.293	-0.308
欧盟 27 国	0.000	0.000	0.000	0.000	0.002	0.002	0.006	0.006	-0.021	-0.023
世界其他地区	-0.002	-0.002	-0.002	-0.002	0.001	0.001	0.007	0.004	-0.018	-0.022
世界	-0.004	-0.004	-0.005	-0.004	-0.022	-0.020	-0.099	-0.093	-0.154	-0.151

另外，由于各国在国际芯片贸易格局中的地位不同（见表 7-1），不同国家加入芯片禁运联盟对我国的宏观经济产出影响具有较大差异。具体来说，美国单独或"五眼联盟"对我国实施芯片封锁的经济影响有限，GDP 损失不超过 0.020%；日本、印度加入芯片禁运联盟将使我国当年 GDP 损失进一步扩大到 0.070%，影响总体可控；而当中国台湾和韩国加入芯片禁运联盟时，我国宏观经济将受到显著影响，当年 GDP 损失将达到为 0.344%。值得注意的是，加入芯片禁运联盟的国家或地区其自身经济也将受到显著负面影响，尤其是对中国台湾和韩国等主要芯片出口地而言，它们自身都将付出高昂的经济代价。以 S4 情景为例，在芯片禁运初期，中国台湾 GDP 预计下降 1.543%，韩国 GDP 预计下降 1.126%，均远超过中国 0.333% 的 GDP 降幅。这表明，中国台湾和韩国加入美国主导的芯片禁运联盟并不符合其自身经济利益。更有意思的是，若芯片禁运范围进一步扩大至 S5 情景，中国台湾和韩国

的经济损失会进一步放大，GDP 降幅远远超过中国。这是因为，芯片产业是韩国和中国台湾经济发展的支柱产业，且这两个地区芯片主要出口市场均是中国，更大范围的芯片禁运意味着全球层面贸易转移效应受到进一步抑制，两个地区通过第三国向中国出口芯片将受到限制，从而导致这两个经济体的损失进一步扩大。而反观美国，将更多国家和地区纳入禁运联盟后其经济损失更小，即 S5 情景下美国 GDP 降幅最小。这表明，美国主导构建对华芯片禁运联盟虽然对本国经济发展有一定负面影响，但更多经济成本将由其他国家或地区承担。

（二）居民福利变化

在 GDYN 模型中，居民福利采用希克斯等价变差（hicks equivalent variation, HEV）进行表征，该度量方式综合考虑了人均总效用和区域总收入的复合效应（Cui et al.，2019）。表 7 – 5 列举了不同芯片禁运情景下各地区居民福利的变化情况。由表 7 – 5 可知，与芯片进口中断导致的经济增长放缓有关，我国居民福利也将遭受一定程度的损失，且随着芯片禁运范围的扩大，福利损失越显著。具体地，在 S1 情景下，2022 年中国居民福利水平较 BAU 情景损失 35.36 亿美元，而到 S5 情景下，该损失大幅攀升至 940.37 亿美元。从时间维度来看，与 GDP 指标变化类似，芯片禁运对我国居民福利的负面冲击有所减缓，这主要是由于国内芯片生产投入的不断增加部分对冲了国外芯片断供的冲击影响。

如表 7 – 5 所示，若韩国和中国台湾加入美国主导的对中国芯片禁运联盟中，这两个地区福利水平将受到显著的负面影响，更重要的是，随着时间的推移，这种损失有持续扩大之势。以 S4 情景为例，在封锁政策实施的初期，中国台湾居民福利较 BAU 下降 106.32 亿美元，韩国则下降 171.26 亿美元；而到 2026 年，上述两个地区福利较 BAU 分别下降 145.99 亿美元和 240.91 亿美元。一个重要的原因是，韩国和中国台湾限制对中国的芯片出口将会促使中国寻找其他进口替代来源或增加国内供给，从而使中国对上述两个地区的芯片进口依赖逐渐减弱，而这将对韩国和中国台湾芯片产业发展产生长期不利影响，导致其居民福利恶化程度进一步加剧。而反观美国，其居民福利恶化相对有限，5 种情景均未超过 13 亿美元。据此可知，与 GDP 变化结果类似，美国对华芯片禁运不利于其福利改善，但其他国家或地区将承担更多福利损失成本。

表 7 – 5　　芯片禁运对世界主要国家（地区）居民福利的影响（相对 BAU）　单位：亿美元

国家（地区）	S1		S2		S3		S4		S5	
	2022 年	2026 年	2022 年	2026 年	2022 年	2026 年	2022 年	2026 年	2022 年	2026 年
中国	−35.36	−20.60	−36.55	−10.85	−120.45	−82.65	−593.73	−441.62	−940.37	−723.01
美国	−3.99	−6.24	−4.01	−3.14	−3.88	−6.35	−4.93	−8.61	−6.26	−12.12

国家 （地区）	S1		S2		S3		S4		S5	
	2022 年	2026 年	2022 年	2026 年	2022 年	2026 年	2022 年	2026 年	2022 年	2026 年
加拿大	-0.23	-0.55	-0.85	-0.75	-1.06	-1.60	-1.24	-1.39	-6.33	-10.00
英国	-1.25	-1.68	-1.97	-1.39	-2.49	-3.58	-6.32	-8.94	-8.36	-16.07
澳大利亚	-0.41	-0.43	-0.44	-0.24	0.63	1.00	4.38	6.57	1.49	-0.82
新西兰	-0.05	-0.07	-0.07	-0.05	0.04	0.01	0.26	0.25	0.08	-0.43
日本	2.41	2.67	2.51	1.39	-91.71	-112.88	-119.86	-149.43	-124.43	-157.43
印度	-0.44	-1.66	-0.45	-0.86	-0.76	-2.99	-2.22	-9.07	0.86	-18.29
中国台湾	1.80	2.09	1.87	1.09	7.90	8.90	-106.32	-145.99	-108.78	-149.91
韩国	2.96	3.36	3.09	1.76	12.59	13.80	-171.26	-240.91	-175.92	-249.84
东盟	-0.01	0.48	-0.01	0.22	6.64	8.35	46.84	60.74	-52.43	-132.23
欧盟 27 国	-3.91	-5.94	-4.14	-3.17	-2.45	-5.79	-10.27	-20.37	-62.92	-115.65
世界其他地区	-4.47	-10.28	-4.68	-5.45	-0.71	-7.20	26.19	16.14	-33.51	-159.81
世界	-42.95	-38.86	-45.70	-21.45	-195.69	-190.99	-938.48	-942.63	-1516.88	-1745.60

（三）区域出口变化

表 7-6 展示了芯片禁运对全球不同地区出口的影响。首先，封锁导致的芯片进口短缺会增加我国主要行业的生产成本，从而削弱相关产品的国际竞争力，导致出口减少，且随着芯片禁运范围的扩大，我国出口贸易受损越严重。以 S1 情景为例，当美国单独对我国实施芯片出口禁运时，我国当年出口较 BAU 情景下降 0.30%，这一降幅低于美国 0.62%。值得注意的是，美国单边实施芯片出口禁运将带来一定的贸易转移效应，未跟随美国实施芯片出口禁运的中国台湾、韩国、东盟和日本对中国的出口额将分别增加 0.08%、0.06%、0.05% 和 0.04%。而在将中国台湾、韩国、日本和印度纳入禁运联盟后（S4 情景），中国出口降幅进一步增至 4.62%，在最极端情景（S5）下，中国出口贸易额锐减 8.36%。需要指出的是，跟随美国实施芯片出口禁运的国家和地区其出口贸易也将遭受不同程度的负面影响，尤其是中国台湾、韩国、东盟等地出口降幅明显：在 S5 情景下出口降幅分别达到 5.15%、4.11% 和 2.39%。在时间维度上，芯片禁运对我国出口贸易的负面影响随着时间逐渐减缓，芯片进口中断的冲击影响将被国产芯片供给的逐步增加部分对冲。具体地，在最极端情景（S5）下，我国出口较 BAU 降幅从 2022 年的 8.36% 降至 2026 年的 7.88%。从总体来看，芯片禁运的冲击影响虽随时间有所减弱，但下降幅度较为有限，这也间接反映了国产芯片替代进口芯片的困难性和长期性。

表 7 - 6　　　　　芯片禁运对世界主要国家（地区）出口的影响（相对 BAU）　　　单位：%

国家（地区）	S1		S2		S3		S4		S5	
	2022 年	2026 年	2022 年	2026 年	2022 年	2026 年	2022 年	2026 年	2022 年	2026 年
中国	- 0.30	- 0.27	- 0.31	- 0.29	- 1.07	- 0.96	- 4.62	- 4.19	- 8.36	- 7.88
美国	- 0.62	- 0.62	- 0.62	- 0.62	- 0.70	- 0.69	- 1.07	- 1.00	- 1.33	- 1.22
加拿大	0.01	0.01	- 0.04	- 0.04	- 0.09	- 0.10	- 0.24	- 0.25	- 0.27	- 0.26
英国	0.02	0.02	- 0.01	- 0.01	- 0.06	- 0.06	- 0.21	- 0.19	- 0.3	- 0.25
澳大利亚	0.00	0.00	0.00	0.00	- 0.04	- 0.03	- 0.17	- 0.12	- 0.26	- 0.17
新西兰	0.00	0.00	- 0.01	- 0.01	- 0.05	- 0.04	- 0.11	- 0.07	- 0.17	- 0.13
日本	0.04	0.05	0.04	0.05	- 0.97	- 0.97	- 1.34	- 1.31	- 1.65	- 1.60
印度	- 0.02	- 0.02	- 0.02	- 0.02	- 0.08	- 0.08	- 0.35	- 0.32	- 0.45	- 0.40
中国台湾	0.08	0.08	0.08	0.08	0.33	0.32	- 4.91	- 4.92	- 5.15	- 5.15
韩国	0.06	0.07	0.07	0.07	0.23	0.23	- 3.85	- 3.84	- 4.13	- 4.11
东盟	0.05	0.04	0.05	0.05	0.16	0.14	0.83	0.70	- 2.22	- 2.39
欧盟 27 国	0.01	0.01	0.01	0.01	0.01	0.00	- 0.01	- 0.01	- 0.17	- 0.17
世界其他地区	0.00	0.00	0.00	0.00	- 0.01	- 0.01	- 0.07	- 0.06	- 0.26	- 0.27

（四）区域进口变化

表 7 - 7 展示了芯片进口中断对各地区进口贸易的影响。与出口相比，中国、中国台湾、日本、韩国等进口降幅较为显著。在最严重情景下（S5），中国当年进口贸易较 BAU 情景下降 8.68%，这与中国芯片进口对外依存度较高有关；与此同时，中国台湾、韩国和日本进口降幅将分别达到 8.74%、6.25% 和 2.65%，这主要是由于全球芯片供应链中断导致了复杂的产业波及效应，导致上述国家地区对芯片之外的商品进口需求不足。实际上，中国以外地区进口下降的驱动因素主要包括两个方面：一是芯片禁运导致主要芯片出口大国（或地区）经济增长遭受冲击，居民收入下降，从而影响芯片以外产品的进口需求，即需求端承压；二是由于产品缺芯片，作为全球制造业大国的中国其制造成本将会上涨，这将进一步抑制国际市场对中国产品的进口需求，即供给端承压。

表 7 - 7　　　　　芯片禁运对世界主要国家（地区）进口的影响（相对 BAU）　　　单位：%

国家（地区）	S1		S2		S3		S4		S5	
	2022 年	2026 年	2022 年	2026 年	2022 年	2026 年	2022 年	2026 年	2022 年	2026 年
中国	- 0.35	- 0.32	- 0.37	- 0.34	- 1.16	- 1.04	- 4.88	- 4.47	- 8.98	- 8.68
美国	- 0.35	- 0.34	- 0.35	- 0.34	- 0.36	- 0.35	- 0.45	- 0.43	- 0.64	- 0.62
加拿大	0.00	0.00	- 0.04	- 0.03	- 0.06	- 0.05	- 0.08	- 0.05	- 0.12	- 0.09
英国	- 0.01	- 0.01	- 0.03	- 0.03	- 0.05	- 0.04	- 0.09	- 0.08	- 0.12	- 0.12

国家 （地区）	S1		S2		S3		S4		S5	
	2022 年	2026 年	2022 年	2026 年	2022 年	2026 年	2022 年	2026 年	2022 年	2026 年
澳大利亚	− 0.02	− 0.01	− 0.02	− 0.01	0.00	0.03	0.09	0.20	− 0.03	0.05
新西兰	− 0.02	− 0.01	− 0.02	− 0.02	− 0.02	− 0.01	0.00	0.05	− 0.06	− 0.02
日本	0.04	0.04	0.05	0.04	− 1.83	− 1.83	− 2.34	− 2.35	− 2.63	− 2.65
印度	− 0.02	− 0.02	− 0.02	− 0.02	− 0.05	− 0.04	− 0.14	− 0.11	− 0.22	− 0.19
中国台湾	0.13	0.12	0.14	0.12	0.59	0.51	− 8.54	− 8.4	− 8.88	− 8.74
韩国	0.10	0.09	0.11	0.10	0.42	0.36	− 5.96	− 5.97	− 6.23	− 6.25
东盟	0.05	0.04	0.05	0.04	0.19	0.15	1.03	0.81	− 2.23	− 2.24
欧盟 27 国	0.00	0.00	0.00	0.00	0.01	0.01	0.06	0.04	− 0.09	− 0.11
世界其他地区	− 0.01	− 0.01	− 0.01	− 0.01	0.00	0.00	0.05	0.06	− 0.20	− 0.26

（五）区域间贸易变化

相关国家（地区）对我国实施芯片禁运会打击中国与这些国家（地区）的双边贸易，而未实施芯片禁运国家（地区）对我国会扩大双边贸易，即产生一定的贸易转移效应。图 7 - 4 展示了不同禁运情景下中国与主要贸易伙伴双边贸易的变化情

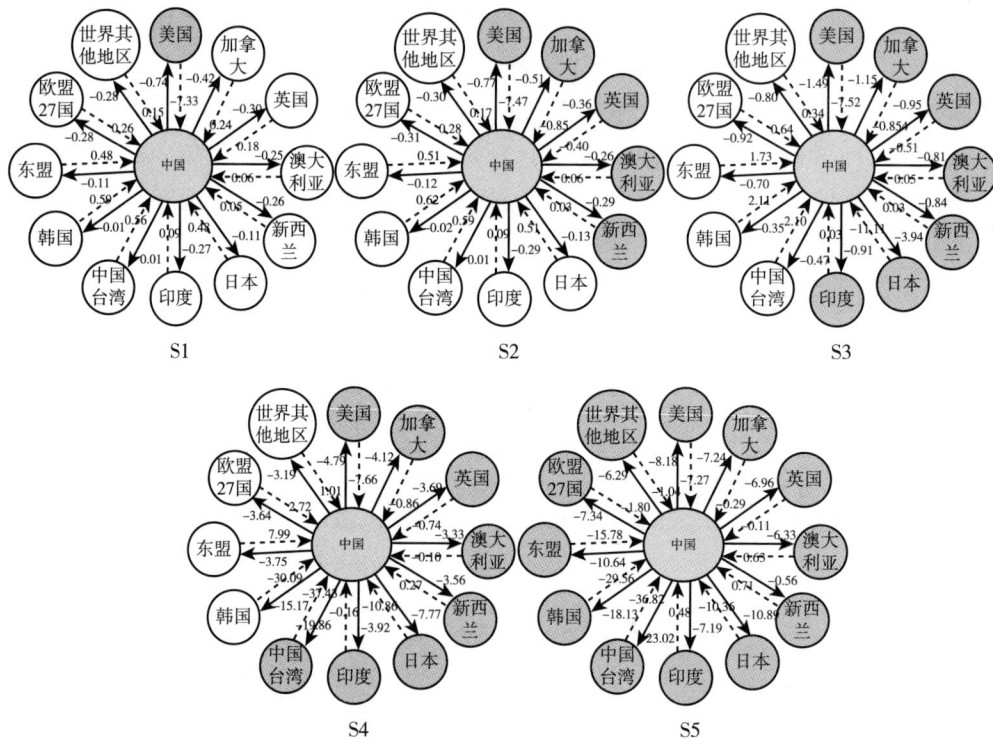

图 7 - 4   芯片禁运情景下中国大陆与主要国家地区双边贸易变化（单位：%）

况。首先，如果美国单独对中国实施芯片出口禁运，美国对中国出口会大幅下滑7.47%，其他地区对中国的出口均有所上升。其中，中国台湾、韩国和日本的出口分别增加0.57%、0.60%和0.49%。随着芯片出口禁运的升级，实施芯片出口禁运的国家（地区）与中国的双边贸易会进一步下滑。以S4情景为例，中国对中国台湾、韩国、日本和美国的出口分别下降19.86%、15.17%、7.77%和4.79%，而这些地区对中国的出口将分别下降37.43%、30.09%、10.86%和7.66%。与之不同的是，东盟、欧盟和新西兰对中国的出口将有所增加，如东盟对中国出口增加7.99%。鉴于贸易转移在缓解芯片禁运对中国负面冲击所发挥的重要作用，中国需要加强和美国以外国家或地区合作，以对冲芯片封锁对我国经济带来的负面影响。

（六）区域就业变化

芯片封锁不仅重创全球供应链，冲击各国经济增长，也对多数地区就业市场产生负面影响。表7-8展示的是政策冲击初期（2022年）各国（地区）就业的变化情况。由表7-8可知，中国遭遇芯片禁运后，就业市场将会遭受一定程度的负面影响，且随着芯片出口禁运的升级，我国失业人数将不断增加。具体地，当只有美国对我国实施芯片封锁（S1）时，中国就业人数相较BAU情景减少8.85万人，就业下降0.01%，当"五眼联盟"对中国实施芯片禁运（S2）时，失业人数较BAU情景增加9.17万人，而当所有国家均对中国实施芯片禁运（S5）时，中国就业人数较BAU下降0.18%，失业人数增加136.46万人，对就业市场的冲击较大。

表7-8　　　　　　　　芯片禁运对世界主要国家（地区）就业的影响

国家（地区）	就业变化比例（相对BAU，%）					就业变化人数（相对BAU，万人）				
	S1	S2	S3	S4	S5	S1	S2	S3	S4	S5
中国	-0.01	-0.01	-0.04	-0.14	-0.18	-8.85	-9.17	-29.18	-110.41	-136.46
美国	-0.01	-0.01	-0.01	-0.01	-0.01	-1.28	-1.28	-1.21	-1.30	-0.90
加拿大	0.00	-0.02	-0.03	-0.04	-0.07	-0.05	-0.37	-0.48	-0.84	-1.28
英国	0.00	-0.01	-0.01	-0.03	-0.02	-0.07	-0.39	-0.46	-0.94	-0.50
澳大利亚	0.00	0.00	0.01	0.04	0.06	-0.05	-0.06	0.12	0.56	0.73
新西兰	0.00	-0.01	0.00	0.03	0.05	-0.01	-0.02	0.01	0.08	0.12
日本	0.02	0.02	-0.47	-0.57	-0.54	1.31	1.37	-31.09	-38.09	-36.25
印度	0.00	0.00	0.00	-0.03	0.02	-1.09	-1.11	-1.96	-11.53	9.01
中国台湾	0.05	0.05	0.22	-2.93	-2.94	0.57	0.59	2.49	-33.80	-33.90
韩国	0.03	0.04	0.13	-1.99	-2.01	0.91	0.95	3.52	-53.92	-54.58
东盟	0.01	0.01	0.05	0.30	-0.62	0.25	0.26	1.56	9.12	-18.86
欧盟27国	0.00	0.00	0.01	0.01	-0.03	0.14	0.15	0.48	1.28	-3.17
世界其他地区	0.00	0.00	0.00	0.01	-0.03	-0.51	-0.51	0.44	2.05	-4.99

重要的是，芯片封锁不仅对中国就业造成冲击，同时也会对参与芯片禁运的芯片出口国（地区）的就业市场也会带来显著负面影响。以 S4 情景为例，中国台湾就业人数大幅下降 2.93%，新增失业人口 33.80 万人；韩国就业大幅下降 1.99%，失业人数增加 53.92 万人；日本就业下降 0.57%，新增失业人口 38.09 万人。上述三个地区就业降幅均高于中国（0.14%），但由于后者基数大，转换成绝对量后其新增失业人口达到 110.41 万人，在所有国家地区中最高。反观美国，5 种情景下无论是就业降幅还是新增失业人口，其所遭受的就业冲击均相对有限。这表明，美国主导构建对华芯片禁运联盟所带来的失业压力更多由其他国家或地区承担，这一结果与 GDP 和居民福利等指标的变化相类似。

二、行业层面影响

（一）全球电子信息行业产出变化

现行的国民经济核算体系和诸多 CGE 模型大都将芯片纳入电子信息行业予以测度，美国主导的对华芯片出口禁运对世界不同国家地区电子信息行业发展冲击不尽相同：一是由于进口替代效应的存在，中国电子信息行业产出将会增加；二是对实施出口禁运的国家（地区）而言，其电子信息行业产出将下降；三是由于贸易转移效应，未跟随美国对我国实施出口禁运的国家（地区）其电子信息行业产出可能增加。表 7-9 列举了不同政策情景下各地区电子信息行业产出的变化情况。以 S4 情景为例，禁运当年中国电子信息行业产值较 BAU 情景增加 5.55%，而中国台湾大幅下降 26.69%，韩国下降 22.54%，而未加入禁运联盟的东盟和欧盟这两个地区将会增加对中国芯片出口，其电子信息行业产出分别增加 5.98% 和 2.41%。从时间趋势上看，由于进口芯片短缺，我国电子信息行业产值将会保持增加态势。在极端情景（S5）下，我国电子信息行业产值较 BAU 情景的增幅由 2022 年的 10.05% 增至 2026 年的 10.42%。尽管如此，与庞大的进口需求相比（见图 7-2），我国电子信息行业产出增幅仍相对有限，这说明芯片国产化替代仍然需要一个过程，而非一蹴而就。

表 7-9　芯片禁运对世界主要国家（地区）电子信息行业产出的影响（相对 BAU）　单位：%

国家（地区）	S1		S2		S3		S4		S5	
	2022 年	2026 年	2022 年	2026 年	2022 年	2026 年	2022 年	2026 年	2022 年	2026 年
中国	0.39	0.44	0.41	0.46	1.30	1.36	5.55	5.83	10.05	10.42
美国	-1.89	-2.12	-1.89	-2.12	-1.65	-1.96	-1.06	-1.68	-0.02	-0.66
加拿大	0.11	0.05	-1.05	-1.23	-0.81	-1.12	-0.12	-0.93	1.07	0.22
英国	0.22	0.17	-0.10	-0.18	0.14	-0.03	0.95	0.40	1.97	1.44

国家 （地区）	S1		S2		S3		S4		S5	
	2022 年	2026 年	2022 年	2026 年	2022 年	2026 年	2022 年	2026 年	2022 年	2026 年
澳大利亚	0.28	0.19	0.27	0.17	0.71	0.45	2.32	1.33	4.62	3.91
新西兰	0.24	0.16	-0.03	-0.12	0.45	0.23	2.02	1.27	4.17	3.48
日本	0.47	0.41	0.49	0.42	-7.69	-8.48	-7.95	-9.35	-7.65	-9.17
印度	0.19	0.13	0.20	0.14	0.49	0.34	1.61	1.09	3.28	2.86
中国台湾	0.46	0.40	0.48	0.42	1.61	1.43	-26.69	-28.69	-27.32	-29.41
韩国	0.51	0.44	0.53	0.46	1.82	1.59	-22.54	-24.08	-22.78	-24.42
东盟	0.46	0.37	0.48	0.39	1.45	1.18	5.98	4.81	-13.75	-15.21
欧盟 27 国	0.23	0.18	0.24	0.19	0.67	0.53	2.41	1.88	0.93	0.29
世界其他地区	0.11	0.04	0.12	0.05	0.53	0.36	2.11	1.49	0.88	-0.17

（二）全球电子信息行业双边贸易变化情况

图 7-5 列举了不同芯片禁运情景下中国与主要国家（地区）间电子信息行业双边贸易的变化情况（以 2022 年为例）。芯片禁运会带来复杂的贸易转移效应：参与禁运联盟的国家（地区）对中国电子信息行业出口明显减少，而未加入禁运联盟的国家（地区）则会扩大对华出口贸易，这在一定程度上缓解了芯片短缺对国内经

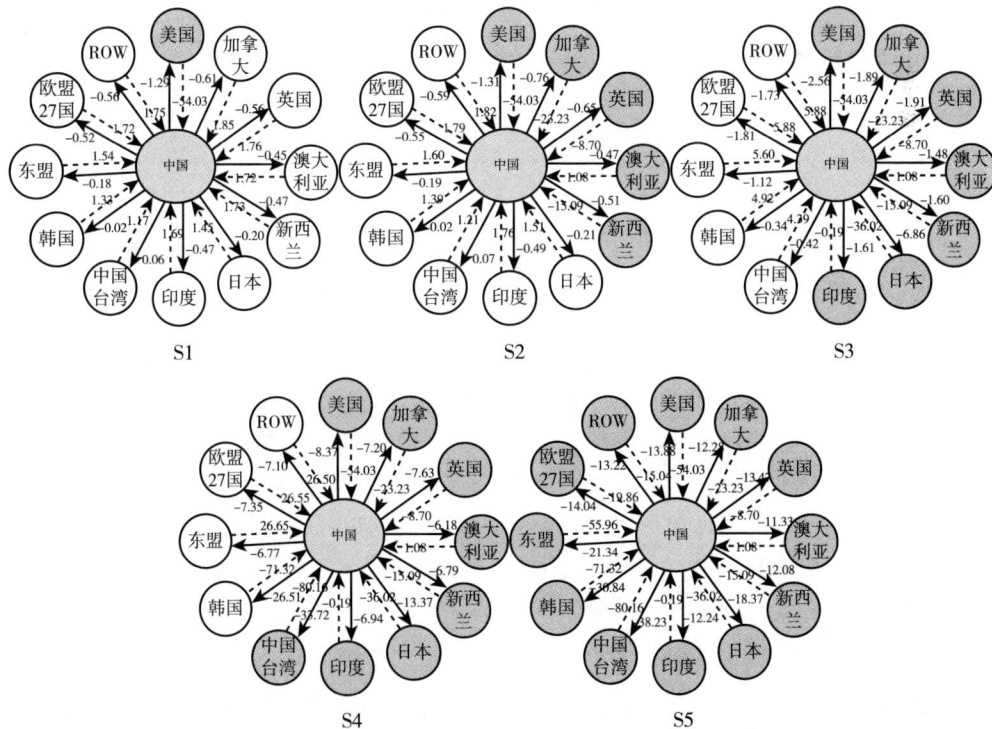

图 7-5　芯片禁运情景下中国与主要国家（地区）电子信息行业贸易变化（单位：%）

济的负面冲击。在 S1 情景下，美国对中国电子信息行业出口大幅下降 54.03%，中国对美出口会小幅下降 1.29%，而英国和澳大利亚等对中国电子信息产品出口将会增加。随着禁运的升级，这种贸易转移效应会更为明显。特别地，在中国台湾、韩国、日本加入禁运联盟的情景下（S4 情景），三者对中国的出口分别下降 80.16%、71.32% 和 36.02%，而东盟和欧盟等地对华电子信息产品出口均将增加 26.50% 左右。这种贸易转移效应为中国应对美国芯片封锁赢得了一定的空间，即中国可争取与美国以外地区加强合作，利用市场机制降低美国芯片出口禁运带来的负面冲击影响。

（三）对中国分行业产出的影响

表 7-10 列举了不同芯片禁运情形下中国分行业产出的变化情况。可以看出，芯片封锁对我国不同行业的影响具有异质性，除了芯片所属的电子信息行业以外，其他行业产出较 BAU 情景均呈现不同程度的下降。其中，对芯片需求较大的电器设备行业所遭受的负面冲击最大，其产出降幅将由 S1 情景的 0.07% 增至 S5 情景的 2.03%，该结果与电器设备行业生产对芯片投入的依赖性较强有关。根据 GDYN 10 数据库测算，中国电子信息行业对电器设备行业的中间投入系数为 8.31%，而其对农林业、牧渔业、采掘业、食品烟草、纺织皮革和重工业的中间投入系数均不足 1%。相对来看，重工业和服务业所受负面影响较小，其产出降幅分别由 S1 的 0.00% 和 0.02% 增至 S5 的 0.16% 和 0.36%。

表 7-10   芯片禁运对中国不同行业产出的影响（相对 BAU）

行业类别	S1		S2		S3		S4		S5	
	2022 年	2026 年	2022 年	2026 年	2022 年	2026 年	2022 年	2026 年	2022 年	2026 年
农林业	-0.03	-0.03	-0.03	-0.04	-0.09	-0.10	-0.33	-0.37	-0.66	-0.73
牧渔业	-0.03	-0.03	-0.03	-0.03	-0.08	-0.09	-0.34	-0.36	-0.62	-0.65
采掘业	-0.03	-0.04	-0.04	-0.04	-0.09	-0.11	-0.30	-0.36	-0.85	-1.00
食品烟草	-0.02	-0.02	-0.02	-0.02	-0.06	-0.06	-0.26	-0.26	-0.49	-0.48
纺织皮革	-0.07	-0.08	-0.07	-0.08	-0.20	-0.23	-0.98	-1.07	-1.76	-1.87
轻工业	-0.06	-0.06	-0.06	-0.06	-0.17	-0.17	-0.63	-0.66	-1.14	-1.16
重工业	-0.00	-0.00	-0.00	-0.00	-0.02	-0.02	-0.12	-0.11	-0.16	-0.15
电子信息行业	0.39	0.44	0.41	0.46	1.30	1.36	5.55	5.83	10.05	10.42
电器设备	-0.07	-0.07	-0.07	-0.07	-0.34	-0.33	-1.31	-1.27	-2.03	-1.96
运输设备	-0.05	-0.05	-0.05	-0.05	-0.21	-0.20	-0.73	-0.71	-1.18	-1.14
邮电行业	-0.02	-0.01	-0.02	-0.01	-0.05	-0.03	-0.23	-0.15	-0.37	-0.26
服务业	-0.02	-0.01	-0.02	-0.01	-0.05	-0.04	-0.23	-0.17	-0.36	-0.28

（四）对中国分行业进出口的影响

表 7-11 列举了不同禁运情景下中国各行业进出口贸易变化情况（以 2022 年为例）。从出口来看，与芯片短缺造成的生产成本上涨有关，中国所有行业出口较 BAU 情景均出现下降。其中，电子信息行业降幅最为明显，紧随其后的是电器设备行业。以 S4 情景为例，上述两个行业出口分别下降 9.16% 和 4.45%。从进口变化来看，除了电子信息行业，中国几乎所有行业进口均将增加。这是因为，芯片进口短缺会增加中国制造业的生产成本，削弱了国产品相对于进口品的竞争优势，从而导致进口增加。从变化幅度来看，电器设备进口增幅最为明显，这说明芯片进口中断对我国电器设备行业冲击最大，为弥补国产品供给不足，我国需要加大对同类产品的国外进口。换言之，美国对华的芯片封锁导致了复杂的行业溢出效应，间接导致我国部分高端制造业在国内和国际两个市场的同步收缩。

表 7-11　　　　　　　　芯片禁运对中国不同行业进出口的影响

行业类别	出口变化（相对 BAU,%）					进口变化（相对 BAU,%）				
	S1	S2	S3	S4	S5	S1	S2	S3	S4	S5
农林业	-0.13	-0.14	-0.34	-0.85	-2.21	0.06	0.06	0.11	0.29	0.93
牧渔业	-0.17	-0.18	-0.57	-1.72	-3.74	0.06	0.06	0.11	0.31	0.98
采掘业	-0.25	-0.26	-0.43	0.01	-3.83	0.08	0.08	0.15	0.30	1.53
食品烟草	-0.11	-0.12	-0.40	-1.29	-2.81	0.03	0.04	0.08	0.34	1.07
纺织皮革	-0.13	-0.14	-0.35	-1.60	-3.10	0.00	0.00	0.18	2.40	3.22
轻工业	-0.24	-0.25	-0.68	-2.56	-4.91	0.09	0.10	0.32	1.36	2.59
重工业	-0.14	-0.15	-0.46	-1.97	-4.02	0.07	0.07	0.34	1.96	3.22
电子信息行业	-0.54	-0.56	-2.02	-9.16	-16.14	-1.90	-1.98	-6.57	-27.93	-51.33
电器设备	-0.30	-0.31	-1.22	-4.45	-7.49	0.07	0.07	0.84	3.68	5.43
运输设备	-0.18	-0.19	-0.80	-2.70	-4.58	0.03	0.04	0.35	1.05	1.67
邮电行业	-0.19	-0.20	-0.52	-2.39	-4.41	0.07	0.08	0.20	0.87	1.79
服务业	-0.12	-0.13	-0.37	-1.49	-2.84	0.05	0.06	0.17	0.64	1.36

第五节　结论与政策启示

作为高科技的重要载体，芯片是大国竞争的关键领域之一。当前，美国意欲联合日本、韩国和中国台湾等地打造半导体联盟，构建脱离中国的半导体供应链。中国作为全球最大的芯片消费国和进口国，未来一旦遭遇芯片断供其经济负面影响不容小觑。作为前瞻性研判，有必要对以美国为首的相关国家和地区对我国实施芯片禁运的情景进行推演，并对其宏观经济影响进行事前评估，据此制定相应的应对预案。基于此，本书采用全球多区域动态 CGE 模型，根据芯片禁运的范围和严重程度设置五种禁运联盟情景，模拟不同情景下芯片禁运对我国以及世界主要国家或地区宏观经济的冲击影响，为应对芯片禁运风险提供决策参考。

本章得到的主要结论如下：一是美国主导对我国实施芯片断供对中美两国都不利，但我国经济遭受的损失更高，在芯片进口完全中断的极端情况下，中国实际 GDP 下降 0.51%，居民福利恶化 940.37 亿美元，出口减少 8.36%，就业下降 0.18%，失业人数增加 136.46 万人；二是美国主导构建芯片禁运联盟对华芯片断供将会大幅损害其联盟成员的经济利益，特别是当韩国和中国台湾加入禁运联盟后，后者遭受的经济和就业损失显著高于美国；三是芯片封锁对我国行业发展会带来异质性的冲击效果，除了电子信息行业产出增加外，其他行业产出均有不同程度的下降，其中电器设备行业负面影响最大；四是芯片进口短缺将促进国内芯片发展，随着国产芯片的逐步替代，中国由于"缺芯"所遭受的负面影响有所减弱，同时也应看到，"缺芯"导致的经济受损将具有长期性；五是美国主导的芯片禁运会带来复杂的贸易转移效应，未参与芯片禁运联盟的国家（地区）将增加对我国的芯片出口，以抢占实施芯片禁运的国家（地区）释放的市场空间，并且从中收益。

本书发现，由于美国和其他"五眼联盟"国家（地区）对我国芯片出口贸易额在我国芯片进口额中占比较小，美国单独或"五眼联盟"国家（地区）一起实施芯片禁运对我国宏观经济影响有限。美国只有构建起包含中国台湾和韩国在内的大规模芯片禁运联盟才可能对我国宏观经济造成较大冲击。"五眼联盟"国家、日本和印度加入禁运联盟会加大我国宏观经济受到负面影响，但影响总体可控。由于中国台湾和韩国在中国芯片进口来源中的地位十分关键，二者加入芯片禁运联盟将对我国宏观经济造成较大冲击。据此我们推断，构建包含中国台湾和韩国在内的大规模芯片禁运联盟或将成为美国对我国实施芯片禁运并打压相关高科技产业发展的策略，故我国应提前布局，积极主动分化瓦解美国主导的芯片禁运联盟。

另外，由于贸易转移效应的客观存在，芯片禁运联盟内外以及联盟内部不同国家或地区间存在显著的利益分歧。具体地，跟随美国参与芯片禁运联盟的国家（地区）经济利益将会受损，未参与芯片禁运联盟的国家（地区）将会受益，尤其是中国台湾和韩国若跟随美国实施芯片禁运将对自身经济产出、出口和就业造成显著冲击，而二者中若仅有一方参与，则另一方将会因贸易转移效应而显著收益。从联盟内部来看，随着禁运联盟范围的扩大，美国自身的利益并未受到显著负面影响，甚至经济产出和就业还会有所改善；而其他联盟内部成员会由于联盟范围的扩大，通过第三国向中国间接出口的机会进一步减少，利益受损程度将进一步增加。上述客观矛盾的存在，将为我们积极争取与美国之外的国家和地区加强经贸合作，并争取瓦解美国主导的对华芯片禁运联盟提供积极有利条件和可能。

由于芯片禁运对我国的冲击影响将在一定时期内持续存在，为从根本上应对美国芯片封锁，摆脱高端科技受制于人的局面，我国亟须加大相关领域的研发投入，尤其是加强对高端芯片的投入力度，创新研发组织模式，尽早突破相关领域关键核心技术。同时考虑到芯片相关技术突破的难度和不确定性，高端芯片国产化替代将是一个长期过程。为防范潜在的芯片进口中断风险，我国需要利用当前芯片禁运联盟尚未真正形成的时间窗口，加强高端芯片的技术学习和扩大芯片进口规模以实现更多存货储备，一方面有助于减缓缺芯禁运带来的冲击影响，另一方面也能为芯片国产化争取更长的时间窗口。

后续研究工作可从两个方面做进一步拓展。一方面，受数据可得性的限制，本书并未区分进口芯片的类型和尺寸，实际上我国遭遇芯片禁运时对我国影响较大的主要是高端芯片。鉴于人为拆分的主观性和不确定性，本书假定芯片禁运的范围包含所有类型和尺寸，因此所得结果是相关影响的上限。未来随着数据可得性的改善，可对芯片禁运的经济影响做更加精细的分析评估。另一方面，由于现有 GTAP 数据库没有单独的芯片部门，而是将其归入电子信息产业中，故为模拟芯片断供的经济影响，本书根据电子产品进口贸易中的芯片占比设置芯片断供的冲击强度，未来随着数据可得性的改善，可对行业做进一步划分，从而对不同行业影响进行更为细致的分析。

第八章 经贸领域：RCEP生效对全球经济贸易的动态影响分析

第一节 研究背景

在世界贸易体系重塑、逆全球化形势产生的大背景下，推崇自由贸易的发达国家面临经济放缓的问题，同时快速发展的新兴经济体非常重视全球价值链的强化。通过借鉴欧盟等贸易联盟的模范经验，并结合全球经济贸易自由化趋势和客观发展规则，区域间贸易协定的规模逐渐扩大，自由贸易给经济贸易带来的积极影响越发显著。然而，随着世界贸易组织的失灵滞后，出现了一系列逆全球化现象，如英国脱欧、美国退出跨太平洋伙伴关系协定（Trans-Pacific Partnership Agreement，TPP）、新冠肺炎疫情大爆发等。各国希望缔结双边或多边自由贸易协定，通过区域经济一体化缓解逆全球化危机，其中区域全面经济伙伴关系协定（Regional Comprehensive Economic Partnership，RCEP）被寄予厚望。

RCEP协议自2012年由东盟发起，经过8年谈判后在2020年底最终敲定。在RCEP还未正式签署时，已有诸多学者将RCEP与已有的大型自由贸易区协定相比较。其中，由美国正式提出的TPP和美国退出TPP后形成的全面与进步跨太平洋伙伴关系协定（Comprehensive and Progressive Agreement for Trans-Pacific Partnership，CPTPP）研究较多。焦点在于RCEP是否可以替代TPP，推动实现亚太区域经济一体化。张裕仁和郑学党（2017）通过GTAP模型模拟RCEP和TPP的货物贸易自由化情景量化分析并对比了两协议为成员国带来的经济效应。李昕等（2017）借助GTAP模型从生产链视角比较了RCEP和TPP协定。吕越和李启航（2018）设置了三个模拟情景（RCEP生效、TPP生效和两个协议均生效）来研究RCEP和TPP对世界主要地区的宏观经济影响。张珺和展金永（2018）通过GTAP模型模拟了CPTPP

和 RCEP 给世界主要地区带来的影响，分析中国在亚太区域协定谈判中可采用的对策。中国在亚太经济一体化进程中应体现大国风范，促进"一带一路"倡议深化发展的同时也要推动 RCEP 协议的谈判进程。在 RCEP 和 TPP 均实现贸易自由化的情形下，协议成员国均表现为正面受益，非成员国则会有不同程度的经济损失。不论加入哪个自由贸易区，都可以提升本国的贸易发展水平和社会福利水平。比较来看，RCEP 所带来的影响更显著。

RCEP 的发起原因在于东盟与多个亚太国家之间的双边贸易出现碎片化问题，阻碍了东盟对外贸易的进一步发展。由于各方经济发展状况有差距且在货物贸易、服务贸易、投资的自由化上诉求不一，谈判前期进展缓慢。印度自身的贸易保护传统促使其在谈判中提出保护本国相对落后的制造业和农业的相关诉求。2019 年由于诸多国内因素以及谈判无法在短期内达成一致，印度宣布退出。梁一新（2020）通过动态 GTAP 模型模拟 RCEP 对中国宏观经济和相关产业的影响，探究印度的退出造成的影响以及 RCEP 缓解中美贸易摩擦带来的负面冲击的可能性。推动 RCEP 生效是应对中美贸易摩擦、抵制贸易保护、畅行自由贸易的有效措施，印度加入 RCEP 可以进一步增强 RCEP 给全球经济贸易带来的冲击。都倩仪和郭晴（2021）通过动态 GTAP 模型，模拟印度与日本是否加入 RCEP 的情景，探究 RCEP 生效对全球经济贸易的影响，得出印度或日本不加入 RCEP 都会对自身及全球经济贸易发展造成负面影响。若印度不加入 RCEP，则 RCEP 生效后成员国中日本和中国的出口规模增大最为明显，而印度将损失 31.79 亿美元的出口额。

RCEP 正式签署后，部分学者就成员国之间的经济贸易合作新形势展开了研究。施锦芳和李博文（2020）认为 RCEP 签署对推动中日经贸合作具有重要现实意义。RCEP 实现了中日的第一次贸易合作，推动了中日韩三国自由贸易区的成立。近年来，中美贸易摩擦不断加大，新冠肺炎疫情又给世界带来巨大挑战，在这样的背景下中日贸易合作一直没有等到一个契机，直至 RCEP 签署。RCEP 生效后，中日双边贸易扩大、投资增加，东亚生产网络逐渐成熟，两国经贸合作得以进一步深化。孙梦诗等（2021）借助 LancsBox5.1.2 语料分析工具，以东盟主流媒体关于中国加入 RCEP 的新闻报道为语料，探讨其所构建的中国经济形象。东盟主流媒体构建了中国"国际经济强国"的形象，把中国视为东盟重要的经济合作伙伴与投资者，同时也认为中国经济影响过大是一种潜在威胁。王子晗（2021）整理了中国和东盟自新冠疫情以来的经济数据分析了两经济体之间的数字经济合作发展趋势。RCEP 是东盟主导发起的，以其已签署的多个"10+1"协议为铺垫，为解决过多的双边自由贸易带来的"意大利面碗效应"，促进区域合作的深化。在贸易保护主义和 COVID-19 大流行日益加剧的情况下，RCEP 协议最终于 2020 年 11 月签署。东盟和东亚地区对 RCEP 具有重大意义，东盟在东亚经济一体化中处于中心位置。万红先和潘文娣（2021）运用 ESI 和 G-L 指数对 2005~2019 年中国和其他 RCEP 国家的统计数据构建拓展的贸易引力模型，对中国与 RCEP 伙伴国的影响因素及其贸易潜力进行了实证分析。中国同 RCEP 各国的贸易竞争性和互补性体现在不同的产品领域，且国家间差异较大。中国与伙伴国的经济规模、首都距离、双方人口之比、伙伴国的对外开放度以及双方是否签订 FTA、接壤均在不同程度上影响双方贸易的流量。

本节借助动态 GTAP 模型及 GTAP10 数据库，对 RCEP 对全球经济贸易的影响进行了实证分析。RCEP 协议旨在设置关税减让过渡期，实现区域内关税逐步降低直到基本零关税的转变。因此，本节量化了 RCEP 协议的关税减让政策，依据成员国缔约的关税承诺表，计算得到每一年每个地区每个 GTAP 部门的平均关税水平。同时考虑新冠肺炎疫情影响，通过历史宏观数据将 GTAP10 数据库外推更新至 2019 年，通过国际货币基金组织（IMF）给出的 2021～2027 年宏观指标预测数据代入数据库并外推至 2030 年，作为基准情形。再通过 RCEP 关税减让政策的量化数据计算模型冲击水平，模拟新冠肺炎疫情下 RCEP 正式生效的动态情景。最后，通过两个模拟结果计算得到 RCEP 的政策效果，分析 RCEP 生效对协议内外国家经济贸易的影响以及对中国进出口贸易的影响。

第二节　RCEP 成员国经贸合作现状

一、贸易规模及差额分析

一个国家或地区的贸易规模可由其进出口总额体现。贸易差值是一个国家所有进出口的差值，反映了对外贸易的平衡水平。当进出口总额相等时，即为贸易平衡，是比较理想的贸易情形，有利于国民经济健康发展；当贸易差值为正时，称为贸易顺差，是较为有利的情况，有利于提高外资吸引力，平衡整体经济水平，推动经济发展；当贸易差值为负时，称为贸易逆差，国家经济发展形势较为劣势，国民收入流出海外。如果出现贸易逆差或过度贸易顺差，则可能存在贸易不平衡。贸易顺差过大，对外经济依赖程度可能会过高。本节从各国家（地区）的贸易规模、贸易逆差和双边贸易分析这些国家（地区）的贸易情况，具体数据如表 8-1 所示。

从贸易规模来看，欧盟在 2019 年进出口总额达 104537.14 亿美元，以多国经济联盟高度经济一体化的优势，远高于中国（49162.31 亿美元）、美国（39231.35 亿美元）这样的贸易大国，同样远高于正在经济一体化发展中的东盟（28716.48 亿美元）。RCEP 成员中，中国和东盟的贸易规模较大，新西兰和澳大利亚贸易规模相对较小。从贸易差额来看，2019 年美国和印度呈贸易逆差，美国的贸易逆差高达 8048.82 亿美元。进出口较为均衡的是欧盟和新西兰，贸易顺差分别为 74.37 亿美元和 46.05 亿美元，可见欧盟的进出口贸易规模都很大。2019 年中国的贸易顺差高达 3832.72 亿美元，其次是日本（1989.64 亿美元）和东盟（1888.83 亿美元）。

表 8 - 1　　　　　　　　　　　2019 年各国家（地区）贸易规模　　　　　　　　单位：亿美元

国家（地区）	进口总额	出口总额	进出口总额	贸易差额
中国	22664.80	26497.52	49162.31	3832.72
日本	5910.67	7900.31	13810.98	1989.64
韩国	4345.53	5904.56	10250.09	1559.03
新西兰	367.43	413.47	780.90	46.05
澳大利亚	1985.54	2916.76	4902.30	931.22
东盟	13413.83	15302.65	28716.48	1888.83
印度	3562.65	2887.84	6450.49	-674.82
美国	23640.09	15591.27	39231.35	-8048.82
欧盟	52231.38	52305.76	104537.14	74.37

资料来源：国际贸易组织数据库。

由表 8 - 2 可知，2019 年，中国出口量最高的三个国家（地区）为东盟、美国和欧盟，进口最多的三个国家（地区）为澳大利亚、新西兰和欧盟。同时中国是韩国、新西兰、澳大利亚和东盟的第一进口贸易国，在其他国家的进口贸易中都处于重要地位。日本出口最多的国家是美国，其次是东盟和中国。中国和东盟是韩国的主要进口国，韩国的出口贸易中日本和美国占比较大。印度的主要出口国是东盟、美国和欧盟，美国和欧盟互为主要贸易伙伴。

表 8 - 2　　　　　　　　　　　2019 年各国家（地区）双边进出口比例　　　　　　　　单位：%

国家（地区）	进口国								
	中国	日本	韩国	新西兰	澳大利亚	东盟	印度	美国	欧盟
中国		24.15	31.17	35.22	45.15	27.33	9.74	15.49	22.80
日本	7.99		6.50	7.37	17.30	15.04	2.72	10.84	7.08
韩国	5.97	8.30		3.55	7.66	6.74	2.62	8.26	4.96
新西兰	0.32	0.42	0.32		3.10	0.91	0.22	0.57	0.58
澳大利亚	2.63	2.60	1.81	18.32		5.34	1.68	3.78	3.53
东盟	35.07	25.13	29.07	15.30	14.58		25.79	17.10	12.99
印度	4.55	1.97	3.46	1.47	4.25	7.06		5.00	4.32
美国	23.06	25.19	16.85	11.86	4.46	20.84	30.61		43.74
欧盟	20.40	12.25	10.83	6.92	3.51	16.75	26.62	38.96	

资料来源：联合国贸易数据库。

二、显示性比较优势指数分析

显示性比较优势指数（Revealed Comparative Advantage，RCA）是美国经济学家贝拉·巴拉萨（Balassa Bela，1965）运用并衡量产业是否具有比较优势的一种方法，即一国某类产品的出口额占该国总出口的份额与世界总出口贸易中该类产品出口份额之比。该指数用来衡量不同经济体的出口产品比较优势状况，计算公式如下：

$$RCA_{kl} = \frac{X_{kl}/X_k}{X_{wl}/X_w} \tag{8.1}$$

式（8.1）中，RCA_{kl} 为 k 国 l 类产品的显示性比较优势指数；X_{kl} 表示 k 国 l 类产品的出口额，X_k 为 k 国出口总额，X_{wl} 为 l 类产品的全球出口总额，X_w 为世界所有产品的总出口额。通常来说，该指数既表明一国某种产品的出口在世界同类产品出口中的贸易地位，也表明一国在世界出口中的总体地位。如果 $RCA_{kl} > 1$，表明 k 国 l 类产品具有出口的比较优势，数值越大表示该优势越明显；若 $RCA_{kl} < 1$，则具有竞争劣势。

根据国际贸易组织提供的基于 SITC 第 3 版商品分类的 2019 年各国各部门出口数据，计算全球货物贸易及各国家（地区）的产品出口占比及 RCA 指数，结果如表 8-3 和表 8-4 所示。农产品的对外贸易中，新西兰的 RCA 值高达 7.3285，澳大利亚、东盟和印度也都有显著优势；燃料和采矿产品上，仅澳大利亚表现为竞争优势；在制造业的出口贸易中，中日韩及欧盟表现为竞争优势，澳大利亚和新西兰不具备优势性。印度和美国在农产品、燃料和采矿产品及制造业上均不具有明显的竞争优势偏向，三个部门的 RCA 相对均衡。在制造业的细分名录下，日本是唯一具有钢铁产业出口比较优势的 RCEP 成员国，非成员国中印度和欧盟都具有钢铁产业的出口比较优势。RCEP 正式生效有利于日本的钢铁产业的出口规模扩大，更好地发挥竞争优势。对比化品比较优势可见，RCEP 成员国未具备此类优势，而印度、美国和欧盟均具有该出口优势。假设印度加入 RCEP，可进一步完善自贸区内的贸易网络，增强区域内贸易互补性。机械和运输设备的研发生产在大部分国家都被列为重点项目，也是出口贸易中占比较高的产业之一。RCEP 成员国中除去制造业出口较少的澳大利亚和新西兰，其余国家均表现出对机械和运输设备的显性出口优势。纺织品出口贸易中，中国和印度均表现出较强的比较优势。综合各部门产业的 RCA 数据，可见 RCEP 成员国有望在各个产业达成优劣互补、互惠互利的共赢局面。同时如果印度重新加入 RCEP，有利于完善自贸区的贸易网络，提升 RCEP 的国际竞争力。

表 8-3　　　　　　　　　　2019 年各国家（地区）各产业出口占比　　　　　　单位：%

产业	世界	中国	日本	韩国	澳大利亚	新西兰	东盟	印度	美国	欧盟
农产品	10.13	2.99	1.65	2.39	12.98	74.25	12.11	11.52	10.03	11.00
燃料和采矿产品	17.46	3.11	4.41	10.04	68.01	4.06	12.36	17.26	14.80	7.98
制造业	72.41	92.49	86.61	87.27	10.94	17.67	70.66	70.74	63.07	79.54
钢铁	2.37	1.95	4.00	4.82	0.30	0.39	1.53	3.72	0.80	2.59
化学品	12.46	6.24	11.14	13.65	3.06	4.23	8.11	16.37	13.65	17.26
机械和运输设备	36.81	52.28	58.28	57.18	4.36	5.98	40.92	19.02	32.55	38.67
纺织品	1.73	3.99	0.93	1.68	0.08	0.46	1.35	5.30	0.81	1.14
服装	2.80	4.89	0.10	0.36	0.10	0.40	4.56	5.29	0.36	2.34

资料来源：国际贸易组织数据库。

表 8-4　　　　　　　　　　2019 年各国家（地区）各产业 RCA 指数

产业	中国	日本	韩国	澳大利亚	新西兰	东盟	印度	美国	欧盟
农产品	0.2953	0.1624	0.2355	1.2813	7.3285	1.1948	1.1372	0.9899	1.0857
燃料和采矿产品	0.1784	0.2525	0.5752	3.8954	0.2325	0.7077	0.9886	0.8475	0.4571
制造业	1.2773	1.1961	1.2052	0.1511	0.2440	0.9759	0.9770	0.8711	1.0985
钢铁	0.8209	1.6837	2.0296	0.1261	0.1663	0.6435	1.5672	0.3386	1.0902
化学品	0.5005	0.8941	1.0952	0.2454	0.3396	0.6506	1.3140	1.0954	1.3853
机械和运输设备	1.4202	1.5833	1.5532	0.1186	0.1624	1.1116	0.5166	0.8843	1.0505
纺织品	2.3027	0.5380	0.9711	0.0451	0.2655	0.7809	3.0549	0.4686	0.6558
服装	1.7445	0.0361	0.1271	0.0346	0.1445	1.6279	1.8877	0.1295	0.8364

资料来源：国际贸易组织数据库。

三、贸易互补性指数分析

在分析了各经济体的产业优势的基础上，本节采用贸易互补性指数（trade complementary index，TCI）分析世界主要经济体之间的贸易互补程度，计算如下：

$$TCI_{ijk} = RCA_{ik} \times RCA_{jk} \tag{8.2}$$

式（8.2）中，当 $TCI_{ijk} > 1$ 时，说明 i 国和 j 国之间在 k 类产品上互补性较高，贸易关系稳定；当 $TCI_{ijk} < 1$ 时，说明 i 国和 j 国之间在 k 产品上的互补性较低，两国贸易往来不紧密。

贸易互补性指数计算结果如表 8-5 至表 8-9 所示。从国家贸易角度来看，中国与日本、韩国和东盟均在制造业存在贸易互补性，与新西兰在农产品部门为高度互补。非成员国中，中国与印度、美国和欧盟在制造业具备贸易互补性。与中国具有高度出口相似度的日本和韩国，存在与中国相似的贸易互补性情况，但韩国在燃料和采矿产品部门与澳大利亚呈高度贸易互补。澳大利亚和新西兰在农产品贸易上高度互补，贸易互补性指数高达9.3903，在制造业中不具有明显的贸易互补性。东盟、印度、美国和欧盟对澳大利亚和新西兰有相似的贸易互补结构，均表现为与澳大利亚在农产品、燃料和采矿产品贸易上存在互补性，同时与新西兰在农产品贸易上高度互补。东盟在农产品贸易上与印度、美国和欧盟呈显著互补性，但在制造业上仅与欧盟存在贸易互补性。

表8-5　　　　　　　　　　　　**双边贸易互补性指数（一）**

产业	中—日	中—韩	中—澳	中—新	中—东	中—印	中—美	中—欧
农产品	0.0480	0.0696	0.3784	2.1644	0.3529	0.3358	0.2923	0.3206
燃料和采矿产品	0.0450	0.1026	0.6949	0.0415	0.1263	0.1764	0.1512	0.0815
制造业	1.5277	1.5394	0.1930	0.3116	1.2465	1.2479	1.1126	1.4031
钢铁	1.3821	1.6661	0.1035	0.1365	0.5282	1.2865	0.2779	0.8950
化学品	0.4475	0.5481	0.1228	0.1699	0.3256	0.6576	0.5482	0.6933
机械和运输设备	2.2485	2.2058	0.1684	0.2306	1.5787	0.7336	1.2558	1.4919
纺织品	1.2388	2.2361	0.1038	0.6113	1.7982	7.0343	1.0791	1.5100
服装	0.0630	0.2218	0.0604	0.2520	2.8398	3.2931	0.2259	1.4591

资料来源：国际贸易组织数据库。

表8-6　　　　　　　　　　　　**双边贸易互补性指数（二）**

产业	日—韩	日—澳	日—新	日—东	日—印	日—美	日—欧
农产品	0.0383	0.2081	1.1903	0.1940	0.1847	0.1608	0.1763
燃料和采矿产品	0.1452	0.9836	0.0587	0.1787	0.2496	0.2140	0.1154
制造业	1.4415	0.1807	0.2918	1.1672	1.1685	1.0419	1.3139
钢铁	3.4173	0.2123	0.2801	1.0834	2.6388	0.5701	1.8357
化学品	0.9791	0.2194	0.3036	0.5817	1.1748	0.9793	1.2385
机械和运输设备	2.4591	0.1877	0.2571	1.7600	0.8179	1.4000	1.6633
纺织品	0.5224	0.0243	0.1428	0.4201	1.6435	0.2521	0.3528
服装	0.0046	0.0013	0.0052	0.0588	0.0682	0.0047	0.0302

资料来源：国际贸易组织数据库。

表8-7　　　　　　　　　　　　**双边贸易互补性指数（三）**

产业	韩—澳	韩—新	韩—东	韩—印	韩—美	韩—欧	澳—新
农产品	0.3018	1.7261	0.2814	0.2678	0.2331	0.2557	9.3903
燃料和采矿产品	2.2406	0.1337	0.4071	0.5686	0.4875	0.2629	0.9056
制造业	0.1821	0.2940	1.1761	1.1774	1.0498	1.3239	0.0369

续表

产业	韩—澳	韩—新	韩—东	韩—印	韩—美	韩—欧	澳—新
钢铁	0.2559	0.3376	1.3060	3.1808	0.6872	2.2128	0.0210
化学品	0.2688	0.3719	0.7125	1.4390	1.1996	1.5171	0.0833
机械和运输设备	0.1841	0.2522	1.7265	0.8023	1.3734	1.6316	0.0192
纺织品	0.0438	0.2578	0.7584	2.9666	0.4551	0.6368	0.0120
服装	0.0044	0.0184	0.2069	0.2400	0.0165	0.1063	0.0050

资料来源：国际贸易组织数据库。

表 8-8   双边贸易互补性指数（四）

产业	澳—东	澳—印	澳—美	澳—欧	新—东	新—印	新—美
农产品	1.5309	1.4571	1.2684	1.3911	8.7558	8.3338	7.2543
燃料和采矿产品	2.7568	3.8508	3.3015	1.7807	0.1645	0.2298	0.1970
制造业	0.1475	0.1476	0.1316	0.1660	0.2381	0.2384	0.2125
钢铁	0.0811	0.1976	0.0427	0.1375	0.1070	0.2607	0.0563
化学品	0.1597	0.3224	0.2688	0.3399	0.2209	0.4462	0.3719
机械和运输设备	0.1318	0.0612	0.1048	0.1245	0.1805	0.0839	0.1436
纺织品	0.0352	0.1378	0.0211	0.0296	0.2073	0.8110	0.1244
服装	0.0564	0.0654	0.0045	0.0290	0.2352	0.2727	0.0187

资料来源：国际贸易组织数据库。

表 8-9   双边贸易互补性指数（五）

产业	新—欧	东—印	东—美	东—欧	印—美	印—欧	美—欧
农产品	7.9563	1.3587	1.1827	1.2971	1.1257	1.2346	1.0747
燃料和采矿产品	0.1063	0.6996	0.5998	0.3235	0.8378	0.4519	0.3874
制造业	0.2680	0.9534	0.8500	1.0720	0.8510	1.0732	0.9569
钢铁	0.1813	1.0084	0.2179	0.7015	0.5306	1.7086	0.3691
化学品	0.4704	0.8549	0.7127	0.9013	1.4393	1.8202	1.5174
机械和运输设备	0.1706	0.5742	0.9829	1.1677	0.4568	0.5427	0.9289
纺织品	0.1741	2.3857	0.3660	0.5121	1.4316	2.0033	0.3073
服装	0.1208	3.0729	0.2108	1.3615	0.2445	1.5789	0.1083

资料来源：国际贸易组织数据库。

从整体来看，RCEP 参与国两两之间存在良好的贸易互补性，同时与协议外的部分国家（地区）也有贸易互补潜能。当 RCEP 正式建立生效，必然会引起世界贸易格局的变革，催化协议内外的国家（地区）的贸易和产业结构产生变动。长此以往，各经济体的宏观经济也会受到不同程度的影响。中日韩三国虽然存在较高的出口相似度，在与其他国家（地区）的贸易互补上高度相似，但对各个部门下的不同产业仍存在一定差异。表中可见在纺织品贸易上，中国与日韩两国的贸易互补性显著，日韩贸易互补性低；钢铁产业的进出口贸易上，日韩的贸易互补性又明显高于与中国的贸易互补性。RCEP 生效意味着中日、日韩首次建立自贸区关系，有力加强了中日韩三国的贸易往来。同时，RCEP 正式实施后，关税壁垒及非关税壁垒减让政策逐步落实，协议内国家之间的进出口贸易更加紧密，有利于发挥各国自身出口优势并加强贸易互补性，形成区域内贸易循环，同时对非成员国产生一定排他性，促使进出口贸易格局改变。

第三节　GTAP 模型模拟方案

一、区域划分

GTAP 10 数据库共包括 141 个国家（地区），为便于研究，本节将其划分为 10 个区域。首先，东盟作为一个由 10 个东南亚国家结合而成的一体化经济区，同时是 RCEP 协议的发起国和主导国，需要将其作为一个整体区域进行研究；中国、日本、韩国、澳大利亚和新西兰则同是作为 RCEP 的重要成员国，但由于自身的国情、对外经济贸易基础均有显著差异，故将这 5 个国家分别划为单个区域。

在对 RCEP 成员国之外的国家进行区域划分时，本节重点考虑将印度、美国和欧盟划分出来进行研究，其余国家归为世界其他地区一类。欧盟是世界第一贸易组织，在东盟成立多年前就已成立，英国脱欧后现有 27 个成员国，是世界上最大的贸易进出口方，在自贸区协议及双边贸易中占有重要地位，且联盟经济一体化程度较高，经济实力强。故本节将 27 个欧盟成员国划为一个区域，旨在将欧盟成员国作为一个整体研究。

在 2012 年，东盟提出建立 RCEP 倡议之时，印度作为亚洲的对外贸易大国，也在邀请国行列。RCEP 的签署极大可能促进印度与双边贸易国达成进一步深入联系。同时中印也可在高频贸易往来之上拓展中印经济贸易交流深度。但印度自身的利益目标与其余谈判方存在冲突，传统贸易保护主义导致印度在谈判中始终无法与 RCEP 的初心达成一致。经过八年谈判，针对印度的多方诉求，各国最终无法与印度达成一致。于是除印度外的 RCEP 各方决定先达成协议，同时印度方宣布退出 RCEP。基于上述背景，本节将印度作为一个单独区域，旨在探究其选择退出 RCEP 后，是否对其经贸发展产生实质性的影响，是否保护了印度自身的经济利益，对其经贸发展有促进效果。

自 2018 年以来，中美贸易摩擦愈演愈烈，美国不断加强对中国的战略抵制，同时中国也以对等贸易反制措施应对美方的关税征加手段。在中美关系降至冰点，原本经济贸易来往紧密的两个贸易大国因政治关系紧张开始相互制约，两国的经济贸易发展均受到重创。美国官方于2020年将中美关系性质定义为"大国竞争"，且表示愿意承受一定负担来实现对中国的全方位打压。在这样的紧张情形下，RCEP有望实现贸易转移，促进贸易自由化，抵制美国的贸易保护主义。故本节将美国作为单个区域划分出来，旨在探究RCEP协议的实施是否可以对全球贸易起到转移作用，是否能够对冲中美贸易摩擦带来的负面影响。具体的区域划分情况如表8-10所示。

表 8 - 10　　　　　　　　　　　　　GTAP 区域划分

序号	简称	国家（地区）	所含区域
1	CHN	中国	中国内地、中国台湾、中国香港、中国澳门
2	JAN	日本	日本
3	KRO	韩国	韩国
4	AUS	澳大利亚	澳大利亚
5	NZL	新西兰	新西兰
6	ASEAN	东盟	东盟10国（缅甸）
7	IND	印度	印度
8	USA	美国	美国
9	EU	欧盟	欧盟27国
10	ROW	世界其他地区	GTAP 10 中除上述设定外的国家与区域

资料来源：GTAP10数据库。

二、部门划分

GTAP 10 数据库的行业划分基础类别有65个，是根据最新的CPC和ISIC分类设定的。不同RCEP成员国在各个产业表现出了差异化竞争力优势，本节将GTAP 65个部门重新划分为十大类。具体的部门划分情况如表8-11所示。

表 8 - 11　　　　　　　　　　　　　GTAP 部门划分

序号	简称	分类	GTAP 数据库中原分类
1	GC	种植业	小麦、水稻、谷物及其他相关产品、加工大米、坚果、水果、蔬菜、植物纤维、糖料作物、油料作物、农作物及相关产品
2	ML	畜牧业	牛、马、羊、奶、毛及丝制品、动物制品及其他相关产品、牛肉、马肉、羊肉、肉类制品及其他相关产品
3	EX	采矿业	煤、石油、天然气、矿产及相关产品、渔业、森林
4	PF	食品加工业	动植物油脂、乳制品、糖、食物制品及其他相关产品、饮料及烟草制品
5	TW	服装纺织业	服装、纺织品

续表

序号	简称	分类	GTAP 数据库中原分类
6	LM	轻工业	机动车及零部件、交通运输设备及其他相关产品、纸制品、木制品、皮革制品、金属制品、制造业及其他产品
7	HM	重工业	制药、化学、塑料、橡胶产品、黑色（铁类）金属、有色金属及相关产品、石化及煤制品、矿产制品及其他相关产品、电子设备、机械设备及其他相关产品
8	UC	公共事业及建筑业	电力、天然气制造及零售、建筑、水
9	TC	交通通信	旅游、交通及其他相关服务、海运、空运、通信
10	OS	其他服务业	金融、保险、商务、娱乐、教育、医疗等服务及其他相关服务

资料来源：GTAP10 数据库。

三、RCEP 关税减让政策量化计算

（一）进出口商品分类与 GTAP 部门的对应

本节考虑根据实际协议承诺情形对 RCEP 实施后的全球经济贸易变化进行模拟。需要将 RCEP 协议中的关税承诺内容与 GTAP 数据库对应起来。

RCEP 协定内容涵盖了各成员国签订的关税承诺表，其中日本、新西兰和澳大利亚三个国家对其余成员国进行了统一的关税减让承诺，中国和韩国对不同成员国设定了不同降税政策，东盟内部 10 个国家分别发布了本国的关税承诺表。

关税承诺表基于 2012 年 1 月 1 日生效的《商品名称及编码协调制度》（The Harmonized Commodity Description and Coding System，HS）制定，更新了协调制度编码。RCEP 生效五年内中国对日本的 HS0101 类商品的关税承诺表内容如表 8 - 12 所示。关税承诺表遵循海关 HS 商品分类，具体到八位编码分类。针对不同的商品，承诺方承诺对缔约方分阶段削减或取消关税。此外，有些国家在部分商品上也采取了抵制措施，选择不参与 RCEP 协议。

表 8 - 12　　　　　　　　　中国对日本部分关税承诺表　　　　　　　　单位：%

HS 税目	产品描述	基准税率	第 1 年	第 2 年	第 3 年	第 4 年	第 5 年
01	活动物						
0101	马、驴、骡						
0101.2	马						
0101.21.00	改良种用	0.0	0.0	0.0	0.0	0.0	0.0
0101.29.00	其他	10.0	9.1	8.2	7.3	6.4	5.5
0101.3	驴						

续表

HS 税目	产品描述	基准税率	第 1 年	第 2 年	第 3 年	第 4 年	第 5 年
0101. 30. 10	改良种用	0.0	0.0	0.0	0.0	0.0	0.0
0101. 30. 90	其他	10.0	9.1	8.2	7.3	6.4	5.5
0101. 90. 00	其他	10.0	9.1	8.2	7.3	6.4	5.5

资料来源：中国自由贸易区服务网。

GTAP 10 数据库的行业划分基础类别有 65 个，是根据最新的 CPC 和 ISIC 分类设定的。除去属于非关税壁垒涉及的服务贸易部分，关税减让主要在货物贸易部分发挥作用。GTAP 部门中有 42 个部门属于货物贸易范畴。而 HS 二维编码将所有货物商品划分为 97 个部门，在从 97 个部门细分至千余个四位编码类别，每个四位编码又具体到六位，最后到八位编码分类为止，包含了几十万个商品类别条目。

为了能够将不同分类标准的部门对应起来，考虑到二位编码分类不够仔细，八位编码工作量过于庞大，本节基于四位编码分类的部门进行整合再分类，对部分需要更细化产品的部门再具体到六位编码。其中，水稻、加工大米是将 1006（稻谷、大米）拆分成两个部门，大部分国家在这两个部门选择对国产货物进行保护，对进口产品采取高关税进行抵制。区别于石油气，天然气是从有气无油的气井中开采出来的，属其他烃类气体。在对林业及渔业划定分类界限的时候，本节假定所有未加工的非活植物及木材属于林业产品，所有未经加工的鲜鱼、冷鱼属于渔业。最后得到的分类对应情况如表 8 – 13 所示。

表 8 – 13   行业分类对应

序号	编码	名称	HS 四位编码
1	PDR	水稻	1006.1
2	WHT	小麦	1001
3	GRO	谷物及其他相关产品	1002 – 1008
4	V_F	蔬菜、水果、坚果	0701 – 0714、0801 – 0814
5	OSD	油料作物	1201 – 1207
6	C_B	糖料作物	1212.9
7	PFB	植物纤维	5201 – 5203、5301 – 5303、5305
8	OCR	农作物及相关产品	0601 – 0604、0901 – 0910、1209 – 1214、2302
9	CTL	牛羊马牲畜	0101、0102、0104、0511
10	OAP	动物制品及其他相关产品	0103、0105、0106、0301、0407、0408、0409、0410、2309、4101 – 4103、4301
11	RMK	奶	0401
12	WOL	毛及丝制品	0501 – 0508、5001 – 5006、5101 – 5110、6701、6702、6704

续表

序号	编码	名称	HS 四位编码
13	FRS	森林	1401、1404、4403、4501
14	FSH	渔业	0302、0304
15	COA	煤	2701、2702、2703
16	OIL	石油	2709、2710、2711（2711.11、2711.21 除外）
17	GAS	天然气	2711.11、2711.21
18	OMN	矿产及相关产品	2601 – 2621、2714、2715、2843、2844、7101 – 7105、7106 – 7112
19	CMT	牛马羊肉	0201 – 0206（0203 除外）、0209、1501 – 1506、1516.1
20	OMT	肉类制品及其他相关产品	0203、0207、0208、0210、0302 – 0308、0510、1601 – 1605、2301、4206
21	VOL	动植物油脂	1507 – 1515、1516.2、2304、2305、2306
22	MIL	乳制品	0402、0403、0404、0405、0406
23	PCR	加工大米	1006（1006.1 除外）
24	SGR	糖	1701、1702、1703
25	OFD	食物制品及其他相关产品	1101、1102、1103、1104、1105、1106、1107、1108、1109、1704、1801、1802、1803、1804、1805、1806、1901、1902、1903、1904、1905、2001、2002、2003、2004、2005、2006、2007、2008、2009、2102、2103、2104、2105、2106、2209、2303、2307、2308
26	B_T	饮料及烟草制品	2101、2201、2202、2203、2204、2205、2206、2208、2401、2402、2403
27	TEX	纺织品	5007、5111 – 5113、5204 – 5212、5306 – 5311、5401 – 5408、5501 – 5516、5601 – 5609、5701 – 5705、5801 – 5811、5901 – 5911、6001 – 6006、6301 – 6310
28	WAP	服装	6101 – 6117、6201 – 6217、6501 – 6507
29	LEA	皮革制品	4104 – 4107、4112 – 4115、4201 – 4203、4205、4302 – 4304、6401 – 6406
30	LUM	木制品	1401、1404、4401 – 4421、4501 – 4504、4601 – 4602
31	PPP	纸制品	3701 – 3706、4801 – 4823、4901 – 4911
32	P_C	石化及煤制品	2704、2705、2706、2707、2708、2712、2713
33	CRP	化学橡胶品、塑料	1301、1302、2207、2801 – 2842、2845 – 2850、2852、2853、2901 – 2942、3001 – 3006、3101 – 3105、3301 – 3307、3401 – 3407、3501 – 3507、3601 – 3606、3707、3801 – 3815、3817 – 3824、3826、3901 – 3926、4001 – 4017、6901 – 6914、7001 – 7020
34	NMM	矿产制品及其他相关产品	2501 – 2530、3816、6801 – 6804、6809、6810
35	I_S	黑色（铁类）金属	7201 – 7229、7325

序号	编码	名称	HS 四位编码
36	NFM	有色金属及相关产品	7401 – 7415、7501 – 7506、7601 – 7605、7801 – 7802、7901 – 7903、8001、8002、8101 – 8113
37	FMP	金属制品	7113 – 7115、7117、7118、7301 – 7324、7326、7418 – 7419、7507、7508、7606 – 7616、7804、7806、7904、7905、7907、8003、8007、8201 – 8215、8301 – 8311
38	MVH	机动车及零部件	8512、8701 – 8709
39	OTN	交通运输设备及其他相关产品	8601 – 8609、8710 – 8716、8801 – 8805、8901 – 8908
40	ELE	电子设备	8469 – 8473、8517 – 8529、8540
41	OME	机械设备及其他相关产品	8401 – 8468、8474 – 8487、8501 – 8511、8513 – 8516、8530 – 8539、8541 – 8544、9001 – 9033、9101 – 9114
42	OMF	制造业其他产品	3825、4701 – 4707、6601 – 6603、6702、6805 – 6808、6811 – 6815、7116、8545 – 8548、9201 – 9209、9301 – 9307、9401 – 9406、9501 – 9508、9601 – 9619、9701 – 9706

（二）关税减让水平的定量计算

现有的 RCEP 协议相关文献研究中，学者们几乎都是基于 RCEP 协议内容对协议实施后的关税壁垒，设置几个整体降低水平的假设情景。为了提高 GTAP 模型的政策模拟准确性和可信度，本节先对 RCEP 协议中各成员国商定的关税减让政策进行具体量化，协议成立后再对全球的经济贸易影响进行动态模拟。

具体的量化步骤如下。

Step1：计算 HS 四位编码分类下各部门进出口货物的平均关税水平。

通过对关税承诺表进行整理，设置对 HS 编码位数的判别函数，对关税条目进行排序、累加、计数等计算，再计算 RCEP 成员国给出的各商品条目下的四位编码小类别的平均关税。其中，菲律宾给出的关税承诺表由一份共同减让表和三份补充差异表组成。为优化计算方法，本节先统一计算出共同减让表中的各小类别平均关税水平后，计算每个差异补充关税，再通过对应填充函数分别补充修正。

Step2：计算 GTAP 产业分类下的各部门进出口货物的平均关税水平。

通过 Step1 可以得到小类别的协议关税水平，再根据上述分类对应表，就可以计算出 GTAP 分类下各基础产业部门的平均关税水平。其中，各个国家关税承诺表中标为"U"或未纳入的部门均作为缺失值筛除。

Step3：计算 GTAP 划分后的部门大类下进出口货物的平均关税水平。

在 GTAP 部门划分的产业部门大类平均关税水平的计算部分，为了减少平均关税水平的估算误差，本节运用加权平均方法，以 2019 年 GTAP 各基础部门的进出口总额占所属大类的比例为权重。其中，生乳在 WITS 数据库中未纳入统计范畴，未加工的生乳在进出口贸易中占比较小，本节将其计入计算误差中。

通过 Step1 至 Step3，RCEP 协议中货物贸易部分的关税减让政策量化基本完成。

Step4：计算东盟整体的各部门进出口货物的平均关税水平。

自 1997 年东盟十国格局形成，2000 年东盟领导人通过将东盟作为一个经济体，以整体的形式参与国际活动，提高整体国际竞争力，促进东盟区域经济一体化。本节将东盟十国（印度尼西亚、马来西亚、菲律宾、泰国、新加坡、文莱、越南、老挝、缅甸、柬埔寨）作为一个整体进行研究，计算东盟各部门大类的平均关税水平。

东盟各成员国的进出口数额如表 8－14 所示，比较各国进出口总额占总体比重。可见，越南、新加坡和马来西亚在进出口贸易中占比最大，越南占比达 20.81%。而文莱、老挝则占比较小，不超过 0.5%。

表 8－14 东盟成员国权重计算

合作伙伴国家	进口（亿美元）	出口（亿美元）	进出口总额（亿美元）	占比（%）
文莱	39.26	67.81	107.07	0.37
印度尼西亚	1620.69	1978.14	3598.83	12.53
柬埔寨	281.12	265.01	546.13	1.90
老挝	67.30	59.87	127.17	0.44
缅甸	267.98	194.04	462.02	1.61
马来西亚	2116.30	3309.74	5426.04	18.90
菲律宾	1268.18	940.89	2209.07	7.69
新加坡	3009.14	2517.19	5526.33	19.24
泰国	2019.55	2718.93	4738.48	16.50
越南	2724.30	3251.03	5975.33	20.81

资料来源：国际贸易组织数据库。

以进出口份额为权重，计算得到东盟对其余五个成员国的各部门关税水平。其中新加坡声明自 RCEP 协议生效之日起免除协议项下所有原产货物的关税。

基准税率反映了缔约方 2014 年 1 月 1 日生效的最惠国实施关税税率。表 8－15 和表 8－16 为东盟基准税率和 RCEP 正式实施后第一年关税的计算结果。可见，东盟国家在种植业和服装纺织业的关税较高，均超过 10%，而在协议实施后第 1 年就承诺降到 5% 以下，第 21 年则降至不足 1%。由表 8－17 可知，RCEP 实施第 21 年，东盟在进出口贸易的各部门关税基本低于 1%，只有对部分国家的部分产业关税在 1% 左右。

表 8 - 15　　　　　　　　　　　东盟 RCEP 基准税率　　　　　　　　　　单位：%

国家	种植业	畜牧业	采矿业	食品加工业	服装纺织业	轻工业	重工业
中国	10.12	1.89	1.70	5.98	10.65	5.61	6.86
日本	10.27	1.90	1.70	6.06	10.65	5.37	6.89
韩国	10.27	1.90	1.70	6.06	10.65	5.37	6.89
新西兰	10.27	1.90	1.70	6.06	10.65	5.78	6.90
澳大利亚	10.27	1.90	1.70	6.10	10.65	5.79	6.90

表 8 - 16　　　　　　　　　东盟 RCEP 实施第 1 年税率　　　　　　　　　单位：%

国家	种植业	畜牧业	采矿业	食品加工业	服装纺织业	轻工业	重工业
中国	4.28	0.93	0.55	3.63	3.94	3.92	3.82
日本	4.37	0.95	0.55	3.81	3.95	3.78	3.88
韩国	4.36	0.95	0.55	3.79	3.99	3.75	3.87
新西兰	4.35	0.94	0.55	3.77	3.97	4.20	3.89
澳大利亚	4.35	0.94	0.55	3.78	3.97	4.20	3.89

表 8 - 17　　　　　　　　　东盟 RCEP 实施第 21 年税率　　　　　　　　单位：%

国家	种植业	畜牧业	采矿业	食品加工业	服装纺织业	轻工业	重工业
中国	0.65	0.29	0.19	0.63	0.29	1.34	1.01
日本	0.69	0.40	0.18	1.15	0.23	1.07	1.03
韩国	0.69	0.40	0.18	1.15	0.23	1.06	1.04
新西兰	0.68	0.30	0.19	0.69	0.23	1.52	0.96
澳大利亚	0.68	0.30	0.19	0.69	0.24	1.52	0.96

Step5：计算 RCEP 协议十年期望关税水平。

依照步骤 Step1 至 Step4，本节计算了 RCEP 协议中关税承诺表内基准年（即 2014 年）及协议实施后第 1 年至第 10 年的期望关税水平。其中，基准年份与 GTAP 10 的更新参考年份相同，本节在 GTAP 模型进行政策模拟时不再修正各产业基准税率。

表 8 - 18 为 RCEP 协议成立前的基准税率和协议正式实施后的第 1 年的期望税率水平的差值。可以看到，近半产业部门关税水平呈现大幅降低趋势。其中，中国、韩国在种植业的关税减让水平最为显著。在原关税承诺表中，在种植业进出口贸易方面，各成员国在一部分外来进口品上不纳入贸易协议中且采取高额关税抵制，在另一部分则承诺逐年降低关税水平，并在长期实施情况下实现零关税壁垒。部分变化数值较小的原因可能为该国在部分部门采取分阶段削减关税或该部门关税水平本就相对较低。

表 8 – 18 　　　　　　　　　RCEP 协议成立前后税率差值　　　　　　　　单位：%

出口国 （地区）	进口国 （地区）	种植业	畜牧业	采矿业	食品加工业	服装纺织业	轻工业	重工业
日本	中国	9.64	0.66	1.38	6.33	2.64	3.41	6.63
韩国	中国	2.09	0.67	1.24	0.76	4.03	1.01	3.85
新西兰	中国	15.29	1.79	2.05	3.85	9.07	3.24	9.36
澳大利亚	中国	15.29	1.79	2.05	3.85	9.07	3.24	9.36
东盟	中国	15.29	1.79	2.05	3.85	9.07	3.24	9.36
RCEP 成员国	日本	0.39	0.27	0.10	0.25	0.49	0.11	0.08
中国	韩国	53.74	3.77	2.63	29.26	4.56	2.40	7.68
日本	韩国	111.05	4.53	3.27	31.86	4.33	2.32	5.79
新西兰	韩国	100.41	2.99	3.20	28.00	10.90	2.62	8.49
澳大利亚	韩国	100.32	3.05	3.02	28.21	10.90	2.63	8.49
东盟	韩国	94.87	2.85	3.20	28.01	10.94	2.62	8.49
RCEP 成员国	新西兰	0.38	0.08	0.16	0.50	0.95	0.30	0.73
RCEP 成员国	澳大利亚	0.48	0.03	0.17	1.02	2.49	1.24	3.08
中国	东盟	5.84	0.97	1.15	2.35	6.71	1.69	3.04
日本	东盟	5.90	0.96	1.15	2.26	6.69	1.59	3.01
韩国	东盟	5.91	0.96	1.15	2.27	6.66	1.62	3.02
新西兰	东盟	5.92	0.97	1.15	2.30	6.67	1.59	3.01
澳大利亚	东盟	5.91	0.97	1.15	2.32	6.67	1.59	3.01

四、模拟情景设置

在基准情景中，本节加入了 GDP、人口、资本存量、熟练劳动力和非熟练劳动力指标的变动。一般情况下，GDP 是模型内生的，故而需要先进行模型的闭合修改。根据相关文献得知，GDP 的增长依赖于要素禀赋的增长，即劳动力、资本以及技术进步。因此可将技术进步设置为内生，从而达成将 GDP 设为外生的需要。其中，劳动要素的计算按照经济活跃人口的受教育程度划分等级，中等教育水平划分为非熟练劳动，高等教育水平为熟练劳动。本节首先通过动态递推，利用 IMF 和法国国际经济信息研究中心提供的上述历史宏观数据将 GTAP 数据库更新至 2019 年，即新冠肺炎疫情还未爆发的历史时间。

面对不可逆的疫情时代背景，探究 RCEP 正式实施所带来的经济贸易影响就无法避开新冠肺炎疫情的冲击。在 2019 年的更新数据库基础上，本节通过国际货币基金组织（IMF）所提供的 2021~2027 年的 GDP、投资、进出口等宏观指标的预测数据对 GTAP 数据库进行进一步外推，得到了新冠肺炎疫情发生的基准情形。

在考虑新冠肺炎疫情的基础上，本节通过动态 GTAP 模型将 RCEP 协议中货物贸易协议下的关税减让政策进行量化计算，对基准情形再次冲击，得到新冠肺炎疫情下 RCEP 生效的模拟情形。通过上述两个模拟结果计算得到 RCEP 协议的政策效果。具体的情景设定如表 8-19 所示。

表 8-19 　　　　　　　　　　　　　　　情景设定

代码	情景描述
S1	基准情形（新冠肺炎疫情发生，RCEP 未生效）：2020 年新冠肺炎疫情全球范围内大爆发，RCEP 协议在 2030 年前未正式生效
S2	政策情景（新冠肺炎疫情发生，RCEP 正式生效）：2020 年新冠肺炎疫情全球范围内大爆发，RCEP 协议于 2022 年正式实施，在未来九年（即 2022~2031 年）按 RCEP 协议中的关税减让政策逐步实施
S0	政策效果（RCEP 协议的政策效果）：计算 S1 和 S2 的累计动态结果的差值，得到比较动态结果

第四节　模拟结果和分析

一、新冠肺炎疫情情景模拟分析

2020 年，新冠肺炎疫情在全球范围内大规模爆发。新冠肺炎疫情不仅对各灾情严重的国家的国内经济社会秩序造成沉重打击，也直接扰乱了国际贸易的正常秩序。第六届德尔菲经济论坛得出至少两年才能重启全球经济，促进国际合作以缓解经济危机迫在眉睫。本节将从 GDP、社会福利、进出口等方面分析新冠肺炎疫情对各国的影响以及后疫情时代下各国的经济复苏趋势。

新冠肺炎疫情下各国的实际 GDP 变化如图 8-1 所示。2020 年大部分国家 GDP 呈现负增长趋势，其中印度的实际 GDP 降低速率最大，其次是欧盟。2020 年印度和欧盟的实际 GDP 分别下降约 6.60% 和 5.88%，韩国的实际 GDP 受损程度相对较小，2020 年下降约 0.85%。中国的实际 GDP 仍呈增长趋势，2020 年约增长 2.24%。中国的疫情爆发时间较早，在政府采取有效防疫措施，医疗支援同步跟进，全国上下的一致抗疫下，疫情得到有效抑制。2020 年上半年特别是第一季度，社会消费水平急剧下滑，生产供给受到阻碍。2020 年下半年，社会经济秩序在一定的疫情防控条件下逐步恢复。2021 年世界各国的国民经济水平均有不同程度的提升，其中印度的实际 GDP 增速最快，中国次之。2021 年印度实际 GDP 增长率约 8.95%，中国的实际 GDP 增速约为 8.08%。

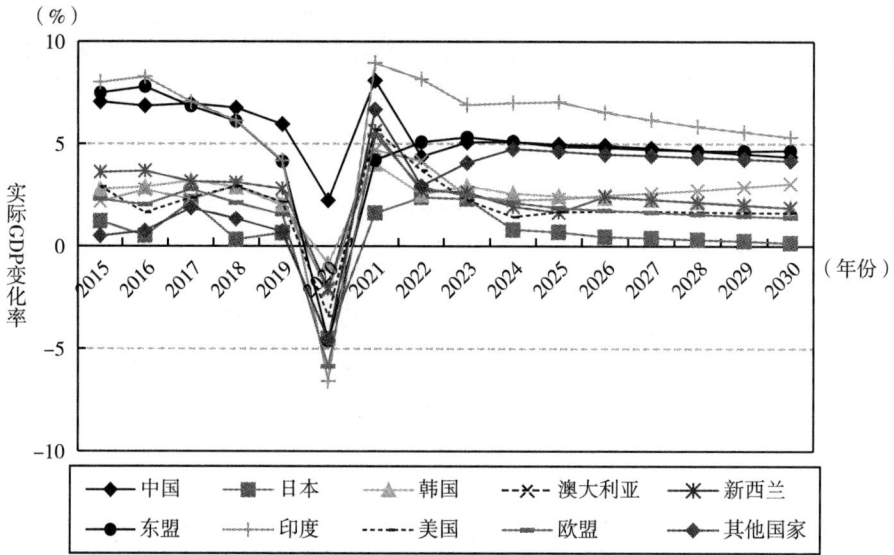

图 8-1 基准情景下不同地区实际 GDP 变化

新冠肺炎疫情下各国的社会福利变化如图 8-2 所示。2020 年大部分国家的社会福利呈现负增长趋势，其中欧盟的社会福利受损最严重，其次是美国。模拟结果显示，2020 年欧盟的社会福利缩减达 11789.91 亿美元，美国下降约 6765.63 亿美元。2021 年疫情得到阶段性缓解后，欧盟和美国的社会福利水平均有大幅度回升。经过两年的高速增长，疫情造成的社会福利损失基本修复，社会福利恢复至疫情前的平稳发展趋势。其他国家（地区）如澳大利亚、新西兰等，新冠肺炎疫情的严重

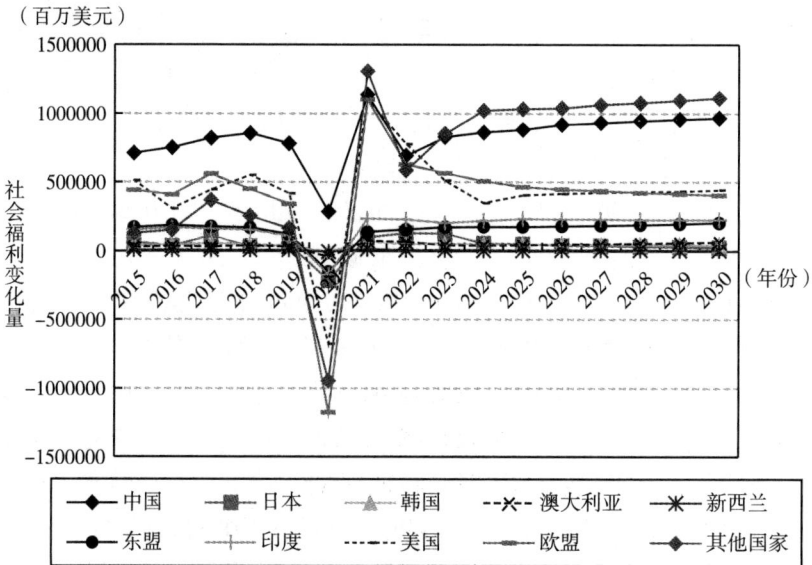

图 8-2 基准情景下不同地区社会福利变化

程度相对较轻，社会福利受损程度较小，同样在2021年及以后恢复至疫情前水平。中国的社会福利自2015~2019年一直保持高水平增长，年均增长量超过7800亿美元。在2020年疫情影响下，中国社会福利仅增长2850.24亿美元，2021年及以后，社会福利增长速率加快且一直保持平稳增长趋势。

新冠肺炎疫情下，世界各国经济需求收缩，各产业产出减少，进出口管制及渠道限制加强，国际贸易受到重创。各国的出口贸易变化如图8-3所示。2020年大部分国家的出口贸易呈现缩减趋势，其中美国的出口缩减程度最高，其次是新西兰和日本。模拟结果显示，2020年美国的出口减少约13.56%，新西兰和日本的出口分别减少约12.85%和11.80%。韩国的出口贸易受损较轻，2020年出口量减少约1.84%。2020年中国出口增长率约为2.21%，高于2019年的同比增长率。中国的新冠疫情爆发时间较早，疫情得到控制后，社会经济触底反弹激发了更大的生产和出口。2021年中国出口增长率达18.15%，仅次于印度。同时，印度和日本的出口量分别增长约20.87%和11.66%，位列世界第一、第三，疫情造成的出口锐减问题得以缓解。2021年大部分国家的出口贸易均有所改善，在未来十年保持稳定增长。新西兰和澳大利亚的出口贸易自新冠爆发第二年逐步恢复，2022年分别增长约7.33%和5.08%。各国的进口贸易变化如图8-4所示。2020年世界各国的进口贸易均呈现不同程度的缩减趋势，其中新西兰的进口缩减程度最高，其次是印度和澳大利亚。2020年新西兰的进口减少约15.92%，印度和澳大利亚的进口分别减少约13.81%和13.01%。中国和韩国的进口缩减程度相对较轻，2020年进口量分别减少了约0.97%和3.33%。2021年疫情初步缓解，世界各国的进口需求均大幅增加，

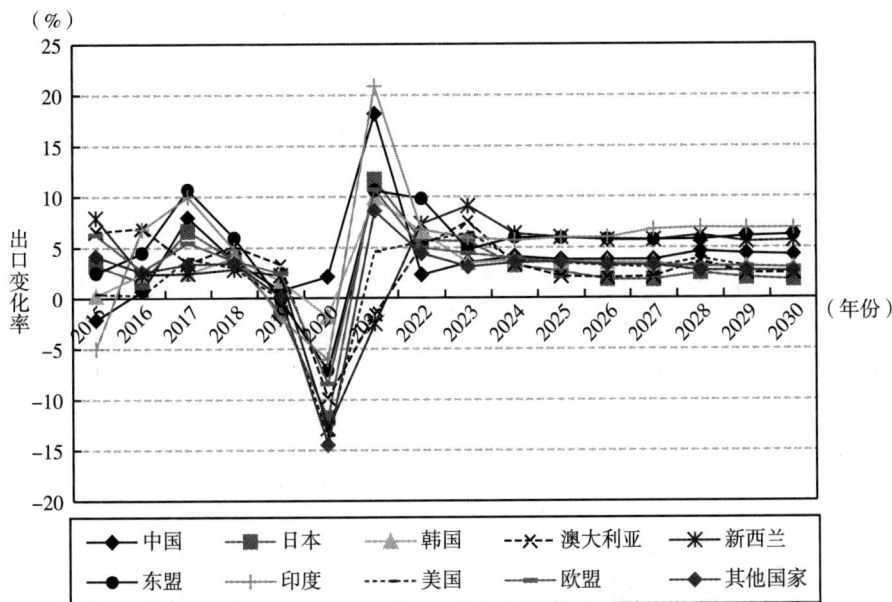

图8-3 基准情景下不同地区出口量变化

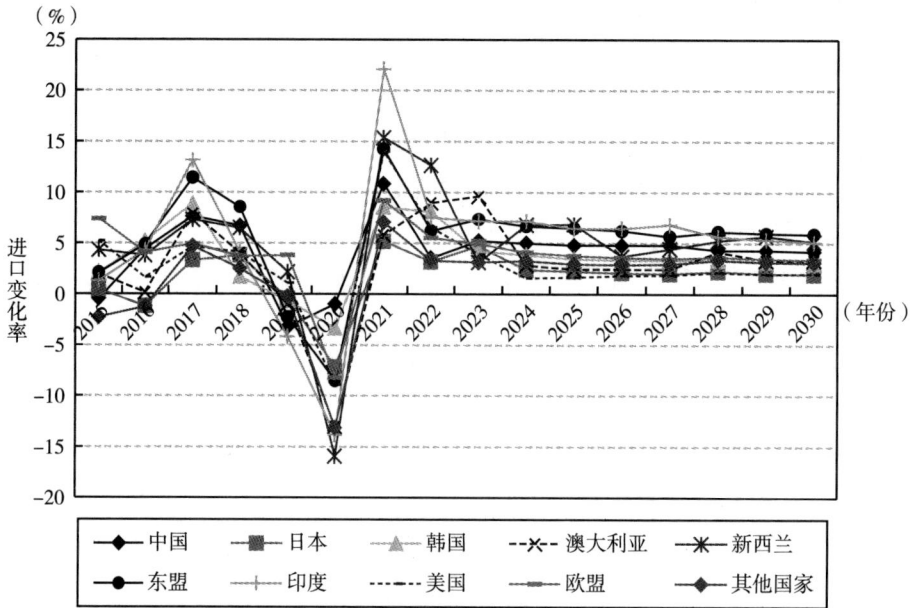

图 8 - 4　基准情景下不同地区进口量变化率

其中印度的进口增长率最大。2021 年印度进口增长率约为 22.08%，新西兰、东盟和美国的进口增长率约为 15.35%、14.34% 和 14.00%。

可见后疫情时代，各国恢复国内经济、促进国际贸易的需求是一致的，在疫情爆发后的两年较为明显，2030 年及以后基本呈现平稳增长趋势。

二、RCEP 对世界各国的宏观经济影响分析

（一）实际 GDP 变化分析

GDP 是衡量一国经济实力的关键性指标之一，而实际 GDP 是反映实际经济水平的有效指标。实际 GDP 的模拟结果如表 8 - 20 所示，RCEP 生效对协定内外国家实际 GDP 的影响有显著差异，除韩国外的 RCEP 成员国的实际 GDP 普遍呈正向增长，而非成员国均呈降低趋势。

表 8 - 20　　　　　　　　政策情景下不同地区实际 GDP 变化　　　　　　单位：%

国家（地区）	2022 年	2023 年	2024 年	2025 年	2026 年	2027 年	2028 年	2029 年	2030 年
中国	0.0658	0.0727	0.0827	0.0933	0.1020	0.1114	0.1202	0.1285	0.1360
日本	0.0671	0.0794	0.0918	0.1044	0.1172	0.1301	0.1430	0.1558	0.1686
韩国	− 0.2797	− 0.2800	− 0.2911	− 0.3052	− 0.3194	− 0.3378	− 0.3609	− 0.3879	− 0.4190

国家（地区）	2022 年	2023 年	2024 年	2025 年	2026 年	2027 年	2028 年	2029 年	2030 年
澳大利亚	0.0419	0.0389	0.0374	0.0349	0.0326	0.0295	0.0251	0.0199	0.0145
新西兰	0.0275	0.0279	0.0280	0.0269	0.0257	0.0242	0.0222	0.0194	0.0163
东盟	0.0529	0.0665	0.0761	0.0848	0.0965	0.1044	0.1137	0.1231	0.1331
印度	− 0.0401	− 0.0411	− 0.0422	− 0.0431	− 0.0442	− 0.0451	− 0.0462	− 0.0473	− 0.0485
美国	− 0.0030	− 0.0031	− 0.0033	− 0.0034	− 0.0035	− 0.0036	− 0.0037	− 0.0039	− 0.0040
欧盟	− 0.0203	− 0.0216	− 0.0229	− 0.0242	− 0.0255	− 0.0269	− 0.0282	− 0.0296	− 0.0310
其他国家	− 0.0176	− 0.0208	− 0.0245	− 0.0280	− 0.0315	− 0.0350	− 0.0384	− 0.0416	− 0.0448

　　RCEP 正式生效后，日本、中国和东盟的实际 GDP 增长速率最快且逐年增加，2030 年分别增长约 0.1686% 、0.1360% 和 0.1331% 。韩国的实际 GDP 存在负增长趋势，但未加入 RCEP 可能损失会更大。澳大利亚和新西兰的国民经济总值受到的促进作用较弱，但区别于非成员国，仍呈现正向增长趋势。可见 RCEP 实施后，大部分成员国的实际 GDP 均呈现增长趋势，其中日本国民经济受益最显著。

　　对比非成员国的实际 GDP 变化，可以看到，受到负面冲击最大的是印度，在 2022 ~ 2030 年实际 GDP 降速均大于 0.04% 。2019 年印度退出 RCEP 谈判的这一决定未起到保护自身经济利益及贸易发展的作用。其次是欧盟，实际 GDP 在 RCEP 生效后的九年间受到持续的负面冲击。从模拟结果来看，美国的实际 GDP 受损情况不显著，变化率维持在 0.005% 以下。RCEP 旨在以亚太区域为核心建设自由贸易区，而印度作为对外贸易大国，与周边地区特别是中国和东盟存在高贸易结合度，由贸易转移效应可知，RCEP 成员国的内部贸易便利化会抑制原本面向印度的进出口贸易需求。

（二）社会福利变化分析

　　社会福利是衡量居民生活水平的指标，常通过消费者效用变动来衡量。GTAP 模型通过希克斯等价变差（hicks equivalent variation，HEV）指标来评估社会福利水平，即价格变化前后消费者效用一致时消费者收入变动水平。若价格上升，为保持消费者效用不变，则可等价为价格不变情况下消费者收入减少；若价格下降，为保持消费者效用不变，则可等价为价格不变情况下消费者收入增加。直观来说，若 HEV 为正值，则社会福利增加，居民生活水平提高；若 HEV 为负值，则社会福利降低，居民生活水平变差。

　　社会福利变化如表 8 - 21 所示，RCEP 生效对协定内外的国家的社会福利影响有显著差异，大部分 RCEP 成员国社会福利水平呈正向增长，而非成员国均呈现降低趋势。RCEP 正式生效对社会福利的影响随着时间不断深化，各国的社会福利发展趋势整体呈放射型，正向增长的国家社会福利增长量持续提高，而处于负增长的区域则会加快亏损速率。

表 8 – 21 政策情景下不同地区社会福利变化 单位：百万美元

国家（地区）	2022 年	2023 年	2024 年	2025 年	2026 年	2027 年	2028 年	2029 年	2030 年
中国	−6376	−8345	−10556	−13213	−16796	−20827	−25562	−31111	−37517
日本	15079	20601	24929	29486	34115	38995	44010	49192	54456
韩国	−6531	−4163	−1397	1816	5525	9730	14398	19521	25096
澳大利亚	3744	4456	5177	5963	6850	7799	8826	9986	11269
新西兰	511	611	690	762	868	975	1080	1181	1281
东盟	18228	21185	23954	26542	29247	31685	34123	36574	39031
印度	−3226	−3812	−4441	−5105	−5778	−6453	−7150	−7860	−8590
美国	−6497	−8227	−9583	−11175	−12892	−14725	−16694	−18772	−21002
欧盟	−7863	−9251	−10659	−12048	−13489	−14979	−16527	−18121	−19784
其他国家	−10519	−14026	−18506	−23453	−28858	−34838	−41362	−48409	−55989

RCEP 正式生效后，成员国中东盟的社会福利增长量最大，日本第二。模拟结果显示，2022 年东盟和日本的社会福利分别增长了约 182.28 亿美元和 150.79 亿美元，2024 年日本的社会福利增长量超越东盟并持续上涨，2030 年增长约 544.56 亿美元。澳大利亚和新西兰的社会福利呈现平稳增长趋势，2030 年社会福利增长量相比 2022 年翻一番。RCEP 生效后，成员国之间的竞争增强，中国对外投资缩减，社会福利出现负增长趋势。RCEP 实施第一年，韩国的社会福利降低 65.31 亿美元，到 2025 年不再亏损并持续增长，2030 年增长量超过 250 亿美元。

对比非成员国的社会福利变化，可以看到 RCEP 正式生效后，受到负面冲击最大的是欧盟，2022 年社会福利降低约 78.63 亿美元。其次是美国，2022 年社会福利降低约 64.97 亿美元，2028 年缩减约 166.94 亿美元，受损程度超过欧盟。同样，印度的社会福利水平也随着 RCEP 推进不断降低。综上所述，RCEP 有助于改善成员国的社会福利水平，对非成员国的社会福利发展表现出抑制作用。

（三）进出口变化分析

进出口变化可以直观体现一个国家或地区的对外贸易发展情况。良好的对外贸易关系可以帮助贸易双方实现资源配置优化，节约社会劳动，获得较好的经济效益。进出口模拟结果如表 8 – 22 和表 8 – 23 所示，RCEP 生效对协定内外的国家的进出口贸易影响有显著差异，成员国进出口贸易规模不断扩大，而非成员国的进出口总量有缩减趋势。

表 8 - 22　　　　　　　　　　政策情景下不同地区进口量变化　　　　　　　　单位：%

国家（地区）	2022 年	2023 年	2025 年	2026 年	2027 年	2028 年	2029 年	2030 年
中国	5.2087	5.6046	6.4854	6.9222	7.3924	7.8834	8.3843	8.8984
日本	3.8233	4.5565	6.1126	6.9461	7.8128	8.7025	9.6169	10.5607
韩国	8.9167	10.1438	12.8325	14.2813	15.8012	17.4000	19.0835	20.8475
澳大利亚	4.7006	4.7960	5.0290	5.1205	5.2246	5.3209	5.3594	5.4000
新西兰	2.3268	2.5268	2.9051	3.0841	3.2623	3.4415	3.6108	3.7810
东盟	5.1451	5.2578	5.4871	5.6221	5.7692	5.9328	6.0968	6.2671
印度	-0.6677	-0.6938	-0.7345	-0.7523	-0.7670	-0.7846	-0.8000	-0.8147
美国	-0.7940	-0.8394	-0.9343	-0.9811	-1.0286	-1.0732	-1.1164	-1.1590
欧盟	-0.3289	-0.3547	-0.4047	-0.4318	-0.4592	-0.4874	-0.5158	-0.5448
其他国家	-0.6815	-0.7552	-0.8929	-0.9622	-1.0313	-1.1009	-1.1694	-1.2375

表 8 - 23　　　　　　　　　　政策情景下不同地区出口变化　　　　　　　　单位：%

国家（地区）	2022 年	2023 年	2024 年	2025 年	2026 年	2027 年	2028 年	2029 年	2030 年
中国	4.1224	4.6631	5.1532	5.6370	6.1617	6.6743	7.1855	7.6969	8.2138
日本	1.2455	1.4951	1.7357	1.9893	2.2581	2.5309	2.8160	3.1155	3.4276
韩国	5.9510	6.5715	7.2616	7.9966	8.7621	9.5741	10.4332	11.3389	12.2838
澳大利亚	2.1043	2.2964	2.4350	2.5613	2.6892	2.8279	2.9824	3.1059	3.2360
新西兰	1.2674	1.4282	1.5745	1.7371	1.9108	2.0841	2.2575	2.4359	2.6144
东盟	3.3342	3.5681	3.8097	4.0611	4.3143	4.5916	4.8630	5.1321	5.4026
印度	-0.1106	-0.1472	-0.1844	-0.2215	-0.2560	-0.2880	-0.3154	-0.3380	-0.3569
美国	0.0746	0.0736	0.0810	0.0894	0.1001	0.1121	0.1258	0.1425	0.1613
欧盟	-0.0078	-0.0129	-0.0159	-0.0183	-0.0211	-0.0235	-0.0258	-0.0278	-0.0293
其他国家	-0.1060	-0.1275	-0.1512	-0.1739	-0.1963	-0.2183	-0.2400	-0.2612	-0.2820

　　各国进口量变化见表 8 - 22。RCEP 正式生效后，区域内贸易壁垒减少，进口成本降低，受益最大的是韩国。模拟结果显示，2022 年韩国进口量增加约 8.92% 且增速逐年提高，2030 年增长约 20.85%。同时随着 RCEP 的逐步推进，其他成员国的进口贸易增幅也愈加显著。其中，中国和日本进口贸易受益较大，2026 年日本进口增长率超过中国，仅次于韩国。

　　由表 8 - 23 可知，RCEP 正式实施后，韩国的出口规模增幅最大，其次是中国和东盟。模拟结果显示，2022 年韩国出口量增加约 5.95% 且增速逐年提高，2030 年增长约 12.28%。2022 年中国和东盟出口量分别增加约 4.12% 和 3.33%，2030 年中国进口增速相比 2022 年翻一番，东盟的进口增速达到 5.40%。新西兰的出口贸易增幅相对较小，在 RCEP 生效后的九年间稳定在 3% 左右。

　　相比出口贸易变化，RCEP 生效对非成员国进口贸易的负面影响更显著。其中，美国进口贸易缩减程度最大并逐年加重，2022 年进口量减少约 0.79%，2030 年进口量减少约 1.16%。同时，印度和欧盟的进口贸易规模也随着 RCEP 推进不断缩减。美国和欧盟的出口量变化在 RCEP 生效后的九年间保持在 0.1% 以下，说明 RCEP 实施造成的出口贸易影响不显著。而印度的出口贸易受损程度逐年增加，2030 年印度出口量降低约 0.36%。

综合进出口量变化来看，RCEP 的正式生效有助于增加自贸区内部国家之间的贸易结合度，扩大对外贸易规模，其中韩国受益最大。成员国之间的贸易关系更加紧密，一体化程度加深，产生贸易转移效应，对非成员国的进口需求缩减，非成员国的出口贸易呈现缩减趋势。

（四）投资变化分析

区域的投资变化在 GTAP 中可通过资本货物部门的产出来体现，即不同区域通过资本货物生产其他货物或服务，与区域消费联系密切。投资指标的模拟结果如表 8 - 24 所示，RCEP 生效对协定内外国家的投资影响有显著差异，RCEP 成员国的投资普遍呈现正向增长，而非成员国均呈降低趋势。

表 8 - 24　　　　　　　政策情景下不同地区投资变化　　　　　　　单位：%

国家（地区）	2022 年	2023 年	2024 年	2025 年	2026 年	2027 年	2028 年	2029 年	2030 年
中国	0.4750	0.4768	0.4818	0.4859	0.4857	0.4871	0.4887	0.4894	0.4897
日本	1.7539	2.1114	2.5062	2.9150	3.3435	3.8003	4.2670	4.7422	5.2321
韩国	3.7911	4.3289	4.8652	5.4132	5.9908	6.5760	7.1757	7.7984	8.4457
澳大利亚	1.4244	1.4062	1.4269	1.4208	1.4132	1.4079	1.3949	1.3593	1.3224
新西兰	0.7587	0.8121	0.8722	0.9131	0.9450	0.9745	1.0038	1.0274	1.0510
东盟	2.1661	2.0525	1.9445	1.8517	1.7827	1.7210	1.6802	1.6441	1.6132
印度	−0.3188	−0.3149	−0.3097	−0.3043	−0.3007	−0.2973	−0.2978	−0.2994	−0.3022
美国	−0.5269	−0.5520	−0.5903	−0.6279	−0.6679	−0.7102	−0.7487	−0.7880	−0.8277
欧盟	−0.5096	−0.5504	−0.5853	−0.6233	−0.6661	−0.7090	−0.7525	−0.7973	−0.8438
其他国家	−0.7358	−0.8553	−0.9595	−1.0669	−1.1823	−1.3003	−1.4272	−1.5590	−1.6970

由表 8 - 24 可知，RCEP 正式生效后，成员国中韩国的投资增长率最高，其次是东盟和日本。模拟结果显示，2022 年韩国投资增长约 3.79% 且逐年增快，2030 年投资增速高达 8.45%。2022 年日本投资增长率约 1.75%，第二年以 2.11% 的增速超越东盟并持续提升，2030 年投资增长率达 5.23%。除东盟的投资增速有降低趋势，其余 RCEP 成员国的投资水平均保持稳定增长趋势。其中，中国的投资增速相对较低，2022 ～ 2030 年一直保持在 0.48% 左右。

从非成员国角度来看，RCEP 正式生效不利于投资发展。其中，受到负面影响较深的是美国和欧盟。2022年美国和欧盟的投资水平分别降低约0.53%、0.51%，且随着RCEP的推进所受负面影响越发严重，2030年投资降低约0.83%、0.84%。印度投资打击相对较轻，从2022～2030年投资降速维持在0.3%左右。

综上所述，RCEP正式生效对成员国和非成员国的投资的影响呈两极化。其中，韩国和日本受益较明显，美国和欧盟受损较严重。

（五）区域收入变化分析

区域部门是GTAP模型独有的，为每一区域虚拟出来的，用于汇总一个区域的全部收入，包括出口关税、工资收入和资本所得。当收入全都汇集到区域部门之时，再由区域部门分配居民及政府的消费支出，以及储蓄部分。区域收入变化如表8-25所示，RCEP生效对协定内外的国家的区域收入影响有显著差异，大部分RCEP成员国区域收入水平呈正向增长，而非成员国均呈现降低趋势。

表8-25　　　　　　　　政策情景下不同地区区域收入变化　　　　　　　单位：%

国家（地区）	2022年	2023年	2024年	2025年	2026年	2027年	2028年	2029年	2030年
中国	-0.0432	-0.0548	-0.0659	-0.0778	-0.0930	-0.1083	-0.1251	-0.1437	-0.1640
日本	0.3381	0.3961	0.4573	0.5209	0.5885	0.6590	0.7314	0.8057	0.8825
韩国	-0.4182	-0.2813	-0.1391	0.0102	0.1685	0.3341	0.5054	0.6835	0.8691
澳大利亚	0.2520	0.2521	0.2542	0.2574	0.2611	0.2638	0.2654	0.2686	0.2717
新西兰	0.2312	0.2340	0.2366	0.2379	0.2395	0.2417	0.2437	0.2440	0.2443
东盟	0.5923	0.5779	0.5583	0.5364	0.5175	0.4915	0.4665	0.4414	0.4157
印度	-0.1143	-0.1175	-0.1202	-0.1221	-0.1239	-0.1253	-0.1267	-0.1278	-0.1288
美国	-0.0338	-0.0358	-0.0376	-0.0394	-0.0411	-0.0428	-0.0445	-0.0461	-0.0477
欧盟	-0.0411	-0.0435	-0.0460	-0.0483	-0.0507	-0.0529	-0.0552	-0.0574	-0.0597
其他国家	-0.0542	-0.0603	-0.0672	-0.0743	-0.0817	-0.0893	-0.0972	-0.1050	-0.1129

由表8-25可知，RCEP正式生效后，成员国中东盟的区域收入增速最大，日本第二。模拟结果显示，2022年东盟和日本的区域收入分别增长了约0.59%和0.34%，2026年日本的区域收入增速超越东盟并持续上涨，2030年增长率超0.88%。澳大利亚和新西兰的区域收入均保持平稳增长趋势，在RCEP正式生效至2030年间增速保持在0.23%～0.27%。RCEP生效第一年，韩国的区域收入降低约0.42%，到2025年不再亏损并开始持续增长，2030年增长率达0.87%，仅次于日本。

从非成员国角度来看，RCEP正式生效不利于区域收入增加。其中，印度区域收入所受冲击较大，2022～2030年区域收入降速均超过0.11%。美国和欧盟的区域收入降低幅度较小，2022年分别减少约0.03%和0.04%，随着RCEP的推进区域收入持续缩水，2030年降低约0.05%和0.06%。

综上所述，RCEP 正式生效对成员国和非成员国的区域收入影响呈两极化。其中，东盟、日本和韩国受益较明显，印度受损较严重。

（六）消费变化分析

区域部门将区域收入汇集的同时，进行储蓄和消费支出行为。生产的最终去向是消费，消费可以刺激经济增长。相比投资拉动经济发展，消费的拉动作用更为直接和深入。GTAP 模型将消费行为分为政府消费和居民消费，每一类消费支出都区分对国产品和进口品的消费。一个国家的政府消费和居民消费的相关关系是因该国的具体国情、经济发展、政府规模及效能等因素而异的。从经济角度来看，假设政府消费正向作用于经济增长、经济环境改善、居民收入增长，同时就业机会增加，居民消费自然也会提升，此时政府消费的外溢性促成了与居民消费的正相关关系；若政府消费反向作用经济发展，则政府消费和居民消费呈负相关。

政府消费是指国家通过消费或社会支出向全社会提供商品和服务的公共支出。GTAP 模型模拟的政府消费指标变化如表 8 - 26 所示，可以看到，RCEP 生效对协定内外的国家的政府消费影响有显著差异，大部分 RCEP 成员国政府消费水平呈正向增长，而非成员国均呈现降低趋势。

表 8 - 26　　　　　　政策情景下不同地区政府消费变化　　　　　　单位：%

国家（地区）	2022 年	2023 年	2024 年	2025 年	2026 年	2027 年	2028 年	2029 年	2030 年
中国	- 0.0042	- 0.0294	- 0.0512	- 0.0734	- 0.1016	- 0.1270	- 0.1537	- 0.1830	- 0.2142
日本	2.2323	2.6001	2.9822	3.3785	3.8000	4.2387	4.6901	5.1545	5.6348
韩国	0.4464	0.9792	1.5363	2.1243	2.7541	3.4160	4.1086	4.8371	5.6037
澳大利亚	1.6522	1.6855	1.7207	1.7565	1.7942	1.8244	1.8500	1.8853	1.9193
新西兰	1.4567	1.5043	1.5486	1.5857	1.6241	1.6627	1.7004	1.7307	1.7604
东盟	2.0122	1.9968	1.9687	1.9361	1.9157	1.8818	1.8520	1.8224	1.7923
印度	- 0.2558	- 0.2634	- 0.2712	- 0.2788	- 0.2869	- 0.2960	- 0.3062	- 0.3168	- 0.3283
美国	- 0.2657	- 0.2837	- 0.3042	- 0.3255	- 0.3477	- 0.3713	- 0.3949	- 0.4190	- 0.4441
欧盟	- 0.1667	- 0.1816	- 0.1975	- 0.2143	- 0.2320	- 0.2505	- 0.2689	- 0.2876	- 0.3070
其他国家	- 0.2766	- 0.3071	- 0.3389	- 0.3717	- 0.4054	- 0.4402	- 0.4748	- 0.5096	- 0.5445

由表 8 - 26 可知，RCEP 正式生效后，成员国中日本的政府消费增长率最高，东盟第二。模拟结果显示，2022 年日本和东盟的政府消费分别增长了约 2.23% 和 2.01%。随着 RCEP 的推进，日本政府消费增长率逐年提升，2030 年增至 5.63%。2022 年韩国政府消费增长约 0.45%，2025 增长率超越东盟并持续上涨，2030 年增长率超 5.60%。中国的政府消费所受影响较小，从非成员国的政府消费变化来看，若未加入 RCEP 可能损失更大。东盟、澳大利亚和新西兰的政府消费均呈现平稳增

长趋势，在 RCEP 正式生效至 2030 年间增长率分别保持在 1.92%、1.79% 和 1.62% 左右，上下浮动小于 0.3%。

对比非成员国的政府消费变化，可以看到 RCEP 正式生效后，受到负面影响较深的是美国和印度。2022 年美国和印度的政府消费分别减少约 0.27%、0.26%，欧盟减少约 0.17%。随着 RCEP 推进，非成员国的政府消费缩减趋势不断加强。2030 年美国和印度的政府消费分别降低约 0.44%、0.33%，欧盟减少约 0.31%。

居民消费指某地区的常住住户对货物和服务的全部最终消费支出。GTAP 模型模拟的居民消费指标变化如表 8-27 所示，可以看到，RCEP 生效对协定内外的国家的政府消费影响有显著差异，大部分 RCEP 成员国政府消费水平呈正向增长，而非成员国均呈现降低趋势。

表 8-27　　　　　　　政策情景下不同地区居民消费变化　　　　　　单位：%

国家（地区）	2022 年	2023 年	2024 年	2025 年	2026 年	2027 年	2028 年	2029 年	2030 年
中国	-0.0342	-0.0594	-0.0813	-0.1037	-0.1319	-0.1573	-0.1840	-0.2132	-0.2444
日本	2.2100	2.5725	2.9491	3.3398	3.7553	4.1878	4.6329	5.0907	5.5641
韩国	0.0853	0.6032	1.1448	1.7169	2.3301	2.9747	3.6495	4.3590	5.1056
澳大利亚	1.6464	1.6786	1.7127	1.7474	1.7842	1.8135	1.8382	1.8731	1.9066
新西兰	1.4482	1.4947	1.5380	1.5741	1.6116	1.6492	1.6860	1.7155	1.7444
东盟	1.9477	1.9302	1.8998	1.8645	1.8412	1.8042	1.7713	1.7388	1.7060
印度	-0.2324	-0.2402	-0.2483	-0.2565	-0.2649	-0.2744	-0.2850	-0.2959	-0.3077
美国	-0.2639	-0.2819	-0.3022	-0.3235	-0.3456	-0.3691	-0.3926	-0.4167	-0.4417
欧盟	-0.1617	-0.1765	-0.1922	-0.2089	-0.2264	-0.2448	-0.2630	-0.2816	-0.3009
其他国家	-0.2661	-0.2959	-0.3270	-0.3591	-0.3922	-0.4263	-0.4603	-0.4944	-0.5287

由表 8-27 可知，居民消费与政府消费的变化趋势相似，RCEP 正式生效后，成员国中日本的居民消费增长率最高且随着 RCEP 的推进逐年提升。模拟结果显示，2022 年日本政府消费分别增长了约 2.21%，2030 年增至 5.56%。2022 年韩国和东盟的政府消费分别增长约 0.09% 和 1.95%，2026 年韩国居民消费增长率超越东盟并持续增加，2030 年增长约 5.11%，仅次于日本。中国的居民消费所受影响较小，从非成员国的政府消费变化来看，若未加入 RCEP 可能损失更大。东盟、澳大利亚和新西兰的居民消费均呈现平稳增长趋势，在 RCEP 正式生效至 2030 年间增长率分别保持在 1.84%、1.78% 和 1.61% 左右，上下浮动小于 0.3%。

对比非成员国的居民消费变化，可以看到 RCEP 正式生效后，受到负面影响较深的是美国和印度。2022 年美国和印度的居民消费分别减少约 0.26% 和 0.23%，欧盟减少约 0.16%。随着 RCEP 推进，非成员国的居民消费缩减趋势越发明显。2030 年美国和印度的政府消费分别降低约 0.44%、0.31%，欧盟减少约 0.30%。

综上所述，RCEP 正式生效对成员国和非成员国的消费影响呈两极化。RCEP 有助于扩大内部成员国的消费水平，对非成员国的消费有一定抑制作用。其中，对日本和韩国消费的促进作用较明显，美国和印度的消费缩减较严重。

从 RCEP 成员国的政府消费变化可以看到，RCEP 的签署实施，发展中国家和发达国家所受到的影响是有本质性区别的。短期内，发达国家有明显的经济提升，而发展中国家则没有那么显著。一般而言，发达国家的资源利用率较完全，所以消费与经济发展的内在结构更为完善，对发展中国家来说，RCEP 带来的改变需要自身改革来适应，需要一定时间调整经济和消费结构。区别于西方，中国是在政府主导下建立的市场经济，政府消费在经济发展中占据重要地位，也是带动居民消费的一大主力。

三、RCEP 对中国对外贸易的影响分析

在研究 RCEP 对其成员国和非成员国的整体经济贸易影响的基础上，本节从中国的角度出发，分析 RCEP 的正式生效对不同行业及不同合作国家的进出口贸易影响。

（一）不同行业进出口

中国不同行业的产出变化如表 8 - 28 所示，RCEP 正式生效对中国的不同行业生产产出的影响不同，大部分行业产出有上升趋势。由表 8 - 28 可知，服装纺织业和轻工业的产出上涨最显著，2022 年分别增加约 0.31% 和 0.33% 且逐年增快，2030年增长率达 1.00% 和 0.78%。RCEP 生效使得内部贸易壁垒大幅减少，进出口便利性提升，种植业进口产品数量提升，中国的国产压力下降，产出呈现缩减趋势。畜牧业、食品加工业、公共事业及建筑业的产出增长率较稳定，在 RCEP 生效至 2030年间分别保持在 0.1%、0.24%、0.37% 上下。

表 8 - 28　　　　　　政策情景下中国不同行业的产出变化　　　　　　单位：%

行业	2022 年	2023 年	2024 年	2025 年	2026 年	2027 年	2028 年	2029 年	2030 年
种植业	- 1.1962	- 1.3216	- 1.4438	- 1.5725	- 1.7014	- 1.8269	- 1.9526	- 2.0779	- 2.2042
畜牧业	0.1023	0.1030	0.1030	0.1028	0.1031	0.1021	0.1011	0.1003	0.0991
采矿业	- 0.1386	- 0.1164	- 0.0934	- 0.0689	- 0.0406	- 0.0152	0.0114	0.0421	0.0752
食品加工业	0.2424	0.2398	0.2379	0.2369	0.2357	0.2343	0.2331	0.2323	0.2312
服装纺织业	0.3141	0.4118	0.4942	0.5729	0.6597	0.7497	0.8402	0.9217	1.0043
轻工业	0.3325	0.3866	0.4392	0.4944	0.5509	0.6089	0.6673	0.7258	0.7844
重工业	- 0.0413	- 0.0463	- 0.0457	- 0.0424	- 0.0373	- 0.0298	- 0.0201	- 0.0079	0.0065
公共事业及建筑业	0.3637	0.3681	0.3741	0.3793	0.3817	0.3852	0.3888	0.3919	0.3948
交通通信	0.0482	0.0523	0.0555	0.0583	0.0612	0.0635	0.0656	0.0675	0.0691
其他服务业	- 0.1043	- 0.1166	- 0.1295	- 0.1431	- 0.1582	- 0.1741	- 0.1911	- 0.2090	- 0.2280

中国不同行业的进出口变化如表8-29和表8-30所示，大部分行业的进出口规模随RCEP推进不断扩大。RCEP正式生效后，进出口增长最显著的是种植业，2022年进口增长12.48%，出口增长12.59%。随后进口增长率逐年提升，2030年增长近18.70%，出口增长率一直保持在12.5%左右。如表8-29所示，除种植业外，中国的服装纺织业和重工业进口量也明显扩大，2022年分别增加约8.74%、8.20%，随着RCEP发展进口规模逐年提升，2030年进口增长率达15.87%、14.38%。由表8-30可知，除种植业出口增长率较稳定，其他大部分行业的出口量增速随着RCEP逐步推进不断提升。2022年中国采矿业出口量增加10.12%，2025年出口增长率超越种植业，2030年出口增长达15.85%。同时，食品加工业和重工业出口量也有显著提升，2022年出口分别增长8.48%和5.79%，2030年增长率达11.86%、10.97%。

表8-29　　　　　　　政策情景下中国不同行业的进口变化　　单位：%

行业	2022年	2023年	2024年	2025年	2026年	2027年	2028年	2029年	2030年
种植业	12.4844	13.2706	14.0641	14.8842	15.6657	16.4398	17.2073	17.9589	18.6990
畜牧业	0.6785	0.8100	0.9478	1.0862	1.2130	1.3527	1.4919	1.6265	1.7624
采矿业	0.9643	1.0072	1.0913	1.1892	1.2831	1.4119	1.5539	1.7025	1.8603
食品加工业	2.2507	2.4185	2.6000	2.7814	2.9522	3.1337	3.3158	3.4968	3.6787
服装纺织业	8.7380	9.5950	10.4809	11.3663	12.2360	13.1543	14.0715	14.9709	15.8665
轻工业	1.7204	1.7417	1.7763	1.8105	1.8266	1.8575	1.8912	1.9221	1.9542
重工业	8.1992	8.8887	9.6266	10.3792	11.1221	11.9040	12.7126	13.5358	14.3762
公共事业及建筑业	-0.1005	-0.2493	-0.3865	-0.5224	-0.6691	-0.8089	-0.9485	-1.0893	-1.2296
交通通信	-0.0011	-0.0177	-0.0283	-0.0364	-0.0511	-0.0591	-0.0673	-0.0768	-0.0861
其他服务业	0.2369	0.2394	0.2496	0.2627	0.2685	0.2821	0.2950	0.3058	0.3164

表8-30　　　　　　　政策情景下中国不同行业的出口变化　　单位：%

行业	2022年	2023年	2024年	2025年	2026年	2027年	2028年	2029年	2030年
种植业	12.5924	12.6634	12.6344	12.5627	12.5388	12.4986	12.4641	12.4553	12.4519
畜牧业	2.0480	2.1714	2.2489	2.3187	2.4249	2.4979	2.5763	2.6703	2.7690
采矿业	10.1207	11.0304	11.8223	12.5735	13.3467	14.0118	14.6402	15.2549	15.8457
食品加工业	8.4759	8.9236	9.3271	9.7285	10.1661	10.5866	11.0066	11.4300	11.8556
服装纺织业	1.7115	2.0782	2.3990	2.7095	3.0522	3.4012	3.7527	4.0829	4.4181
轻工业	2.2419	2.6457	3.0081	3.3794	3.7790	4.1782	4.5720	4.9624	5.3525
重工业	5.7868	6.4921	7.1261	7.7441	8.4112	9.0544	9.6920	10.3282	10.9686
公共事业及建筑业	0.3685	0.5860	0.7826	0.9797	1.1998	1.4063	1.6179	1.8382	2.0633
交通通信	0.4297	0.5387	0.6345	0.7303	0.8426	0.9467	1.0542	1.1673	1.2840
其他服务业	-0.5883	-0.5611	-0.5564	-0.5551	-0.5390	-0.5378	-0.5352	-0.5277	-0.5197

结合中国的进出口贸易现状可知，中国在制造业特别是服装纺织、机械及运输设备制造上优势明显，而种植业和采矿业存在劣势，竞争力较弱。从贸易互补角度看，中国与 RCEP 成员国存在良好的贸易互补潜能。其中，中国与新西兰的种植业互补性较强，与澳大利亚的采矿业互补性高于其他国家，与日韩的重工业贸易互补性显著，与日韩及东盟的服装纺织业互补性较强。RCEP 正式生效后，成员内部贸易联系加强，资源配置优化，具备竞争优势的产业优势性越发明显，劣势产业得到进一步加强，整体进出口贸易规模大大提升。

（二）不同国家进出口

RCEP 的实施必然会促进 RCEP 一体化程度加深，产生贸易转移效应。具体表现为内部成员国之间的贸易关系更加紧密，同时对外部国家产生一定排斥效应。本小节从中国出发，分析 RCEP 正式生效后中国对不同国家的进出口贸易变化。

由表 8-31 和表 8-32 可知，RCEP 生效推动了中国整体进出口贸易发展。贸易体量增大，进口需求增加，出口阻力减小，尤其表现在与 RCEP 成员国的进出口贸易变化上。RCEP 生效后中国的出口变化如表 8-31 所示，主要表现为中国对其他成员国的出口贸易规模扩大，对非成员国的出口未受到显著影响。RCEP 正式生效后，中国对韩国的出口量增长最显著，其次是东盟和澳大利亚。模拟结果显示，2022 年中国对韩国出口量增加约 32.54% 且增速逐年提高，2030 年增长约 61.46%。随着 RCEP 的逐步推进，中国对其他成员国的出口贸易增幅也越加显著。2022 年中国对东盟和澳大利亚的出口量分别增长约 18.37%、14.03%，2030 年增长约 29.88%、18.222%。RCEP 生效后中国对不同国家的进口变化如表 8-32 所示，主要表现为中国对 RCEP 成员国的进口贸易规模逐年扩大，对非成员国的进口贸易不断缩减。RCEP 生效第一年，中国对东盟的进口增长约 36.67%，对日本和韩国的进口量分别增长约 16.90%、12.56%。2025 年中国对韩国进口增长率超越日本，2029 年超越东盟，2030 年中国对韩国进口增长率超过 50%。2030 年，中国对东盟和日本的进口量分别增长约 43.50%、39.69%。随着 RCEP 的逐步推进，中国对其他成员国的进口贸易增幅也愈加显著。非成员国中，中国对美国的进口缩减水平最显著。2022 年中国对美国的进口减少约 4.39% 且缩减趋势逐年加深，2030 年进口贸易缩减 7.09%。2030 年，中国对印度和欧盟的进口贸易减少约 4.38%、6.72%。

表 8-31　　　　　　　政策情景下中国对不同国家的出口变化　　　　　　　单位：%

国家（地区）	2022 年	2023 年	2024 年	2025 年	2026 年	2027 年	2028 年	2029 年	2030 年
日本	6.0195	7.3399	8.6632	10.0122	11.4355	12.8611	14.3099	15.7879	17.2958
韩国	32.5398	35.9293	39.2394	42.6324	46.2502	49.8853	53.6000	57.4652	61.4592
澳大利亚	14.0291	14.8638	15.6603	16.1832	16.7412	17.3101	17.8442	18.0385	18.2230

续表

国家（地区）	2022 年	2023 年	2024 年	2025 年	2026 年	2027 年	2028 年	2029 年	2030 年
新西兰	6.6569	7.6449	8.6039	9.5274	10.4872	11.3927	12.2885	13.1927	14.0905
东盟	18.3694	19.7858	21.1007	22.4376	23.8737	25.3566	26.8674	28.3633	29.8770
印度	0.6753	0.8486	0.9906	1.1176	1.2585	1.3691	1.4704	1.5683	1.6594
美国	0.0721	0.1785	0.2463	0.2997	0.3627	0.3960	0.4246	0.4509	0.4709
欧盟	−0.2085	−0.1421	−0.0994	−0.0690	−0.0291	−0.0137	−0.0004	0.0135	0.0235
其他国家	−0.1313	−0.0529	−0.0005	0.0391	0.0881	0.1113	0.1306	0.1488	0.1619

表 8 − 32　　　　　　　　　　政策情景下中国对不同地区的进口变化　　　　　　单位：%

国家（地区）	2022 年	2023 年	2024 年	2025 年	2026 年	2027 年	2028 年	2029 年	2030 年
日本	16.8960	19.5416	22.2670	25.0561	27.8440	30.7120	33.6459	36.6374	39.6918
韩国	12.5636	16.7331	21.1251	25.6811	30.3231	35.1335	40.1067	45.2623	50.5728
澳大利亚	13.2467	13.3780	13.5193	13.6379	13.7354	13.8907	14.0674	14.2164	14.3922
新西兰	11.1111	11.5334	11.9493	12.3790	12.8042	13.2273	13.6436	14.0782	14.5068
东盟	36.6687	37.3307	38.1142	38.9654	39.7881	40.7166	41.6351	42.5634	43.5039
印度	−3.1035	−3.3243	−3.5189	−3.6955	−3.8624	−4.0078	−4.1415	−4.2662	−4.3806
美国	−4.3869	−4.7523	−5.1079	−5.4528	−5.7925	−6.1224	−6.4490	−6.7732	−7.0928
欧盟	−3.9713	−4.3363	−4.6860	−5.0278	−5.3704	−5.7059	−6.0443	−6.3845	−6.7249
其他国家	−5.4244	−5.9424	−6.4510	−6.9343	−7.4054	−7.8574	−8.3024	−8.7356	−9.1581

结合进出口贸易现状可知，中国在 RCEP 成员国中贸易规模最大，是其他成员国重要的进出口贸易合作伙伴，特别是欧盟。同时中国也是部分非成员国如美国、印度、欧盟等的主要贸易合作伙伴。RCEP 正式生效，内部自由贸易便利化，进口需求随之增加，与此同时贸易创造效应和贸易转移效应产生。中国整体进出口贸易规模扩大，进口贸易向内部伙伴倾斜，对非成员国的进口意向逐年减退。

第五节　结论与政策建议

本节通过构建动态 GTAP 模型，探究自 RCEP 协议正式生效起至 2030 年间世界各国的经济贸易变化，尝试对 RCEP 协议中货物贸易的关税减让政策效果进行量化研究。考虑到 RCEP 短期内彻底实现零关税过于理想化，本节依据成员国缔约的关税承诺表，计算得到每一年每个地区每个 GTAP 部门的平均关税水平。基于关税冲击模拟世界各国经济贸易长期变化，分析 RCEP 生效对协议内外国家经济贸易的影响以及对中国进出口贸易的影响，主要得到以下结论。

第一，在新冠肺炎疫情影响下，2020年世界各国经济受到负面冲击，国际贸易受到重创，表现为GDP整体下滑、进出口贸易缩减。其中，印度、欧盟和新西兰受损程度较高，中国和韩国受损程度相对较低。疫情得到控制后，社会经济触底反弹，形成倒逼效应，激发了更高的生产水平和进出口需求。2020年新冠肺炎疫情给各个国家带来的负面影响在疫情防控后的两年基本恢复至疫情前水平。

第二，RCEP生效对RCEP成员国和非成员国的经济贸易影响两极化，这样的两极化趋势随RCEP推进不断加深。自RCEP生效至2030年间，成员国的经济贸易基本呈正向增长趋势，非成员国的经济贸易普遍呈缩减趋势。实证分析结果显示，在各项宏观经济指标中，日本的经济贸易受RCEP正面影响最显著，韩国进出口贸易增长最显著。随着RCEP推进，日韩两国的经济发展动力增强，日本或成为RCEP生效的最大受益国。

第三，RCEP生效对印度和美国经济贸易的负面冲击最显著。具体表现为印度的GDP、出口贸易及区域收入呈显著的负增长趋势，美国的社会福利、进口贸易、投资及消费呈显著的负增长趋势。RCEP生效促使成员国之间的贸易关系更加紧密，区域一体化程度加深，产生贸易转移效应，对非成员国的贸易缩减，形成一定的排斥效应。2019年印度退出RCEP谈判的这一决定未起到保护自身经济利益及促进贸易发展的作用，反而可能造成了更大的损失。

第四，RCEP的生效对中日和中韩双边贸易有重要意义，中日首次建立自贸区关系，有效增进中日韩三国的贸易关系。实证分析结果显示，中国整体进出口贸易规模扩大，进口贸易向内部伙伴倾斜，对非成员国的进口意向逐年减退。RCEP生效后中日、中韩进出口贸易规模不断扩大，2030年中国对韩国和日本的进口增长率约为50.57%、39.69%，出口增长率约为61.46%、17.30%。

第五，RCEP生效推动中国整体产业产出水平提升，进出口规模不断扩大。有利于协调国内生产消费需求和对外贸易发展，为今后国民经济的稳定发展提供可靠保障。RCEP成立使内部自由贸易便利化，贸易成本降低，进口需求随之增加，同时贸易创造效应和贸易转移效应产生，可以在一定程度上缓解新冠肺炎疫情、中美贸易摩擦等对中国造成的负面影响。

综合上述研究内容及所得结论，为增强RCEP协议对成员国经济贸易带来的积极影响，促进经济全球化发展，本节尝试提出以下建议。

第一，RCEP成员国应合力推进RCEP达到预期目的。从政策效果来看，RCEP生效为成员国带来的利益远大于可能出现的弊端，有利于促进区域内市场进一步开放，优化要素资源配置，提升要素流动性，有利于深化产业内分工，引导经济步入高效发展道路，实现规模经济效应。建立自贸区可以促进各个成员经济体的产业结构升级，加强区域经济联动，构建经济命运共同体。

第二，RCEP可尝试吸引其他国家或单独关税区加入，进一步扩大RCEP的经济贸易规模，可以提升整个自贸区的国际地位，促进一体化经济发展，实现共赢局面。可就印度提出的诉求进一步协商，积极促进印度加入 RCEP。从长远来看，印度加入 RCEP 符合印度的国家利益和战略目标，RCEP 原成员国也会因此获得更大的经济利益。

第三，借鉴欧盟及北美自贸区的成功经验。RCEP 为推进亚太地区的经济贸易一体化起到联结作用。加强政策信息交流，吸取北美自贸区和欧盟的经验，共同设立争端调解方案，解决潜在的贸易争端，减少矛盾，防止冲突升级，提高 RCEP 内部市场的稳定性。

第四，作为主要受益国的日本和韩国应在自贸区成立之初做好表率作用，积极推动 RCEP 协议有条不紊地实施。同时中国也应大力支持 RCEP 的实施，推进亚太区域经济一体化进程，以 RCEP 为契机缓解贸易摩擦，完善"双循环"新格局。

第九章 环资领域：外贸隐含污染物 与中国经济可持续增长

第一节 研究背景

一、出口贸易发展迅速，空气污染治理难度加大

各个国家之间由于经济全球化的深入联系越来越密切。伴随着科技进步，为了优化资源配置，国际上的贸易往来不断增加，世界格局近年来发生了巨大的变化。全球贸易带来的影响深远而又意义非凡，各个国家通过贸易使产品跨区域流动，其中涉及产品的生产、组装、运输等各个环节，每个环节所涉及的经济收益、环境和劳动力成本在时间与空间上将存在一定的差异。在国际贸易往来越来越紧密的状况下，生产和消费存在空间上的差异，即生产国生产的产品通过贸易在其他国家消费，由于商品的跨区域流动，隐含在商品中的污染物也同时发生空间上的转移，相应地导致污染物排放留在生产国，加剧环境保护的压力。

在环境污染的各项来源因素中，越来越多的人关注到出口贸易因素，即使出口贸易不是导致空气污染的主要原因，但隐含在出口贸易中的污染物排放对环境同样造成了较大的影响，特别是生产加工以及运输环节。从贸易与环境之间的联系探究，其呈现双向关系，就贸易对环境而言，为了满足人们生活的生产活动所进行的贸易往来会带来不同程度的环境影响，如若不进行管控，一定时间之后，贸易对环境的作用将产生不可逆转的影响；而从环境对贸易的影响来看，环境的变化会对贸易产生侧面影响，当采取一系列污染防治措施时，环境得到改善，但是会建立绿色贸易堡垒，进而导致贸易在一定程度上受到制约，减少国际贸易间的流通，从而不利于贸易往来对本国经济的提升。因此，在环境污染问题尤为突出的今天，如何更好地

协调贸易与环境之间的关系是一个亟待解决的问题。

二、空气污染问题日益严峻，我国面临巨大挑战

中国在经济全球化进程不断加快的同时，为了更好、更快地在国际社会拥有一定地位，将丰富的劳动力投入国际贸易中。中国经过长期坚持不懈的市场参与，已经在市场上占据重要地位。截至 2020 年，中国已经成为全球第一大出口国和第二大进口国。经过多年的贸易交流，中国的经济有了质的飞跃，这离不开出口规模扩大。但正是由于这个原因，中国环境发生了巨大的变化，生态系统遭到了严重的破坏，在享受贸易带给我们经济提升和生活改善的同时，由环境污染引发的一系列问题引起了关注。自中国经济发展进入新常态，一些高耗能、高排放行业数量不断下降，但是，由于城镇化的推进以及工业化进程的加快，环境问题依旧是影响我国经济发展的重要问题。环境污染日渐严重，污染物排放的不断提升使中国处于内忧外患的地位。

中国作为世界的工厂，在国际贸易的交往中面临着巨大的环境污染，在污染物治理上，中国一直以积极的态度参与全球气候变化谈判中，尽管前期这种贸易增长为中国带来了巨大的收益，但有一部分是用牺牲环境为代价换来的，目前我国的综合实力有了大幅度提升，但不可再以牺牲环境来换取经济的增长，目前环境问题已经切切实实摆在所有人的面前，给人民的居住环境、健康都带来了明显的影响，长此以往，也会给国家的经济发展带来各种不利因素。虽然就目前的情形来看这种以环境为代价带来经济发展的局面不容易改变，但是其带来的影响已经到了需急迫解决的地步，需要采取措施以使贸易与环境和谐发展。虽然中国在制定实施减排政策及相关措施上还有很长的路要走，但是中国已有充足信心实现从高污染的传统发展模式向绿色经济发展模式的转型。早在 2011 年我国就将绿色发展作为国家政策开始投入重点关注，在接下来的几年内更是不断将这一概念提升到一个又一个的新高度，加快生态文明建设，促进可持续的绿色发展已成为当今人民心中的一个指引。节能减排也在行业中逐步开展，提升技术水平对于减排的作用成果显著。为进一步完善节能减排政策，实现在节约治理成本的基础上达到环境有效改善是在新形势下需要综合考虑的重点问题。

第二节 研究方法和数据

一、多区域投入产出模型

多区域投入产出模型（MRIO）是通过棋盘式表格展示区域间、行业间产品投

入和产出平衡关系的模型，投入产出分析技术自提出后被广泛用于生态足迹评价体系中，从最初的单区域投入产出技术拓展到如今的多区域投入产出技术，可以更好地对多区域产业部门之间存在的环境变化关系进行分析。通过多区域投入产出模型对各个区域的贸易隐含污染物进行核算，可以对贸易隐含污染物进行更深入地理解与分析，还可以明确出口贸易背景下污染物造成的环境压力，促进更好地制定节能减排政策。

本书通过对数据的处理可以构建得到 10 个国家（地区）以及 12 个行业之间的全球多区域投入产出模型，分析各个地区基于消费端的污染物排放以及区域贸易导致的污染物转移。其基本结构如表 9-1 所示。

表 9-1　　　　　　　　　　　　　　**多区域投入产出模型**

投入			中间使用						最终使用			总产出
			区域 A		...		区域 M		区域 A	...	区域 M	
			行业 1	...	行业 n	...	行业 1	...	行业 n				
中间投入	区域 A	行业 1	Z_{11}^{AA}	...	Z_{1n}^{AA}	...	Z_{11}^{AM}	...	Z_{1n}^{AM}	Y_1^{AA}	...	Y_1^{AM}	X_1^A
		...	...	...	...	...	...	...	...	...	...	...	...
		行业 n	Z_{n1}^{AA}	...	Z_{nn}^{AA}	...	Z_{n1}^{AM}	...	Z_{nn}^{AM}	Y_n^{AA}	...	Y_n^{AM}	X_n^A
	...		...	...	...	...	...	...	...	...	...	...	...
	区域 M	行业 1	Z_{11}^{MA}	...	Z_{1n}^{MA}	...	Z_{11}^{MM}	...	Z_{1n}^{MM}	Y_1^{MA}	...	Y_1^{MM}	X_1^M
		...	...	...	...	...	...	...	...	...	...	...	...
		行业 n	Z_{n1}^{MA}	...	Z_{nn}^{MA}	...	Z_{n1}^{MM}	...	Z_{nn}^{MM}	Y_n^{MA}	...	Y_n^{MM}	X_n^M
增加值			...	...	...	...	...	...	...				
总投入			X_1^A	...	X_n^A		X_1^M		X_n^M				

由表 9-1 可知，区域 A，B，...，M 代表各个国家；Z^{AA}，Z^{AB}，...，Z^{AM} 表示各个国家内部及相互之间产业部门的投入产出关系，皆为 12×12 矩阵；Y^{AA}，Y^{AB}，...，Y^{AM} 表示某个国家分行业供应本国和出口到他的最终消费；X^A，X^B，...，X^M 表示各个国家 12 个行业的总产出。

在一个非竞争的 MRIO 模型中，存在以下平衡关系：

$$
\begin{bmatrix} X^A \\ X^B \\ \cdots \\ X^M \end{bmatrix} = \begin{bmatrix} A^{AA} & A^{AB} & \cdots & A^{AM} \\ A^{BA} & A^{BB} & \cdots & A^{BM} \\ \cdots & \cdots & \cdots & \cdots \\ A^{MA} & A^{MB} & \cdots & A^{MM} \end{bmatrix} \begin{bmatrix} X^A \\ X^B \\ \cdots \\ X^M \end{bmatrix} + \begin{bmatrix} Y^A \\ Y^B \\ \cdots \\ Y^M \end{bmatrix} \tag{9.1}
$$

其中，A，B，...，M 代表合并后的 10 个国家的名称；Y^{AA}，Y^{AB}，...，Y^{AM} 表示各个国家 12 个行业供应本国和出口到他国的最终消费；X^A，X^B，...，X^M 表示各个国家（地区）12 个行业的总产出。A^{RS} 为 $n \times n$ 的行业的直接消耗系数矩阵，其元素 a_{ij}^{RS} 表

示 S 区域 j 行业的单位产出需要从 R 区域 i 行业进口的直接投入量。

由公式（9.1）可以对 X 进行求解，得：

$$X = (I - A)^{-1}Y \tag{9.2}$$

公式（9.2）中，令 $L = (I - A)^{-1}$，其表示为完全消耗系数矩阵，此矩阵的各元素表示 S 区域 j 行业消费生产单位最终产品需要的 R 区域 i 行业的最终消耗。

引入污染直接排放系数 E，表示 R 国生产单位产品所生产的污染物排放量，也即行业排放强度，$E^R = (e_1, e_2, \cdots, e_n)^T$，其中的元素为 R 国各行业的污染物排放量除以行业的总产值，则全球的直接污染排放系数：

$$E = (E^{A^T}, E^{B^T}, \cdots, E^{M^T})^T \tag{9.3}$$

考虑列昂惕夫逆矩阵，构造全球污染完全排放系数 P，存在公式：

$$P = \hat{E}(I - A)^{-1} = \hat{E}L \tag{9.4}$$

其中，$\hat{E}$ 表示对角线为 E 中相应元素，其余非对角线元素均为 0 的矩阵。

根据上述关系，R 区域对 S 区域出口隐含污染物排放量由公式（9.5）得到：

$$EAP^{RS} = \hat{E}(I - A)^{-1}Y^{RS} = \hat{E}LY^{RS} \tag{9.5}$$

分别从生产端和消费端对污染物排放量进行核算，生产端的污染排放量和消费端的污染排放量之差即为净出口隐含污染。

从量化的角度来看，使用公式（9.6）可以得到净出口隐含污染。

$$EC^{RS} = EAP^{RS} - EAP^{SR} \tag{9.6}$$

EC^{RS} 可以表示 R 区域与 S 区域由于贸易引起的污染物转移量。若数值为正，说明贸易隐含污染物净转移从 S 区域流向 R 区域，R 区域为污染物排放的净输出地（净出口地区），反之则表明贸易隐含污染物净转移从 R 区域流向 S 区域，R 区域为污染物排放的净输入地（净进口地区）。

二、数据的来源与处理

（一）数据来源

本节所需要的数据来源于全球贸易分析数据库第十版（GTAP 10），目前为 2019 年最新更新版本，更新至 2014 年，其中包括了 141 个国家（地区）以及每个区域包含 65 个行业的投入产出基础数据。

GTAP 10 数据库记录了用于空气污染数据库的数据来源以及步骤，数据库中报告了九种物质的排放：黑碳（BC）、一氧化碳（CO）、氨（NH_3）、非甲烷挥发性有机化合物（NMVOC）、氮氧化物（NO_X）、有机碳（OC）、可吸入颗粒物（PM_{10}）、细颗粒物（$PM_{2.5}$）和二氧化硫（SO_2）。

（二）数据处理

GTAP 10 数据库提供了 141 个国家，由于区域的庞大性，在便于分析的基础上，以中国为中心，除中国外将其他国家合并为 8 个与中国贸易往来较为密切的地区，其中中国地区包括香港、台湾地区，剔除上述所有国家的区域合并为世界其他地区，共 10 个地区。

根据行业的性质，以及考虑到涉及行业的普遍性和完整性，对 GTAP 10 数据库提供的 57 个行业部门的投入产出表进行整合，便于构建多区域投入产出模型以及进行结果分析，共划分为 12 个行业部门，分别是农业、采矿业、食品加工业、其他轻工业、石化与化工业、非金属制造业、金属制造业、装备制造业、能源动力业、建筑业、交通运输业和服务业。

第三节　贸易隐含污染物排放结果分析

通过构建多区域投入产出模型，统计核算了全球各区域的隐含污染物的整体和分行业分布特征，分污染物、分区域地对每个行业的隐含污染物排放结果进行了分析。

一、隐含污染物的总体分析

（一）贸易隐含污染物排放总量占比分析

图 9 - 1 展示了各污染物隐含排放量占比。可以看出，BC、CO、NH_3、NMVOC、NO_X、OC、PM_{10}、$PM_{2.5}$ 和 SO_2 这 9 种污染物在 10 个区域从生产端核算后的隐含总排放量结果分别是 2.83、336.15、37.42、84.10、71.99、7.26、34.70、23.69、56.26 百万吨，贸易隐含污染物排放总量为 654.39 百万吨，在各个污染物排放总量的占比约为 55%~65%，表明在全球污染物的排放中，约 3/5 的污染物是由于商品的贸易往来产生的。

其中，在贸易隐含污染物排放总量的 654.39 百万吨中，除世界其他地区的隐含污染物排放总量为 250.79 百万吨，占比 36% 以外，其余地区隐含污染物排放量占比前三名为中国、印度和美国，隐含排放量分别是 114027.16 百万吨、82827.77 百万吨、69214.11 百万吨，分别占比 17%、13% 和 11%，表明这三个国家的国际贸易往来相对较多，其为了满足其他国家或地区的消费以及本国的需求产生了大量隐含污染物排放。

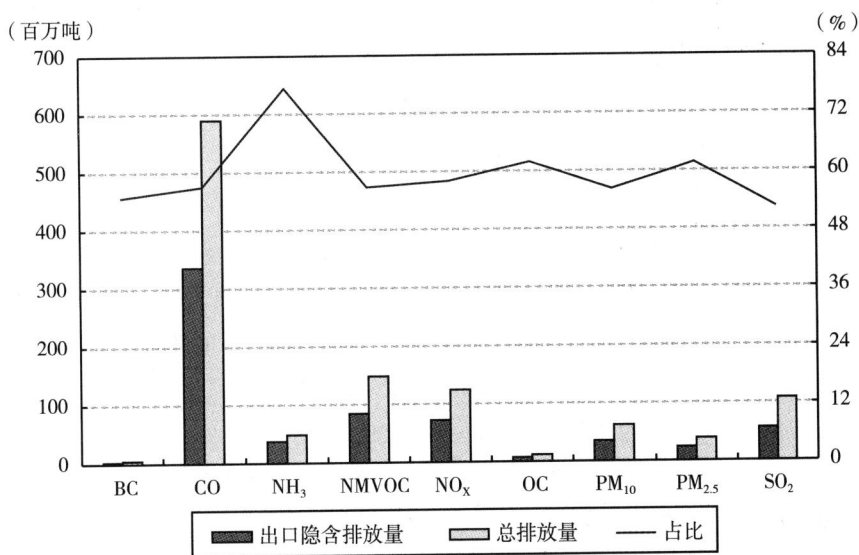

图 9-1　污染物隐含排放量占比

（二）分行业隐含污染物排放量分析

在全球 141 个国家（地区）的贸易隐含污染物排放总量中，由于不同行业的产品加工、制造、运输过程以及排放强度的不同，所排放的污染物种类和数量也不尽相同。由图 9-2 可知，12 个行业排放的隐含污染物之间差距较大，总隐含污染物的排放总量的排放量由高到低分别是：石化和化工业、农业、交通运输业、能源动力业、采矿业、服务业、金属制造业、装备制造业、食品加工业、其他轻工业、非金属矿物制造业和建筑业。由于进行贸易往来，排放量越高的行业产生的隐含污染物排放量越高。

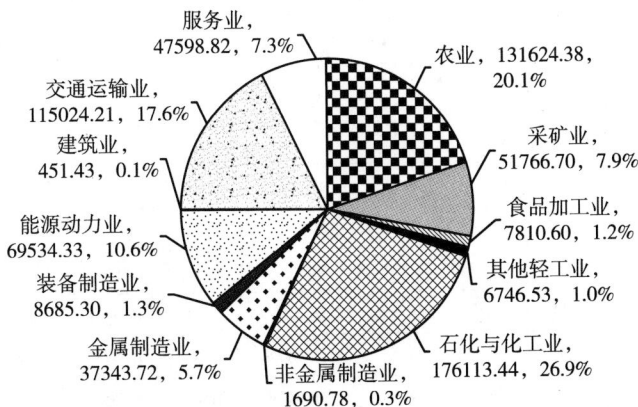

图 9-2　各行业隐含污染物排放占比

对每个行业排放的隐含污染物做进一步划分，可以得知，农业排放的主要隐含污染物为 CO、NH$_3$、PM$_{2.5}$，采矿业排放的主要隐含污染物为 CO、NMVOC、PM$_{10}$，食品加工业排放的主要隐含污染物为 CO、NMVOC、SO$_2$，其他轻工业排放的主要隐含污染物为 CO、NMVOC、SO$_2$，石化与化工业排放的主要隐含污染物为 CO、NMVOC、NO$_X$，非金属制造业排放的主要隐含污染物为 CO、NMVOC、SO$_2$，金属制造业排放的主要隐含污染物为 CO、NO$_X$、SO$_2$，装备制造业排放的主要隐含污染物为 CO、NMVOC、SO$_2$，能源动力业排放的主要隐含污染物为 CO、NO$_X$、SO$_2$，建筑业排放的主要隐含污染物为 CO、NO$_X$、PM$_{2.5}$，交通运输业排放的主要隐含污染物为 CO、NO$_X$，服务业排放的主要隐含污染物为 CO、NMVOC、PM$_{10}$。

可见，每个行业的 CO 排放量都占比较大，最高占比 70%，最低 14.7%，在每个行业平均的排放量占所有污染物的 40.7%，其次是 NMVOC 的排放量，在所有行业平均约占所有污染物的 18.6%，SO$_2$ 平均约占 13.9%。

隐含污染物排放最多的污染物 CO、NMVOC、NO$_X$ 和 SO$_2$ 主要来源于石化与化工业、交通运输业、农业、采矿业、金属冶炼与制造业以及能源制造业。

（三）各国基于生产端和消费端核算的隐含污染物排放

根据公式（9.6），可以核算出 10 个区域基于生产端和消费端的隐含污染物排放量，如表 9-2 所示，可以看出 CO、NMVOC、NO$_X$ 的排放量占比相对较高。从总量上来看，无论是生产端还是消费端，韩国的污染排放量都最小；在污染物视角，BC 的污染物排放量最低，CO 排放量最高。

表 9-2　　　　基于生产端和消费端的隐含污染物排放　　　　单位：/10^6 t

区域	终端	BC	CO	NH$_3$	NMVOC	NO$_X$	OC	PM$_{10}$	PM$_{2.5}$	SO$_2$
中国	生产端	0.65	51.90	6.28	14.38	13.13	1.21	7.32	5.14	14.02
	消费端	0.45	38.06	6.32	10.85	9.44	0.93	5.19	3.65	9.35
美国	生产端	0.14	36.51	3.40	8.05	10.37	0.28	1.74	1.13	7.58
	消费端	0.31	49.61	3.71	12.61	12.39	0.63	3.76	2.09	10.08
印度	生产端	0.45	45.38	4.88	8.36	6.45	1.26	6.19	4.25	5.62
	消费端	0.36	38.82	4.43	7.51	5.72	1.04	5.17	3.73	4.91
日本	生产端	0.03	3.24	0.25	1.26	1.60	0.01	0.19	0.13	0.82
	消费端	0.11	12.20	0.91	3.86	2.93	0.19	1.24	0.65	1.92
韩国	生产端	0.01	1.79	0.13	0.49	0.87	0.01	0.14	0.09	0.45
	消费端	0.03	3.15	0.25	0.96	0.95	0.05	0.32	0.17	0.55
巴西	生产端	0.18	22.39	2.55	4.00	3.30	0.51	1.85	1.28	1.26
	消费端	0.16	19.81	1.91	3.97	3.24	0.42	1.65	1.09	1.36

续表

区域	终端	BC	CO	NH₃	NMVOC	NOₓ	OC	PM₁₀	PM₂.₅	SO₂
俄罗斯	生产端	0.03	5.88	0.90	2.95	2.95	0.08	0.35	0.24	1.63
	消费端	0.05	6.90	0.98	2.67	2.93	0.11	0.55	0.36	1.70
欧盟	生产端	0.14	8.44	2.77	4.26	6.67	0.22	1.24	0.94	4.05
	消费端	0.23	22.32	3.04	7.09	7.71	0.46	2.42	1.57	5.06
东盟	生产端	0.28	37.36	2.81	7.36	4.19	0.99	3.38	2.45	3.41
	消费端	0.22	28.13	2.47	5.74	3.64	0.79	2.75	2.08	3.02
世界其他地区	生产端	0.93	123.26	13.45	32.98	22.46	2.68	12.30	8.03	17.43
	消费端	0.92	117.14	13.40	28.85	23.05	2.64	11.65	8.30	18.31

以生产端与消费端的污染物排放总量的差额为标准，可以将10个区域划分为隐含污染净出口国和隐含污染净进口国，其中，美国、日本、韩国、俄罗斯和欧盟的9种污染物基于生产端核算的排放量均小于消费端核算的污染排放量，为净进口地区；而印度、东盟的9种污染物的生产端均大于消费端，为净出口地区；中国、巴西和世界其他地区在污染物总量上来看属于净出口地区，但是中国在 NH₃ 这种污染物上属于净输入地，巴西在 SO₂ 方面同样也属于净输入地，ROW 在 SO₂、NH₃ 上属于净输入地区。可见，美国、日本、韩国、俄罗斯和欧盟通过贸易往来转嫁了自身的污染排放责任，而中国、印度、巴西、东盟和世界其他地区承接了大量的贸易合作伙伴转移的污染排放转移。

二、中国对外贸易隐含污染物转移核算分析

（一）污染物转移规模分析

区域间的隐含污染物转移表示的是因污染物排放从污染输出区域向污染输入区域的转移，即污染输出国为污染输入国承担了污染排放压力。这种转移的途径是地区间的贸易往来。上一节中我们知道中国是在全行业所有污染物总和中的贸易隐含净出口国，在9种污染物中，只有在 NH₃ 上属于净输入地区，其余在 BC、CO、NMVOC、NOₓ、OC、PM₁₀、PM₂.₅、SO₂ 都属于净输出地区，就行业划分细则来看，对其余9个地区的贸易隐含排放量如表9-3所示。

由于世界其他地区包括全球96个国家，因此在9个区域所有行业中的排放量都位居榜首，接下来除去世界其他地区的结果进行对比分析。以行业的角度来看，中国对其他区域排放量由高到低的行业依次是金属制造业、石化与化工业、采矿业等。可以从侧面说明在贸易往来中这些行业的参与度高低情况，同样，也可以表明排名越高的行业生产产品所排放的污染物越多，这些行业应承担空气污染的主要责任。

表9-3   中国出口其他区域隐含污染物排放量   单位：千吨

行业	出口美国	出口印度	出口日本	出口韩国	出口巴西	出口俄罗斯	出口欧盟	出口东盟	出口世界其他地区
农业	400.57	44.65	382.05	64.15	33.08	72.65	250.82	212.81	630.40
采矿业	1463.40	204.83	1046.88	175.09	137.30	197.15	781.44	562.29	2137.42
食品加工业	63.73	5.55	66.64	13.83	5.45	10.50	38.55	35.38	98.03
轻工业	345.01	22.28	207.00	34.54	23.04	65.58	184.66	94.08	495.44
石化与化工业	2151.87	393.43	1599.35	263.93	235.13	304.38	1197.20	977.73	3426.72
非金属制造业	96.00	8.82	58.66	8.31	7.29	11.01	45.42	27.59	125.93
金属制造业	3409.27	401.59	2230.23	379.88	288.04	434.10	1759.42	1159.30	4662.32
装备制造业	456.33	47.76	252.05	55.06	37.36	52.89	228.58	155.10	579.58
能源动力业	697.22	79.60	449.16	80.95	60.58	97.81	376.01	244.04	981.77
建筑业	3.86	0.44	3.06	0.69	0.31	1.75	4.29	1.32	7.41
交通运输业	811.53	78.59	505.98	117.13	80.37	113.48	532.60	264.55	1143.59
服务业	296.75	29.75	182.11	39.07	26.77	40.08	197.16	100.99	413.12
合计	10195.54	1317.29	6983.19	1232.62	934.73	1401.39	5596.16	3835.18	14701.72

由表9-3可知，在所有12个行业中，出口隐含污染物排放量最多的前三名皆为美国、日本和欧盟，且每个行业中他们的隐含污染物占所有国家的比例都较大，其中，最大的是非金属矿物制造业，最小的是石化与化工业，其余比例均在70%~76%。因此，相对于其他区域，中国与美国、日本、欧盟之间的贸易往来最为密切且出口量相对较高。综合来看，与这三个区域之间的往来所产生的排放责任基本都由中国承担，加重了中国的环境恶化。

净转移量可以看出中国的9种污染物在双边贸易中是否承担其他区域污染排放的转移以及是否将污染物最终转移到其他区域。当中国承担其他国家的污染转移时，表明在双边贸易中，中国相比不进行贸易往来承担了更多的污染物排放，贸易往来加重了中国的污染治理责任。中国污染净转移为中国向出口国家的隐含污染排放量与出口国家对中国的隐含污染排放之差。

在BC、NMVOC、NO$_X$、PM$_{10}$、PM$_{2.5}$这5种贸易隐含污染物的排放中，只有中国与巴西之间的贸易往来可以减少中国的污染排放，而其他国家对中国的隐含排放远大于中国向其排放的隐含污染。首先，造成这一现象的根本原因是净输入地区从中国大量进口加工贸易品，将本应该属于自身的污染转移到中国。其次，可能净输入地区直接在中国进行外商投资，并且集中于"高污染、高排放"领域，这造成了大量的隐含污染。在CO的贸易隐含转移中，中国与巴西、东盟国家之间的贸易往来没有对国家的CO污染造成正向压力，而与其他区域的贸易往来均加重了一氧化碳的排放；在 NH_3 的隐含污染物的排放中，美国、印度、巴西，以及东欧和世界其他地区之间的贸易往来不会对中国产生过量的污染治理责任；OC 在贸易往来中，只有印度、巴西、东盟三个区域有利于缓解中国的环境压力，而与其余国家间的贸易往来中国都要承担所产生的污染排放责任。最后，在 SO_2 的排放转移中，所有地区都对中国进行污染物净转移，可以看出中国的外贸中对于 SO_2 的排放主要都由本国承担。

（二）直接污染排放系数分析

直接污染排放系数即污染排放强度，表示单位总产出的直接污染排放量，反映部门的污染排放水平，数值越大表示污染排放水平越高。通过公式（9.3）的计算方法，可以计算出中国各行业部门的 9 种污染物直接排放系数。

从 9 种污染物在全行业的污染排放强度均值来看，污染排放系数由高到低分别是 CO、NO_X、NMVOC、PM_{10}、NH_3、$PM_{2.5}$、SO_2、OC、BC，系数越高表明生产一单位的产品全行业排放的此类污染物相较于其他污染物更高，且 CO 的排放强度远高于其他 8 种污染物，同时 CO 对于人体和环境的危害都是巨大的。

综合来看，当需要进行对每种污染物的管控时，每种污染物首先需要进行管控的行业即是污染排放强度最大的行业，对污染排放强度最大的行业进行管控方则可以有效地对环境进行治理。本研究在选择高污染、高排放的污染物以及行业时，将各污染物排放强度大于 10 吨/百万美元即 10000 千克/百万美元的行业设置成为高污染、高排放行业；其次，考虑到 9 种污染物探究的全面性，若某污染物在所有行业中的排放强度均达到 10 吨/百万美元，则选取强度最大的行业作为这种污染物的高排放行业。

综上，我们可以得出 9 种污染物的高排放行业如表 9-4 所示。可以看出，采矿业成为 5 种污染物的首要污染物排放行业，加强对采矿业的治理刻不容缓。

表 9-4　　　　　　　　　　　　高污染物排放行业

污染物	行业
BC	采矿业
CO	采矿业、金属制造业
NH_3	农业
NMVOC	采矿业
NO_X	能源动力业
OC	采矿业
PM_{10}	采矿业
$PM_{2.5}$	农业
SO_2	能源动力业

（三）高污染排放行业主要贸易来源国分析

针对以上分析出的中国 9 种污染物的高排放行业，为了可以更精准地对其进行实施管控政策，需要探究出每种污染物高排放行业的主要贸易往来国家，以便对不同区域实施不同行业调整政策。

完全排放系数表示单位最终产品的隐含污染排放量，可以反映出某区域对于污染物的排放能力，数值越大说明该部门的单位最终产品从生产到消费的整个过程中污染排放总和越大，主要采用公式（9.4）计算得到。对比各个区域不同污染物的完全排放系数，可以总结出每个区域之间单位最终产品的污染物排放能力大小，从而可以对完全排放系数大的国家进行管控，如图 9－5 所示。

表 9－5　　　　　　　　　　完全排放系数对照表　　　　　　　　单位：吨/百万美元

污染物	行业	美国	印度	日本	韩国	巴西	俄罗斯	欧盟	东盟	世界其他地区
BC	采矿业	0.01	0.01	0.01	0.03	0.01	0.01	0.01	0.03	0.01
CO	采矿业	0.76	1.46	1.27	2.55	0.77	0.70	0.68	2.99	1.15
	金属制造业	1.75	2.38	2.01	4.75	1.41	1.63	1.45	5.61	2.43
NH_3	农业	0.10	0.15	0.33	0.75	0.10	0.16	0.13	0.53	0.16
NMVOC	采矿业	0.24	0.46	0.40	0.80	0.24	0.22	0.21	0.94	0.36
NO_X	能源动力业	0.20	0.32	0.31	0.59	0.21	0.20	0.19	0.75	0.30
OC	采矿业	0.01	0.02	0.01	0.03	0.01	0.01	0.01	0.03	0.01
PM_{10}	采矿业	0.05	0.09	0.08	0.16	0.05	0.04	0.04	0.19	0.07
$PM_{2.5}$	农业	0.02	0.03	0.06	0.14	0.02	0.03	0.02	0.10	0.03
SO_2	能源动力业	0.17	0.27	0.22	0.51	0.16	0.17	0.15	0.53	0.23

不考虑中国对每个区域实际发生的最终需求，完全排放系数表示单位最终产品的隐含污染排放量，印度、韩国和东盟在 BC、CO、NMVOC、NO_X、OC、PM_{10}、SO_2 的高污染排放行业的数值均较大，表明在与印度、韩国、东盟的贸易往来中，高排放行业的往来越多，这 7 种污染物相较于 NH_3 和 $PM_{2.5}$ 会有更高的排放量。同理，日本、韩国与东盟在 NH_3 和 $PM_{2.5}$ 的高污染行业由于贸易往来会产生相对较高的隐含污染排放量，应减少日本、韩国、东盟在农业上的贸易往来。由于中国与其他区域的贸易往来进行的最终需求在不同区域、不同产业部门各不相同，因此实际的隐含污染物排放量有所差异。所以，根据实际最终需求可求得各高污染、高排放行业的中国对其他区域的净排放量，如表 9－6 所示。

表9-6　　　　　　　　中国与其他区域高排放行业污染物净转移量　　　单位：千吨

污染物	行业	美国	印度	日本	韩国	巴西	俄罗斯	欧盟	东盟	世界其他地区
BC	采矿业	9.32	0.83	6.72	1.10	-0.41	1.23	4.98	1.67	5.12
CO	采矿业	925.68	56.85	654.12	81.86	1.15	107.78	480.24	94.39	312.68
	金属制造业	2076.42	166.90	1230.12	145.68	163.44	253.99	1045.57	698.26	2781.71
NH$_3$	农业	-13.97	-14.11	160.75	24.70	195.83	13.72	49.68	-24.62	10.77
NMVOC	采矿业	277.55	22.64	209.47	33.99	4.35	20.31	151.16	-18.50	-212.62
NO$_X$	能源动力业	275.72	10.40	175.34	16.35	21.83	27.84	150.20	75.62	342.10
OC	采矿业	9.67	0.75	7.01	1.15	0.56	1.28	4.89	2.89	11.41
PM$_{10}$	采矿业	58.13	2.09	41.95	6.80	-9.66	7.67	30.30	-8.95	-62.89
PM$_{2.5}$	农业	6.75	-15.16	30.51	4.96	-60.61	4.10	13.61	-62.24	-81.06
SO$_2$	能源动力业	217.20	-13.65	153.38	17.31	15.53	26.23	119.22	27.37	150.70

表9-6代表高污染、高排放行业在双边贸易中的隐含污染物净转移量，当数值为正时，表明在双边贸易中中国承担了这种污染物的排放；反之表示在贸易往来中，中国属于净输入地区，将污染物转移到其他区域。由于我们主要关注其他区域将污染治理责任转移到中国、加重中国环境污染的情况，因此只对净转移量为正的高污染、高排放行业进行分析。

从选取隐含污染物转移量最大的三个区域（除世界其他地区）来看，中国与美国、日本、欧盟在采矿业排放的BC、采矿业与金属制造业排放的CO、采矿业的NMVOC、能源动力业排放的NO$_X$、采矿业排放的OC、农业排放的PM$_{10}$、农业排放的PM$_{2.5}$以及能源动力业排放的SO$_2$的贸易隐含转移量都较高，各占67.8%、75.9%、50.8%、88.7%、54.9%、54.5%、88.7%以及67.4%；与日本、韩国、欧盟之间在农业的NH$_3$隐含污染转移量较高，占91%。另外，由于世界其他地区包含96个区域，它在BC、CO、NO$_X$、OC的高排放行业的转移量均较大。

综上所述，污染物选取为所有污染物；行业选取污染物排放强度大于10吨/百万美元的行业，对于污染物排放强度小于10吨/百万美元的行业选取强度最大的；区域选择双边贸易净转移最大的三个区域（除世界其他地区外）。我们通过整理得到需要进行高污染、高排放的行业集中在采矿业、金属制造业、农业以及能源动力业，主要分布在美国、日本、欧盟以及韩国。因此，我们重点把控高排放行业在重点国家的管控制度调整，这样可以有效地改进隐含污染物排放，使环境改善效果明显。同时，对于其他区域的各行业部门来说，继续挖掘它们的减排潜力，以此降低贸易隐含污染物的产生量。

第四节　中国高耗能行业出口限制定量评估

一、政策背景和情景设置

出口贸易在促进经济增长的同时，不可避免地带来了大量的污染物排放，加重了环境污染治理压力。尤其对于一些高排放行业，它们出口比例相对较小但是隐含污染物的出口份额较高。为了控制高排放行业的出口以及实现经济的可持续发展，对高排放行业产品征收关税是一个合理的选择。

汤铃（2018）研究发现征收碳关税会改变中国出口商品结构，导致大部分行业出口占比下降，尤其可以抑制能源密集型商品出口占比。不同税率下中国对外贸易依存度和出口依存度均会提高，且二者在增长趋势上存在相似之处。李毅、石威正和胡宗义（2021）通过 CGE 模型系统地分析了在不同碳税水平下碳税征收对能源—经济—环境系统的影响，研究发现征收碳税能够减少化石能源的消费，促进二氧化碳排放量减少，且随着碳税水平的提高，其降碳效果更加明显。同时，征收碳税有助于产业结构转型，但对经济增长、居民消费与企业收入具有显著的负向冲击。

因此，本书考虑在基准情景水平上，设置三种政策情景：高耗能行业税率分别增加 5%（S1）、10%（S2）、20%（S3）。

二、实证结果

（一）对经济的影响

对污染物高排放行业进行出口限制政策后对经济的影响如表 9-7 所示，高排放行业征收关税对经济在一定程度上有所改善，但是随着政策力度的加强，对经济的负面影响逐渐增大。

表 9-7　　　　　　　　中国高排放行业出口限制政策对实际 GDP 的影响　　　　　　　单位：%

国家（地区）	S1	S2	S3
	变化比例	变化比例	变化比例
中国	-0.06	-0.14	-0.32
美国	0.00	0.00	0.00
印度	0.01	0.01	0.02
日本	0.00	0.01	0.01

续表

国家（地区）	S1	S2	S3
	变化比例	变化比例	变化比例
韩国	-0.01	-0.02	-0.04
巴西	0.00	0.01	0.01
俄罗斯	0.00	-0.01	-0.01
欧盟	0.00	0.00	0.00
东盟	-0.01	-0.02	-0.03
世界其他地区	0.00	-0.01	-0.01

当中国对高排放行业进行出口税制管控后，随着税率的增加，中国的实际 GDP 不断下降，韩国、俄罗斯的实际 GDP 也受到了一定的负面影响。以 S3 为例，当高排放行业的税率加倍时，中国实际 GDP 下降 0.32%。

（二）对行业产出和进出口贸易

对高排放行业征收出口关税会降低其出口贸易，高排放行业的产出会随之下降。此时，劳动力和资本等生产要素会从高排放行业中解放出来，进入其他行业。中国非高排放行业的国际竞争优势得以改善，刺激了行业的出口需求，从而拉动了非农高排放行业的发展。

随着出口税率在高排放行业的提升，高排放行业的产出会不断减少，以 S3 为例，农业的产出下降 0.27%，采矿业产出下降 0.36%，金属制造业出口下降 0.72%，能源动力业出口下降 0.68%（见表 9-8）。与此同时，非高排放行业的产出总体上保持增长趋势。高排放行业的出口贸易受税率的影响有所下降，由于中国是一个贸易加工大国，出口贸易的下降可能也会降低进口需求，导致进口量的下降。

表 9-8　　　　　　　　　行业产出和进出口贸易的变化　　　　　　单位：%

行业	S1			S2			S3		
	产出	出口	进口	产出	出口	进口	产出	出口	进口
农业	-0.06	-0.17	-0.01	-0.13	-0.33	-0.01	-0.27	-0.58	-0.03
采矿业	-0.17	-0.42	-0.02	-0.28	-0.68	-0.04	-0.36	-0.90	-0.06
食品加工业	0.17	0.02	-0.01	0.31	0.04	-0.02	0.50	0.07	-0.03
轻工业	0.81	0.02	-0.01	1.52	0.03	-0.02	2.61	0.06	-0.03
石化与化工业	0.28	0.02	-0.01	0.53	0.03	-0.01	0.92	0.05	-0.02
非金属制造业	0.69	0.02	-0.01	1.29	0.03	-0.01	2.22	0.05	-0.02
金属制造业	-2.10	-0.24	0.00	-3.84	-0.44	0.00	-6.27	-0.72	0.00

续表

行业	S1			S2			S3		
	产出	出口	进口	产出	出口	进口	产出	出口	进口
装备制造业	0.92	0.02	-0.01	1.72	0.04	-0.02	2.94	0.07	-0.03
能源动力业	-0.57	-0.23	0.01	-1.05	-0.41	0.01	-1.71	-0.68	0.03
建筑业	-0.17	0.02	-0.01	-0.32	0.03	-0.02	-0.57	0.05	-0.03
交通运输业	0.07	0.01	-0.01	0.14	0.03	-0.01	0.25	0.05	-0.02
服务业	0.10	0.02	-0.01	0.16	0.03	-0.02	0.23	0.05	-0.03

（三）隐含污染物排放的影响

控制中国出口税直接影响了中国出口到其他国家的贸易量，其中隐含在商品中的污染物排放也随之产生了一定的变化，总体上看，9 类污染物的隐含排放均有所下降。从国家层面来看，在中国与贸易往来国家的隐含污染物排放量变化中，对 9 个区域的隐含排放均减少，其中最为明显的污染物为 CO（见表 9-9）。

表 9-9　　　　　　　　中国 9 类污染物出口隐含排放量变化量　　　　　单位：千吨

污染物	S1	S2	S3
BC	-4.30	-7.74	-12.40
CO	-833.81	-1517.64	-1517.64
NH_3	-26.63	-50.25	-88.62
NMVOC	-69.80	-123.46	-192.37
NO_X	-80.59	-147.14	-240.65
OC	-10.72	-19.53	-31.90
PM_{10}	-92.14	-168.30	-275.76
$PM_{2.5}$	-69.48	-127.24	-209.45
SO_2	-175.13	-175.13	-523.28

以 S1 为例，中国与其他 9 个地区的 9 类污染物排放变化量如表 9-10 所示。总体上来看，除世界其他地区外，中国对于美国、东盟、欧盟的隐含污染物排放量变化量较为明显，其次是日本和韩国，且在这些国家里隐含 CO 的变化量均较高。

表 9-10　　　　　5% 税率背景下中国对其他地区的隐含污染物排放变化量　　　　单位：千吨

污染物	美国	印度	日本	韩国	巴西	俄罗斯	欧盟	东盟	世界其他地区
BC	-0.57	-0.16	-0.32	-0.35	-0.06	-0.10	-0.50	-0.67	-1.59
CO	-113.96	-33.58	-55.92	-61.01	-12.72	-18.76	-100.09	-129.45	-308.32

续表

污染物	美国	印度	日本	韩国	巴西	俄罗斯	欧盟	东盟	世界其他地区
NH_3	-2.24	-0.91	-3.37	-2.05	-0.22	-0.90	-4.07	-6.28	-6.59
NMVOC	-7.65	-2.75	-6.11	-6.95	-0.76	-1.37	-7.23	-11.84	-25.13
NO_X	-10.57	-3.24	-4.83	-5.56	-1.36	-1.87	-9.38	-13.30	-30.48
OC	-1.43	-0.42	-0.73	-0.80	-0.15	-0.25	-1.29	-1.72	-3.93
PM_{10}	-12.54	-3.69	-5.97	-6.56	-1.41	-2.12	-11.26	-14.60	-33.99
$PM_{2.5}$	-9.35	-2.81	-4.57	-4.89	-1.06	-1.63	-8.52	-11.24	-25.41
SO_2	-23.94	-7.11	-10.63	-12.18	-2.92	-3.96	-21.34	-27.53	-65.52

（四）高排放行业的调整

对中国出口实行提高税率的政策可以抑制高排放行业的隐含污染物排放。由表9-11可以看出，随着税率的增加，4个高排放行业的隐含污染物排放减少量在9类污染物上均表现为逐渐上升。以排放变化量最多的污染物 CO 来看，在三个税率水平下，农业、采矿业、金属制造业和能源动力业的隐含排放减少量随着税率的加倍，呈现出较为明显的变化，在农业上分别增加88.8%和76.6%；采矿业上分别增加61.5%和33.5%；金属制造业上分别增加83.7%和65.1%；能源动力业上分别增加82.3%和64.8%。可见对出口关税进行管控可以有效降低高排放行业的污染物排放，对于环境的改善较为明显。

表9-11　　　　　　不同税率下隐含 CO 在不同行业的减排情况　　　　单位：千吨

行业	S1	S2	S3
农业	-15.48	-29.22	-51.59
采矿业	-56.76	-91.66	-122.35
食品加工业	0.46	0.87	1.53
轻工业	3.17	5.95	10.31
石化与化工业	24.88	46.60	79.94
非金属制造业	0.54	1.02	1.75
金属制造业	-813.60	-1494.43	-2467.68
装备制造业	13.02	24.41	42.01
能源动力业	-1.06	-1.93	-3.19
建筑业	0.07	0.14	0.23
交通运输业	6.93	13.04	22.58
服务业	4.03	7.58	13.11

第五节　结论与政策启示

本研究基于多区域投入产出模型和 CGE 模型，对贸易隐含污染物的排放进行探究，挖掘隐含污染物在全球范围内的现状，并深入分析中国与其他区域之间由于双边贸易往来所产生的 9 种污染物的排放情况，然后对 9 种污染物隐含排放的影响因素进行分析，主要得出以下结论。

第一，以污染物划分来看，9 类污染物隐含排放总量由高到低依次是 CO、NMVOC、NO_X、OC、SO_2、NH_3、PM_{10}、$PM_{2.5}$ 和 BC，其中，中国、印度、美国三个区域的隐含污染物排放量最高，说明这三个区域由于贸易往来产生的污染物排放量远大于其他区域，肩负更大的污染治理责任。

第二，对污染物的排放总量进行行业划分，石化与化工业、农业、交通运输业占 10 个区域、12 个行业排放总量的 60% 以上，而对每个污染物进行行业划分后，排放总量最高的隐含污染物 CO、NMVOC、NO_X 主要来源于石化与化工业、交通运输业、农业、采矿业，这与隐含污染物总量的行业结构基本保持一致。

第三，以中国为中心进行探究，中国与其他 9 个区域之间的双边贸易产生的隐含污染物排放有较大差别。其中，与中国贸易往来产生隐含污染物最多的区域是美国、日本、欧盟以及世界其他地区；从行业角度来看，中国高污染物排放行业主要为采矿业、金属制造业、农业和能源动力业，主要来源于和美国、日本、欧盟之间的双边贸易往来。

第四，通过对中国的隐含污染物高排放行业进行不同程度上税率的征收，会对中国的经济造成一定的负面影响，且随着税率上升，这种影响越大。但是对高排放行业实施出口税率的实施，可以显著地降低这些行业的产出，进一步减少隐含污染物的排放量，达到对高排放行业的管控效果。

全球生态环境不断恶化，每个国家都应肩负起环境治理责任，特别是，协调我国贸易与环境之间的冲突已经成为迫在眉睫的问题。基于前面的研究和分析，我们主要提出以下三个方面的建议。

第一，贸易政策方面。调整贸易出口结构。对高排放行业的出口规模进行优化，控制其出口比重，有效降低出口结构带来的污染物排放。同时，也可以采用降低进口关税、取消出口优惠补贴的方式，对进出口的贸易结构进行调整，引导贸易结构的优化升级，以此来缓解国内压力。另外，调整贸易规模。对于农业、食品加工业等低环境成本的行业加大出口规模。中国作为贸易净出口国承接了大量来自贸易国的污染转移，且主要来自庞大的出口规模，但正是由于出口规模才带来了经济的迅猛增长，因此不能贸然控制贸易出口规模，而采用进口替代政策，扩大我国高污染排放行业产品的进口规模，如采矿业、能源动力业、非金属制造业，可以使我国减少生产高排放行业产品。

第二，产业政策方面。重点治理高污染排放行业。对于采矿业、金属制造业、能源动力业以及农业等高排放行业，不仅产业的生产会对环境造成一定的影响，国外的贸易需求同样会造成这些产业对环境的进一步恶化，而控制出口规模只是一个短期控制的方法，且会对经济造成一定的影响，因此，对于高污染排放行业依旧需要从污染物排放源头开始治理，例如，可以对这些行业引进绿色生产技术，加强环境治理力度，建立行业整合，提高行业准入绿色门槛，推动技术自主创新发展。此外，还可以在保持现有技术水平的基础上，继续鼓励绿色生产技术的研发。

第三，环境政策方面。对于不同污染物有针对性地做出相应对策。由于每种污染物的排放受到贸易、生产等因素的影响，排放量存在一定的差异，因此在制定环境保护政策时应当根据不同的污染物及其对应的高排放行业制定不同的减排目标和减排标准。考虑到环境成本的存在，对于高排放的污染物如 CO、NMVOC、NO_x 等应当首要采取措施，这样可以使减排效果更为明显。

第十章　环资领域：碳边境条件与全球差异化协调碳税设计

第一节　研究背景

气候变化问题已经成为人类社会 21 世纪共同面临的难题。为了应对气候变化，在 2009 年哥本哈根大会上，与会各国已经达成共识，在 21 世纪末将温升目标控制在 2℃之内。但是如何实现这一目标，各国如何分摊减排责任，至今没有达成一个全球性的协议。作为应对气候变化的主要内容，学术界和政界对未来减排责任的分摊问题提出了多种方案，但是迄今为止还没有一种方案在国际社会取得共识（Rosa et al. ，2004；Bows and Anderson，2008；何建坤等，2009）。在此背景下，部分采取减排措施（或拟采取减排措施）的发达国家提议向未采取减排措施的发展中国家的进口产品征收碳关税，引起了学术界和政界的广泛讨论（Droege，2011；Tamiotti，2011）。然而，有研究指出碳关税本质上是一种新的环境贸易壁垒，该政策的实施容易招致发展中国家的贸易报复措施，并由此引发新一轮世界贸易战，因此碳关税不是应对气候变化问题的最优选择（谢来辉，2008；Zhang，2010）。

在"后京都"时代，如何协调减排政策在不同国家的实施是一个十分重要的问题，协调一致的减排政策不仅有利于突破当前气候谈判的困境，也是国际社会有效应对气候变暖的必然之举。碳税作为一种成本有效的市场化减排手段，自提出以来就受到学术界和政界的广泛青睐。尽管已有部分研究探讨了国际协调碳税问题，但是相关政策对各国短期内承受能力考虑不足，政策可实施性较差。因此，设计一种可行的国际协调减排机制，对于"后京都"时代国际社会的合作减排，实现长期的温控目标具有重要作用。

本节主要基于发达国家与发展中国家合作减排的视角，从支付能力的原则出发，根据各国经济发展水平，提出了一种国际差异化协调碳税政策（carbon tax based on the economic development stages，CEDS），在此政策下一国的碳税水平与其人均 GDP 水平正相关。研究采用环境版全球贸易分析模型（GTAP-E）对 CEDS 的影响给予定量评估，并与发达国家的碳关税政策进行对比分析。结果发现，与碳关税政策相比，全球范围内实施 CEDS 的减排效果更为明显，世界总的 GDP 降幅更小，并且全球居民福利恶化程度较轻。不仅如此，基于 CEDS 的减排框架，绝大多数发展中国家遭受的居民福利损失更小。CEDS 方案能为"后京都"时代国际社会合作减排提供新思路。

第二节　模型、数据和情景设置

一、GTAP-E 模型

本节采用能源环境版全球贸易分析模型（GTAP-E）完成多种减排政策的模拟分析。GTAP-E 模型是由美国普渡大学全球贸易分析小组领衔开发的一个比较静态的、多区域多部门的 CGE 模型，主要用于能源、环境和经济政策相关议题的研究。与标准的 GTAP 模型不同，GTAP-E 模型将能源作为一种中间要素，通过引入巢式生产结构对资本、能源和劳动三者之间的替代关系进行刻画。不仅如此，GTAP-E 模型还引入碳税板块，碳税课税对象为经济系统中消耗各种化石能源的经济主体（政府、居民和企业），税收收益划归区域总收入账户，并被用于本地区的消费和储蓄。与标准 GTAP 模型相同，GTAP-E 模型首先尝试对各地区的经济系统进行建模；其次通过国际上的商品贸易和区域间的投资机制，将各子系统连接成一个全球的系统。因此，GTAP-E 的建模框架不仅能够讨论一国减排政策在本地区内的实施效果，也能评估该国减排政策对他国环境经济指标的影响。更多关于 GTAP-E 模型的介绍参考贝克曼（Beckmana et al.，2011）。

GTAP-E 模型对经济系统的量化分析已处于对外贸易和国际经济理论的前沿，当前许多研究都采用该模型开展与气候政策相关的议题的模拟分析工作（Caron，2012；Lanzi et al.，2012）。GTAP（或 GTAP-E）模型在中国的应用才刚刚开始，主要集中在自由贸易协定的研究分析，国内使用该模型探讨气候政策的研究还不多（仇焕广等，2007；刘宇和张亚雄，2010）。

本节将在全球贸易分析计划最新版数据库（GTAP 10.0）基础上进行比较静态分析，该数据库基期为 2014 年。为了研究的需要，我们将 GTAP-E 模型的 141 个地区合并为 10 个区域，主要分为发达国家与发展中国家，其中发达国家包含美国、日本，以及欧盟和其他经济合作与发展组织国家；对于发展中国家，本节将金砖五国划开，借以考察不同新兴经济体在同种减排政策下的迥异。关于行业划分，参考斯普林曼（Springmann，2012）的处理方式，研究将 65 个行业部门归并为 21 个行业部门，其中能源部门包括煤炭、原油、天然气和电力；高耗能且出口量较大的部门（Emission-Intensive and Trade-exposed Sectors，EIS）包含化工行业、非金属矿物业、钢铁行业、非金属制品业和炼化行业，详细的行业划分如表 10 - 1 所示。

表 10 - 1　　　　　　　　GTAP-E 模型区域和行业划分

区域划分	
发达地区	发展中地区
美国	中国
日本	印度
欧盟	巴西
其他经济合作与发展组织	南非
	俄罗斯
	世界其他地区
行业划分	
能源部门	农林渔牧业
煤炭	水稻
原油	其他农作物
天然气	畜牧业
电力行业	森林
	其他行业
高耗能 & 出口量较大行业	交通运输服务业
化工行业	造纸印刷业
非金属矿物业	金属制品业
钢铁行业	其他制造业
非金属制品业	服务行业
炼化行业	建筑行业
	其他采矿业
	食品制造业

二、CEDS 设计原理

学术界针对减排任务在不同国家间的公平性分配提出了诸多方案，这些方案大多是基于以下四种公平性指标设计的：一是主权原则，所有国家均享同等的污染权和免受污染的权利，其操作形式是以国家作为决策单元，如各国以同等比例减排，这类排放权的分配与按祖父制原则分配结果等价；二是平等主义原则，所有人均享有同等的污染权和免受污染的权利，其操作主要以各国人口为基础，如人口越多的国家所能获得的排放权越多；三是污染者付费原则，对气候变暖贡献越大的国家应该承担越多的减排成本，其操作以国家作为决策单元，如按照各国的温升贡献分配减排任务；四是支付能力原则，即支付能力越强的国家其所承担的减排任务越多，实际操作中大多以各国的人均 GDP 作为支付能力的度量标准，如富国相比穷国应该承担更高的减排成本。不同的分配原则蕴涵了不同的利益取向，体现了不同的公平性思想以及各自的优点和缺点（Oberheitmann，2010）。

本节所提的 CEDS 方案是基于支付能力原则设计的。在 CEDS 方案下，一国的碳税水平正比其人均 GDP 水平。同时，本节选择美国碳税水平作为标杆，假设其在国内征收 25 美元/吨二氧化碳的碳税，这也是当前学术界关于美国碳税税率研究的平均水平。美国以外地区的碳税水平可由美国的减排水平诱导而成。关于人均 GDP 的核算，区域实际 GDP 选择 2005～2010 年的平均水平，区域人口选择 2005～2010 年的平均水平，相关数据均来源 IEA（2012）。图 10－1 展示了 CEDS 情景下各区域碳税水平。由图可知，发达国家碳税水平普遍高于发展中国家，美国因为经济发展水平较高，其碳税水平也是最高。对于发展中国家，印度的碳税水平最低，这与印度巨大的人口基数有关。

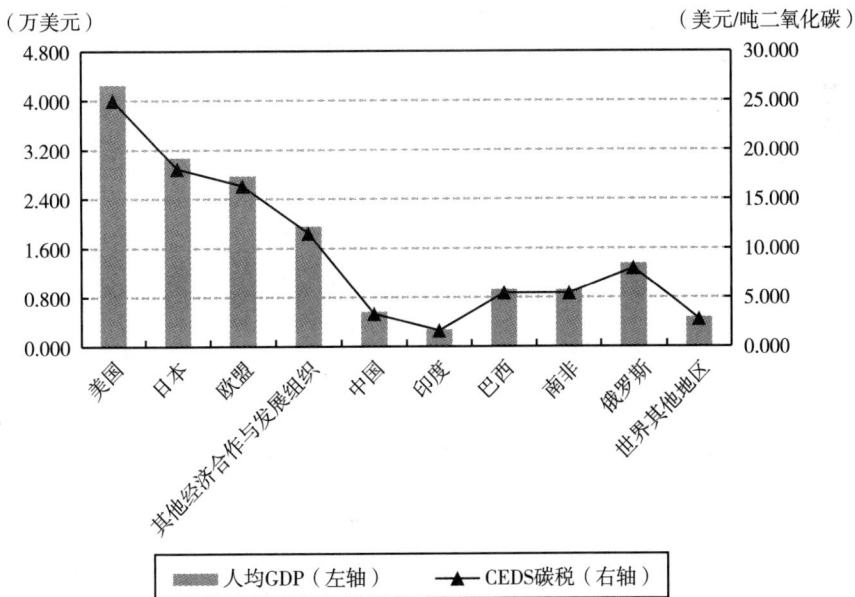

图 10－1　CEDS 碳税水平

为了提高减排政策的可接受性，一国的碳税税率不应超过本国所能承受的能力范围。为了考察 CEDS 税率的合理性，我们将其与各国当前正在讨论或已经实施的碳税政策相比较。各国碳税政策的参考来源尽量选取该国政府部门或具有官方背景的学术机构发布的公告，抑或近期公开发表的学术成果。如表 10-2 所示，尽管日本没有开征碳税，但是日本环境省（ministry of environment，MOE）建议的税率水平约为 2400 日元（约 19.83 美元/吨 CO_2，2007 年汇率，下同），与 CEDS 的减排水平差距不大。欧盟早在 2005 年就启动世界上第一个碳排放权交易市场，其中第二个阶段（2008～2012 年）碳价波动范围为 5.72 美元/吨二氧化碳至 29.33 美元/吨二氧化碳，中间水平约为 17.52 美元/吨二氧化碳，略高于 CEDS 情景的 16.31 美元/吨二氧化碳。中国财政部也曾推进本国的碳税征收计划，初始税率建议为 10 元/吨二氧化碳至 20 元/吨二氧化碳（约 1.33 美元/吨二氧化碳至 2.66 美元/吨二氧化碳），其平均水平略低于 CEDS 的 3.31 美元/吨二氧化碳。不同于中国，印度在 2010 年开始了碳税征收的探索，印度对国内煤炭消费征收 50 卢比/吨二氧化碳的碳税，约为 0.90 美元/吨二氧化碳，与 CEDS 政策的 1.62 美元/吨二氧化碳相差不大。南非也在积极推进国内的碳税征收计划，南非财政部拟提议从 2013 年在本国征收 120 兰特/吨二氧化碳（约为 15 美元/吨二氧化碳）的碳税，但是该政策因为碳税水平太高而被搁置，南非政府拟从 2015 年重新启动这一计划。总的看来，CEDS 碳税税率与当前多数主要排放国正在讨论或已经实施的碳税水平的均值较为接近，该政策在一定程度上兼顾了各国的减排能力。

表 10-2 CEDS 碳税税率与主要排放国当前碳税水平的比较

国家 （地区）	CEDS （$/tCO_2）	当前讨论水平 （$/tCO_2）	参考来源	备注
美国	25.00	10～40 （平均：25）	奥尔迪等（Aldy et al.，2008）； 帕尔梅等（Palmer et al.，2012）； 阿德金斯等（Adkins et al.，2012）； 费希尔和福克斯（Fischer and Fox）（2012）	讨论中
日本	18.05	19.83	洪马和胡（Honmaa and Hu）（2009）； 中田等（Nakata et al.，2011）	讨论中
欧盟	16.31	5.72～29.33 （平均：17.52）	欧洲气候交易所（European Climate Exchange，ECX）	2008～2012 年欧洲 碳市场 EUA 价格
其他经济 合作与发展 组织	11.50	0～30 （平均：15）	哈里森（Harrison，2012）[a]； 奎雷祖（Querejazu，2012）[b]； 萨姆纳等（Sumner et al.，2011）[c]； 布彻（Bucher，2010）[d]	讨论土耳其、智利 和以色列的碳税 政策研究较少
中国	3.31	1.33～2.66 （平均：2.01）	苏明等（2009）	讨论中
印度	1.62	0.90	奎雷祖（Querejazu，2012）	仅对煤炭征收
南非	5.43	15	奎雷祖（Querejazu，2012）	拟在 2015 年实施

注：a 加拿大碳税 10 $/tCO_2—30 $/tCO_2；b 澳大利亚初始碳税为 23 $/tCO_2；c 新西兰碳税约为 20 $/tCO_2；d 瑞士碳税约为 10 $/tCO_2—30 $/tCO_2。

三、政策情景

为了研究的需要，本节考察三种政策情景，如表 10 - 3 所示。三种情景分别对应发达国家单独减排情景（S1），发达国家对发展中国家征收碳关税情景（S2）和国际社会合作减排情景（S3）。对于 S1，研究假设发达国家在国内选择碳税的减排措施（对发展中国家没有要求），税率水平满足 CEDS。S1 是政策分析的参照组，主要用来讨论发达国家单方面减排措施所带来的竞争力损失和碳泄漏问题。与 S1 不同，S3 对发展中国家也做了要求，此时所有国家均在国内征收碳税，税率水平满足CEDS。

表 10 - 3 政策情景设计

情景代码	描述	备注
S1	美国、日本、欧盟和其他经济合作与发展组织国家在国内采取碳税的减排措施	政策分析的参照组，税率水平满足成本 CEDS 标准
S2	美国、日本、欧盟和其他经济合作与发展组织国家在国内征收碳税 + 对来自发展中国家进口征收碳关税	碳关税核算标准是基于生产国核算技术；碳关税针对高耗能且出口量较大行业征收
S3	所有国家均在国内采取碳税的减排措施	各国税率水平满足 CEDS 标准

对于 S2，鉴于碳关税政策在实施过程中涉及的诸多不确定性，本节做了如下四个方面的假设：一是假设发达国家碳关税面向对象为所有未采取措施的发展中国家；二是与前人研究不同（Springmann，2012；Lanzi et al.，2012），本节假设碳关税覆盖行业范围包括高耗能行业和国际运输业（水上运输、陆上运输和空中运输），之所以将国际运输业纳入碳关税的征收范围，主要考虑到欧盟一直在推动的航空碳税政策（Anger and Köhler，2010），我们认为未来这种边境调节措施还可能推广到海上运输和陆地运输；三是关于碳关税核算，本节考虑到生产单位最终产品所导致全部碳排放（直接碳排放和间接碳排放），在核算出口隐含碳时采用生产国核算技术（或发展中国家生产技术），这也是出口商品在生产过程中的实际碳排放；四是对于出口隐含碳的核算，广泛使用的方法是采用消费国核算技术，即发达国家估算自身生产单位出口产品所导致的碳排放，并以此作为对发展中国家征收碳关税的标准（Monjon and Quirion，2010）。在本节的敏感性分析部分，研究会对上述不确定性给予讨论。

第三节　结果分析

一、居民福利的变化

不同政策情景下区域居民福利变化如图 10－2 所示，其中居民福利采用希克斯等价变换（hicks equivalent variation，EV）相比该区域总收入的变化百分比表示（Springmann，2012）。值得注意的是减排所带来的环境收益并没有纳入居民福利的考量中，因为它不仅难以衡量，也包含较大的不确定性。总的来看，世界居民福利在三种情景下均下降，其中降幅最大的为 S2 情景 0.093%，降幅最小的为 S3 情景 0.082%。这表明，相比发达国家对发展中国家征收碳关税，实施全球合作的 CEDS 对世界总的居民福利的影响更小。

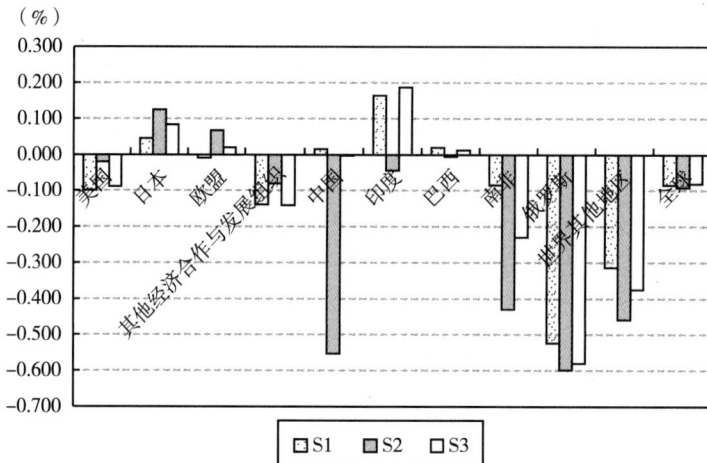

图 10－2　不同政策下区域居民福利变化情况

由于没有考虑减排所带来的环境收益，单方面的减排措施会降低发达国家的消费和居民福利，而未采取减排措施的发展中国家的居民福利将有所改善。如图 10－2 所示，在 S1 情景下，绝大多数的发达国家的居民福利出现了不同程度的恶化，其中美国的居民福利下降 0.100%；而发展中国家如中国和印度等国家的居民福利出现了不同程度的改善，其中印度居民福利增加 0.164%，在所有国家中最高。值得注意的是，并非所有的发展中国家都能受益于发达国家的减排措施，如俄罗斯在 S1 政策下居民福利恶化 0.524%。这主要是由以下三个因素引起的：一是发达国家碳税措施降低的本国能源消耗量，减少了世界范围内的能源需求，对能源出口国（如俄罗斯和 OPEC）将会产生负面影响，进而恶化了这些地区的居民福利；二是碳税征收会抬高发达国家出口产品价格，增加了发展中国家对进口品的消费负担；三是发达国家碳税措施将会增加高耗能高排放产品的进口需求，这会使发展中国家处于相互竞争的态势，但是由于不同发展中国家产业结构和资源禀赋的不同，发达国家进口需求增加对不同发展中国家经济拉动作用也是不同的。上述三个因素对发展中国家居民福利影响的方向各不相同，总的效果要视不同国家国情而定。

碳关税的征收确实会改善发达国家的居民福利，如美国通过征收碳关税使居民福利增加 0.080%，但是这种改善是以牺牲发展中国家居民福利为代价的，如碳关税的征收使中国居民福利大幅下降 0.569%。特别注意的是，在 CEDS 减排框架下，尽管多数发展中地区的居民福利出现了不同程度的恶化，但是与碳关税政策相比，所有发展中国家的居民福利均是改善的，部分国家改善效果明显，如中国的居民福利改善了 0.550%（相比 S2）。

二、实际 GDP 的变化

图 10 - 3 展示了不同政策情景下各地区实际 GDP 的变化情况。与居民福利变化相同，世界总的 GDP 在三种政策下均是下降的，但是不同情景降幅不同，其中 S3 降幅最小为 0.073%，S2 降幅最大为 0.082%。这表明，相比发达国家对发展中国家征收碳关税，采取全球合作的减排政策 CEDS 对世界总的经济影响更小。

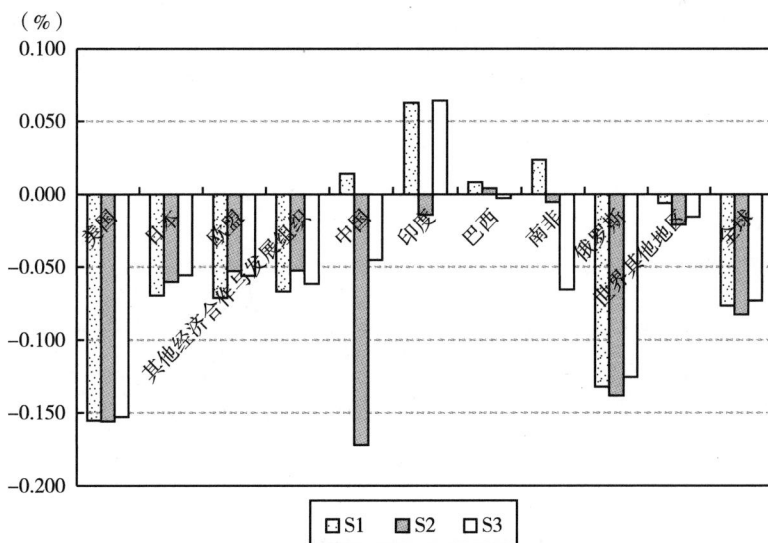

图 10 - 3　不同政策下区域实际 GDP 变化情况

对于 S1，单方面减排措施确实会降低发达国家的 GDP，如在美国和日本实际 GDP 分别下降 0.155% 和 0.070%。与此同时，多数发展中国家的实际 GDP 出现了不同程度的增加，如中国和印度的实际 GDP 分别增加 0.014% 和 0.063%。这也是发达国家单边减排措施的直接效果。对于 S2，如果发达国家对发展中国家征收碳关税，发达国家 GDP 变化依然为负，但是多数国家降幅略小于 S1 情景，这表明碳关税的征收能够在一定程度上减缓单边措施对发达国家经济的冲击。但是，发达国家 GDP 改善是以牺牲发展中国家经济增长为代价的，如 S2 政策下中国实际 GDP 下降 0.172%。对于全球合作的情景（S3），相比于碳关税政策，绝大多数发展中国家实际 GDP 出现了不同程度的改善，甚至部分国家改善程度明显，如中国在 S3 情景的实际 GDP 降幅仅为 S2 的 25%。在 CEDS 政策下，南非和巴西的实际 GDP 降幅均高于碳关税情景，这主要是因为两国的在碳关税政策下影响较小。由于碳关税主要针对高耗能行业征收，发达国家市场的高耗能产品主要由中国和印度等供给，所以巴西和南非受碳关税政策的影响相对较小。

三、区域碳排放的变化

不同减排政策对应的碳减排效果如图 10-4 所示。全球总的碳排放在 S1 情景下降 4.91%，略低于 S2 情景的 4.94%，这表明发达国家的碳关税政策能够促进碳排放的下降，但是效果非常有限。在全球合作情景下，世界总的碳排放下降 7.31%，在三种情景中降幅最高。这表明相比碳关税，CEDS 减排效果更加显著。对于碳泄漏方面，定义为发展中国家碳排放的增加相比发达国家碳排放减少的比值，S1 情景下全球碳泄漏率 12.06%，高于碳关税政策时的 9.83%，这表明碳关税政策能够降低碳泄漏率。世界总的碳泄漏率在 S3 政策为负值，这主要是因为发展中国家碳排放下降导致的。

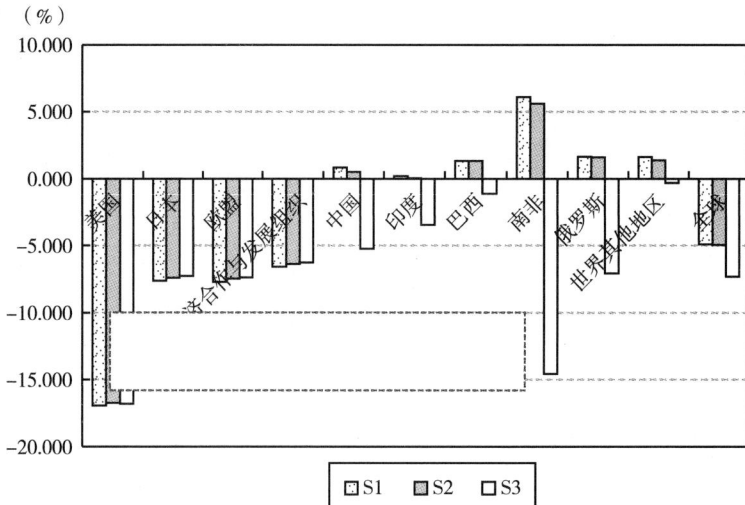

图 10-4　不同政策下区域碳排放的变化

注：碳泄漏 S1：12.06%；S2：9.83%；S3：-33.82%

从区域层面，对于 S1，发达国家单边碳税措施的实施降低了本国二氧化碳排放，如 S1 政策使美国和日本碳排放分别下降 16.93% 和 7.61%。但是由于碳泄漏现象的存在，发展中国家二氧化碳排放出现了不同程度的增加，如中国和印度碳排放分别增加 0.86% 和 0.20%。在碳关税政策下，发达国家的碳排放变化依然为负，但是降幅略小于 S1 情景。与此同时，发展中国家碳排放变化依然为正，但是增幅略小于 S1 情景，这表明碳关税确实会降低发展中国家碳排放。S2 政策下发展中国家碳排放出现增加（相比基准情景）的原因如下：首先，发达国家碳税政策减少了国内化石能源的需求，引起了世界总的能源需求的下降，这会降低国际化石能源价格，对于不采取减排措施的发展中国家，能源利用成本的下降会刺激其化石能源消费量，进而提升这些地区的碳排放；其次，碳关税政策的实施，会降低发展中国家的高耗能行业的出口需求，在供给等于需求的外生约束下，发展中国家高耗能行业产出也会随之下降，进而导致这些行业对化石能源需求量的下降，由此拉低了发展中国家的碳排放。不同因素对碳排放变化方向的影响不同，通过实证分析发现前者占主导地位。

基于 CEDS 减排框架，所有地区的碳排放均出现了不同程度的下降，其中新兴经济体中国和印度碳排放分别下降 5.24% 和 3.45%。对于发达国家，美国碳排放降幅最高，为 16.79%；对于发展中国家，南非碳排放降幅最高，为 14.57%。总的看来，CEDS 将发展中国家纳入全球量化减排国家中，部分主要的排放大户如中国和印度等也取得较为明显的排放下降，这对解决气候变化问题有利。

四、高耗能行业产出和出口贸易的变化

高耗能行业是碳减排政策直接面向的对象，三种减排政策对各国高耗能行业产出和出口贸易的影响如表 10-4 所示。发达国家单边减排政策确实会降低本国高耗能行业的产出，如在 S1 政策下美国高耗能行业产出降幅最高为 0.786%。与此同时，发展中国家高耗能行业产出均有不同程度的增加，如中国和印度高耗能行业产出分别增加 0.239% 和 0.385%。对于 S2，多数发达国家高耗能行业产出变化依然为负，但是降幅均小于 S1 情景；多数发展中国家高耗能行业产出变化依然为正，但是增加幅度也小于 S1 情景。这表明碳关税政策能够在一定程度上弥补发达国家单方减排的竞争力损失，但是这种措施不可避免地削弱了发展中国家高耗能行业的产出水平。对于 CEDS 情景，尽管所有国家均引入了碳税政策，但是部分国家如印度的高耗能行业产出却是增加的。实际上，CEDS 对各国竞争力影响程度不尽相同，一国引入碳税政策会降低国内产品的消费需求，但是出口需求的上升也会拉动本国高耗能行业的发展。如表 10-4 所示，相比 S1 情景，发达国家的高耗能行业产出在 S3 情景下出现不同程度的上升，这表明发展中国家基于 CEDS 减排，能够缓解发达国

家关于单方减排竞争力损失的担忧，尽管无法完全弥补。

表 10 - 4　　　　　　　　高耗能行业产出和出口的变化　　　　　　　单位：%

国家（地区）	产出			出口		
	S1	S2	S3	S1	S2	S3
美国	- 0.786	- 0.713	- 0.742	- 2.085	- 3.361	- 1.918
日本	- 0.438	- 0.429	- 0.410	- 1.163	- 1.991	- 1.132
欧盟	- 0.288	- 0.112	- 0.231	- 0.456	- 0.224	- 0.365
其他经济合作与发展组织	- 0.066	0.129	0.031	- 0.047	0.339	0.162
中国	0.239	- 0.245	- 0.017	0.572	- 3.473	0.262
印度	0.385	0.030	0.371	1.224	- 2.210	1.201
巴西	0.177	0.186	0.045	0.681	0.530	0.292
南非	0.504	0.332	0.120	1.207	- 1.347	0.611
俄罗斯	0.996	0.966	- 0.036	4.637	3.948	1.702
世界其他地区	0.864	0.518	0.784	1.872	0.523	1.763

单方面减排措施会降低发达国家的出口，其中降幅最大的为美国 2.085%。发展中国家受惠于国际竞争优势，出口均是增加的。如果发达国家对发展中国家征收碳关税，多数发达国家的出口并未获得明显的改善，反而是美国和日本出口分别恶化 3.361% 和 1.991%。这是因为我们没有考虑发达国家的出口补贴措施，碳关税的征收会增加发达国家高耗能行业的进口成本，这会进一步恶化这些地区的出口形势。此外，通过 S2 与 S1 对比，碳关税的实施确实降低了发展中国家的出口贸易，如中国高耗能行业出口下降 4.045%（0.572% + 3.473%）。对于 S3，美国、日本和欧盟出口依然为负，但是其他地区的出口面临不同程度的增长。这主要是因为上述三个地区减排措施较为严格，对高耗能行业进口依赖程度增大所致。

总而言之，为了弥补竞争力损失，部分发达国家考虑向不采取减排措施的发展中国家征收碳关税。但是碳关税减排效果比较有限，发展中国家负面影响较大，该政策也容易遭致发展中国家的反对，不是应对气候变化问题好的选择。如果发达国家与发展中国家基于 CEDS 合作减排，相比碳关税措施，CEDS 减排效果更为显著，世界总的居民福利恶化程度较轻，全球经济负面影响较小。不仅如此，CEDS 对多数发展中国家负面冲击相对较小，也能在一定程度上缓解发达国家关于单方面减排所导致的竞争力损失的担忧。在"后京都"时代，考虑到全球性减排政策的重要性，同时避免给发展中国家带来沉重的经济负担，以及兼顾发达国家关于竞争力损失的担忧，国际合作的 CEDS 政策优于发达国家主导的碳关税政策。

第四节 敏感性分析

由于碳关税在征收过程中存在诸多不确定性，本节将从出口隐含碳的核算方式、碳关税覆盖的行业范围和减排水平等方面检验不确定性因素对研究结论的影响。不仅如此，针对可能影响结论的一些敏感性参数，如阿明顿弹性，本节也进行了相关讨论。

一、碳关税核算方式和碳关税行业覆盖范围

在实证分析部分，研究对发展中国家出口隐含碳的核算采用了生产国的生产技术，如估算中国出口至美国单位产品隐含碳排放时，采用了中国的生产技术。相比于生产国的核算技术，采用消费国核算技术得到的发展中国家出口隐含碳排放普遍较小，在此基础上得到的碳关税从价税税率也较低，发展中国家经济影响也较小。本节我们将出口隐含碳的核算方式改为消费国的生产技术（S2_com），借以考察不同核算方式对研究结论的影响。由表 10-5 可知，相比碳关税情景，在 CEDS 政策下全球总的居民福利和世界总的 GDP 均增加 0.004%，全球总的碳排放多减排 2.397%。作为发展中国家中的主要排放国，中国和印度在 CEDS 下的经济福利损失均小于碳关税情景。

表 10-5　　基于不同核算方式和不同行业覆盖范围的 S2 和 S3 政策对比　　单位：%

国家（地区）	居民福利		实际 GDP		碳排放	
	S2_com （S3－S2）	S2_whol （S3－S2）	S2_com （S3－S2）	S2_whol （S3－S2）	S2_com （S3－S2）	S2_whol （S3－S2）
美国	-0.019	-0.079	0.001	0.007	0.065	-0.018
日本	0.013	-0.053	0.010	0.008	0.278	0.339
欧盟	0.008	-0.057	0.008	0.001	0.253	0.164
其他经济合作与发展组织	-0.022	-0.080	0.000	-0.009	0.248	0.163
中国	0.099	0.689	0.003	0.205	-6.042	-5.879
印度	0.068	0.266	0.016	0.084	-3.619	-3.518
巴西	0.021	0.024	-0.004	-0.008	-2.397	-2.557
南非	-0.082	0.230	-0.084	-0.060	-20.579	-19.611
俄罗斯	-0.023	0.083	0.008	0.041	-8.666	-8.672
世界其他地区	0.006	0.141	-0.002	0.010	-1.816	-1.664
全球	0.004	0.021	0.004	0.018	-2.397	-2.356

注：S3－S2 表示相关指标在差异化碳税情景下的变化与其在碳关税情景下的变化的差值。

前述研究假设碳关税覆盖的行业主要为高耗能行业（包含国际运输行业），那么不同的行业覆盖范围是否会改变定性结论的正确性呢？为此，我们将碳关税覆盖范围推广至所有行业（S2_whol）这种极端情形，通过模拟（见表 10 - 5），研究发现不同的碳关税行业覆盖范围并没有改变结论的方向性。具体地，相比碳关税政策，基于 CEDS 的减排框架，世界总的居民福利可以改善 0.021%，全球总的 GDP 增加 0.018%，世界碳排放能够多减排 2.356%，并且多数发展中国家经济和居民福利损失也相对较低。

二、变化减排水平

表 10 - 2 讨论了 CEDS 设置的合理性，主要是因为该碳税水平与当前各国正在讨论的或者已经实施的碳税水平的均值较为接近。这里本节放宽这一假设，设置了其他两种减排水平（0.5CEDS 和 2CEDS），借以检验不同碳税水平对研究结论的影响。其中，在 0.5CEDS 情景下，各国碳税水平为其在 CEDS 政策下的 50%。与之相应，发达国家对发展中国家征收的碳关税税率也降低 50%。而在 2CEDS 情景下，各国碳税税率为其 CEDS 时的 2 倍，同时碳关税税率也增加了 1 倍。

表 10 - 6 是两种减排水平对应的模拟结果。由表 10 - 6 可知，无论选择何种减排水平，差异化碳税始终优于碳关税。例如，在 2CEDS 政策下，相比碳关税，全球总的居民福利改善 0.021%，世界总的 GDP 增加 0.017%，全球总的碳排放多减排 4.607%。此外，从区域层面来看，相比碳关税情景，CEDS 政策下所有发展中国家居民福利均获得不同程度的改善，一些主要的排放源如中国和印度的实际 GDP 出现了略微的增加趋势。简而言之，减排水平也没有改变定性结论的正确性。

表 10 - 6　　　　　　基于不同减排水平的 S2 和 S3 政策对比　　　　单位：%

国家（地区）	居民福利		实际 GDP		碳排放	
	0.5CEDS (S3 - S2)	2CEDS (S3 - S2)	0.5CEDS (S3 - S2)	2CEDS (S3 - S2)	0.5CEDS (S3 - S2)	2CEDS (S3 - S2)
美国	- 0.037	- 0.079	0.001	0.013	0.003	- 0.137
日本	- 0.021	- 0.053	0.002	0.012	0.121	0.140
欧盟	- 0.024	- 0.057	- 0.002	- 0.004	0.089	0.027
其他经济合作与发展组织	- 0.031	- 0.080	- 0.005	- 0.018	0.105	0.061
中国	0.287	0.689	0.070	0.206	- 2.853	- 11.335
印度	0.120	0.266	0.041	0.141	- 1.610	- 7.656
巴西	0.010	0.024	- 0.003	- 0.016	- 1.242	- 4.764
南非	0.114	0.230	- 0.017	- 0.189	- 10.872	- 33.793
俄罗斯	0.015	0.083	0.013	- 0.015	- 4.572	- 15.501
世界其他地区	0.043	0.141	0.003	0.008	- 0.816	- 3.385
全球	0.006	0.021	0.005	0.017	- 1.173	- 4.607

注：S3 - S2 表示相关指标在差异化碳税情景下的变化与其在碳关税情景下的变化的差值。

三、改变阿明顿弹性

减排措施的实施会改变国际上产品相对竞争优势，进而影响一国的进出口贸易。其中，反映国产品和进口品替代程度的阿明顿弹性将扮演非常重要的角色。一般而言，阿明顿弹性越高，国产品和进口品越容易替代。对于采取减排措施的国家而言，随着阿明顿弹性的增加，该国进口将会越来越多，出口却会越来越少，所以其经济负面影响也就越大。同理，如果某发展中国家的出口产品被征收碳关税，随着阿明顿弹性的增加，其出口产品越来越容易被替代，出口降幅也会越来越大，碳关税对该国的负面影响也会越来越显著。为了考察阿明顿弹性对研究结论的影响，我们在原有弹性数值基础上分别增加100%（Double）和减少50%（Half），由此构造了两种新的模拟情景。

表10-7是不同阿明顿弹性所得到的模拟结果。首先，在Double情景下，相比发达国家对发展中国家征收碳关税，实施全球合作的差异化碳税政策，世界总的GDP增加0.021%，全球总的居民福利改善0.024%，世界碳排放能够多减2.668%。其次，对于Half情景，相比碳关税措施，实施CEDS世界总的GDP略微增加0.002%，全球总的居民福利改善0.003%，碳排放可以多减2.219%。总的看来，阿明顿弹性也没有影响到定性结论的正确性。

表10-7　　　　　　　　　　基于不同阿明顿弹性的S2和S3对比　　　　　　　　单位：%

国家（地区）	居民福利		实际GDP		碳排放	
	Double （S3-S2）	Half （S3-S2）	Double （S3-S2）	Half （S3-S2）	Double （S3-S2）	Half （S3-S2）
美国	-0.074	-0.063	0.003	0.003	-0.085	-0.021
日本	-0.035	-0.049	0.005	0.004	0.127	0.158
欧盟	-0.031	-0.057	0.002	-0.006	0.145	0.056
其他经济合作与发展组织	-0.031	-0.083	-0.004	-0.012	0.130	0.094
中国	0.579	0.537	0.216	0.066	-6.136	-5.550
印度	0.239	0.229	0.104	0.061	-4.503	-2.819
巴西	0.029	0.012	-0.001	-0.009	-2.587	-2.406
南非	0.113	0.255	-0.073	-0.056	-24.054	-18.438
俄罗斯	0.108	-0.022	0.110	-0.029	-9.962	-8.139
世界其他地区	0.103	0.070	0.017	0.000	-1.965	-1.552
全球	0.024	0.003	0.021	0.002	-2.668	-2.219

注：S3-S2表示相关指标在差异化碳税情景下的变化与其在碳关税情景下的变化的差值。

第五节 结论与讨论

本节关注了碳关税背景下的全球合作减排问题，基于支付能力原则，提出了一种国际差异化协调碳税 CEDS，在此政策下一国碳税水平与其人均 GDP 水平正相关。研究采用环境版全球贸易分析模型定量评估了 CEDS 的减排效果和对各区域的经济影响，并与发达国家碳关税政策进行比较分析，最后从多个视角对研究的结论进行了敏感性检验。通过实证分析，研究发现以下结论。

第一，相比发达国家的碳关税政策，CEDS 减排效果更为明显，世界碳泄漏率更小。实证结果显示，基于 CEDS 的减排框架，世界碳排放降低 7.31%，高于碳关税情景的 4.94%。

第二，相比发达国家针对发展中国家征收碳关税，实施全球合作的 CEDS 政策，世界总的居民福利会有一定改善，全球总的经济冲击更小。不仅如此，基于 CEDS 减排框架，多数发展中国家居民福利恶化程度较轻，一些主要的排放国如中国和印度的实际 GDP 降幅更小。此外，发展中国家引入 CEDS 能够缓解发达国家关于竞争力损失的担忧。

第三，本节的研究结论具有一定的鲁棒性。研究发现，出口隐含碳的核算方式、碳关税政策的行业覆盖范围、减排水平的选择以及阿明顿弹性参数等均没有对本节结论产生方向性的影响。

CEDS 方案能为"后京都"时代国际社会合作减排提供新思路。一方面，基于各国经济发展水平的差异，CEDS 碳税税率与各国人均 GDP 水平正相关，与支付能力的原则一脉相承。研究发现，CEDS 的减排水平与当前多数主要排放国正在讨论或已经实施的碳税水平的均值较为接近，这表明 CEDS 具有一定的操作基础。另一方面，实证发现相比发达国家的碳关税政策，CEDS 政策具有诸多优点，包括减排效果更为明显、对全球经济福利影响较小、对多数发展中国家福利恶化程度较轻以及兼顾发达国家关于单方面减排的竞争力损失的担忧。总的看来，CEDS 既考虑到政策的可接受性，又兼顾了政策的经济有效性。

但是，CEDS 也有其自身的缺点。由于各国采取不同的碳税水平，CEDS 不是成本有效的，即在完成既定减排目标的情况下，全球总的减排成本不是最低。目前，成本有效的减排手段主要包括全球统一碳税和全球统一碳市场。对于全球统一碳市场，各国初始配额的分配一直是一个悬而未决的问题。实际上，学术界和政界已对国际排放权的分配争论了二十多年，但是并未达成一个各方都满意的方案。对于全球统一碳税，由于发展中国家经济损失较大，这就需要发达国家给予发展中国家资金补偿，但是在未有明晰各国减排责任的前提下，资金转移的操作形式和资金转移额度都不易解决。考虑到气候变化问题的严峻性和国际社会合作减排紧迫性，CEDS作为一种过渡性政策，在短期内具有相当的政策吸引力。

然而，我们必须承认本节的研究还有诸多不足。首先，本节的数据库还比较老，文章基于 2007 年的基准数据库做了比较静态分析，尽管该数据库已是最新版本，但是与当前经济平衡面还是存在一定距离。未来的一个研究工作就是将数据库更新至当前经济均衡面，并对本节的结论进行二次检验。其次，本节所提出的 CEDS 不是成本有效的，如何在 CEDS 基础上进行成本有效性的设置将需要更加深入的研究。可以借鉴的思路是发达国家将部分碳税收益拿出来成立一笔资金，用于激励发展中国家采取更多的减排行为，此时在同等减排量的情形下全球所需付出的经济成本更小，与理想中成本有效性的减排政策也更为接近。这些工作均是我们未来努力的方向。

参 考 文 献

一、中文部分

[1] 包群、张志强：《地震的余波：价值链断裂、进口停滞与贸易危机传染》，载于《经济学（季刊）》2021年第2期。

[2] 蔡一鸣：《资源、技术、制度与经济霸权国家的更迭——基于产权理论和经济增长理论的解释》，载于《世界经济与政治》2007年第12期。

[3] 陈虹、杨成玉：《"一带一路"国家战略的国际经济效应研究——基于CGE模型的分析》，载于《国际贸易问题》2015年第10期。

[4] 陈晖、温婧、庞军、陈政、韦雨杉：《基于31省MRIO模型的中国省际碳转移及碳公平研究》，载于《中国环境科学》2020年第12期。

[5] 陈锡康、杨翠红、祝坤福、王会娟、李鑫茹、姜青言：《2021年中国经济增长速度的预测分析与政策建议》，载于《中国科学院院刊》2021年第1期。

[6] 程海芳、张子刚、黄卫来：《CGE模型参数估计方法研究》，载于《武汉大学学报（工学版）》2003年第4期。

[7] 仇焕广、杨军、黄季焜：《建立中国—东盟自由贸易区对我国农产品贸易和区域农业发展的影响》，载于《管理世界》2007年第9期。

[8] 董梅：《碳减排目标实现与政策模拟：基于CGE模型》，社会科学文献出版社2021年版。

[9] 都倩仪、郭晴：《RCEP生效对全球经济贸易中长期影响研究》，载于《亚太经济》2021年第1期。

[10] 范金、严斌剑、坂本博：《随机CGE模型研究述评》，载于《中国管理科学》2009年第5期。

[11] 范旭、刘伟：《中美贸易冲突下的半导体创新政策工具选择》，载于《科学学研究》2020年第7期。

[12] 范子杰、张亚斌、魏思超：《扩大进口政策的贸易与福利效应——基于投入产出结构的一般均衡模型分析》，载于《国际贸易问题》2022年第4期。

[13] 高鹏、岳书敬：《中国产业部门全要素隐含能源效率的测度研究》，载于《数量经济技术经济研究》2020年第11期。

［14］郭晴、陈伟光：《基于动态 CGE 模型的中美贸易摩擦经济效应分析》，载于《世界经济研究》2019 年第 8 期。

［15］郭珊、韩梦瑶、杨玉浦：《中国省际隐含能源流动及能效冗余解析》，载于《资源科学》2021 年第 4 期。

［16］郭正权、郑宇花、张兴平：《基于 CGE 模型的我国能源—环境—经济系统分析》，载于《系统工程学报》2014 年第 5 期。

［17］韩梦瑶、熊焦、刘卫东：《中国跨境能源贸易及隐含能源流动对比——以"一带一路"能源合作为例》，载于《自然资源学报》2020 年第 11 期。

［18］韩中、王刚：《基于多区域投入产出模型中美贸易隐含能源、碳排放的测算》，载于《气候变化研究进展》2019 年第 4 期。

［19］何诚颖、闻岳春、常雅丽、耿晓旭：《新冠病毒肺炎疫情对中国经济影响的测度分析》，载于《数量经济技术经济研究》2020 年第 5 期。

［20］何建坤、陈文颖、滕飞、刘滨：《全球长期减排目标与碳排放权分配原则》，载于《气候变化研究进展》2009 年第 6 期。

［21］胡剑波、闫烁、王蕾：《中国出口贸易隐含碳排放效率及其收敛性》，载于《中国人口·资源与环境》2020 年第 12 期。

［22］黄群慧：《新冠肺炎疫情对供给侧的影响与应对：短期和长期视角》，载于《经济纵横》2020 年第 5 期。

［23］黄卫来：《CGE 模型理论、方法及其在产业政策分析中的应用研究》，载于《系统工程》1999 年第 3 期。

［24］黄永明、陈小飞：《中国贸易隐含污染转移研究》，载于《中国人口·资源与环境》2018 年第 10 期。

［25］姜辉：《美国出口管制下中国外贸风险的省域地理差异》，载于《地理科学》2020 年第 10 期。

［26］解垩：《公共转移支付对再分配及贫困的影响研究》，载于《经济研究》2017 年第 9 期。

［27］瞿小松、邓翔、余子楠：《全球碳排放交易及其效率——基于一个动态 CGE 模型的实证分析》，载于《财经科学》2017 年第 4 期。

［28］李成威、傅志华：《应对疫情对经济影响的关键是构建确定性》，载于《财政研究》2020 年第 3 期。

［29］李杰锋：《基于 MRIO 模型的中国制造业贸易隐含碳测度》，载于《统计与决策》2017 年第 19 期。

［30］李景华：《宏观经济分析 IO 和 CGE 模型应用研究》，上海财经出版社2013 年版。

[31] 李明、张璕璕、赵剑治：《疫情后我国积极财政政策的走向和财税体制改革任务》，载于《管理世界》2020年第4期。

[32] 李侨敏、王晓岭：《中美贸易摩擦背景下我国稳外资政策有效性评估：基于异质性CGE模型的分析》，载于《国际经贸探索》2021年第9期。

[33] 李巍：《从接触到竞争：美国对华经济战略的转型》，载于《外交评论（外交学院学报）》2019年第5期。

[34] 李昕、关会娟、蔡小芳：《基于价值链视角的TPP与RCEP亚太经贸合作研究》，载于《中央财经大学学报》2017年第1期。

[35] 李毅、石威正、胡宗义：《基于CGE模型的碳税政策双重红利效应研究》，载于《财经理论与实践》2021年第4期。

[36] 李真、李茂林、陈天明：《中国制造业的中间品依赖与出口贸易——基于中美贸易摩擦历史背景的分析》，载于《财经科学》2021年第6期。

[37] 李峥：《美国推动中美科技"脱钩"的深层动因及长期趋势》，载于《现代国际关系》2020年第1期。

[38] 梁艳芬：《新冠肺炎疫情对世界经济的影响分析》，载于《国际经济合作》2020年第2期。

[39] 梁一新：《中美贸易摩擦背景下加入RCEP对中国经济及相关产业影响分析》，载于《国际贸易》2020年第8期。

[40] 刘芳、郭朝先：《中国隐含能源国际流动规模测算与流向分析》，载于《经济研究参考》2018年第25期。

[41] 刘芳：《中国能源隐含流的国际流向和规模分析》，载于《现代管理科学》2018年第4期。

[42] 刘磊、张永强：《增值税减税政策对宏观经济的影响——基于可计算一般均衡模型的分析》，载于《财政研究》2019年第8期。

[43] 刘卫东：《新冠肺炎疫情对经济全球化的影响分析》，载于《地理研究》2020年第7期。

[44] 刘宇、肖敬亮、邓祥征、巴德里·戈帕拉克里希南：《全球贸易分析模型：理论与实践》，社会科学文献出版社2018年版。

[45] 刘宇、张亚雄：《欧盟—韩国自贸区对我国经济和贸易的影响——基于动态GTAP模型》，载于《国际贸易问题》2010年第11期。

[46] 刘宇、周梅芳：《煤炭资源税改革对中国的经济影响——基于CGE模型的测算》，载于《宏观经济研究》2015年第2期。

[47] 吕越、李启航：《区域一体化协议达成对中国经济的影响效应——以RCEP与TPP为例》，载于《国际商务》2018年第5期。

[48] 倪红福、李善同、何建武：《贸易隐含污染物测算及结构绿色转型研究》。载于《中国人口·资源与环境》2012 年第 5 期。

[49] 欧阳桃花、郑舒文、程杨：《构建重大突发公共卫生事件治理体系：基于中国情景的案例研究》，载于《管理世界》2020 年第 8 期。

[50] 裴长洪、刘斌：《中国对外贸易的动能转换与国际竞争新优势的形成》，载于《经济研究》2019 年第 5 期。

[51] 齐天宇、张希良、何建坤：《全球能源经济可计算一般均衡模型研究综述》，载于《中国人口·资源与环境》2016 年第 8 期。

[52] 乔晗、汪寿阳：《基于博弈论和 CGE 模型的碳税政策研究》，科学出版社 2014 年版。

[53] 沈石、袁丽华、叶思菁、程昌秀、高剑波、宋长青：《近 40 年中美地缘政治关系波动及背景解析》，载于《地理科学》2019 年第 7 期。

[54] 施锦芳、李博文：《基于 RCEP 推动中日经贸合作的新思考》，载于《现代日本经济》2021 年第 3 期。

[55] 时佳瑞、汤铃、余乐安、鲍勤：《基于 CGE 模型的煤炭资源税改革影响研究》，载于《系统工程理论与实践》2015 年第 7 期。

[56] 苏小宁、李建华：《碳税开征与收入分配：累进还是累退？——基于山西省 CGE 模型的模拟分析》，载于《财经理论研究》2022 年第 2 期。

[57] 孙梦诗、张瑛、张祎彤：《东盟主流媒体报道中的中国经济形象研究——以中国加入 RCEP 相关报道为例》，载于《海南大学学报（人文社会科学版）》2021 年第 3 期。

[58] 孙乾坤、马喜立、陈胤默：《中美贸易摩擦对世界主要经济体的潜在影响及我国的防范策略——基于多国动态 CGE 模型的实证研究》，载于《上海经济研究》2020 年第 5 期。

[59] 孙晔、吕康银：《人口老龄化对收入不平等的影响——基于多区域动态 CGE 模型的研究》，载于《辽宁大学学报（哲学社会科学版）》2019 年第 2 期。

[60] 汤娜：《基于碳排放约束的陕西省土地可持续利用优化研究》，西安建筑科技大学 2019 年版。

[61] 田开兰、杨翠红、祝坤福、陈锡康、孔亦舒、李鑫茹：《两败俱伤：美中贸易关税战对经济和就业的冲击》，载于《管理科学学报》2021 年第 2 期。

[62] 田银华、向国成、曾世宏：《我国产业结构调整的污染减排效应及策略研究：基于 CGE 模型》，经济科学出版社 2017 年版。

[63] 万红先、潘文娣：《中国与 RCEP 国家贸易潜力研究》，载于《重庆工商大学学报（社会科学版）》2021 年第 6 期。

［64］王佳邓、孙启宏、李小敏、武琛昊：《环境保护税对经济和碳排放影响研究——以江苏省为例》，载于《生态经济》2021年第5期。

［65］王宪恩、赵思涵、刘晓宇、段海燕、宋俊年：《碳中和目标导向的省域消费端碳排放减排模式研究——基于多区域投入产出模型》，载于《生态经济》2021年第5期。

［66］王子晗：《中国—东盟两地数字经济在后疫情时代合作发展关系展望》，载于《中国商论》2021年第11期。

［67］韦韬、彭水军：《基于多区域投入产出模型的国际贸易隐含能源及碳排放转移研究》，载于《资源科学》2017年第1期。

［68］魏简康凯：《美国出口管制改革对中国的影响及应对》，载于《国际经济合作》2018年第11期。

［69］魏一鸣、范英、蔡宪唐、曾嵘、傅小锋：《人口、资源、环境与经济协调发展的多目标集成模型》，载于《系统工程与电子技术》2002年第8期。

［70］魏一鸣、吴刚、刘兰翠、范英：《能源—经济—环境复杂系统建模与应用进展》，载于《管理学报》2005年第2期。

［71］吴安波：《中国制造业区域专业化程度的测度、特征及变动趋势》，载于《数量经济技术经济研究》2009年第5期。

［72］吴先华、曹诗语、谭玲、徐哲：《基于动态CGE模型的COVID-19疫情灾害综合经济损失评估研究》，载于《中国软科学》2020年第12期。

［73］吴先华、谭玲、郭际、周蕾：《恢复力减少了灾害的多少损失——基于改进CGE模型的实证研究》，载于《管理科学学报》2018年第7期。

［74］吴晓波、张馨月、沈华杰：《商业模式创新视角下我国半导体产业"突围"之路》，载于《管理世界》2021年第3期。

［75］夏权智、吴小芳、罗京：《中国中间品和最终品贸易中的隐含能源》，载于《环境经济研究》2020年第3期。

［76］肖皓：《能源—环境—交通的动态CGE模型及燃油税政策分析》，湖南师范大学出版社2014年版。

［77］谢来辉：《欧盟应对气候变化的边境调节税：新的贸易壁垒》，载于《国际贸易问题》2008年第2期。

［78］徐滇庆：《中国加入关贸总协定的策略研究》，载于《经济社会体制比较》1993年第3期。

［79］徐晓亮、程倩、车莹、许学芬：《煤炭资源税改革对行业发展和节能减排的影响》，载于《中国人口·资源与环境》2015年第8期。

［80］杨小凯：《可计算一般均衡（CGE）模型——一种新的经济计划和最优价

格计算方法》，载于《武汉大学学报（社会科学版）》1983 年第 3 期。

［81］杨燕萍：《嘉峪关市生态用地 CGE 模型构建与应用研究》，兰州大学 2013 年版。

［82］尹伟华：《中国出口贸易隐含碳排放强度变动及驱动因素研究——基于 CMRIO-SDA 模型》，载于《经济问题探索》2019 年第 12 期。

［83］于阳、韩玉雄、李怀祖：《出口管制政策能保持美国的技术领先优势吗?》，载于《世界经济》2006 年第 4 期。

［84］余振、周冰惠、谢旭斌、王梓楠：《参与全球价值链重构与中美贸易摩擦》，载于《中国工业经济》2018 年第 7 期。

［85］袁嫣：《基于 CGE 模型定量探析碳关税对我国经济的影响》，载于《国际贸易问题》2013 年第 2 期。

［86］岳立、杨帆：《新常态下中国能源供给侧改革的路径探析——基于产能、结构和消费模式的视角》，载于《经济问题》2016 年第 10 期。

［87］云小鹏：《基于 CGE 模型的能源与环境财税政策协同影响效应研究》，载于《经济问题》2019 年第 7 期。

［88］张宏志：《CGE 模型结构分析及应用》，载于《中国经贸》2009 年第 2 期。

［89］张珺、展金永：《CPTPP 和 RCEP 对亚太主要经济体的经济效应差异研究——基于 GTAP 模型的比较分析》，载于《亚太经济》2018 年第 3 期。

［90］张希栋、娄峰、张晓：《中国天然气价格管制的碳排放及经济影响——基于非完全竞争 CGE 模型的模拟研究》，载于《中国人口·资源与环境》2016 年第 7 期。

［91］张欣：《可计算一般均衡模型的基本原理与编程》，格致出版社 2010 年版。

［92］张友国：《碳强度与总量约束的绩效比较：基于 CGE 模型的分析》，载于《世界经济》2013 年第 7 期。

［93］张裕仁、郑学党：《TPP 与 RCEP 贸易自由化经济效果的 GTAP 模拟分析》，载于《重庆大学学报（社会科学版）》2017 年第 8 期。

［94］钟瑛、陈盼：《新冠肺炎疫情对中国宏观经济的影响与对策探讨》，载于《理论探讨》2020 年第 3 期。

［95］周建军、王韬：《可计算一般均衡（CGE）模型的几个前沿问题》，载于《当代经济科学》2001 年第 5 期。

［96］周梅芳、刘宇、张金珠、崔琦：《新冠肺炎疫情的宏观经济效应及其应对政策有效性研究》，载于《数量经济技术经济研究》2020 年第 8 期。

［97］朱光明：《长春市土地利用结构变化及优化研究》，东北师范大学 2012 年版。

［98］朱启荣、王玉平：《特朗普政府强化对中国技术出口管制的经济影响——基于"全球贸易分析模型"的评估》，载于《东北亚论坛》2020 年第 1 期。

［99］朱武祥、张平、李鹏飞、王子阳：《疫情冲击下中小微企业困境与政策效率提升——基于两次全国问卷调查的分析》，载于《管理世界》2020 年第 4 期。

［100］庄序莹、侯敬雯：《高速铁路、公路建设的财政投资效益研究——基于可计算一般均衡（CGE）模型的分析》，载于《财贸经济》2012 年第 6 期。

二、英文部分

［1］Abdula R. D. Computable general equilibrium analysis of the economic and land-use interfaces of bio-energy development, 2006.

［2］Adelman I, S Robinson. *Income Distribution Policy in Developing Countries： A Case Study of Korea.* Stanford： Stanford University Press, 1978.

［3］Anderson E. The impact of trade liberalisation on poverty and inequality： Evidence from CGE models. *Journal of Policy Modeling*, Vol. 42, No. 6, November – December 2020, pp. 1208 – 1227.

［4］Anderson R. M., Heesterbeek H., Klinkenberg D. et al. How Will Country-Based Mitigation Measures Influence the Course of the COVID-19 Epidemic？. *The Lancet*, Vol. 395, No. 10228, March 2020, pp. 931 – 934.

［5］Anger A., Köhler J. Including Aviation Emissions in the EU ETS： Much Ado about Nothing? A Review. *Transport Policy*, Vol. 17, No. 1, January 2010, pp. 38 – 46.

［6］Arikan Y., Kumbaroǧlu G. Endogenising emission taxes： A general equilibrium type optimisation model applied for Turkey. *Energy Policy*, Vol. 29, No. 12, October 2001, pp. 1045 – 1056.

［7］Arndt C. HIV/AIDS, human capital, and economic growth prospects for Mozambique. *Journal of Policy Modeling*, Vol. 28, No. 5, July 2006, pp. 477 – 489.

［8］Baccini L., Brodeur A., Weymouth S. The COVID-19 Pandemic and the 2020 US Presidential Election. *Journal of Population Economics*, Vol. 34, No. 2, April 2021, pp. 739 – 767.

［9］Bai Y., Deng X., Cheng Y. et al. Exploring regional land use dynamics under shared socioeconomic pathways： A case study in Inner Mongolia, China. *Technological Forecasting and Social Change*, Vol. 166, May 2021, P. 120606.

［10］Balistreri E. J., Maliszewska M., Osorio-Rodarte I. et al. Poverty, Welfare and Income Distribution Implications of Reducing Trade Costs Through Deep Integration in

Eastern and Southern Africa. *Journal of African Economies*, Vol. 27, No. 2, March 2018, pp. 172 – 200.

［11］ Ballard C. L. , Fullerton D. , Shoven J. B. et al. *A General Equilibrium Model for Tax Policy Evaluation*. Chicago: University of Chicago Press, 1985, pp. 6 – 24.

［12］ Bandara J. S. Computable general equilibrium models for development policy analysis in LDCs. *Journal of Economic Surveys*, Vol. 5, No. 1, March 1991, pp. 3 – 69.

［13］ Banerjee S. Carbon adjustment in a consumption-based emission inventory accounting: A CGE analysis and implications for a developing country. *Environmental Science and Pollution Research*, Vol. 28, No. 16, January 2021, pp. 19984 – 20001.

［14］ Banks J. , Karjalainen H. , Propper C. Recessions and health: The Long-Term Health Consequences of Responses to the Coronavirus. *Fiscal Studies*, Vol. 41, No. 2, June 2020, pp. 337 – 344.

［15］ Basseal J. M. , Westerway S. C. , McAuley T. COVID-19: Infection Prevention and Control Guidance for All Ultrasound Practitioners. *Australasian Journal of Ultrasound in Medicine*, Vol. 23, No. 2, April 2020, pp. 90 – 95.

［16］ Bauer A. , Weber E. COVID-19: How Much Unemployment Was Caused By the Shutdown in Germany? *Applied Economics Letters*, Vol. 28, No. 12, July 2020, pp. 1053 – 1058.

［17］ Beckman J. , Hertel T. , Tyner W. Validating energy-oriented CGE models. *Energy Economics*, Vol. 33, No. 5, September 2011, pp. 799 – 806.

［18］ Beckman J. , Zahniser S. The effects on intraregional agricultural trade of ending nafta's market access provisions. *Canadian Journal of Agricultural Economics/Revue Canadienne Dagroeconomie*, Vol. 66, No. 4, December 2018, pp. 599 – 612.

［19］ Berg C. Household Transport Demand in a CGE-framework. *Environmental and Resource Economics*, Vol. 37, No. 3, July 2007, pp. 573 – 597.

［20］ Bergman L. Energy Policy Modeling: A survey of general equilibrium approaches. *Journal of Policy Modeling*, Vol. 10, No. 3, Autumn1988, pp. 377 – 399.

［21］ Besley T. , Stern N. The Economics of Lockdown. *Fiscal Studies*, Vol. 41, No. 3, September 2020, pp. 493 – 513.

［22］ Bonacini L. , Gallo G. , Scicchitano S. Working From Home and Income Inequality: Risks of a 'New Normal' With COVID-19. *Journal of Population Economics*, Vol. 34, No. 1, September 2021, pp. 303 – 360.

［23］ Borges A. M. , Applied general equilibrium models: An assessment of their usefulness for policy analysis. *OECD Economic Studies*, Vol. 7, 1986, pp. 289 – 311.

［24］ Borland J. , Charlton A. The Australian Labour Market and the Early Impact of COVID-19: An Assessment. *Australian Economic Review*, Vol. 53, No. 3, September 2020, pp. 297 – 324.

［25］ Bows A. , Anderson K. Contraction and Convergence: An Assessment of the CCOptions Model. *Climate Change*, Vol. 91, No. 3, August 2008, pp. 275 – 290.

［26］ Briggs A. H. , Goldstein D. A. , Kirwin E. , et al. Estimating (Quality-Adjusted) Life-Year Losses Associated With Deaths: With Application to COVID-19. *Health Economics*, Vol. 30, No. 3, March 2021, pp. 699 – 707.

［27］ Brigitte W. , Willi H. , Gabriel B. et al. Evaluating Health Co-Benefits of Climate Change Mitigation in Urban Mobility. *International Journal of Environmental Research & Public Health*, Vol. 15, No. 5, April 2018, P. 880.

［28］ Brodeur A. , Clark A. E. , Fleche S. et al. COVID-19, Lockdowns and Well-Being: Evidence From Google Trends. *Journal of Public Economics*, Vol. 193, January 2021.

［29］ Burniaux J. , Van Der Mensbrugghe D. Trade Policies in a Global Context: Technical Specifications of the Rural/Urban-North/South (RUNS) Applied General Equilibrium Model. OECD Development Centre Working Papers, No. 48, 1991.

［30］ Burniaux J. M. , Martin J. P. , Oliveira – Martins J. et al. *The costs of reducing CO_2 emissions: Evidence from GREEN.* Organisation for Economic Co-operation and Development, 1992.

［31］ Burniaux J. M. , Nicoletti G. , Oliveira – Martins J. , GREEN: A global model for quantifying the costs of policies to curb CO_2 emissions. Organisation for Economic Co-operation and Development (OECD), 1992.

［32］ Burniaux J. M. , Truong T. GTAP-E: An Energy-Environmental Version of the GTAP Model. *GTAP Technical Papers*, 2002.

［33］ Böhringer C. , Vogt C. Economic and environmental impacts of the Kyoto Protocol. *Canadian Journal of Economics/Revue Canadienne D'économique*, Vol. 36, No. 2, May 2003, pp. 475 – 496.

［34］ Caron J. Estimating Carbon Leakage and the Efficiency of Border Adjustments in General Equilibrium – Does Sectoral Aggregation Matter?. *Energy Economics*, Vol. 34, December 2012, pp. S111 – S126.

［35］ Carrico C. , Tsigas M. E. Enriching US labor results in a multi-regional CGE model. *Economic Modelling*, Vol. 36, January 2014, pp. 268 – 281.

［36］ Cattaneo A. *Balancing agricultural development and deforestation in the Brazilian*

Amazon. Intl Food Policy Res Inst, 2002.

[37] Chitiga M. , Mabugu R. Evaluating the Impact of Land Redistribution: A CGE Microsimulation Application to Zimbabwe. *Journal of African Economies*, Vol. 17, No. 4, August 2008, pp. 527 – 549.

[38] Clarette R. L. , Roumasset J. A. CGE Models and Development Policy Analysis: Problems, Pitfalls, And Challenges, Reno, Nevada. American Agricultural Economics Association Annual Meeting, July 27 – 30 1986.

[39] Colmer J. What Is the Meaning of (Statistical) Life? Benefit-Cost Analysis in the Time of COVID-19. *Oxford Review of Economic Policy*, Vol. 36, No. Supplement_1, August 2020, pp. S56 – S63.

[40] Corong E. L. , Hertel T. W. , McDougall R. et al. The Standard GTAP Model, Version 7. *Journal of Global Economic Analysis*, Vol. 2, No. 1, June 2017, pp. 1 – 119.

[41] Costa Dias M. , Joyce R. , Postel-Vinay F. et al. The Challenges for Labour Market Policy During the COVID-19 Pandemic. *Fiscal Studies*, Vol. 41, No. 2, June 2020, pp. 371 – 382.

[42] Costantini V. , Sforna G. A Dynamic CGE Model for Jointly Accounting Ageing Population, Automation and Environmental Tax Reform. European Union as a Case Study. *Economic Modelling*, Vol. 87, May 2020, pp. 280 – 306.

[43] Cui L. B. , Li R. J. , Song M. L. et al. Can China achieve its 2030 energy development targets by fulfilling carbon intensity reduction commitments? *Energy Economics*, Vol. 83, June 2019, pp. 61 – 73.

[44] Cui L. B. , Sun Y. , Melnikiene R. et al. Exploring the Impacts of Sino-US Trade Disruptions with a Multi-Regional CGE Model. *Economic Research-Ekonomska Istraživanja*, Vol. 32, No. 1, October 2019, pp. 4015 – 4032.

[45] Cui L. B. , Peng P. , Zhu L. Embodied energy, export policy adjustment and China's sustainable development: A multi-regional input – output analysis. *Energy*, Vol. 82, March 2015, pp. 457 – 467.

[46] Darwin R. F. , Tol R. S. J. Estimates of the economic effects of sea level rise. *Environmental and Resource Economics*, Vol. 19, No. 2, 2001, pp. 113 – 129.

[47] Darwin R. , Tsigas M. , Lewandrowski J. et al. Land use and cover in ecological economics. *Ecological Economics*, Vol. 17, No. 3, June 1996, pp. 157 – 181.

[48] Darwin R. A Farmer's View of the Ricardian Approach to Measuring Agricultural Effects of Climatic Change, *Climatic Change*, Vol. 41, March 1999, pp. 371 – 411.

[49] Darwin R. *World agriculture and climate change: Economic adaptations.* US

Department of Agriculture: Economic Research Service, 1995.

[50] De Melo J. Computable general equilibrium models for trade policy analysis in developing countries: A survey. *Journal of Policy Modeling*, Vol. 10, No. 4, December 1988, pp. 469 – 503.

[51] Decaluwé B. , Martens A. CGE modeling and developing economies: A concise empirical survey of 73 applications to 26 countries. *Journal of Policy Modeling*, Vol. 10, No. 4, December 1988, pp. 529 – 568.

[52] Decaluwé B. , Patry A. , Savard L. et al. Poverty analysis within a general equilibrium framework. Working Papers, No. 9909, 1999.

[53] Decaluwé B. , Patry A. , Savard L. Income distribution, poverty measures and trade shocks: A computable general equilibrium model of a archetype developing country. Working Papers, 1998.

[54] Del Boca D. , Oggero N. , Profeta P. , et al. Women's and Men'S Work, Housework and Childcare, Before and During COVID-19. *Review of Economics of the Household*, Vol. 18, No. 4, December 2020, pp. 1001 – 1017.

[55] Dervis K. , De Melo J. , Robinson S. *General equilibrium models for development policy.* England: Cambridge University Press, 1982.

[56] Desierto D. , Koyama M. Health Vs. Economy: Politically Optimal Pandemic Policy. *Covid Economics*, Vol. 41, August 2020, pp. 52 – 68.

[57] Devarajan S. , Robinson S. The Influence of Computable General Equilibrium Models on Policy. Kehoe T. Srinivasan T. *Frontiers in Applied General Equilibrium Modeling: In Honor of Herbert Scarf.* Cambridge: Cambridge University Press, 2005: pp. 402 – 428.

[58] Dewatripont M. , Michel G. On Closure Rules, Homogeneity and Dynamics in Applied General Equilibrium Models. *Journal of Development Economics*, Vol. 26, No. 1, June 1987, pp. 65 – 76.

[59] Dixon P. , Rimmer M. T. *Dynamic General and Equilibrium Modelling for Forecasting and Policy: A Practical Guide and Documentation of Monash.* Elsevier, 2002.

[60] Dixon P. B. , Lee B. , Muehlenbeck T. et al. Effects on the US of an H1N1 Epidemic: Analysis With a Quarterly CGE Model. *Journal of Homeland Security and Emergency Management*, Vol. 7, No. 1, December 2010.

[61] Dixon P. B. , Parmenter B. R. , Powell A. *Notes and Problems in Applied General Equilibrium Economics.* Amsterdam: North-Holland, 1992.

[62] Dixon P. B. , Parmenter B. R. , Sutton J. et al. *ORANI: A Multi-sectoral*

Models of the Australian Economy. Amsterdam: North-Holland, 1982.

［63］Dixon P. B. *Computable general equilibrium modelling: Past, present and future*, 2006.

［64］Dixon S., Mcdonald S., Roberts J. AIDS in Botswana: Evaluating the general equilibrium implications of healthcare interventions. Discussion Paper, 2004.

［65］Droege S. Using Border Measures to Address Carbon Flows. *Climate Policy*, Vol. 5, No. 11, August 2011, pp. 1191 – 1201.

［66］Duan H., Wang S., Yang C. Coronavirus: Limit Short-Term Economic Damage. *Nature*, Vol. 578, No. 7796, February 2020, pp. 515 – 516.

［67］Duarte R., Rebahi S., Sanchez-Choliz J. et al. Households' Behaviour and Environmental Emissions in A Regional Economy. *Economic Systems Research*, Vol. 26, No. 4, October 2014, pp. 410 – 430.

［68］Dávila F. A., Sobarzo F. H. E., Valolés I. M. Mexico and NAFTA: Trade Policy Scenarios. Simulations with an Applied General Equilibrium Model, *Trimestre economico*, Vol. 85, No. 340, October-December 2018, pp. 703 – 743.

［69］Esmaeili A., Karami A., Najafi B. Welfare effects of alternative targeted food subsidy programs in Iran. *Food Security*, Vol. 5, No. 3, April 2013, pp. 451 – 456.

［70］Ezaki M. CGE Model and Its Micro and Macro Closures. Discussion paper. Doi M., Computable General Equilibrium Approaches in Urban and Regional Policy Studies. *World Scientific*, 2006, pp. 9 – 24.

［71］Fabregat – Aibar L., Ninerola A., Pie L. Computable general equilibrium models for sustainable development: Past and future. Environmental Science and Pollution Research, Vol. 29, March 2022, pp. 38972 – 38984.

［72］Fan Y., Wu J., Xia Y. et al. How will a nationwide carbon market affect regional economies and efficiency of CO_2 emission reduction in China? *China Economic Review*, Vol. 38, April 2016, pp. 151 – 166.

［73］Feldstein M. Domestic Saving and International Capital Movements in The Long Run and The Short Run. *European Economic Review*, Vol. 21, No. 1 – 2, March – April 1983, pp. 129 – 151.

［74］Feldstein M., Horioka C. Domestic Saving and International Capital Flows. Working Paper, No. 310, 1979.

［75］Filho J. F., Horridge M. Ethanol expansion and indirect land use change in Brazil. *Land Use Policy*, Vol. 36, January 2014, pp. 595 – 604.

［76］Fraser I., Waschik R. Agricultural land retirement and slippage: Lessons from an Australian case study. *Land Economics*, Vol. 81, No. 2, May 2005, pp. 206 – 226.

［77］Freund F. The role of coalitions at international tariff negotiations: A CGE perspective. *Review of World Economics*, Vol. 157, No. 3, March 2021, pp. 583 – 601.

［78］Fujimori S. , Hasegawa T. , Masui T. et al. Land use representation in a global CGE model for long-term simulation: CET vs. logit functions. *Food Security*, Vol. 6, No. 5, September 2014, pp. 685 – 699.

［79］Fullerton D. , Ta C. L. Public finance in a nutshell: A cobb douglas teaching tool for general equilibrium tax incidence and excess burden. *National Tax Journal*, Vol. 70, No. 1, March 2017, pp. 155 – 170.

［80］Gelan A. Trade liberalisation and urban-rural linkages: A CGE analysis for Ethiopia. *Journal of Policy Modeling*, Vol. 24, No. 7 – 8, November 2002, pp. 707 – 738.

［81］Georges P. Dispensing with NAFTA Rules of Origin? Some Policy Options. *The World Economy*, Vol. 33, No. 11, November 2010, pp. 1606 – 1637.

［82］Georges P. Liberalizing NAFTA Rules of Origin: A Dynamic CGE Analysis. *Review of International Economics*, Vol. 16, No. 4, September 2008, pp. 672 – 691.

［83］Ghaith Z. , Kulshreshtha S. , Natcher D. et al. Regional Computable General Equilibrium models: A review. *Journal of Policy Modeling*, Vol. 43, No. 3, May-June 2021, pp. 710 – 724.

［84］Gibson J. , Olivia S. Direct and Indirect Effects of Covid-19 on Life Expectancy and Poverty in Indonesia. *Bulletin of Indonesian Economic Studies*, Vol. 56, No. 3, September 2020, pp. 325 – 344.

［85］Gilbert J. , Wahl T. Applied general equilibrium assesments of trade liberalisation in China. *The World Economy*, Vol. 25, No. 5, December 2002, pp. 697 – 697.

［86］Ginsburgh V. , Keyzer M. *The structure of applied general equilibrium models.* Massachusetts: MIt Press, 2002.

［87］Guan D. , Wang D. , Hallegatte S. et al. Global Supply-Chain Effects of COVID-19 Control Measures. *Nature Human Behaviour*, Vol. 4, No. 6, June 2020, pp. 577 – 587.

［88］Guo Z. Q. , Zhang X. P. , Zheng Y. H. et al. Exploring the impacts of a carbon tax on the Chinese economy using a CGE model with a detailed disaggregation of energy sectors. *Energy Economics*, Vol. 45, September 2014, pp. 455 – 462.

［89］Gupta S. , Nguyen T. , Raman S. et al. Tracking Public and Private Responses to the COVID-19 Epidemic: Evidence From State and Local Government Actions. *American Journal of Health Economics*, Vol. 7, No. 4, September 2021, pp. 361 – 404.

［90］ Haddad E. A. , Perobelli F. S. , Araújo I. F. et al. Structural Propagation of Pandemic Shocks: An Input-Output Analysis of the Economic Costs of COVID-19. *Spatial Economic Analysis*, Vol. 16, No. 3, July 2021, pp. 252 – 270.

［91］ Hallaert J. J. Can Regional Integration Accelerate Development in Africa? CGE Model Simulations of the Impact of the SADC FTA on the Republic of Madagascar. IMF Working Papers, No. 66, 2007.

［92］ Hanoch G. Production and Demand Models with Direct or Indirect Implicit Additivity. *Econometrica*, Vol. 43, No. 3, May 1975, pp. 395 – 419.

［93］ Harberger A. C. The incidence of the corporation income tax. *Journal of Political economy*, Vol. 70, No. 3, February 1962, pp. 215 – 240.

［94］ Harrison G. W. , Rutherford T. F. , Tarr D. G. Quantifying the Uruguay round. *The Economic Journal*, Vol. 107, No. 444, September 1997, pp. 1405 – 1430.

［95］ Harrison W. J. , Pearson K. R. Computing Solutions for Large General Equilibrium Models Using GEMPACK. Preliminary Working Paper, No. zp – 64, 1994.

［96］ Harrison W. J. , Pearson K. R. *An Introduction to GEMPACK*. Melbourne: Centre of Policy Studies and Impact Project, Monash University, 1998.

［97］ Helming J. , Tabeau A. The economic, environmental and agricultural land use effects in the European Union of agricultural labour subsidies under the Common Agricultural Policy. *Regional Environmental Change*, Vol. 18, No. 3, March 2018, pp. 763 – 773.

［98］ Heris M. K. , Rahnamayan S. Multiobjective Optimal Control of Dynamic Integrated Model of Climate and Economy: Evolution in Action. 2020 IEEE Congress on Evolutionary Computation July 2020.

［99］ Hertel T. W. Applied general equilibrium analysis of agricultural and resource policies. *Handbook of Agricultural Economics*, Vol. 2, January 2002, pp. 1373 – 1419.

［100］ Hertel T. W. , Peterson E. B. , Surry Y. et al. Implicit Additivity as a Strategy for Restricting the Parameter Space in Computable General Equilibrium Models. *Economic and Financial Computing*, Vol. 1, 1991, pp. 265 – 289.

［101］ Hertel T. W. , Tsigas M. E. Tax policy and US agriculture: A general equilibrium analysis. *American Journal of Agricultural Economics*, Vol. 70, No. 2, May 1988, pp. 289 – 302.

［102］ Hope C. , Parker J. Environmental information for all: The need of a monthly index. *Energy Policy*, Vol. 18, May 1990, pp. 312 – 319.

［103］ Horridge M. , Wittwer G. SinoTERM, a multi-regional CGE model of China. *China Economic Review*, Vol. 19, No. 4, December 2008, pp. 628 – 634.

[104] Howe H. Development of the extended linear expenditure system from simple saving assumptions. *European Economic Review*, Vol. 6, No. 3, July 1975, pp. 305 – 310.

[105] Hupkau C., Petrongolo B. Work, Care and Gender During the Covid-19 Crisis. *Fiscal Studies*, Vol. 41, No. 3, September 2020, pp. 623 – 651.

[106] Ianchovichina E., McDougall R. Theoretical Structure of Dynamic GTAP. GTAP Technical Paper, No. 17, 2000.

[107] International Monetary Fund (IMF). *World Economic Outlook: Recovery During a Pandemic Health Concerns, Supply Disruptions, and Price Pressures*. Washington: International Monetary Fund, 2021.

[108] Itakura K., Ianchovichina E., Lakatos C. et al. Dynamic Modeling and Applications for Global Economic Analysis: Implementing the Dynamic GTAP Model in the RunDynam Software. GTAP Working Paper, 2012.

[109] Ji H. *The impact of public educational expenditures on educational equity and regional human capital growth: A financial computable general equilibrium model for Korea.* Cornell University, 1999.

[110] Johansen B. L. *A multi-sector study of economic growth.* Holland: North-Holland Publishing Company, 1960.

[111] Kasy M., Teytelboym A. Adaptive Targeted Infectious Disease Testing. *Oxford Review of Economic Policy*, Vol. 36, No. Supplement_1, June 2020, pp. S77 – S93.

[112] Kawasaki K. The Relative Significance of EPAs in Asia – Pacific. *Journal of Asian Economics*, Vol. 39, August 2015, pp. 19 – 30.

[113] Kehoe T. J., Serra-Puche J. A computational general equilibrium model with endogenous unemployment: An analysis of the 1980 fiscal reform in Mexico. *Journal of Public Economics*, Vol. 22, No. 1, October 1983, pp. 1 – 26.

[114] Keller W. J. *Tax Incidence: A General Equilibrium Approach.* Amsterdam: North-Holland Publishing Co, 1979.

[115] Kennedy A. B. Unequal partners: US collaboration with China and India in research and development. *Political Science Quarterly*, Vol. 132, April 2017, pp. 63 – 86.

[116] Kim E., Ju J. Economic Analysis of Urban Land Use and Housing Supply: An Application of Urban Land Use and a CGE Model for Seoul. Doi M., *Computable General Equilibrium Approaches In Urban And Regional Policy Studies*. World Scientific, 2006, pp. 167 – 186.

[117] Kim E., Kim K. Impacts of the development of large cities on economic growth and income distribution in Korea: A multiregional CGE model. *Papers in Regional*

Science, Vol. 82, No. 1, January 2003, pp. 101 – 122.

[118] Kimura F., Thangavelu S. M., Narjoko D. et al. Pandemic (COVID-19) Policy, Regional Cooperation and the Emerging Global Production Network. *Asian Economic Journal*, Vol. 34, No. 1, March 2020, pp. 3 – 27.

[119] Kirby T. Evidence Mounts on the Disproportionate Effect of COVID-19 on Ethnic Minorities. *The Lancet Respiratory Medicine*, Vol. 8, No. 6, June 2020, pp. 547 – 548.

[120] Ko J., Ito S. Simulation for Japan-Korea FTA and Its economic impacts on agriculture: A CGE approach. *Journal-Faculty of Agriculture Kyushu University*, Vol. 62, No. 1, February 2017, pp. 283 – 294.

[121] Lahcen B., Brusselaers J., Vrancken K., et al. Green Recovery Policies for the COVID-19 Crisis: Modelling the Impact on the Economy and Greenhouse Gas Emissions. *Environmental and Resource Economics*, Vol. 76, No. 4, August 2020, pp. 731 – 750.

[122] Lakatos C., Walmsley T. Investment Creation And Diversion Effects of the ASEAN-China Free Trade Agreement. *Economic Modelling*, Vol. 29, No. 3, May 2012, pp. 766 – 779.

[123] Lakatos C., Walmsley T. Investment creation and diversion effects of the ASEAN-China free trade agreement. *Economic Modelling*, Vol 29, May 2012, pp. 766 – 779.

[124] Lanzi E., Chateau J., Dellink R. Alternative Approaches for Leveling Carbon Prices in a World with Fragmented Carbon Markets. *Energy Economics*, Vol. 34, No. S2, December 2012, pp. S240 – S250.

[125] Lazonick W., Hopkins M. Why the CHIPS Are Down: Stock Buybacks and Subsidies in the US Semiconductor Industry. Institute for New Economic Thinking Working Paper Series, No. 165, 2021.

[126] Lee H., Martins J. O., Van der Mensbrugghe D. The OECD GREEN model: an updated overview. Working Paper, No. 97, 1994.

[127] Lejour A., Rojas-Romagosa H, Verweij G. Opening services markets within Europe: Modelling foreign establishments in a CGE framework. *Economic Modelling*, Vol. 25, No. 5, September 2008, pp. 1022 – 1039.

[128] Lemieux T., Milligan K., Schirle T. et al. Initial Impacts of the COVID-19 Pandemic on the Canadian Labour Market. *Canadian Public Policy*, Vol. 46, No. S1, July 2020, pp. S55 – S65.

[129] Lenzen M., Li M., Malik A. et al. Global Socio-Economic Losses and Environmental Gains From the Coronavirus Pandemic. *Plos One*, Vol. 15, No. 7, July 2020, P. e0235654.

［130］Li G. , Zhang R. , Masui T. CGE modeling with disaggregated pollution treatment sectors for assessing China's environmental tax policies. *Science of The Total Environment*, Vol. 761, March 2021, P. 143264.

［131］Liang L. , Qin K. Y. , Jiang S. J. et al. Impact of Epidemic-Affected Labor Shortage on Food Safety: A Chinese Scenario Analysis Using the CGE Model. *FOODS*, Vol. 10, No. 11, November 2021, P. 2679.

［132］Liang Q. M. , Fan Y. , Wei Y. M. The effect of energy end-use efficiency improvement on China's energy use and CO_2 emissions: A CGE model-based analysis. *Energy Efficiency*, Vol. 2, No. 3, February 2009, pp. 243 – 262.

［133］Liu W. , Yue X. G. , Tchounwou P. B. Response to the COVID-19 Epidemic: The Chinese Experience and Implications for Other Countries. *International Journal of Environmental Research and Public Health*, Vol. 17, No. 7, April 2020, pp. 2304.

［134］Lofgren H. , Harris R. L. , Robinson S. *A standard computable general equilibrium (CGE) model in GAMS.* Intl Food Policy Res Inst, 2002.

［135］Majeed A. , Seo Y. , Heo K. , et al. Can the UK Emulate the South Korean Approach to Covid-19?. *BMJ – British Medical Journal*, Vol. 369, May 2020, pp. m2084.

［136］Maliszewska M. , Mattoo A. , Van Der Mensbrugghe D. The potential Impact of COVID-19 on GDP and Trade: A Preliminary Assessment. World Bank Policy Research Working Paper, No. 9211, 2020.

［137］Malliet P. , Reynès F. , Landa G. et al. Assessing Short-Term and Long-Term Economic and Environmental Effects of the COVID-19 Crisis in France. *Environmental and Resource Economics*, Vol. 76, No. 4, August 2020, pp. 867 – 883.

［138］Markandya A. , Antimiani A. , Costantini V. et al. Analyzing Trade-Offs in International Climate Policy Options: The Case of the Green Climate Fund. *World Development*, Vol. 74, October 2015, pp. 93 – 107.

［139］Matsumoto K. Climate change impacts on socioeconomic activities through labor productivity changes considering interactions between socioeconomic and climate systems. *Journal of Cleaner Production*, Vol. 216, April 2019, pp. 528 – 541.

［140］Mcdougall R. A. , Golub A. A. GTAP-E: A Revised Energy-Environmental Version of the GTAP Model. GTAP Research Memoranda, No. 15, 2007.

［141］McDougall R. A New Regional Household Demand System for GTAP (Revision 1). GTAP Technical Paper, No. 20, 2002.

［142］McKibbin W. , Fernando R. The Global Macroeconomic Impacts of COVID-19: Seven Scenarios. *Asian Economic Papers*, Vol. 20, No. 2, May 2021, pp. 1 – 30.

［143］Mckibbin W. J. , Sachs J. D. Global Linkages: Macroeconomic Interdepend-ence and Cooperation in the World Economy. *The Economic Journal*, Vol. 102, November 1992, pp. 1552 – 1553.

［144］McKibbin W. J. , Sidorenko A. *Global Macroeconomic Consequences of Pan-demic Influenza*, Sydney: Lowy Institute for International Policy, 2006, pp. 79.

［145］McKibbin W. J. , Wilcoxen P. J. Estimates of the costs of Kyoto: Marrakesh versus the McKibbin-Wilcoxen blueprint. *Energy Policy*, Vol. 32, No. 4, March 2004, pp. 467 – 479.

［146］McKibbin W. J. , Wilcoxen P. J. The theoretical and empirical structure of the G-Cubed model. *Economic modelling*, Vol. 16, No. 1, January 1999, pp. 123 – 148.

［147］McKitrick R. R. The econometric critique of computable general equilibrium modeling: The role of functional forms. *Economic modelling*, Vol. 15, No. 4, 1998, pp. 543 – 573.

［148］McKitrick R. R. *The econometric critique of applied general equilibrium model-ing: A comparative assessment with application to carbon taxes in Canada.* Vancouver: University of British Columbia, 1996.

［149］Mearsheimer J. J. The inevitable rivalry: America, China, and the tragedy of great – power politics. *Foreign Affairs*, Vol 100, November 2021, pp. 48 – 58.

［150］Meng S. , Siriwardana M. , McNeill J. et al. The impact of an ETS on the Australian energy sector: An integrated CGE and electricity modelling approach. *Energy economics*, Vol. 69, January 2018, pp. 213 – 224.

［151］Mohapatra S. Gender Differentiated Economic Responses to Crises in Develo-ping Countries: Insights for COVID-19 Recovery Policies. *Review of Economics of the House-hold*, Vol. 19, No. 2, June 2021, pp. 291 – 306.

［152］Monjon S. , Quirion P. How to Design a Border Adjustment for the European Union Emissions Trading System? . *Energy Policy*, Vol. 38, September 2010, pp. 5199 – 5207.

［153］Moosa I. A. The Effectiveness of Social Distancing in Containing Covid-19. *Applied Economics*, Vol. 52, No. 58, December 2020, pp. 6292 – 6305.

［154］Moosa I. A. , Khatatbeh I. N. Robust and Fragile Determinants of the Infec-tion and Case Fatality Rates of Covid-19: International Cross-Sectional Evidence. *Applied Economics*, Vol. 53, No. 11, March 2021, pp. 1225 – 1234.

［155］Mu Y. Q. , Evans S. , Wang C. et al. How will sectoral coverage affect the efficiency of an emissions trading system? A CGE-based case study of China. *Applied Ener-*

gy, Vol. 227, October 2018, pp. 403 – 414.

[156] Mu Y. , Cai W. , Evans S. , et al. Employment impacts of renewable energy policies in China: A decomposition analysis based on a CGE modeling framework. *Applied Energy*, Vol. 210, January 2018, pp. 256 – 267.

[157] Naranpanawa A. , Arora R. Does Trade Liberalization Promote Regional Disparities? Evidence from a Multiregional CGE Model of India. *World Development*, Vol. 64, December 2014, pp. 339 – 349.

[158] Nguyen M. T. , Dang T. L. , Huynh T. Trade Liberalization and Income Distribution in Vietnam: Dynamic CGE Approach. *Asian Economic Journal*, Vol. 34, No. 4, December 2020, pp. 404 – 429.

[159] Nong D. , Simshauser P. , Nguyen D. B. Greenhouse gas emissions vs CO_2 emissions: Comparative analysis of a global carbon tax. *Applied Energy*, Vol. 298, September 2021, P. 117223.

[160] Nordhaus W. D. An optimal transition path for controlling greenhouse gases. *Science*, Vol. 258, No. 5086, 1992, pp. 1315 – 1319.

[161] Nordhaus W. D. The 'DICE' model: Background and structure of a dynamic integrated climate-economy model of the economics of global warming. Cowles Foundation Discussion Papers, No. 1009, 1992.

[162] Nordhaus W. D. , Yang Z. RICE: A regional dynamic general equilibrium model of optimal climate-change policy. *American Economic Review*, Vol. 86, No. 4, February 1996, pp. 741 – 765.

[163] Oberheitmann A. A New Post – Kyoto Climate Regime Based on Per-capita Cumulative CO_2-emission Rights—rationale, Architecture and Quantitative Assessment of the Implication for the CO_2-emissions from China, India and the Annex-I Countries by 2050. *Mitig Adapt Strateg Glob Change*, Vol. 15, 2010, pp. 137 – 168.

[164] O'rourke K. H. War and welfare: Britain, France, and the United States 1807 – 14. *Oxford Economic Papers*, Vol. 59, No. 1, October 2007, pp. 8 – 30.

[165] Partridge M. D. , Rickman D. S. Regional computable general equilibrium modeling: A survey and critical appraisal. *International Regional Science Review*, Vol. 21, No. 3, December 1998, pp. 205 – 248.

[166] Pearson K. , Horridge M. , Corong E. L. Hands – on Computing with RunGTAP and WinGEM to Introduce GTAP and GEMPACK. Global Trade Analysis Project, 2003.

[167] Peters J. C. GTAP-E-Power: An electricity-detailed economy-wide model.

Journal of Global Economic Analysis, Vol. 1, No. 2, December 2016, pp. 156 – 187.

[168] Phimmavong S. , Keenan R. J. Forest plantation development, poverty, and inequality in Laos: A dynamic CGE microsimulation analysis. *Forest Policy and Economics*, Vol. 111, February 2020.

[169] Piermartini R. , Teh R. *Demystifying modelling methods for trade policy*. WTO Discussion Paper, 2005.

[170] Pouliakas K. , Roberts D. , Balamou E. et al. Modelling the Effects of Immigration on Regional Economic Performance and Wage Distribution: A Computable General Equilibrium (CGE) Analysis of Three European Union Regions. *Regional Studies*, Vol. 48, No. 2, December 2012, pp. 1 – 21.

[171] Radulescu D. M. , Stimmelmayr M. The welfare loss from differential taxation of sectors inGermany. *CESifo Working Paper Series*, Vol. 17, No. 2, April 2010, pp. 193 – 215.

[172] Richardson J. D. , Sundaram A. Sizing Up US Export Disincentives for a New Generation of National-Security Export Controls. *Peterson Institute for International Economics*, No. PB13 – 13, May 2013.

[173] Rimmer M. T. , Powell A. A. An Implicitly Directly Additive Demand System: Estimates for Australia. Preliminary Working Paper, No. OP-73, 1992.

[174] Rokicki B. , Haddad E. A. , Horridge M. J. Accessibility in the regional CGE framework: The effects of major transport infrastructure investments in Poland. *Transportation*, Vol. 48, No. 2, April 2021, pp. 747 – 772.

[175] Rosa L. P. , Ribeiro S. K. , Muylaert M. S. et al. Comments on the Brazilian Proposal and Contributions to Global Temperature Increase with Different Climate Responses-CO_2 Emissions Due to Fossil Fuels, CO_2 emissions Due to Land Use Changes. *Energy Policy*, Vol. 32, No. 13, September 2004, pp. 1499 – 1510.

[176] Rowthorn R. , Maciejowski J. A Cost-Benefit Analysis of the COVID-19 Disease. *Oxford Review of Economic Policy*, Vol. 36, No. Supplement_1, August 2020, pp. S38 – S55.

[177] Rutten M. , Blake A. , Reed G. The Economic Impact of Health Care Provision: A Preliminary CGE Assessment for the UK. *Ecomod*, 2003.

[178] Savard L. Poverty and inequality analysis within a CGE framework: A comparative analysis of the representative agent and microsimulation approaches. *Development Policy Review*, Vol. 23, No. 3, April 2005, pp. 313 – 331.

[179] Schaefer A. , Jacoby H. D. Technology detail in a multisector CGE model:

transport under climate policy. *Energy Economics*, Vol. 27, No. 1, January 2005, pp. 1 – 24.

[180] Scollay R. , Gilbert J. Measuring the gains from APEC trade liberalisation: An overview of CGE assessments. *The World Economy*, Vol. 23, No. 2, February 2000, pp. 175 – 175.

[181] Sen A. K. Neo-Classical and Neo-Keynesian Theories of Distribution. *Economic Record*, Vol. 39, No. 85, 1963, pp. 53 – 64.

[182] Sevilla A. , Smith S. Baby Steps: The Gender Division of Childcare During the COVID-19 Pandemic. *Oxford Review of Economic Policy*, Vol. 36, No. Supplement_1, August 2020, pp. S169 – S186.

[183] Shoven J. B. , Whalley J. Applied general-equilibrium models of taxation and international trade: An introduction and survey. *Journal of Economic literature*, Vol. 22, No. 3, February 1984, pp. 1007 – 1051.

[184] Shoven J. B. , Whalley J. *Applying general equilibrium.* Cambridge university press, 1992.

[185] Simola A. Intensive margin of land use in CGE models-Reviving CRESH functional form. *Land Use Policy*, Vol. 48, Nobember 2015, pp. 467 – 481.

[186] Song L. G. , Zhou Y. X. The COVID-19 Pandemic and Its Impact on the Global Economy: What Does It Take to Turn Crisis into Opportunity? . *China & World Economy*, Vol. 28, No. 4, July 2020, pp. 1 – 25.

[187] Springmann M. A Look Inwards: Carbon Tariffs Versus Internal Improvements In Emissions-Trading Systems. *Energy Economics*, Vol. 34, No. S2, December 2012, pp. S228 – S239.

[188] Steininger K. W. , Friedl B. , Gebetsroither B. Sustainability impacts of car road pricing: A computable general equilibrium analysis for Austria. *Ecological Economics*, Vol. 63, No. 1, June 2007, pp. 59 – 69.

[189] Stenberg L. C. , Siriwardana M. Forest conservation in the Philippines: An economic assessment of selected policy responses using a computable general equilibrium model. *Forest Policy & Economics*, Vol. 9, No. 6, February 2007, pp. 671 – 693.

[190] Stenberg L. C. , Siriwardana M. The appropriateness of CGE modelling in analysing the problem of deforestation. *Management of Environmental Quality: An International Journal*, Vol. 16, No. 5, October 2005, pp. 407 – 420.

[191] Susskind D. , Vines D. The Economics of the COVID-19 Pandemic: An Assessment. *Oxford Review of Economic Policy*, Vol. 36, No. Supplement_1, August 2020,

pp. S1 – S13.

[192] Tamiotti L. The Legal Interface between Carbon Border Measures and Trade rules. *Climate Policy*, Vol. 11, No. 5, August 2011, pp. 1202 – 1211.

[193] Tang L., Shi J., Yu L. et al. Economic and environmental influences of coal resource tax in China: A dynamic computable general equilibrium approach. *Resources Conservation and Recycling*, Vol. 117, February 2017, pp. 34 – 44.

[194] Taylor L., Lysy F. J. Vanishing Income Redistributions: Keynesian Clues about Model Surprises in the Short Run. *Journal of Development Economics*, Vol. 6, No. 1, 1979, pp. 11 – 29.

[195] Taylor L. CGE applications in development economics. *Journal of Policy Modeling*, Vol. 38, No. 3, May-June 2016, pp. 495 – 514.

[196] Thissen M. *A classification of empirical CGE modelling*, University of Groningen. Research Institute SOM Research Report, 1998.

[197] Turner K., Ha S. J., Hewings G. et al. Econometric Estimation of Armington Import Elasticities for A Regional Cge Model of the Illinois Economy. *Economic systems research*, Vol. 24, No. 1, March 2012, pp. 1 – 19.

[198] United Nations. *Central Product Classification (CPC): version* 2.1. New York: United Nations Publishing Division, 2015.

[199] United Nations. *International Standard Industrial Classification of All Economic Activities (ISIC)*, *Revision*. 4. New York: United Nations Publishing Division, 2008.

[200] Varas A., Varadarajan R. How restrictions to trade with China could end US leadership in semiconductors. BCG Report, No. 9, 2020.

[201] Varian H. R. *Microeconomic analysis*. New York: Norton, 1992.

[202] Wachter T. V. Lost Generations: Long-Term Effects of the COVID-19 Crisis on Job Losers and Labour Market Entrants, and Options for Policy. *Fiscal Studies*, Vol. 41, No. 3, September 2020, pp. 549 – 590.

[203] Wei Y. M., Mi Z. F., Huang Z. Climate policy modeling: An online SCI-E and SSCI based literature review. *Omega*, Vol. 57, December 2015, pp. 70 – 84.

[204] Weng Y., Chang S., Cai W. et al. Exploring the impacts of biofuel expansion on land use change and food security based on a land explicit CGE model: A case study of China. *Applied Energy*, Vol. 236, February 2019, pp. 514 – 525.

[205] Williams C. C., Kayaoglu A. COVID-19 And Undeclared Work: Impacts and Policy Responses in Europe. *The Service Industries Journal*, Vol. 40, No. 13 – 14, October 2020, pp. 914 – 931.

［206］Wong G. M. Y. *Forests and carbon：An integrated modeling approach to investigate climate policies*. University of Florida，2003.

［207］World Trade Organization（WTO）. *Methodology for the WTO Trade Forecast as of April*. Geneva：World Trade Organization，2020，pp. 9.

［208］Yarmol-Matusiak E. A. , Cipriano L. E. , Stranges S. A Comparison of COVID-19 Epidemiological Indicators in Sweden，Norway，Denmark，and Finland. *Scandinavian Journal of Public Health*，Vol. 49，No. 1，February 2021，pp. 69 - 78.

［209］Zhang S. , Wu Y. , Liu X. et al. Co-benefits of deep carbon reduction on air quality and health improvement in Sichuan Province of China. *Environmental Research Letters*，Vol. 16，No. 9，September 2021，P. 095011.

［210］Zhang Z. X. The U. S. Proposed Carbon Tariffs，WTO Scrutiny and China's Responses. *International Economics and Economic Policy*，Vol. 7，No. 2，May 2010，pp. 203 - 225.

［211］Zidouemba P. R. , Kinda S. R. , Ouedraogo I. M. Could COVID-19 Worsen Food Insecurity in Burkina Faso?. *The European Journal of Development Research*，Vol. 32，No. 5，October 2020，pp. 1379 - 1401.